U0873547

国内外经典教材辅导系列·法学类

马工程《民法学》

考研真题和典型题详解

主编：圣才考研网
www.100xuexi.com

中国石化出版社
·北京·

内 容 提 要

国内外经典教材辅导系列是一套全面解析当前国内外各大院校权威教科书的辅导资料。本书是马克思主义理论研究和建设工程重点教材《民法学》(第2版)的学习辅导书。本书遵循该教材第2版的章目编排，共分为7大编66章。在每编的最前面，知识框架部分清晰勾勒出了每编的知识脉络，通关提要部分剖析了本编的重难点、考查特点和学习方法。每一章的习题部分，则精选了近年的部分名校考研真题和典型题，并提供了详细的分析和解答。

圣才考研网(www.100xuexi.com)提供全国所有院校各个专业的考研考博辅导方案【网络课程、电子书、题库等】。购书即可享受增值服务。手机扫码(本书封底)领取本书AI电子书。

图书在版编目(CIP)数据

马工程《民法学》考研真题和典型题详解/圣才考研网主编.—北京:中国石化出版社,2025.3.
ISBN 978-7-5114-7813-9

Ⅰ.D923.01

中国国家版本馆CIP数据核字第2025JB2518号

未经本社书面授权,本书任何部分不得被复制、抄袭,或者以任何形式或任何方式传播。版权所有,侵权必究。

中国石化出版社出版发行
地址:北京市东城区安定门外大街58号
邮编:100011 电话:(010)57512500
发行部电话:(010)57512575
http://www.sinopec-press.com
E-mail:press@sinopec.com
湖北新华印务有限公司印刷
全国各地新华书店经销

*

787毫米×1092毫米 16开本 19印张 450千字
2025年3月第1版 2025年3月第1次印刷
定价:68.00元

序　　言

国内外经典教材辅导系列是一套全面解析当前国内外各大院校权威教科书的辅导资料。我国各大院校一般都把国内外通用的权威教科书作为本科生和研究生学习专业课程的参考教材，这些教材甚至被很多考试(特别是硕士和博士研究生入学考试)和培训项目作为指定参考书。为了帮助读者更好地学习专业课，我们有针对性地编写了一套与国内外教材配套的复习资料，并提供配套的名师讲堂和题库。

马工程《民法学》是我国高校采用较多的民法学权威教材之一。本书遵循该教材第2版的章目编排，共分为7大编66章。在每编的最前面，知识框架部分清晰勾勒出了每编的知识脉络，通关提要部分剖析了本编的重难点、考查特点和学习方法。每一章的习题部分，则精选了近年的部分名校考研真题(含法律硕士真题)和典型题，并提供了详细的分析和解答。所选习题基本涵盖了每章的考点和难点，特别注重理论联系实际，凸显当前热点。

要深深牢记：考研不同于一般考试，概念题(名词解释)要当作简答题来回答，简答题要当作论述题来解答，而论述题的答案要像是论文，多答不扣分。有的论述题的答案简直就是一份优秀的论文(其实很多考研真题就是选自一篇专题论文，完全需要当作论文来回答)!

购书即可享受增值服务。手机扫码(本书封底)领取本书AI电子书。

圣才考研网(www.100xuexi.com)是圣才学习网旗下的考研考博专业网站，提供考研公共课和全国各高校法学类专业考研考博辅导班【一对一辅导(面授/网授)、网授精讲班等】、电子书、题库、全套资料(历年真题及答案、笔记讲义等)、国内外经典教材名师讲堂、考研教辅图书等。

考研辅导：kaoyan.100xuexi.com(圣才考研网)
资格考试：www.100xuexi.com(圣才学习网)

圣才考研网编辑部

目 录

第一编　总　则

【知识框架(庖丁解牛)】

- 总则
  - 民法的基本原理
    - 民法的概念、调整对象[人身关系+财产关系]
    - 民法基本原则：保护民事权益、公序良俗、绿色原则
      平等、自愿、公平、诚信原则
    - 民事法律关系：概念、特征、要素[主体、内容、客体]、民事法律事实
    - 民法的渊源：宪法、民事法律、行政法规、地方性法规、规章等
    - 民法的适用：适用范围[时间、空间、对人效力]、基本原则
  - 民事主体
    - 自然人
      - 自然人的民事权利能力：特征、开始和终止
      - 自然人的民事行为能力：完全、限制、无民事行为能力
      - 监护：监护职责和监护权；监护人的设定、撤销；监护关系的终止
      - 宣告失踪和宣告死亡：条件、法律后果、撤销
      - 自然人的住所、两户[个体工商户、农村承包经营户]
    - 法人：概述、能力、住所、机关、终止
    - 非法人组织：概念、特征、法律地位、分类、终止
  - 民事权利
    - 概述：概念、特点、分类、民事权利与民事义务
    - 民事权利的变动、行使、救济
  - 民事法律行为
    - 概述：概念、特征、类型
    - 意思表示：概念、特征、类型、效果、解释
    - 民事法律行为的成立和生效
    - 附条件和附期限的民事法律行为
    - 民事法律行为的效力瑕疵：无效、可撤销、效力待定、无效
  - 代理
    - 概述：概念、特征、分类
    - 代理权：性质、产生、行使、复代理
    - 无权代理：概述、狭义无权代理、表见代理
  - 民事责任
    - 概述：概念、特征、分类、承担方式
    - 免责事由：不可抗力、正当防卫、紧急避险、自愿救助等
    - 侵害英雄烈士等人格利益的民事责任
  - 诉讼时效与期间
    - 诉讼时效概述：概念、特征、类型
    - 诉讼时效的适用范围：债权请求权
    - 诉讼时效期间的计算：起算、中止、中断和延长
    - 诉讼时效的效力：主要内容、利益抛弃
    - 除斥期间：概念、特征、与诉讼时效的区别
    - 期间及其计算

【通关提要(提纲挈领)】

总则编是民法的基础，涵盖了民法基本原理、民事主体、民事权利、民事法律行为、代理、民事责任、诉讼时效与期间等内容。本编总体难度适中，但涉及的概念较多，需要理解透彻。本编各种题型都有可能考查，特别是概念题、简答题和案例分析题。

复习时，可从整体上系统学习，理解总则编的框架和逻辑，掌握基本概念和原则；归纳总结思维导图或表格，对比分析各类主体及其权利能力、行为能力等；并通过实际案例理解抽象概念，如监护制度、宣告失踪和宣告死亡的具体应用；要重点关注民事法律行为的效力和代理制度。具体要求如下：

掌握：民事权利能力和民事行为能力的判断与运用；宣告失踪与宣告死亡制度；监护制度，如监护人的职责、监护的设立与终止；民事法律行为的分类、要件及效力；代理的种类、构成要件及责任承担；民事责任的分类、承担方式和免责事由。

熟悉：民法基本原则；法人和非法人组织的分类及其法律地位；诉讼时效的计算与中断事由。

了解：个体工商户和农村承包经营户；民事权利的分类及行使限制。

第一章 民法的基本原理

一、单项选择题

1. 下列行为中，由民法调整的是( )。[2019 年法硕(法学、非法学)真题]

A. 甲与网友相约一起参加电子竞技

B. 乙大学拒绝授予郑某硕士学位

C. 丙在相亲活动中与王某成功“牵手”

D. 丁公安局发布公告：“提供破案线索者，奖励 3000 元”

【解析】《民法典》第 2 条规定，民法调整平等主体的自然人、法人和非法人组织之间的人身关系和财产关系。D 项，丁公安局发布的公告是悬赏广告。悬赏广告，是指以广告的方式公开表示对于完成一定行为的人给予报酬的意思表示。在悬赏广告中，公安局与提供破案线索者之间是平等主体，应由民法调整。

A 项，相约游戏在当事人之间不产生民事权利和民事义务，不由民法调整。

B 项，大学与学生之间在学位方面是管理与被管理的关系，二者并非平等主体之间的关系，不应由民法调整。乙若对大学的决定不服，可以向法院提起行政诉讼。

C 项，民法不调整恋爱关系。若二人由恋爱步入婚姻，才由民法调整。

2. 下列选项中，不属于自然事实的是( )。[2023 年法硕(法学、非法学)真题]

A. 战争爆发 B. 侵权行为 C. 时间的经过 D. 人的出生

【解析】自然事实即事件，是指与人的意志无关，能够引起民事法律关系产生、变更、消灭的客观现象。ACD 三项属于自然事实。B 项，侵权行为属于民事法律事实中的民事法

1D 2B

律行为。

二、概念题

1. 诚实信用原则[中国政法 2022 年研；北大 2009 年研]

答：参见本章论述题第 2 题答案。

2. 公序良俗原则[山东大学 2015 年研；湘潭大学 2015 年研；北科 2010 年研]

答：参见本章论述题第 3 题答案。

3. 绿色原则[首经贸 2020 年研；浙商大 2020 年研]

答：参见本章论述题第 4 题答案。

4. 民事法律关系[广东财大 2016 年研；东北财大 2010 年研]

答：参见本章简答题第 3 题答案。

5. 民事法律事实[广东财大 2017 年研；复旦大学 2014 年研；南开大学 2012 年研；中南财大 2012 年研；清华大学 2009 年研]

答：参见本章简答题第 5 题答案。

6. 民法的渊源[东北财大 2015 年研；北科 2014 年研]

答：参见本章简答题第 6 题答案。

三、简答题

1. 简述平等原则的概念及内容。[天津商大 2023 年研]

相关试题：

(1)试述民法中的平等原则。[论述题，湖南师大 2020 年研]

(2)试述民法的平等原则。[论述题，广东财大 2018 年研]

(3)简述民法的平等原则。[扬州大学 2017 年研；山东大学 2008 年研]

答：(1)平等原则的概念：

平等原则又称法律地位平等原则，是指民事主体在法律地位上平等，其合法权益应当受到法律平等保护。《民法典》第 4 条规定，民事主体在民事活动中的法律地位一律平等。这一原则集中反映了民法所调整的社会关系的本质特征，也是全部民事法律制度的基础。

(2)平等原则的内容：

①人格平等，即民事权利能力平等。所有民事主体在法律上不分尊卑贵贱、财富多寡、种族差异和性别区分，一律有权获得法律平等对待。《民法典》第 14 条规定，自然人的民事权利能力一律平等。民事权利能力与生俱来，为公民终身享有，且公民的民事权利能力在范围上平等。

②民事主体地位平等，即当事人在具体法律关系中法律地位平等。民事法律关系的产生、变更和消灭须通过平等协商，任何一方不得将自己的意志强加给另一方。民法规则应平等地适用于所有民事主体。

③民法的救济方法平等，即无论主体在所有制、经济实力等方面存在何种差异，当其

权利受到侵害时，法律都给予一体保护。具体包括：a. 平等保护。任何主体都不能享有更多特权，公有财产和私人财产在民法中应受到同等保护。b. 按照实际损害给予救济，不能因人而异。c. 损失填补原则。民事责任方式应以弥补受害人的损失为宗旨，一般不施加类似于公法上的惩罚性措施。

④法律地位平等不等于法律地位等同。民法强调形式平等，但在特定法律关系中，法律会通过实质平等原则对弱势主体(如消费者)予以倾斜保护，体现私法公法化的特点。

2. 简述民法自愿原则。[浙江财大2016年研；山东大学2005年研]

相关试题：简述民法意思自治原则。[中南财大2012年研]

答：自愿原则又称意思自治原则，是指民事主体在法律允许的范围内享有广泛的行为自由，可以根据自己的意愿设立、变更或终止民事法律关系。《民法典》第5条规定，民事主体从事民事活动，应当遵循自愿原则，按照自己的意思设立、变更、终止民事法律关系。

(1)自愿原则集中体现了私法的任意法特质。与公法领域的“法无明文不得为”不同，私法领域强调“法不禁止即自由”。当事人可以自行约定权利和义务，只要不违反法律的强制性规定和公序良俗，这些约定就是有效的。大多数民法规范是任意性规范，赋予市场主体广泛的自由，减少国家干预，促进交易和财富创造。

(2)自愿的实质是自主决定的法定性。自愿的内容有：①当事人在法律规定范围内有权自主决定是否进行某种民事活动。②有权选择行为内容和相对人，通过平等协商设定权利和义务，并可根据需要依法变更。③有权选择行为方式，除法律另有规定外，自行决定民事法律行为的方式。④有权选择救济方式，通常会选择对自己最有利的责任方式。⑤自愿行为需承担相应的风险和成本，不能随意转移给他人。

(3)意思自治是相对的、有限制的自由。意思自治不是绝对的，而是相对的、有限制的。行为和选择不能损害他人利益，特别是在面对贫富分化、生态破坏等社会问题时，否则国家会加强干预。这些限制旨在保障人类整体和社会福祉，体现了私法公法化的趋势。

3. 简述民事法律关系的概念及特征。[西北政法2020年研]

相关试题：

(1)简述民事法律关系的特点。[扬州大学2023年研]

(2)论述民事法律关系的概念、特征和意义。[论述题，扬州大学2017年研]

(3)简述民事法律关系。[中山大学2016年研]

答：(1)民事法律关系的概念：

民事法律关系是指民法在调整社会关系过程中形成的，以民事权利和义务为核心内容的特殊社会关系。它主要调整平等民事主体之间的财产关系和人身关系。经由民法调整所形成的法律关系就是民事法律关系。民事法律关系包括主体、内容和客体三个要素。通常，民事法律关系的基本内容是民事权利和民事义务。

(2)民事法律关系的特征：

①民法调整性。民事法律关系是民法调整的社会关系在法律上的表现，即由民法确认和保护的社会关系。

②权利义务性。民事法律关系本质上是人与人之间的权利义务关系。这强调了民事法

律关系的社会属性，而非单纯的人与物的关系。

③平等性。民事法律关系是平等主体之间财产关系和人身关系在法律上的表现。其平等性体现在：主体法律地位平等且权利义务具有对等性，即一方权利对应另一方义务，反之亦然。这源于民法调整平等主体间财产关系与人身关系的本质属性。

④任意性。民事法律关系具有一定程度的任意性，包括发生、变更、消灭及内容上的任意性，允许当事人意思自治。

4．简述不同种类民事法律关系的客体。［华南理工 2017 年研］

相关试题：

(1)简述民事客体的特征及其类型。［中南财大 2014 年研］

(2)论民法权利客体。［论述题，山东大学 2011 年研］

(3)什么是民事权利客体？它包括哪些种类？［中山大学 2010 年研］

答：民事法律关系的客体又称民事权利客体，是指民事权利和义务所指向的对象。其客体主要有：

(1)物。指存在于人身之外、能够满足人们的需要并能被人力支配和控制的客体。物需满足以下条件：①存在于人身之外；②能满足人们的现实需要；③能为人力所支配；④主要是有体物。根据物是否具有可移动性，物可分为动产与不动产；根据两物之间的关系，物可分为主物和从物；按照物的形态和构成不同，物可分为单一物和集合物；根据两物之间的派生关系，物可分为原物与孳息。

(2)货币和有价证券：

①货币，是一般等价物、特殊的种类物，其占有推定为所有。

②有价证券，是指设定并证明持券人有权取得一定财产权利的凭证，如股票、债券、票据等。

(3)人格利益和身份利益：

①人格利益，是指主要满足个人精神需要、体现人格尊严的利益，包括具体人格利益和一般人格利益。具体人格利益通常是具体人格权的客体，一般人格利益是一般人格权的客体。

②身份利益，主要是指基于一定的婚姻、家庭等身份关系所取得的利益，如夫妻、父母子女之间的身份权。

(4)无体财产。主要指除有体物外的其他权利和利益，如对股票、债券、智力成果等的权利。具体而言，无形财产主要包括：①作品、发明、实用新型、外观设计、商标等智力成果；②数据、网络虚拟财产；③股票、债券、票据等有价证券。

(5)其他民事权利客体。在法律有规定的情况下，权利也可成为民事法律关系的客体，如土地使用权可成为抵押权的客体，知识产权可成为质权的客体。如果法律规定，电、热、声、光等自然力也可成为民事权利客体。

5．简述民事法律事实的概念和分类。［广西民大 2023 年研］

相关试题：

(1)简述民事法律事实。［暨南大学 2019 年研；首经贸 2014 年研］

(2)简述民事法律事实的含义及其分类。[中财 2012 年研]

(3)简述民事法律事实的种类。[北科 2010 年研]

答：(1)民事法律事实的概念：

民事法律事实是指依法能够引起民事法律关系发生、变更或消灭的客观现象。民事法律事实是民事法律关系产生的具体条件。只有在一定的民事法律事实发生后，民事法律关系才能产生，并因一定的民事法律事实的发生而变更或消灭。其特点包括：①客观性，是一种客观存在的社会生活事实，如自然现象；②须能引起一定的法律后果；③能否引起法律后果或引起何种特定后果，最终取决于法律规定。

(2)民事法律事实的分类：

根据是否与当事人的意志有关，民事法律事实可分为事件和行为两大类。

①事件又称自然事实，指与当事人的意志无关，能够引起民事法律后果的客观现象。

②行为，指人的有意识的活动，可分为两种类型：

a. 民事法律行为，指旨在确立、变更、终止民事权利义务关系的行为。民事法律行为是最主要的民事法律事实。

b. 事实行为，指行为人实施行为时主观上无产生、变更或消灭民事法律关系的意思，但依法会引发民事法律后果的行为。事实行为有合法与不合法之分，像智力创造、拾得遗失物等是合法事实行为，侵害他人财产人身等属不合法事实行为。

6. 简述民法的渊源。[华南理工 2023 年研]

答：民法的渊源是指现行法律渊源中涉及民事关系的那些表现形式。具体包括：

(1)宪法。《宪法》是我国的根本法，由全国人民代表大会制定，具有最高的法律效力。其中关于社会主义建设方针路线、财产所有制与所有权、公民基本权利义务等规定是调整民事关系的重要法律规范，为民法渊源。但法官裁判民事案件时不得直接援引，但可作为说理论证依据及确定法律文本含义的参考。

(2)民事法律。由全国人大及其常委会制定颁布，是民法的主要表现形式，包括民法典及民事单行法等。民法典是私法基本法，为民事单行法制定、解释和适用提供依据。民事单行法及其他法律中的民事法律规范也是裁判依据。

(3)行政法规。即国务院依宪法、法律及人大常委会授权制定的有关民事的法规、决定和命令，是民法的重要表现形式，效力仅次于宪法和民事法律。法官可援引行政法规裁判民事案件。

(4)地方性法规、自治条例和单行条例。地方性法规是地方各级人大及其常委会依权限制定的规范性文件，其中调整民事关系的内容属民法渊源；自治条例和单行条例分别是民族自治地方人大制定的综合性法规及就具体问题制定的法规，依规定可成为民事裁判依据。

(5)规章。即国务院各部委及地方政府依宪法、法律、行政法规等制定的规范性文件，部分包含调整民事关系内容，其一般不能直接作为民事裁判依据，需经法院审查认定，但法律有明确规定时可成为裁判依据。

(6)司法解释。即最高法和最高检依法作出的审判、检察工作中具体应用法律的解释。其虽不属于法律体系组成部分，但已成为裁判规则，被当事人援引，确立了法律渊源地位。而指导性案例不是法律渊源，可作裁判说理理由。

(7)国际条约和国际惯例。国际条约是多国确定相互权利义务关系的协议。我国缔结或参加的国际条约，除声明保留条款外，与民事法律规定不同时，涉外民事关系优先适用国际条约。国际惯例是指被接受为法律的通例，法律范畴的国际惯例有法律效力，其适用限于中国法律和国际条约未规定的情况，且不得违背我国法律规定。

(8)习惯。指一定地域、行业内人们从事民事活动时普遍遵守的民间习俗、惯常做法等，包括生活习惯和交易习惯。经合法性判断，不违反法律强制规定、社会主义核心价值观和公序良俗的习惯，在法律无规定时可成为裁判依据。当事人主张适用需提供证据，必要时法院可依职权查明。

四、论述题

1. 论述民法基本原则。[中山大学 2023 年研]

相关试题：

(1)结合民法典规定，论述民法的基本原则。[华南理工 2023 年研]

(2)论述民法基本原则的含义和功能。[扬州大学 2021 年研；2017 年法硕(法学)真题]

(3)试论我国民法的基本原则。[中山大学 2016 年研]

答：民法的基本原则是民法的主旨和基本准则，是制定、解释、适用和研究民法的出发点。它贯穿于整个民法制度和规范之中，是民法的本质和特征的集中体现，也是高度抽象的、最一般的民事行为规范和价值判断标准。民法的基本原则虽不直接涉及当事人的具体权利、义务，但仍然具有广泛的适用范围。从规范的性质来看，民法上关于基本原则的规范是强行性规范，不允许当事人排除适用。

在我国现行的民事立法上，承认以下几种原则：

(1)保护民事权益原则。《民法典》第 3 条规定，民事主体的人身权利、财产权利以及其他合法权益受法律保护，任何组织或者个人不得侵犯。民法不仅保护权利而且保护利益，主要保护人身、财产等民事权益，且为新型民事权益提供了保护机制。权利人可以请求义务人履行相应的法律义务。

(2)平等原则，又称法律地位平等原则，集中反映了民事法律关系的本质特征，是民事法律关系区别于其他法律关系的主要标志。《民法典》第 4 条规定，民事主体在民事活动中的法律地位一律平等。其核心内容包括：①人格平等。民事主体不分尊卑、财富、种族、性别，均享有平等的民事权利能力。②法律关系平等。在具体民事法律关系中，当事人地位、权利和义务平等，需通过协商达成一致。③救济平等。法律对民事主体权利的保护一视同仁，但责任承担需根据具体情况确定。④形式平等与实质平等。民法强调形式平等，但在特定情况下(如消费者保护)会倾斜保护弱势群体，体现实质平等。

(3)自愿原则，又称意思自治原则，指民事主体依法享有行为自由，可自主设立、变更、终止民事法律关系。《民法典》第 5 条规定，民事主体从事民事活动，应当遵循自愿原则，按照自己的意思设立、变更、终止民事法律关系。其核心内容包括：①私法任意性。民事主体在法定范围内享有广泛的自由，约定优先于任意性法律规范。②自主决定。民事主体可自主选择行为内容、相对人、行为方式及救济方式，并承担相应风险。③相对自由。意思自治受法律强制性规定和公序良俗限制，体现私法公法化的趋势。

(4)公平原则。即民事主体在民事活动中应遵循利益均衡原则，合理确定权利义务。《民法典》第6条规定，民事主体从事民事活动，应当遵循公平原则，合理确定各方的权利和义务。其核心内容包括：①基本内涵。公平原则是民事活动的基本准则，要求民事主体正当行使权利、履行义务，兼顾他人利益。②目的性评价。公平原则从结果上评价民事活动，调整利益失衡。③司法理念。法官应依据公平原则处理民事纠纷，但优先适用具体规则。公平原则既是行为准则，又是裁判理念；作为补充性原则适用，不得滥用；其侧重实质正义，保护弱势方。

(5)诚信原则。即民事主体在民事活动中应诚实守信，善意行使权利、履行义务。《民法典》第7条规定，民事主体从事民事活动，应当遵循诚信原则，秉持诚实，恪守承诺。其功能包括：①确立行为规则。要求当事人真实、真诚，严守承诺，履行附随义务和后合同义务。②解释功能。用于解释合同条款和法律规则，填补约定或法律的漏洞。③衡平功能。平衡各方利益，解决利益冲突。④推动交易。强化诚信观念，降低交易风险，促进经济发展。

(6)公序良俗原则。即民事主体不得违反法律和公序良俗。《民法典》第8条规定，民事主体从事民事活动，不得违反法律，不得违背公序良俗。其核心内容包括：①基本内涵。公序良俗包括公共秩序(政治、经济、社会秩序)和善良风俗(社会公共道德)。②功能价值。弥补法律不足，弘扬社会道德，维护社会秩序，体现社会主义核心价值观。③法律后果。违反公序良俗的民事法律行为无效，可能引发公法制裁。

(7)绿色原则。指民事主体从事民事活动，应遵循节约资源、保护生态环境的准则。《民法典》第9条规定，民事主体从事民事活动，应当有利于节约资源、保护生态环境。绿色原则的内涵主要包括两个方面：①有效利用资源；②保护环境和生态。绿色原则作为我国《民法典》确立的一项具有中国特色、时代特色的民法基本原则，在《民法典》物权编、合同编、侵权责任编等分编中都得到了充分体现。民事主体从事民事活动，造成资源浪费、生态环境破坏的，应承担相应的民事责任。

2. 试述诚实信用原则。[湖南师大2022年研；杭师大2016年研；北邮2010年研]

相关试题：

(1)论诚信原则的内容和功能。[扬州大学2022年研]

(2)论诚实信用原则的功能。[浙江财大2020年研]

(3)简述诚信原则的功能。[简答题，华南理工2015年研]

(4)论民法中的诚实信用原则。[中山大学2010年研]

答：(1)诚实信用原则即诚信原则，是指民事主体在民事活动中应本着诚实、守信的态度，以善意的方式行使权利、履行义务。《民法典》第7条规定，民事主体从事民事活动，应当遵循诚信原则，秉持诚实，恪守承诺。在我国，诚信原则是民法中重要的基本原则，适用于民法的整个领域。诚实信用原则在现代民法中具有重要的地位，被誉为现代民法的“帝王条款”。

(2)诚信原则的功能：

①确立行为规则的功能。秉持诚实，即当事人要真实、真诚；恪守承诺，即严守合同和允诺。诚信原则在民法中具体表现为：

a. 要求民事主体正当行使民事权利，禁止滥用权利，防止对他人的损害。

b. 忍受轻微妨害义务，对于来自邻人轻微的妨害，应当容忍。

c. 正当履行义务，在合同未明确规定时，根据诚信原则履行义务。

d. 情势变更原则，在合同订立后履行完毕前，如发生情势变更导致利益失衡，允许当事人变更或解除合同。

e. 附随义务。合同履行过程中，依据诚信原则承担通知、协助、保密、忠实、告知、保护等附随义务。

f. 禁止从违法行为中获利原则，即任何人不得从违法行为中获取不正当利益。

②解释的功能。诚信原则要求在法律与合同缺乏规定或规定不明确时，司法审判人员应依据诚信、公平的观念，准确解释法律和合同。具体来说，一方面，在适用法律时，诚信原则要求司法工作人员能够依据诚信、公平的观念正确解释法律、适用法律，弥补法律规定的不足；另一方面，诚信原则也是司法工作人员在解释合同时所应遵循的一项原则。

③衡平的功能。诚信原则要求平衡当事人之间的各种利益冲突和矛盾。诚信原则不仅要平衡当事人之间的利益，而且要求平衡当事人的利益和社会利益之间的冲突与矛盾，即要求当事人在从事民事活动过程中，要充分尊重他人和社会的利益，不得滥用权利，损害国家、集体和第三人的利益。

④填补法律和合同漏洞的功能。当法律或合同存在遗漏时，诚信原则可用来完善和填补这些漏洞。

a. 填补法律漏洞。在适用法律过程中出现法律漏洞时，法官可以运用诚信原则进行填补。

b. 填补合同漏洞。一是内容遗漏，对合同中未规定的条款如质量条款，可依诚信原则填补；二是，合同中的约定不明确或前后矛盾时，可依诚信原则加以完善。

⑤推动交易和增进效率的功能。诚信原则有助于强化诚实守信的观念，督促当事人认真履约，稳固未来预期，降低风险，减少纠纷，维护交易安全和秩序，鼓励市场交易，推动经济发展。

综上，诚信原则是诚实守信的道德伦理在民法中的体现，不仅延续了传统美德，也遵循了社会主义核心价值观，对市场经济的良好运行具有重要作用。注意，诚信原则的弹性可能导致法官自由裁量权的滥用，因此在具体规则与诚信原则均可适用时，应优先适用具体规定。裁判机关行使自由裁量权时，应综合考虑案件情况和法律规定，避免滥用诚信原则。

3. 论公序良俗原则的基本内涵和功能价值。[中山大学 2022 年研]

相关试题：

(1) 论民法中的公序良俗原则。[浙江财大 2018 年研；中山大学 2014 年研]

(2) 论民法中的公序良俗原则及其在司法实践中的意义。[中山大学 2011 年研]

(3) 论公序良俗原则。[武汉理工 2010 年研；中山大学 2009 年研]

答：公序良俗原则是指民事主体从事民事活动的内容和目的不得违反公共秩序和善良风俗。《民法典》第 8 条规定，民事主体从事民事活动，不得违反法律，不得违背公序良俗。该条规定了合法性和公序良俗原则。第 153 条第 2 款规定，违背公序良俗的民事法律行为无效。

(1)公序良俗原则的基本内涵：

公序良俗是公共秩序与善良风俗的简称。

①公共秩序，是指全体社会成员应共同遵守的政治、经济和社会秩序。危害社会公共秩序的行为通常就是违反法律的强制性规定的行为。

②善良风俗又称社会公共道德，是指社会全体成员所普遍认许、遵循的一般道德准则。其含义包含两个方面：a. 指社会所普遍承认的伦理道德，如救死扶伤、助人为乐、见义勇为等；b. 指某个区域社会所普遍存在的风俗习惯，如婚礼不得撞丧。善良风俗则更多基于一般认知的道德规范。

(2)公序良俗原则的功能价值：

①价值宣示与裁判补充功能。赋予裁判机关有限度的自由裁量权，帮助解决法律规定不明确的情况。

②引致功能。通过将社会的一般认知和生活需求导入法律规范中，弥补法律与社会生活之间的差距，确保法律体系与时俱进。

③弘扬社会主义核心价值观。有助于维护社会稳定，促进社会主义核心价值观的实现。

4. 论民法中的绿色原则。［扬州大学2023年研；宁波大学2020年研］

相关试题：

(1)试述我国《民法典》践行"绿水青山就是金山银山"理念的规则体系。［2022年法硕(法学)真题］

(2)试述民法绿色原则的具体运用。［中山大学2019年研］

(3)简述民法总则的绿色原则(生态原则)。［简答题，华侨大学2018年研］

(4)试论我国民法中的绿色原则的功能。［2018年法硕(法学)真题］

答：(1)绿色原则，是指民事活动中应当遵循节约资源、保护生态环境的原则。《民法典》第9条规定，民事主体从事民事活动，应当有利于节约资源、保护生态环境。绿色原则是代际正义、社会可持续发展的要求，是民法相关具体制度的基石。绿色原则在宏观上使民法典对产权的明晰界定具有更深层次的意义，为民法典的具体制度提供了基础。

(2)绿色原则的内容：

①有效利用资源，即人们在生产、生活等活动中，要与资源、环境相协调，有效利用和节约资源。

②保护环境和生态，建设环境友好、人与自然和谐共处的社会。

这两个层面相辅相成，共同服务于环境保护与生态文明建设。

(3)绿色原则的功能：

①确立价值导向。其为立法和司法确立注重生态环境保护、考虑社会可持续发展的价值导向，体现现代民法权利本位与兼顾公共利益的理念转变，为立法预留发展空间。

②限制财产权利。限制财产权利行使，要求权利人平衡个人与社会利益，如物权行使与抛弃时应做到物的有效利用，节约资源、保护生态环境。

③设定法定义务。我国《民法典》在物权编、侵权责任编等为民事主体设定节约资源、保护生态环境的义务；但绿色原则一般不能直接作为裁判依据，需依据具体法律规则判断

民事责任。

④解释合同。绿色原则可以指导合同解释活动，在当事人就标的物包装条款等发生争议时，按有利于节约资源、保护生态环境的原则解释；法官解释合同时，若合同履行可能损害生态环境，可能认定违背公序良俗而宣告无效，需充分论证。

5．试述民法的适用范围及民法适用的基本原则。［广西民大 2023 年研］

答：（1）民法的适用范围：

民法的适用范围，又称民法的效力范围，是指民事法律规范在何时、何地、对何人产生法律效力。从内容上看，主要包括：

①民法的时间适用范围，包括民法的生效时间和失效时间。溯及力上一般遵循“法不溯及既往”原则，但存在以下例外：有利溯及、新增规定溯及，同时明确既判力优先，已终审案件不溯及。

②民法的空间适用范围。空间效力一般可分为：

a．域内效力。即民事法律规范在国家管辖的所有领域内有效。我国领域内从事民事活动一般适用中国法，涉外关系依特别规定或最密切联系原则，可能适用外国法。

b．域外效力。指法律在其制定国管辖领域以外的效力。特殊情形下，法律为保护本国利益可有域外效力。

③民法对人的适用范围。《民法典》采属地主义，即居住在中国境内的人无论国籍均受中国法律约束。

（2）民法适用的基本原则：

①上位法优于下位法。效力高的规范性文件与效力低的冲突时，优先用高位阶文件；若下位法细化或补充上位法且无冲突，可同时适用。

②基础性法律优于一般性法律。《民法典》属于基础性法律，与单行民商事法律非上下位关系。在基础性法律有明确规定的情况下，应直接适用基础性法律。只有在基础性法律没有规定时，才适用一般性法律。但如果一般性法律是对基础性法律的细化，则应优先适用一般性法律。

③新法优于旧法。在同等级的法律中，新颁布的法律优先于旧法。

④特别法优于普通法。民事特别法针对特定区域、事项、时间；民事普通法适用全国、规定一般事项。在同等级效力的法律之间，特别法应优于普通法适用。

⑤强行法优于任意法。强行性规范（禁止或命令行为的规定）在效力上高于允许当事人自由约定的任意性规范。任意性规范可由当事人约定排除；强行性规范不可改变。涉及事项若强行法有规定，优先援引强行法裁判。

五、法条分析题

《中华人民共和国民法典》第 289 条规定：“法律、法规对处理相邻关系有规定的，依照其规定；法律、法规没有规定的，可以按照当地习惯。”［2024 年法硕（非法学）真题］

请回答：

（1）本条中作出“法律、法规没有规定的，可以按照当地习惯”这项规定的依据是什么？

（2）本条规定的“习惯”如何理解，如何适用？

答：(1)依据：《民法典》第10条规定，即："处理民事纠纷，应当依照法律；法律没有规定的，可以适用习惯，但是不得违背公序良俗。"

(2)民事习惯是指当事人所知悉或者实践的生活与交易习惯，也即在一定地域、行业范围内，长期为一般人从事民事活动时普遍遵守的民间习俗和惯常做法。适用习惯的前提是：

①法律没有规定。如果法律有规定的，应当适用法律，不得适用民事习惯。

②不得违背社会主义核心价值观，不得违背公序良俗，不得违背诚实信用原则。

③当事人主张适用习惯的，应当就习惯及其具体内容负举证责任；必要时，人民法院可以依职权查明。

六、案例分析题

甲(女)与乙(男)于1963年登记结婚，婚后收养一子女，购买房屋一套。1996年，乙与比他小近30岁的丙相识，此后便一直在外租房公开同居生活。周围的群众都认为乙和丙是老夫少妻关系。2000年，甲、乙将夫妻共有的房产以80万元的价格出售，该款项一直存在银行，准备另行购买房屋。

2008年初，乙因患肝癌住院治疗，丙去医院照顾乙，但遭到甲及其亲友的怒骂。2008年5月11日，乙立下书面遗嘱，将其出售房屋所获款项的一半(40万元)、住房补贴金、公积金、抚恤金、手机一部合约50万元的财产遗赠给"朋友"丙所有。13日，当地公证处对该遗嘱出具了公证书。15日，乙因病去世。乙的遗体火化前，丙协同律师宣布了乙的遗嘱。甲感到十分震惊，双方再次发生争吵。当日下午，丙诉至法院。原告诉称，原告与乙是朋友关系，乙立下公证遗嘱将价值约50万元的财产遗赠给原告，现在遗嘱生效，原告接受遗赠。但被告甲控制了全部财产，拒不给乙，因此甲侵害了丙的财产权，现请求法院判令被告交付财产。

该遗产纠纷案诉至法院后，社会各界对该案十分关注。对于原告是否有权享有乙的财产，众说纷纭。如果丙取得遗产的所有权，有人认为这有悖于民法的公序良俗原则；如果丙不能取得遗产的所有权，有人认为这无异于剥夺了所有人乙的处分权，也违背私权自治的民法精神。当地法院对本案十分慎重，在4次开庭后，认定遗嘱无效，作出了驳回原告诉讼请求的判决。宣判后，1500名旁听群众掌声雷动。[中山大学2010年研]

问题：分析本案中的法律关系，并对法院的判决进行评析。

答：(1)本案中的法律关系有：

①婚姻关系。甲(女)与乙(男)于1963年登记结婚，形成了合法的婚姻关系。乙在婚后与丙公开同居，违反了婚姻法中关于夫妻忠诚义务的规定。且乙与丙的同居关系明显违背了社会公德和公共秩序，可能构成对公序良俗原则的违反。

②财产关系。甲和乙共同购买了一套房屋，并于2000年以80万元的价格出售，所得款项存入银行。该款项属于夫妻共同财产，甲和乙各享有一半的所有权。

③继承关系：遗嘱与遗赠。2008年5月11日，乙立下书面遗嘱，将出售房屋所获款项的一半(40万元)、住房补贴金、公积金、抚恤金、手机一部(共计约50万元)遗赠给"朋友"丙。该遗嘱经过公证处公证，具有法律效力。

(2)对法院判决的评析：

①法院认定遗嘱无效的理由：

a．公序良俗原则。《民法典》第 8 条规定，民事主体从事民事活动，不得违反法律，不得违背公序良俗。乙与丙的同居关系明显违背了社会公德和公共秩序，这种行为不应得到法律的支持和保护。

b．夫妻共同财产。乙在遗嘱中处分的财产属于夫妻共同财产，乙无权单独处分。根据《民法典》第 1062 条规定，夫妻共同财产应由双方共同决定如何处分。

②评析：

a．公序良俗原则的应用。法院在审理过程中充分考虑了公序良俗原则，认为乙与丙的同居关系违背了社会道德和公共秩序，因此认定该遗嘱无效。这一判决体现了法律对社会道德的维护，符合民法的基本精神。

b．夫妻共同财产的保护。乙在遗嘱中处分的财产属于夫妻共同财产，乙无权单独处分。法院的判决保护了甲的合法权益，符合《民法典》的相关规定。

c．私权自治与公序良俗的平衡。虽然乙有权处分自己的财产，但这种处分不能违反公序良俗原则。法院在判决中平衡了私权自治与公序良俗的关系，既尊重了乙的意愿，又维护了社会道德和公共秩序。

(3)结论。法院认定遗嘱无效并驳回原告诉讼请求的判决是合理的。这一判决不仅维护了社会公德和公共秩序，也保护了甲作为妻子的合法权益。通过本案例可以看到，在处理涉及公序良俗原则的问题时，法院应当综合考虑法律、道德和社会公共利益，确保判决的公正性和合理性。

第二章　民事主体

一、单项选择题

1. 11 周岁的甲某，使用其母亲的名字和身份证注册某网络游戏账号。在不到 1 个月的时间里，甲某为游戏充值，欲购买皮肤和装备，刷掉上万元。甲充值购买游戏皮肤和装备的行为(　　)。[2024 年法硕(法学、非法学)真题]

A. 有效　　B. 无效　　C. 可撤销　　D. 效力未定

【解析】《民法典》第 19 条规定，8 周岁以上的未成年人为限制民事行为能力人，实施民事法律行为由其法定代理人代理或者经其法定代理人同意、追认；但是，可以独立实施纯获利益的民事法律行为或者与其年龄、智力相适应的民事法律行为。本题中，甲某仅 11 周岁，属于限制民事行为能力人，其花费上万元为游戏充值，不属于与其年龄、智力相适应的民事法律行为。该行为的效力有待其法定代理人的追认，属于效力未定的民事法律行为。

2. 甲与乙参加户外漂流，经过一急流处侧翻。经过打捞，乙被救起，而甲下落不明。对此，下列说法正确的是(　　)。[2024 年法硕(法学、非法学)真题]

A. 甲下落不明后，利害关系人可以随时申请宣告甲死亡

B. 自甲下落不明满 2 年，利害关系人可以申请宣告甲死亡

C. 需自甲下落不明满 4 年，利害关系人才可以申请宣告甲死亡

D. 人民法院宣告判决的日期即为甲死亡的日期

【解析】ABC 三项，《民法典》第 46 条规定，自然人有下列情形之一的，利害关系人可以向人民法院申请宣告该自然人死亡：①下落不明满 4 年；②因意外事件，下落不明满 2 年。因意外事件下落不明，经有关机关证明该自然人不可能生存的，申请宣告死亡不受 2 年时间的限制。本题中，甲参与户外漂流下落不明属于意外事件，且题干中没有表明经有关机关证明不可能生还，因此宣告死亡需要受 2 年期限的限制，即在甲下落不明满 2 年后，利害关系人可以申请宣告甲死亡。

D 项，《民法典》第 48 条规定，被宣告死亡的人，人民法院宣告死亡的判决作出之日视为其死亡的日期；因意外事件下落不明宣告死亡的，意外事件发生之日视为其死亡的日期。本题中，甲参与户外漂流下落不明属于意外事件，因此意外事件发生之日为甲死亡的日期。

3. 个体工商户的债务，个人经营的，以个人财产承担；家庭经营的，以家庭财产承担；无法区分的，应当(　　)。[2023 年法硕(非法学)真题]

A. 以个人财产承担　　B. 以夫妻共同财产承担

C. 以经营所得承担　　D. 以家庭财产承担

【解析】《民法典》第 56 条规定：“个体工商户的债务，个人经营的，以个人财产承担；家庭经营的，以家庭财产承担；无法区分的，以家庭财产承担。农村承包经营户的债务，以从事农村土地承包经营的农户财产承担；事实上由农户部分成员经营的，以该部分成员的财产承担。”

1D　2B　3D

4. 下列关于捐助法人的表述，正确的是(　　)。[2021 年法硕(法学、非法学)真题]

A. 捐助法人终止时应将剩余财产返还给捐助人

B. 捐助法人无须设立决策机构

C. 捐助人是捐助法人的法定代表人

D. 捐助法人是为公益目的设立的非营利法人

【解析】A 项，《民法典》第 95 条规定："为公益目的的成立的非营利法人终止时，不得向出资人、设立人或者会员分配剩余财产。剩余财产应当按照法人章程的规定或者权力机构的决议用于公益目的；无法按照法人章程的规定或者权力机构的决议处理的，由主管机关主持转给宗旨相同或者相近的法人，并向社会公告。"

BC 两项，《民法典》第 93 条第 2 款规定："捐助法人应当设理事会、民主管理组织等决策机构，并设执行机构。理事长等负责人按照法人章程的规定担任法定代表人。"

D 项，根据《民法典》第 92 条第 1 款规定，捐助法人是指具备法人条件，为公益目的以捐助财产设立的基金会、社会服务机构等组织。

二、多项选择题

1. 监护人因发生突发事件等紧急情况暂时无法履行监护职责，被监护人的生活处于无人照料状态的，应当为被监护人安排必要的临时生活照料措施的组织有(　　)。[2021 年法硕(法学、非法学)真题]

A. 被监护人住所地的民政部门　　B. 监护人的所在单位

C. 被监护人住所地的居民委员会　　D. 被监护人住所地的村民委员会

【解析】《民法典》第 34 条第 4 款规定，因发生突发事件等紧急情况，监护人暂时无法履行监护职责，被监护人的生活处于无人照料状态的，被监护人住所地的居民委员会、村民委员会或者民政部门应当为被监护人安排必要的临时生活照料措施。

2. 下列选项中，属于非营利法人的有(　　)。[2020 年法硕(法学、非法学)真题]

A. 基层群众性自治组织法人　　B. 社会团体法人

C. 事业单位法人　　D. 农村合作经济组织法人

【解析】《民法典》将法人分为三类：营利法人、非营利法人和特别法人。《民法典》第 87 条规定："为公益目的或者其他非营利目的成立，不向出资人、设立人或者会员分配所取得利润的法人，为非营利法人。非营利法人包括事业单位、社会团体、基金会、社会服务机构等。"第 96 条规定，本节规定的机关法人、农村集体经济组织法人、城镇农村的合作经济组织法人、基层群众性自治组织法人，为特别法人。

三、概念题

1. 自然人的民事行为能力[东北财大 2014 年研]

相关试题：民事行为能力[广西民大 2024 年研；中国政法 2023 年研]

答：自然人的民事行为能力，是指自然人能通过独立意思表示，实施民事法律行为的

4D | 1ACD　2BC

能力。自然人具有民事行为能力，要求自然人达到一定的年龄并拥有正常的精神状态。民事行为能力以意思能力为基础，当事人的民事行为能力影响民事责任能力。根据年龄和精神健康状况，我国《民法典》将自然人的民事行为能力分为三类：完全民事行为能力、限制民事行为能力和无民事行为能力。

2. 监护[北邮2023年研；广东财大2023年研；湖南师大2020年研；温州大学2018年研；北师2012年研；中南财大2012年研]

答： 参见本章论述题第2题答案。

3. 意定监护[北邮2024年研；暨南大学2022年研]

答： 参见本章简答题第5题答案。

4. 宣告失踪与宣告死亡[中南财大2003年研]

相关试题：

(1)宣告失踪[复旦大学2020年研；湘潭大学2017年研；南航2016年研；浙商大2015年研；青岛大学2015年研]

(2)宣告死亡[湘潭大学2016年研；东北财大2011年研]

答：(1)二者的概念，参见本章简答题第6、7题答案。

(2)二者的区别：

①条件不同。宣告失踪的条件有：a. 下落不明满2年(战争期间从战争结束或确定下落不明之日起算)；b. 由利害关系人申请，法院依法宣告。宣告死亡的条件有：a. 普通期间，下落不明满4年；特殊期间，因意外事件下落不明满2年(若证明不可能生存，不受2年限制)；b. 由利害关系人申请，法院依法宣告。

②法律后果不同。宣告失踪侧重于财产管理，主要解决失踪人财产管理问题，不涉及人身关系。宣告死亡则全面终结失踪人的民事法律关系，包括财产和人身关系。

③利害关系人范围不同。宣告失踪的利害关系人包括近亲属、继承权人及与被申请人有民事权利义务关系的主体。宣告死亡的第一顺序利害关系人主要为配偶。

(3)二者均是对下落不明自然人的法律推定。其联系如下：

①共同前提：均以自然人下落不明为前提，且需达到法定期限。

②程序相似：均需利害关系人向法院申请，法院依特别程序审理。

③目的相关：均旨在解决因自然人失踪引发的法律关系问题，但宣告死亡的法律后果更彻底。

5. 法人[广东财大2020年研；中财2017年研；东北财大2015年研]

答： 参见本章简答题第9题答案。

6. 营利法人和非营利法人[华南理工2022年研]

相关试题：营利法人[南京大学2023年研]、**非营利法人**[中山大学2021年研；北邮2021年研]

答：(1)二者的概念，参见本章简答题第8题答案。

(2)二者的区别：

①设立依据不同。营利法人的设立通常依特别法设立；而非营利法人一般依民法规则设立。

②设立原则不同。营利法人的设立一般采取准则主义；而非营利法人的设立一般采取许可主义。

③是否以获得利润为目的。营利法人以获得利润为目的；而非营利法人一般不以获得利润为目的。

④法人终止后剩余财产的分配不同。营利法人须将所获利润分配给股东等出资人；而非营利法人可以在业务活动中获得收入，但不得将收入在出资人、设立人或者会员中进行分配。

7. 法人清算[青岛大学2015年研；上海海事大学2006年研]

答：法人清算，是指法人在终止前，清理其财产，收取其债权，并了结其债务的活动。《民法典》第70条第1款规定，法人解散的，除合并或者分立的情形外，清算义务人应当及时组成清算组进行清算。法人解散的，除合并或者分立的情形外，清算义务人应当及时组成清算组进行清算。法人的董事、理事等执行机构或者决策机构的成员为清算义务人。清算期间法人存续，但是不得从事与清算无关的活动。清算结束并完成法人注销登记时，法人终止；依法不需要办理法人登记的，清算结束时，法人终止。

8. 非法人组织[华东政法2024年研；北邮2022年研；中山大学2020年研；北航2020年研]

答：非法人组织，是指不具有法人资格但可以自己的名义进行民事活动的组织。其特征包括：①以成员为基础的稳定组织体；②有特定目的和民事活动范围；③以组织体名义从事民事活动；④承担无限责任；⑤应依法登记设立。非法人组织包括个人独资企业、合伙企业、不具有法人资格的专业服务机构等。

四、简答题

1. 简述自然人民事权利能力的法律特征。[天津商大2021年研]

答：自然人的民事权利能力，是指自然人依法享有民事权利、承担民事义务的资格。从总体上看，自然人的民事权利能力的法律特征主要有：

(1)平等性。《民法典》第14条规定，自然人的民事权利能力一律平等。这既是社会主义法治基本原则的具体体现，也是民法调整私法关系的本质要求。在我国民法上，自然人都平等地拥有民事主体资格，都平等地享有法律上所规定的民事权利能力，不受民族、种族、性别、年龄、职业、职务、家庭出身、宗教信仰、教育程度、财产状况的限制。

(2)不可剥夺性。自然人的权利能力始于出生，终于死亡。一个自然人可能因刑事犯罪而被限制自由，但不能因此而剥夺其民事权利能力。自然人的民事权利能力和民事行为能力除依法律规定并经法定程序加以限制和剥夺外，任何人不得限制或剥夺。

(3)不可放弃和不可转让性。民事权利能力具有与民事主体人身的不可分离性。民事权利能力是一种资格，这种资格是由法律赋予的，不能转让或者放弃。除非法律有特别规定，任何民事主体的民事权利能力不受限制和剥夺。

(4)法律限制性。《民法典》第13条规定，自然人从出生时起到死亡时止，具有民事权利能力，依法享有民事权利，承担民事义务。自然人只能在法律赋予范围内进行民事活动。

2. 简述公民的民事权利能力和民事行为能力的关系。[华中农大2011年研]

相关试题：民事权利能力和民事行为能力[概念题，华南理工2017年研]

答：自然人的民事权利能力，是指自然人依法享有民事权利、承担民事义务的资格。自然人的民事行为能力，是指自然人能够通过独立意思表示，实施民事法律行为的能力。二者密切相关，又相互区别。

(1)二者的联系：

自然人的民事行为能力和民事权利能力都是由法律规定的，非依法律规定不得限制和剥夺。自然人具有民事权利能力，是具有民事行为能力的前提。民事行为能力是民事权利能力实现的条件。民事权利能力表明了作为民事主体的资格，行为能力则表明了民事主体能以自己行为从事民事活动的资格。

(2)二者的区别：

①民事权利能力是成为民事主体的资格；而民事行为能力是能够以自己行为从事民事活动的资格。有民事权利能力的人，如果不具备法定的意思能力，就没有民事行为能力。反之，任何具备民事行为能力的人，都具有民事权利能力。

②民事权利能力具有普遍性；而民事行为能力不具有普遍性。对于自然人来说，民事权利能力都是平等的，但民事行为能力却可能因人而异。

③民事权利能力是不受限制和剥夺的；而民事行为能力却可依据法律规定的原因和程序作出限制。例如，精神病人可以被认定为限制民事行为能力人或无民事行为能力人。

④民事行为能力以意思能力的存在为基础；而民事权利能力不以意思能力的存在为基础，不受年龄、精神状况和身体条件的限制。

3. 简述撤销监护人资格的法定事由。[2020年法硕(法学、非法学)真题]

答：根据《民法典》第36条规定，监护人有下列情形之一的，人民法院根据有关个人或者组织的申请，撤销其监护人资格，安排必要的临时监护措施，并按照最有利于被监护人的原则依法指定监护人：

(1)实施严重损害被监护人身心健康的行为。

(2)怠于履行监护职责，或者无法履行监护职责且拒绝将监护职责部分或者全部委托给他人，导致被监护人处于危困状态。

(3)实施严重侵害被监护人合法权益的其他行为。

有权申请人民法院撤销监护人资格的个人和组织包括：其他依法具有监护资格的人，居民委员会、村民委员会、学校、医疗机构、妇女联合会、残疾人联合会、未成年人保护组织、依法设立的老年人组织、民政部门等。个人和民政部门以外的组织未及时向人民法院申请撤销监护人资格的，民政部门应当向人民法院申请。

4. 简述监护终止的原因。[湘潭大学2017年研；北师2006年研]

相关试题：简述监护关系终止的原因。[华侨大学2011年研]

答：监护因一定的事实而发生，也因一定的法律事实而终止。监护设立的根据不同，终止的原因也不相同。根据《民法典》第 39 条第 1 款规定，监护主要因下列原因而终止：

(1)被监护人取得或者恢复完全民事行为能力。其中，对于未成年人的监护，自被监护人成年之日起，监护关系自然终止。未成年人年满 18 周岁，成为成年人，具有完全民事行为能力，监护关系终止。精神病人痊愈后，经利害关系人申请，由人民法院撤销监护裁决。其他原因导致失去部分或全部民事行为能力的成年人恢复完全民事行为能力时，监护关系终止。

(2)监护人丧失监护能力。这包括丧失民事行为能力或履行监护职责所必要的其他能力。监护关系的成立以监护人具有行为能力为条件。监护人在履行职责过程中丧失民事行为能力的，无法继续担任监护人。例如，因疾病陷入昏迷。

(3)被监护人或者监护人死亡。被监护人死亡，监护关系自然终止。监护人死亡，无人履行监护职责，监护关系终止。

(4)人民法院认定监护关系终止的其他情形。监护人不依法履行监护职责或滥用监护权损害被监护人利益的，法院可撤销其监护资格。当事人有正当理由申请变更监护人的，法院批准后，原监护关系终止。

根据《民法典》第 39 条第 2 款规定，监护关系终止后，如果被监护人仍然需要监护，应当依法另行确定监护人。例如，监护人死亡后，被监护人仍未成年，需重新指定监护人。

5．监护人的设定方式。［华南理工 2022 年研］

答：根据《民法典》的规定，监护人的设定方式有：

(1)法定监护。指监护人由法律直接规定的监护，即按法律规定的范围和顺序直接确定。

①未成年人监护。《民法典》第 27 条规定："父母是未成年子女的监护人。未成年人的父母已经死亡或者没有监护能力的，由下列有监护能力的人按顺序担任监护人：(一)祖父母、外祖父母；(二)兄、姐；(三)其他愿意担任监护人的个人或者组织，但是须经未成年人住所地的居民委员会、村民委员会或者民政部门同意。"

②成年人监护。《民法典》第 28 条规定："无民事行为能力或者限制民事行为能力的成年人，其监护人由下列有监护能力的人按顺序担任：(一)配偶；(二)父母、子女；(三)其他近亲属；(四)其他愿意担任监护人的个人或者组织，但是须经被监护人住所地的居民委员会、村民委员会或者民政部门同意。"

(2)遗嘱监护。指父母以遗嘱方式为被监护人设定的监护。《民法典》第 29 条规定，被监护人的父母担任监护人的，可以通过遗嘱指定监护人。其适用对象为：未成年人和无民事行为能力或限制民事行为能力的成年人。遗嘱指定的监护人优先于法定人选，并不限于法定人选。

(3)协议监护。指具有监护资格的人协议确定由其中一人或数人担任监护人而形成的监护。《民法典》第 30 条规定："依法具有监护资格的人之间可以协议确定监护人。协议确定监护人应当尊重被监护人的真实意愿。"其适用条件为：不按法定顺序确定监护人，但未成年人的父母有监护能力时不适用。

(4)指定监护。指在监护争议情况下，由基层组织或国家机关指定监护人。《民法典》第 31 条第 1 款规定，对监护人的确定有争议的，由被监护人住所地的居民委员会、村民委员会或者民政部门指定监护人，有关当事人对指定不服的，可以向人民法院申请指定监护人；有关当事人也可以直接向人民法院申请指定监护人。其适用对象为未成年人和无民事行为能力或限制民事行为能力的成年人，应尊重被监护人的真实意愿，最有利于被监护人。

(5)国家监护。指国家机关或社会组织在法定条件下，以监护人身份履行监护职责。具体情形包括：

①根据《民法典》第31条第3款规定，依法具有监护资格的人之间存在监护争议，被监护人的人身权利、财产权利以及其他合法权益在指定监护人前处于无人保护状态的，由被监护人住所地的居民委员会、村民委员会、法律规定的有关组织或者民政部门担任临时监护人。

②《民法典》第32条规定，没有依法具有监护资格的人的，监护人由民政部门担任，也可以由具备履行监护职责条件的被监护人住所地的居民委员会、村民委员会担任。

(6)意定监护。指具有完全民事行为能力的成年人为自己预先设定的监护。其适用对象为：因年迈、重病等原因可能失去意思能力的成年人。《民法典》第33条规定，具有完全民事行为能力的成年人，可以与其近亲属、其他愿意担任监护人的个人或者组织事先协商，以书面形式确定自己的监护人，在自己丧失或者部分丧失民事行为能力时，由该监护人履行监护职责。

6. 民法宣告失踪的概念和效力。[河北师大2020年研]

相关试题：

(1)简述宣告失踪的条件。[华南理工2022年研；浙江财大2020年研]

(2)试论失踪人的财产代管人制度。[北邮2024年研]

答：(1)宣告失踪的概念和条件：

宣告失踪是指经利害关系人申请，由法院依照法定条件和程序，宣告下落不明满法定期限的自然人为失踪人的民事法律制度。《民法典》第40条规定，自然人下落不明满2年的，利害关系人可以向人民法院申请宣告该自然人为失踪人。宣告失踪的条件有：

①须该自然人处于持续的下落不明状态。

②须该自然人下落不明满2年。下落不明的时间应从自然人失去音讯之日起计算；战争期间下落不明的，应从战争结束之日或者有关机关确定的下落不明之日起计算。

③须由利害关系人向人民法院提出申请。

④须由人民法院依照法定程序宣告。

(2)宣告失踪的效力：

在自然人被宣告失踪后，其民事主体资格仍然存在，其仍然可以实施各种民事行为。因此，宣告失踪并不产生消灭婚姻关系的效力，也不会导致失踪人的财产被他人继承。根据《民法典》的规定，宣告失踪的法律后果是为被宣告失踪人建立财产代管制度。

①财产代管人的选任。财产代管人是为失踪人管理财产的人。《民法典》第42条规定："失踪人的财产由其配偶、成年子女、父母或者其他愿意担任财产代管人的人代管。代管有争议，没有前款规定的人，或者前款规定的人无代管能力的，由人民法院指定的人代管。"

②财产代管人的职责。财产代管人兼具法定代理人和保管人的身份。《民法典》第43条规定："财产代管人应当妥善管理失踪人的财产，维护其财产权益。失踪人所欠税款、债务

和应付的其他费用，由财产代管人从失踪人的财产中支付。财产代管人因故意或者重大过失造成失踪人财产损失的，应当承担赔偿责任。”

③财产代管人的变更。《民法典》第 44 条规定：“财产代管人不履行代管职责、侵害失踪人财产权益或者丧失代管能力的，失踪人的利害关系人可以向人民法院申请变更财产代管人。财产代管人有正当理由的，可以向人民法院申请变更财产代管人。人民法院变更财产代管人的，变更后的财产代管人有权请求原财产代管人及时移交有关财产并报告财产代管情况。”

7. 简述宣告死亡的条件和法律效果。［东北财大 2009 年研］

相关试题：

(1)简述宣告死亡的要件。［北邮 2022 年研］

(2)简述民法上死亡宣告的要件。［华南理工 2017 年研；北师 2008 年研］

(3)简述宣告死亡的条件。［2016 年法硕(非法学)真题］

答：(1)宣告死亡的条件：

宣告死亡是指经利害关系人申请，由法院依照法律规定的条件和程序，判决宣告下落不明满法定期限的自然人死亡的民事法律制度。《民法典》第 46 条规定：“自然人有下列情形之一的，利害关系人可以向人民法院申请宣告该自然人死亡：(一)下落不明满四年；(二)因意外事件，下落不明满二年。因意外事件下落不明，经有关机关证明该自然人不可能生存的，申请宣告死亡不受二年时间的限制。”据此，宣告死亡须具备以下条件：

①自然人下落不明须达到法定的期间。一般情况下，自然人下落不明满 4 年，因意外事件下落不明满 2 年的，利害关系人就可申请宣告其死亡。因意外事件下落不明，经有关机关证明该自然人不可能生存的，申请宣告死亡不受 2 年时间的限制。战争期间下落不明的，申请宣告死亡的失踪期间适用 4 年的规定。

②须有利害关系人的申请。申请宣告死亡的利害关系人包括：被申请人的近亲属；代位继承人或者对公婆、对岳父岳母尽了主要赡养义务的丧偶儿媳、女婿；债权人、债务人、合伙人等与被申请人有民事权利义务关系的民事主体，但是不申请宣告失踪不影响其权利行使、义务履行的除外。

③须由人民法院依法定程序进行宣告。宣告死亡的公告期间为 1 年，因意外事故下落不明，经有关机关证明该自然人不可能生存的，宣告死亡的公告期间为 3 个月。公告期间届满仍不能确定失踪人尚生存的，人民法院才能依法对其作出死亡宣告。

(2)宣告死亡的法律效果：

①被宣告死亡的自然人与他人之间现存的各种民事法律关系，在法律没有特别规定时，归于消灭。从这个意义上讲，自然人被宣告死亡会产生与生理死亡同样的法律后果。这主要包括被宣告死亡的自然人与其配偶之间婚姻关系消灭；其继承人因此可以继承其遗产；受遗赠人可以取得遗赠等。

②宣告死亡只是依法对失踪人死亡的推定，事实上该失踪人的生命不一定终结。某自然人在甲地被宣告死亡，但他仍在乙地生存时，就应承认其享有民事权利能力。《民法典》第 49 条规定，自然人被宣告死亡但是并未死亡的，不影响该自然人在被宣告死亡期间实施的民事法律行为的效力。

8. 简述我国《民法典》中的法人分类体系。[中国政法 2021 年研]

相关试题：

(1)民法关于法人分类的标准及类型。[中国政法 2022 年研]

(2)简述我国民法总则法人的概念及分类。[北邮 2020 年研]

答：《民法典》将法人分为：

(1)营利法人。《民法典》第 76 条规定，以取得利润并分配给股东等出资人为目的成立的法人，为营利法人。营利法人包括有限责任公司、股份有限公司和其他企业法人等。

①有限责任公司，又称有限公司。有限责任公司的股东以其认缴的出资额为限对公司承担责任。

②股份有限公司，又称股份公司。股份有限公司的股东以其认购的股份为限对公司承担责任。

③除有限责任公司和股份有限公司外，其他企业法人也属于营利法人，如独资企业等。

(2)非营利法人。《民法典》第 87 条规定，为公益目的或者其他非营利目的成立，不向出资人、设立人或者会员分配所取得利润的法人，为非营利法人。非营利法人包括事业单位、社会团体、基金会、社会服务机构等。

①事业单位法人，是指为了社会公益事业目的，从事文化、教育、卫生、体育、新闻等公益事业的单位。

②社会团体法人，是指自然人或者法人自愿组成，为实现会员共同意愿，按照其章程开展活动的具备法人条件的非营利性社会组织。

③捐助法人，是指以公益为目的，以社会捐助财产设立并经依法登记成立的基金会法人、社会机构法人和宗教活动场所法人。

(3)特别法人。根据《民法典》第 96 条规定，机关法人、农村集体经济组织法人、城镇农村的合作经济组织法人、基层群众性自治组织法人，为特别法人。

①机关法人，是指因行使职权的需要而享有相应的民事权利能力和民事行为能力的国家机关。机关法人包括权力机关法人、行政机关法人、司法机关法人和军事机关法人。

②农村集体经济组织法人，是指利用农村集体的土地或其他财产，从事农业经营等活动的组织。

③城镇农村合作经济组织法人，是指劳动者自愿入股联合实行民主管理的经济组织法人。

④基层群众性自治组织法人，是指由我国城市居民和农村村民依照宪法、法律赋予的权利，通过民主选举的方式，实现“自我管理、自我教育、自我服务”的基层自治社会组织法人。

9. 简答法人的概念和特征，并指出其在民事权利能力和民事行为能力上的区分。[上贸大 2023 年研]

答：(1)法人的概念和特征：

法人，是指具有民事权利能力和民事行为能力，依法独立享有民事权利、承担民事义务的组织。其特征有：

①依法成立。法人必须依照法律规定的条件和程序成立，包括有自己的名称、组织机

构、住所、财产或经费，并办理登记。

②独立法律人格。法人是社会组织体，有自己的名称和组织机构，以自己的名义参与社会活动，享有民事权利、承担民事义务，独立起诉和应诉。

③独立承担民事责任。《民法典》第 60 条规定，法人以其全部财产独立承担民事责任。出资人或设立人在其出资义务范围外不对法人的债务负清偿责任。

④能长期存续。法人的存续不受成员变化或某些成员民事行为能力变化的影响，可以超越自然人生命而长期存在。

(2)法人在民事权利能力和民事行为能力上的区分：

①法人的民事权利能力。指法人享有民事权利并承担民事义务的资格。其与自然人的民事权利能力的区别有：

a. 产生和消灭的时间不同。法人的民事权利能力从法人成立时产生，到法人终止时消灭；自然人的民事权利能力于出生时产生，至死亡时消灭。

b. 内容不同。与自然人的民事权利能力不同，法人的民事权利能力受到法律和行政法规、性质、设立目的等诸多限制。

②法人的民事行为能力。指法人在法律规定范围内以自己的行为享有民事权利并承担民事义务的资格。与自然人的民事行为能力相比，其特点有：

a. 法人的民事行为能力与其民事权利能力在时间上一致，即同时发生、同时消灭。自然人的民事行为能力受年龄和智力因素限制。

b. 法人的民事行为能力与其民事权利能力在范围上一致。自然人的民事行为能力受年龄和精神健康状况影响，可能存在不一致的情形。

c. 法人的民事行为能力以其不同于单个自然人意思的团体意思为前提。法人的民事行为能力通过法人的机关来实现，不存在无行为能力和限制行为能力的法人。

通过这些区分，民法典确保了法人作为独立的民事主体在权利能力和行为能力上的特殊性得到充分体现。

五、论述题

1. 试论述自然人民事行为能力制度的价值及我国民法总则关于自然人行为能力的划分。［吉林大学 2020 年研］

相关试题：

(1)论自然人的民事行为能力。［华东政法 2024 年研］

(2)中国制定民法如何规定自然人的民事行为能力？［简答题，山东大学 2016 年研］

(3)试述自然人民事行为能力及其种类。［简答题，浙江财大 2016 年研］

答：自然人的民事行为能力，是指自然人能通过独立意思表示，实施民事法律行为的能力。

(1)自然人民事行为能力制度的价值：

①保护未成年人和不具有辨认能力的成年人。限制未成年人和精神病人等群体独立实施复杂的民事行为，避免其因缺乏理解能力而遭受经济损失。减少不法分子利用心智不健全的人进行不合理财产处分的行为，保护其合法权益。

②维护交易安全。保障交易相对人的合理信赖，明确不同行为能力人的行为效力范围，使交易相对人能够合理预期交易的有效性。规范市场秩序，减少因意思表示不真实或主体认知能力不足而产生的无效交易，促进市场交易的健康、稳定发展。

③平衡个人自由与社会公共利益。尊重个人自由意志，赋予完全民事行为能力人充分的权利，使其能够根据自己的意愿独立实施民事行为。兼顾社会公共利益，适当限制行为能力不足的人，防止其因不适当的行为对自己和社会造成不良影响，实现个人自由与社会公共利益的平衡。

(2)我国《民法典》关于自然人民事行为能力的划分：

根据年龄和精神健康状况，我国《民法典》将自然人的民事行为能力分为以下三种：

①完全民事行为能力。指自然人具有的通过自己独立的意思表示实施民事法律行为的能力。我国《民法典》第17条规定，18周岁以上的自然人为成年人。第18条规定："成年人为完全民事行为能力人，可以独立实施民事法律行为。16周岁以上的未成年人，以自己的劳动收入为主要生活来源的，视为完全民事行为能力人。"

②限制民事行为能力。又称不完全民事行为能力或部分民事行为能力，指自然人通过独立意思表示实施民事法律行为的能力受到一定限制。我国《民法典》第17条规定，不满18周岁的自然人为未成年人。第19、22条规定，8周岁以上的未成年人、不能完全辨认自己行为的成年人为限制民事行为能力人，实施民事法律行为由其法定代理人代理或者经其法定代理人同意、追认，但是可以独立实施纯获利益的民事法律行为或者与其年龄、智力、精神健康状况相适应的民事法律行为。

③无民事行为能力。指自然人不具有以自己独立的意思表示实施民事法律行为的能力。《民法典》第20、21条规定，不满8周岁的未成年人、不能辨认自己行为的成年人以及不能辨认自己行为的8周岁以上的未成年人为无民事行为能力人，由其法定代理人代理实施民事法律行为。

2. 试述民法上的监护制度。［中山大学2015年研］

相关试题：何谓监护？设立监护的目的是什么？［简答题，广东财大2018年研］

答：(1)监护，是指对未成年人和无民事行为能力或者限制民事行为能力的成年人的人身、财产及其他合法权益进行监督和保护的民事法律制度。履行监督和保护职责的人是监护人；被监护人监督、保护的人是被监护人。

(2)监护目的。设置监护的目的在于，保护无民事行为能力人和限制民事行为能力人的合法权益，从而促进社会秩序的稳定。

(3)监护人的设立。《民法典》规定了监护人的六种设立方式，参见本章简答题第5题答案。

(4)监护人的职责，即监护权的内容。《民法典》第34条第1、2款规定："监护人的职责是代理被监护人实施民事法律行为，保护被监护人的人身权利、财产权利以及其他合法权益等。监护人依法履行监护职责产生的权利，受法律保护。"

(5)监护人的撤销。《民法典》第36条规定，监护人有下列情形之一的，人民法院根据有关个人或者组织的申请，撤销其监护人资格，安排必要的临时监护措施，并按照最有利于被监护人的原则依法指定监护人：①实施严重损害被监护人身心健康的行为；②怠于履行监护职责，或者无法履行监护职责且拒绝将监护职责部分或者全部委托给他人，导致被监护人处于危困状态；③实施严重侵害被监护人合法权益的其他行为。

(6)监护关系的终止。《民法典》第39条规定，有下列情形之一的，监护关系终止：①被监护人取得或者恢复完全民事行为能力；②监护人丧失监护能力；③被监护人或者监护人死亡；④人民法院认定监护关系终止的其他情形。

六、案例分析题

1. 杨威生于2010年9月2日，现在某小学上学。2020年9月10日，杨威在放学回家途中看到红色超市正在开展有奖销售，每消费50元人民币可领取奖券一张，最高奖金2000元人民币，于是花了50元买了一套彩笔，领到一张奖券。一周后超市开奖时，杨威领到的奖券号码中了最高奖。杨威非常激动并立马将中奖的消息告知其母朱佳，母子两人当天9月19日就到红色超市兑奖。朱佳回家后就顺手将2000元人民币现金放入书柜中。国庆假期，杨威因琐事与母亲朱佳发生争执后，一气之下便趁其母不注意时偷偷将书柜中的2000元人民币取出，一个人跑到红色超市购物报复其母。杨威花2000元买了一台高级电动滑板车并将车寄存在到同学家。2021年1月9日，朱佳购买股票差钱时想起书柜中杨威中奖的2000元人民币，准备拿去购买股票，可到书柜一看大吃一惊，钱已不见了。朱佳反复质问儿子杨威才知已经被其拿去买了电动滑板车。但由于家里已经有几台电动滑板车了，朱佳便于2021年1月19日拉着儿子杨威到红色超市退货，说儿子购买电动滑板车未经过父母同意，请红色超市退还2000元人民币。但是红色超市售货人员说已超过该超市规定的退货时间，无法退货了。[湖南师大2023年研]

请问：

(1)红色超市拒绝退货是否符合法律规定？为什么？

(2)朱佳可否使用儿子杨威中奖所得的2000元人民币购买股票？为什么？

答：(1)红色超市拒绝退货不符合法律规定。理由如下：

①杨威的购买行为无效。《民法典》第19条规定，8周岁以上的未成年人为限制民事行为能力人，实施民事法律行为由其法定代理人代理或者经其法定代理人同意、追认；但是，可以独立实施纯获利益的民事法律行为或者与其年龄、智力相适应的民事法律行为。杨威于2020年9月10日时已满10周岁，属于限制民事行为能力人；其花2000元购买电动滑板车的行为，显然超出了一个10岁儿童的正常消费能力和认知范围，属于效力待定的民事法律行为。该行为未经其法定代理人(母亲朱佳)的同意或追认。因此，该购买行为无效。

②朱佳作为杨威的法定代理人，有权要求红色超市退货并返还2000元人民币。《民法典》第145条第1款规定，限制民事行为能力人实施的纯获利益的民事法律行为或者与其年龄、智力、精神健康状况相适应的民事法律行为有效；实施的其他民事法律行为经法定代理人同意或者追认后有效。

(2)朱佳可以使用儿子杨威中奖所得的2000元人民币购买股票。理由如下：

根据《民法典》第34条规定，监护人的职责是代理被监护人实施民事法律行为，保护被监护人的人身权利、财产权利以及其他合法权益等。监护人应当按照最有利于被监护人的原则履行监护职责。监护人对被监护人的财产有管理和使用的权利，但必须是为了被监护人的利益。本题中，朱佳作为杨威的法定监护人，有权管理和使用杨威的财产，只要这种管理和使用是为了杨威的利益。因此，朱佳可以使用杨威中奖所得的2000元人民币购买股票，但必须确保这种行为是为了杨威的利益。

2. 甲、乙系夫妻，2013年5月，甲、乙签订离婚协议，约定：3岁的孩子丙跟乙共同生活，甲婚前的个人房产在年底前过户给丙。同年6月，甲、乙办理了离婚手续。

2013年8月，甲向丁借款20万元做生意。9月，甲与戊结婚，不久甲生意失败，无法偿还债务。2013年12月，甲将离婚协议约定给丙的房产卖给他人并办理了过户手续。2014年1月，甲携卖房款离家出走，至今下落不明。[2018年法硕(法学)真题]

请根据上述材料，回答下列问题并说明理由：

(1)2013年10月时，谁是丙的监护人？

(2)乙是否有权主张房屋买卖合同无效？

(3)若丁请求戊偿还债务，戊是否有义务偿还？

(4)谁有权申请宣告甲失踪？

答：(1)2013年10月时，甲、乙都是丙的监护人。

理由：《民法典》第27条规定，父母是未成年子女的监护人。父母与子女间的关系，不因父母离婚而消除。离婚后，子女无论由父或母直接抚养，仍是父母双方的子女。本题中，甲、乙虽然于2013年6月离婚，但是不影响甲、乙与丙的父母子女关系。作为父母，甲、乙都是丙的监护人。

(2)乙无权主张买卖合同无效。

理由：《民法典》第209条规定，不动产物权的设立、变更、转让和消灭，经依法登记，发生效力；未经登记，不发生效力，但是法律另有规定的除外。依法属于国家所有的自然资源，所有权可不登记。本题中，甲在房屋过户给丙之前为所有权人，离婚协议的约定不影响甲卖房行为的效力，因此买卖合同有效。

(3)戊没有义务偿还该债务。

理由：债权人就一方婚前所负个人债务向债务人的配偶主张权利的，人民法院不予支持。但债权人能够证明所负债务用于婚后家庭共同生活的除外。本题中，该债务系甲在婚前所欠，属于个人债务；根据我国法律规定，戊没有偿还义务。

(4)丙、丁、戊有权宣告甲失踪。

理由：根据《民法典》第46条规定，自然人因意外事件下落不明满2年的，利害关系人可以向人民法院申请宣告该自然人为失踪人。可以提出申请的利害关系人主要包括被申请失踪人的配偶、父母、子女、兄弟姐妹、祖父母、外祖父母、孙子女、外孙子女以及其他与被申请人有民事权利义务关系的人，如失踪人的债权人或债务人。本题中，丙系甲的子女，丁系甲的债权人，戊系甲的配偶，均为有权申请宣告甲失踪的利害关系人。

3. 张某、王某是好朋友，张某出资2万元，王某出资3万元，共同投资了一饭馆，由张某经营，利润按比例分享，亏损由双方按比例分担。后经营不善，王某提出散伙。饭馆现有资产5.5万元。[中山大学2015年研]

问：

(1)若张某提出将王某应有的份额卖给自己，王某不愿意；后张某提出4万元买下王某的份额，王某则称宁可以3万元卖给他人；后王某以2.5万元卖给了李某。为此，张某诉至法院，要求确认王、李的买卖行为无效，王某应将份额出售给他，其主张是否成立？为什么？

(2)若饭馆散伙时欠债15.5万元，应如何分担？

答：(1)张某请求确认王、李的买卖行为无效的主张不成立。理由如下：

王某和张某之间的行为属于个人合伙，而非合伙企业性质。王、张二人出资，经营共同事业，但是没有合伙名称，组织松散，或者是临时性的；其性质属于合伙合同，没有民事主体资格，不受《合伙企业法》的调整。因此，张某不享有《合伙企业法》第23条规定的优先购买权。

(2)张某和王某应按出资比例以各自财产对该债务承担连带清偿责任。理由如下：

《合伙企业法》第38条规定，合伙企业对其债务，应先以其全部财产进行清偿。第39条规定，合伙企业不能清偿到期债务的，合伙人承担无限连带责任。

本题中，对饭馆散伙时所欠债务，张某和王某均负有清偿全部债务的义务；当张某或王某中的一人偿还合伙债务超过自己应当承担的数额时，有权要求另一人偿付其应当承担的份额。

第三章　民事权利

一、单项选择题

1. 甲和乙签订了一份合同，未约定履行顺序。甲请求乙先履行，乙以甲未履行为由拒绝。乙拒绝履行系行使(　　)。[2022 年法硕(非法学)真题]

A. 请求权　　B. 抗辩权　　C. 形成权　　D. 相对权

【解析】民事权利根据权利作用的不同可分为：①支配权，指可以对标的物直接支配并排除他人干涉的权利。②请求权，指可以请求他人为一定行为或者不为一定行为的权利。③形成权，指当事人一方可以以自己的行为使法律关系发生变动的权利。④抗辩权，指对抗请求权或否认对方权利的权利。同时履行抗辩权，是指双务合同的当事人在没有约定履行顺序或约定应同时履行的情况下，一方当事人在对方未为对待给付之前，得拒绝履行自己债务的权利。本题中，乙拒绝履行，系行使抗辩权中的同时履行抗辩权。

2. 下列民事权利中，属于支配权的是(　　)。[2015 年法硕(非法学)真题]

A. 甲对无权代理的追认权

B. 乙对自身肖像的使用权

C. 丙因受欺诈享有的撤销合同的权利

D. 丁被他人打伤享有的请求赔偿的权利

【解析】支配权，是指可以对权利的客体直接支配并排斥他人干涉的权利，如物权。其特点表现在：①其客体通常特定；②其权利主体是特定的，而义务主体是不特定的；③支配权的实现不需要义务人的积极行为，但义务人不得实施妨碍支配权实现的行为；④支配权因支配而产生排他性的效力。B 项中，对自身肖像的使用权是权利人直接支配的权利，排除他人对肖像权的侵犯，属于支配权。

AC 两项，形成权，是指当事人一方可以自己的行为使法律关系发生变动的权利，如对可撤销合同的撤销权、合同解除权等。A 项，无权代理的合同效力待定，对效力待定合同的追认权属于形成权。C 项，受欺诈享有的撤销合同的权利属于形成权。

D 项，请求权，是指请求他人为或不为一定行为的权利，如债权。该项中，请求他人赔偿的权利是债权，属于请求权。

二、概念题

1. 请求权与支配权[中南财大 2006 年研]

相关试题：请求权[浙商大 2017 年研]**、支配权**[浙商大 2016 年研；武大 2014 年研]

答：(1)请求权，是指特定人对特定他人能请求为或不为一定行为的权利。请求权具有相对性，依附于基础权利。请求权大多表现为实体权利，如债权请求权、物权请求权、人格权请求权、继承权请求权等。其在民事权利体系中处于枢纽地位。各种绝对权在遭到侵害时，通过救济性的请求权获得保护。

(2)支配权，是指权利主体对于作为权利客体的事物进行直接支配并享受其利益的权

1B　2B

利。支配权具有直接实现性和排他性。权利主体直接作用于客体实现其利益，无须义务人的积极行为的介入协助，并排除其他任何人的干涉。其权能是对客体的支配。

(3)二者都是民事权利的重要组成部分，请求权可用于保护支配权。其区别包括：

①实现方式不同。支配权直接支配客体；请求权需通过他人行为实现。

②排他性不同。支配权具有排他性；请求权则不具备。

③功能不同。支配权主要用于直接享受利益；请求权主要用于维护权益。

2. 形成权和抗辩权[中南财大 2022 年研]

相关试题：

(1)形成权[广东财大 2024 年研；中南财大 2020 年研；中国政法 2018 年研；湘潭大学 2016 年研；武大 2015 年研]

(2)抗辩权[中国政法 2022 年研；湘潭大学 2017 年研；武大 2013 年研]

答：(1)形成权，是指权利人仅凭单方意思表示就能使既存的法律关系发生变动的权利。其主要功能在于权利人要依其单方意思表示，使已成立的法律关系的效力发生、变更或消灭，如债权人的撤销权。形成权按所生效力可分为生效形成权、变更形成权、消灭形成权，按行使方式可分为简单形成权与形成诉权。

(2)抗辩权，是指权利人用以对抗请求权或其他权利效力的权利，是一种拒绝权。其作用在于阻止请求权或其他权利的效力，从而使抗辩权人能够拒绝向相对人履行义务或拒绝承认法律关系的变动。抗辩权是一种防御性权利。按权利效力范围不同，抗辩权可分为一时性抗辩权和永久性抗辩权。

(3)二者都是民事权利的重要组成部分。抗辩权可用于对抗形成权，如在对方行使形成权时，可通过抗辩权进行防御。其区别有：

①性质不同。形成权为主动性的权利，通过单方意思表示即可改变法律关系。抗辩权为防御性的权利，主要用于阻止对方请求权的效力。

②行使方式不同。形成权既可以通过简单的单方意思表示行使，也可能需要通过诉讼的方式实现。抗辩权通常是在对方提出请求时进行防御，不需要单独的意思表示。

③效果不同。形成权直接引起法律关系的变动(发生、变更或消灭)。抗辩权仅阻止对方请求权的效力，不直接改变法律关系。

3. 既得权与期待权[中南财大 2010 年研]、**期待权**[暨南大学 2018 年研]

答：(1)根据权利成立要件是否全部实现，民事权利可分为既得权和期待权。

①既得权又称完整权，是指成立要件已全部具备并被主体实际享有的权利。一般权利都是既得权。

②期待权，是指成立要件尚未全部实现、将来有实现可能的权利，如尚未继承的遗产、附条件的债权等。

(2)二者都是民事权利的不同状态。期待权在某些条件下可转化为既得权。二者的区别有：

①权利状态不同。既得权的权利已经完全具备所有成立要件，可以立即行使。期待权的权利仅部分具备成立要件，需要等待其他条件满足后才能行使。

②法律保护不同。既得权受到全面的法律保护，当事人可以直接主张和行使。期待权受到有限的法律保护，主要目的是保护未来可能取得的权利。

三、简答题

1. 简述民事权利的概念和特征。［天津商大2021年研］

答：(1)民事权利的概念：

民事权利是指民事主体为实现某种利益而依法为某种行为或不为某种行为的自由。即在民事法律关系中，主体依据法律规定或合同约定，能根据自身意志实现特定利益的可能性。这种权利是法律为保护民事主体的正当利益而承认和保障的结果。

(2)民事权利的特征：

①由民法所确认。不同于任何个人在公法上的权利，民事权利是由民法所规定的民事权利，又称为私权。

②核心为民事主体的利益。民事权利是由民事主体所享有的利益，包括财产、人格和身份等方面的利益，并且随着社会发展不断扩展新的权利类型。

③表现为一定范围内的行为自由。即权利人可以自主决定是否行使及如何行使权利，但该自由有时需服从公共利益。

④受国家强制力保障。国家强制力保障民事权利，确保权利人可以通过法律手段要求义务人履行相应行为或停止侵害行为，从而保护自己的利益。

⑤平等性。所有民事主体的权利地位相等，不得滥用权利损害他人利益或社会公共利益。

2. 简述民事权利与民事义务的关系。［广东财大2024年研］

答：民事权利与民事义务是民事法律关系的核心内容，它们紧密相连、相互依存，具体关系如下：

(1)有权利必有义务。权利产生时，义务即随之发生；权利存在期间，必然伴随义务的存在；权利消失时，义务也随之消灭。

(2)无义务则无权利。义务是权利实现的前提，二者相互依存。

(3)有义务就有强制。法律对权利的保护体现为对义务的强制。违反义务将承担民事责任。

(4)有权利就有救济。当权利受到侵害时，权利人有权请求法律保护，这种保护体现为确认权利和强制义务。

3. 简要回答民事权利行使的准则。［吉林大学2023年研］

相关试题：

(1)论禁止滥用权利原则。［论述题，天津商大2024年研］

(2)谈谈你对禁止权利滥用原则的理解。［中国政法2023年研］

(3)试论述禁止权利滥用原则。［论述题，中南财大2019年研］

(4)论民法上的禁止权利滥用原则。［论述题，中山大学2015年研］

答：根据《民法典》相关规定，民事权利行使的三项基本准则有：

(1)权利行使自由：

根据民法的自愿原则和自治原则，权利人享有行使权利的意志自由。《民法典》第130条规定，民事主体按照自己的意愿依法行使民事权利，不受干涉。

权利行使自由的基本含义是行为自主。“法无禁止皆自由”，权利人有权依法从事或不从事某种民事活动。在民事领域，除了法律另有规定外，权利人是否行使某种权利或不行使某种权利，是否从事某种行为或不作为，完全应当由权利人自主决定。

(2)权利与义务相一致：

权利人在行使权利时，必须履行其应尽的义务。《民法典》第131条规定，民事主体行使权利时，应当履行法律规定和当事人约定的义务。在处理“权利冲突”时，不仅要界定各方权利，还要明确各方义务。在平衡个人与集体、个体与社会的利益时，要通过明确权利边界和社会义务，准确把握权利保护的尺度。当事人应当按照约定履行自己的义务，不得擅自变更或者解除合同。

(3)禁止滥用权利：

滥用权利，是指行使权利违背权利设定的目的，损害了他人利益。滥用权利包括内在限制(权利范围或目的)和外在限制(公序良俗和诚信原则)。《民法典》第132条规定，民事主体不得滥用民事权利损害国家利益、社会公共利益或者他人合法权益。

①滥用权利的构成条件有：a. 权利人行使了权利；b. 以加害他人为主要目的；c. 行为侵害了他人的合法权益。

②滥用权利的法律后果有：a. 权利行使超过合理界限的部分不具有法律约束力；b. 滥用权利造成他人损害并构成侵权的，应承担侵权责任。

四、论述题

论民事权利的救济。[天津商大2022年研]

相关试题：

(1)简述民事权利的自力救济。[简答题，扬州大学2021年研]

(2)论民事权利的自力救济。[天津商大2018年研]

(3)试论民事权利的私力救济。[2013年法硕(法学)真题]

答：民事权利救济是指在民事权利行使过程中遇到障碍妨害其实现时，法律提供的各种强制性保护措施，旨在恢复被侵害的民事权利。《民法典》明确宣示民事主体的人身权利、财产权利以及其他合法权益受法律保护，任何人不得侵犯。根据实施主体不同，民事权利保护可分为自我保护(自力救济)和国家保护(公力救济)。现代法治国家以国家保护为主，辅以自我保护。民事权利救济的方式有：

(1)民事权利的公力救济：

公力救济，是指民事权利受到侵害时，由国家机关给予保护。即当义务主体不履行义务或侵犯他人权利时，国家机关根据权利主体的请求，对受到侵害的权利予以保护的公权行为。民事主体的民事权利受到侵犯时，可以诉请人民法院或仲裁机关予以裁判，也可以依法请求有关的国家机关给予保护。

民事诉讼依当事人提出诉讼请求的目的和要求不同，可分为：

①确认之诉，即在权利的存在或归属发生争议时，请求法院予以确认。

②给付之诉，即请求法院责令对方为一定行为以实现民事权利。

③变更之诉，即请求法院对现有的民事权利义务关系予以变更。

(2)民事权利的自力救济：

自力救济又称私力救济，是指权利人采取各种合法手段来保护自己的权利不受侵犯。民事权利主体可以法律许可的方式在法律允许的限度内保护自己的权利。虽然现代国家保护是主要方式，但在某些紧急情况下，法律允许采取自力救济。目前我国民法允许的自力救济方式主要有：

①自卫行为。指当民事权利受到侵害或者有受到侵害的现实危险时，权利人采取必要的措施，以防止损害的发生或者扩大的行为。自卫行为有正当防卫和紧急避险两种形式。

a. 正当防卫，指为了保护本人或者他人的民事权益或者公共利益，对于现实的不法侵害采取的防卫行为。其成立条件包括：有现实的不法侵害发生；对正在进行的不法侵害进行防卫；防卫对象只能是不法侵害人；防卫目的是为了保护本人或他人的合法民事权益或公共利益；不得超过必要的限度。

b. 紧急避险，指为了避免本人或者他人的民事权益或者公共利益受到紧迫的危险所采取的避险行为。其成立条件包括：有急迫现实的危险存在；该危险关系到本人或他人的民事权益或公共利益；方法适当；不得超过必要的限度。

②自助行为。指权利人为保护自己的权利，在来不及请求公力救济的情况下，对义务人的财产予以扣押或者对其人身自由予以约束的行为。其成立条件包括：a. 目的是保护自身权利；b. 情势急迫来不及请求公力救济；c. 方法适当；d. 不得超过必要的限度。

③救助行为。指行为人在他人受到不法侵害或遭遇危险时主动给予救护和援助。《民法典》第 183 条规定："因保护他人民事权益使自己受到损害的，由侵权人承担民事责任，受益人可以给予适当补偿。没有侵权人、侵权人逃逸或者无力承担民事责任，受害人请求补偿的，受益人应当给予适当补偿。"第 184 条规定，因自愿实施紧急救助行为造成受助人损害的，救助人不承担民事责任。这一规定鼓励见义勇为，强化保护救助行为。

第四章 民事法律行为

一、单项选择题

1. 甲受到乙的胁迫，高价购买了丙的手表，丙对甲受胁迫不知情。该手表买卖合同(   )。[2024 年法硕(非法学)真题]

A. 有效　　B. 无效　　C. 可撤销　　D. 效力未定

【解析】《民法典》第 150 条规定，一方或者第三人以胁迫手段，使对方在违背真实意思的情况下实施的民事法律行为，受胁迫方有权请求人民法院或者仲裁机构予以撤销。受胁迫方的撤销权不以对方当事人知情为前提。本题中，尽管丙对甲受胁迫不知情，但甲仍可撤销合同。

2. 甲和乙签订合同，约定合同自乙取得法律职业资格证书之日起生效。该合同属于(   )。[2024 年法硕(法学、非法学)真题]

A. 有偿行为　　B. 附延缓条件的民事法律行为

C. 身份行为　　D. 附始期的民事法律行为

【解析】附条件的民事法律行为，是指当事人在民事法律行为中特别规定一定条件，以条件的成就与否来决定民事法律行为效力的发生或消灭的民事法律行为。延缓条件又称停止条件，是指民事法律行为中所确定的民事权利和民事义务，要在所附条件成就时发生法律效力的条件。

AC 两项，甲、乙只约定合同自乙取得法律职业资格证书之日起生效，而具体是否为有偿合同以及合同内容是否与身份有关不能确定。

BD 两项，乙以取得法律职业资格证书为合同的生效条件，且并非一个确定的期限，而是具有不确定性的事件，因此应被视为合同生效的延缓条件。

3. 甲以 5 万元购得一块手表。甲的朋友乙发现该表系高仿品，但未告知甲。丙看见该手表有意购买。乙为让丙买下该表，对丙声称该表是绝版正品。丙信以为真，遂以 5.5 万元买下该表。甲与丙之间买卖合同的效力为(   )。[2020 年法硕(法学)真题]

A. 无效　　B. 可撤销　　C. 效力待定　　D. 有效

【解析】因第三人欺诈而实施的民事法律行为，是指因第三人实施欺诈行为而使当事人一方在违背真实意思的情况下实施的民事法律行为。《民法典》第 149 条规定，第三人实施欺诈行为，使一方在违背真实意思的情况下实施的民事法律行为，对方知道或者应当知道该欺诈行为的，受欺诈方有权请求人民法院或者仲裁机构予以撤销。本题中，甲对于手表系高仿品并不知情，且甲不知道乙实施了欺诈行为，因此丙不享有撤销权，合同有效。

二、概念题

1. 民事法律行为[广西民大 2024 年研；中国政法 2022 年研；山东大学 2022 年研；安徽师大 2020 年研；中财 2018 年研；温州大学 2016 年研；西南科大 2015 年研；首经贸

1C　2B　3D

2010年研]

答：民事法律行为是指民事主体通过意思表示设立、变更、终止民事法律关系的行为。其特征有：①目的是设立、变更、终止民事法律关系；②以意思表示为核心构成要素；③能产生预期法律效果。民事法律行为的成立要件包括：①一般成立要件，包括：当事人、意思表示、具备成立的内容；②特别成立要件，即须具备的其他特殊事实要素。民事法律行为的有效，是指已成立的民事法律行为因符合法定有效要件而能产生法律上的效力。

2. 意思表示[中山大学2021年研；中国政法2021年研；首经贸2020年研；浙商大2018年研；温州大学2018年研；浙大2014年研；人大2012年研；北理2008年研]

答：意思表示是指行为人通过外部行为表达其旨在设立、变更或终止民事法律关系的内心意图。它是民事法律行为的核心要素，决定了法律行为能否产生当事人预期的私法效果。其特征有：①意图明确，且不违反法律的强制性规定和公序良俗；②是由内到外的表示过程；③效力取决于生效要件。其构成包括：①主观要件（内在意思），包括行为意思、表示意思、目的意思和效果意思；②客观要件（外在表示），是表示行为，须到达并被相对人了解才能构成完整的意思表示。意思表示是民事法律行为的核心，决定了法律行为的合法性及其解释标准。

3. 通谋虚伪表示[中南财大2024年研]

答：通谋虚伪表示即虚假的民事法律行为，是指行为人与相对人共同实施了虚假的民事法律行为。《民法典》第146条第1款规定，行为人与相对人以虚假的意思表示实施的民事法律行为无效。通谋虚伪表示是一种特殊的民事法律行为，是表意人与相对人通谋而为虚假的意思表示。在这种行为中，双方当事人都明知表示出来的意思并非真实意思，但其共同作出这种虚假的表意行为，其目的通常是为了欺骗第三人或达到其他不正当的意图。

4. 附条件的民事法律行为[北邮2023年研；复旦大学2020年研；广东财大2017年研；武大2013年研；东北财大2013年研]

相关试题：解除条件[浙商大2020年研]、**延缓条件**[武大2015年研]

答：参见本章简答题第4题答案。

5. 无效民事法律行为[中山大学2014年研]

答：参见本章论述题第2题答案。

6. 可撤销的民事法律行为[广西民大2022年研；河南师大2017年研；广东财大2016年研；中山大学2010年研]

答：参见本章论述题第3题答案。

7. 效力待定的民事法律行为[北邮2022年研；上海海事大学2007年研]

相关试题：效力未定的民事行为[南航2016年研；中山大学2014、2011年研]

答：参见本章简答题第5题答案。

三、简答题

1. 简述我国《民法典》对于意思表示的解释方法。[广西民大2021年研]

相关试题：

(1)试论意思表示的解释。［论述题，中南财大 2025 年研；东北财大 2013 年研］

(2)简述意思表示解释的方法。［北科 2009 年研］

(3)简述意思表示的解释。［简答题，中南财大 2008 年研］

答：(1)意思表示的解释，是指在意思表示不清楚或不明确而发生争议时，由法院或仲裁机构进行的解释。这包括对民事法律行为和意思表示的解释。只有在当事人对意思表示存在争议时，才需要进行解释。《民法典》第 142 条规定："有相对人的意思表示的解释，应当按照所使用的词句，结合相关条款、行为的性质和目的、习惯以及诚信原则，确定意思表示的含义。无相对人的意思表示的解释，不能完全拘泥于所使用的词句，而应当结合相关条款、行为的性质和目的、习惯以及诚信原则，确定行为人的真实意思。"

(2)意思表示解释的方法/规则主要包括：

①文义解释，即对用语应按照通常理解解释，指通过对意思表示所使用的文字词句的含义的解释，以探求当事人的真实意思。

②整体解释，又称体系解释，是指把意思表示的全部条款和构成部分看作一个统一的整体，从各个条款以及构成部分的相互关联、所处的地位的总体联系上阐明当事人有争议的用语的含义。即依据《民法典》第 142 条的要求"结合相关条款"进行解释。

③目的解释，指如果意思表示所使用的文字或某个条款可能作两种解释时，应采取最适合于意思表示目的的解释。如果文字含义与当事人明确表达的目的相违背，可以按照行为目的进行解释。

④习惯解释，指意思表示所使用的文字词句有疑义时，应参照当事人的交易习惯解释。即根据当事人所知悉或实践的生活和交易习惯进行解释。

⑤依据诚信原则解释，指对意思表示进行解释时，应遵循诚实信用原则。即根据诚信原则填补意思表示的漏洞，进行解释。

2. 辨析："如果张三去世，我就把我的小轿车送给你。"这一民事行为属于附条件的民事行为。［首都师大 2011 年研］

答：这种说法是错误的，具体分析如下：

(1)附条件的民事法律行为，是指当事人在民事法律行为中特别规定一定的条件，以条件的成就与否来决定民事法律行为效力的发生或消灭的民事法律行为。附期限的民事法律行为，是指在民事法律行为中约定一定期限，并把该期限的到来作为行为人的民事权利和民事义务发生、变更、消灭的前提的民事法律行为。

(2)附条件民事法律行为中的条件的发生与否是不确定的，而附期限的民事法律行为中的期限是必然发生的。本题中，张三去世是将来必然会发生的一件事情，因此题中行为属于附期限的民事法律行为，而不是附条件的民事法律行为。

3. 简述民事法律行为的生效条件。［扬州大学 2022 年研］

答：民事法律行为的生效，是指民事法律行为成立后，符合法律规定的生效要件，能够产生法律效力。根据《民法典》第 143 条规定，民事法律行为的生效条件包括：

(1)行为人具有相应的民事行为能力，即有行为能力原则或主体适格原则。行为人必须具备正确理解其行为性质和后果的能力，并能独立表达自己的意思。

①完全行为能力人可以独立为民事法律行为。限制民事行为能力人可以独立实施纯获利益的行为或与其年龄、智力、精神健康状况相适应的行为。无民事行为能力人不能独立实施民事法律行为。

②法人在实施民事法律行为时也需具备相应的民事行为能力。营利法人超越经营范围的行为不一定无效，但违反国家限制经营、特许经营或法律、行政法规禁止经营的规定时，该行为无效。

(2)意思表示真实。即表意人的表示行为应当真实反映其内心的效果意思。意思表示瑕疵有：

①不自由，指行为人因欺诈、胁迫等处于意志不自由状态。

②不真实，指行为人外部表达的意思与其内心真实意思不符。

(3)不违反法律、行政法规的强制性规定，不违背公序良俗。

①不得违反全国人大及其常委会制定的法律和国务院制定的行政法规。违反其他规范性文件并不必然导致无效。法律和行政法规设置强制性规定，意在维护国家利益和社会公共利益。

②公序良俗是社会公共秩序和善良风俗的合称。民事主体进行民事活动必须与公序良俗相符，违背公序良俗的行为无效。

4. 附条件民事法律行为中“条件”的特点。［河北师大2020年研］

相关试题：

(1)请简述附条件的民事法律行为。［华东政法2025年研］

(2)附条件民事法律行为所附条件的特征。［中国海大2020年研］

(3)试述附条件民事法律行为及所附条件的要求。［浙江财大2016年研］

(4)简述民事法律行为所附条件的特点。［广东财大2016年研］

(5)简述附条件民事法律行为的含义及所附条件的特点。［2016年法硕(法学)真题］

(6)附条件的法律行为的概念和所附条件的特征。［南航2015年研］

答：(1)附条件的民事法律行为，是指当事人在民事法律行为中特别规定一定的条件，以条件的成就与否来决定民事法律行为效力的发生或消灭的民事法律行为。《民法典》第158条规定：“民事法律行为可以附条件，但是按照其性质不得附条件的除外。附生效条件的民事法律行为，自条件成就时生效。附解除条件的民事法律行为，自条件成就时失效。”

民事法律行为中所附的条件是一种特定的法律事实。它可以是某种自然现象，也可以是人的某种行为，还可以是某种特定的事件。但并非任何自然现象或任何行为，都可以作为条件。

(2)民事法律行为所附条件的特征：

“条件”是指决定民事法律行为效力产生和消灭的未来不确定事实。民事法律行为中所附的条件须具备以下特征：

①未来性，须是将来发生的事实。客观事实是不依当事人的意思决定的客观存在事实。同时，条件须为将来发生的客观事实。已发生的事实不得作为民事法律行为所附的条件。

②或然性，须是不确定的事实。条件应是将来可能发生也可能不发生的事实。如果在

民事法律行为成立时，当事人已经确定该事实必然发生，则应视为附期限而非附条件。

③成就可能性。条件必须是可能发生的。如果条件根本不可能发生，则视为当事人不希望实施该民事法律行为。在这种情况下，如果约定为生效条件，民事法律行为不发生效力；如果约定为解除条件，则视为未附条件。

④非法定性，须由当事人意定。民事法律行为所附的条件，只能是当事人特别约定的客观事实。法律规定的或基于行为性质所决定的事实，不能作为民事法律行为所附的条件。

⑤合法性。条件必须符合法律规定和公序良俗。不法条件以违法或违背公序良俗的事实为条件。附违法条件的民事法律行为一般无效。

⑥不与主要内容矛盾。条件与民事法律行为内容矛盾的，视为行为人无真实效果意思，行为无效。

5. 简述效力待定民事法律行为的法律后果。［2018 年法硕(法学、非法学)真题］

答：效力待定的民事法律行为，是指民事法律行为虽已成立，但是否生效尚不确定，有待其他行为或事实使之确定的法律行为。其主要类型包括：①限制民事行为能力人实施的行为；②欠缺代理权的代理行为。效力待定民事法律行为的法律后果包括：

(1)追认权。指权利人对无缔约能力人、无代理权人与他人实施的相关民事法律行为，依法享有事后决定是否承认的权利。根据《民法典》第 145 条第 1 款和第 171 条第 1 款规定，效力待定的民事法律行为必须经过追认才能生效。

(2)催告权。指相对人有权向法定代理人等进行催告，要求其明确是否承认效力待定行为。根据《民法典》第 145 条第 2 款、第 171 条第 2 款规定，相对人享有催告权，即相对人可以催告法定代理人或者被代理人自收到催告通知之日起 30 日内予以追认。若法定代理人或者被代理人未作表示，则视为拒绝追认。

(3)撤销权。指善意相对人可依法享有撤销效力待定的民事法律行为的权利。根据《民法典》第 145 条、第 171 条规定，若相对人在从事民事法律行为时不知或不应知对方无相应民事行为能力、代理权的情况，在行为成立后，其能以通知的方式行使撤销权。

6. 简述可撤销的民事法律行为与无效的民事法律行为的共性与区别。［广东财大 2022 年研］

答：可撤销的民事法律行为，是指当事人在从事民事法律行为时，因意思表示不真实，法律允许撤销权人通过行使撤销权而使该已经生效的民事法律行为归于无效的民事法律行为。效力待定的民事法律行为，是指民事法律行为成立之后，是否能发生效力尚不能确定，有待其他行为或事实使之确定的民事法律行为。

(1)二者的共性：

①法律效果瑕疵。二者的法律效果均存在缺陷，对民事法律秩序有一定扰乱。如欺诈导致的可撤销合同与恶意串通损害第三人利益的无效合同都偏离了合法有效的轨道。

②法律规制目的相同。法律对它们进行规定，均旨在维护公平正义与民事法律秩序，通过相应救济途径，如无效后的财产返还、可撤销被撤销后的恢复原状等，来纠正不公平后果，保障权益与公益。

(2)二者的区别：

①违法性程度不同：

a. 无效的民事法律行为，违法性严重，直接违反法律、行政法规强制性规定或违背公序良俗，如以合法形式掩盖非法目的的行为，严重破坏法律秩序与公共利益。

b. 可撤销的民事法律行为，违法性相对较轻，主要因意思表示不真实致行为有瑕疵，如重大误解、欺诈、胁迫等情形下的行为，主要是当事人意思形成环节出问题，未严重违背强行法与公序良俗。

②效力状态不同：

a. 无效的民事法律行为，自始无效、当然无效、绝对无效。自始无效即从行为起始便无法律约束力；当然无效由法律直接规定，无需特定程序确认；绝对无效是对所有人均不产生效力。

b. 可撤销的民事法律行为，在撤销前有效；撤销权人行使撤销权后才自始无效，未撤销时当事人受其约束。

③权利行使主体与方式不同：

a. 对无效的民事法律行为，任何人均可主张无效，包括当事人、利害关系人及国家机关，不受主体资格与时间限制，因涉及公共利益与法律秩序维护。

b. 对可撤销的民事法律行为，仅有特定撤销权人能行使撤销权，一般是因意思表示不真实受损一方，且有时间限制，须在规定期限内行使。

④法律后果不同：

a. 无效的民事法律行为，产生恢复原状后果，取得财产应返还，不能返还或没必要返还则折价补偿，有过错方赔偿损失，各方有过错各自担责，依法律规定恢复到行为前状态。

b. 可撤销的民事法律行为，撤销后有类似无效行为的恢复原状后果，但未撤销时已履行部分按有效对待。撤销后的法律后果还受当事人过错程度等因素影响。

四、论述题

1. 民事法律行为成立与民事法律行为生效的关系。［浙商大 2020 年研］

相关试题：

（1）以合同为例，论述民事法律行为成立和生效的区别。［吉林大学 2021 年研］

（2）辨析民事法律行为成立与生效。［浙工大 2020 年研］

（3）试述民事法律行为成立与生效的关系。［论述题，广东财大 2020 年研］

（4）民事法律行为成立与生效的关系。［广东财大 2016 年研；中南财大 2006 年研］

（5）民事法律行为成立与生效的联系与区别。［南京理工 2011 年研］

答：民事法律行为的成立和生效是两个既相互联系又相互区别的概念，具体分析如下：

（1）二者的概念：

①民事法律行为的成立，指民事法律行为在形式上已经完成，具备了法律规定的构成要素。

②民事法律行为的生效，指民事法律行为不仅已成立，且符合法律规定的生效要件，能产生法律效力。

（2）二者的联系：

①逻辑顺序。成立是生效的前提，而生效则需要满足特定的法律要件。一个民事法律行为必须先成立，才有可能生效。如果一个行为没有成立，就谈不上生效的问题。

②部分要件重合。成立与生效的要件在某些方面重合。对于合同这种典型的民事法律行为，双方当事人的意思表示是行为成立的关键要素，同时真实的意思表示也是合同生效的必要条件之一。

(3)二者的区别：

①着眼点不同。民事法律行为的成立主要体现了当事人意志，着眼于行为因符合法律构成要素，而在法律上视为一种客观存在；而民事法律行为的生效着眼于成立的行为因符合法定的有效条件而取得法律认可的效力。

②判断标准不同：

a. 成立标准。民事法律行为成立主要是看是否具备构成要素，一般包括当事人、意思表示和标的。

b. 生效标准。生效的判断则更复杂，除了考虑成立要素外，还要看是否符合法定的生效条件。这包括：行为人具有相应的民事行为能力；意思表示真实；不违反法律、行政法规的强制性规定，不违背公序良俗等。

③法律后果不同：

a. 成立的后果。民事法律行为一旦成立，就会在当事人之间产生一定的拘束力，但这种拘束力相对较弱。主要表现为当事人不能随意撤回或者变更意思表示，除非有法律规定的特殊情况。

b. 生效的后果。生效后的民事法律行为会产生当事人预期的法律效果，即产生、变更或者消灭民事权利和民事义务关系。

④时间不同：

a. 成立时间。民事法律行为成立的时间常可按当事人的意思表示或法律规定的方式来确定。

b. 生效时间。生效时间可能和成立时间相同，也可能不同。有些民事法律行为成立时即生效。但有些行为成立后需要满足一定的条件才生效，如附生效条件的民事法律行为，自条件成就时生效；附生效期限的民事法律行为，自期限届至时生效。

2. 论民事法律行为的效力的分类。［中山大学2020年研］

相关试题：

(1)论述民事法律行为的不同效力状态。［西北政法2020年研］

(2)简述无效民事法律行为的类型。［简答题，浙江财大2020年研］

(3)试述效力未定的民事法律行为的概念及类型。［中山大学2011年研］

答：民事法律行为的效力可分为以下几类：

(1)有效。即有效的民事法律行为，其符合法律规定的生效要件，能产生预期的法律效果。

《民法典》第143条规定，具备下列条件的民事法律行为有效：①行为人具有相应的民事行为能力；②意思表示真实；③不违反法律、行政法规的强制性规定，不违背公序良俗。

(2)无效。即无效的民事法律行为，指因欠缺民事法律行为的有效条件而不产生法律效力的民事法律行为。其自始没有法律约束力，不能产生预期的法律效果。根据《民法典》规定，导致民事法律行为无效的情形包括：

①无民事行为能力人实施的民事法律行为无效。不满8周岁的未成年人和8周岁以上的不能辨认自己行为的无行为能力人实施的民事法律行为无效。

②行为人与相对人以虚假的意思表示实施的民事法律行为无效。以虚假的意思表示隐藏的民事法律行为的效力，依照有关法律规定处理。隐藏行为中的虚假意思表示无效，真实意思表示有效。

③违反法律、行政法规的强制性规定的民事法律行为无效，但是该强制性规定不导致该民事法律行为无效的除外。违背公序良俗的民事法律行为无效。

④恶意串通，损害他人合法权益的民事法律行为无效。恶意串通是指当事人以恶意实现了通谋的状态，包含主观上的恶意与客观上的通谋两个要件。

(3)可撤销。即可撤销的民事法律行为，指由于欠缺有效条件，当事人有权依照法律规定请求人民法院或者仲裁机关予以撤销的民事法律行为。其类型有四种，参见本章论述题第3题答案。

(4)效力待定。即效力待定的民事法律行为，指已经成立但尚未确定是否有效的民事法律行为，需要经过特定程序或条件成就后才能确定其效力。其类型有两种：

①限制民事行为能力人实施的行为。根据《民法典》第145条第1款规定，限制民事行为能力人"实施的其他民事法律行为经法定代理人同意或者追认后有效"。

②欠缺代理权的代理行为。《民法典》第171条第1款规定，行为人没有代理权、超越代理权或者代理权终止后，仍然实施代理行为，未经被代理人追认的，对被代理人不发生效力。

3. 论可撤销的民事法律行为。[天津商大2023年研；华东师大2021年研；复旦大学2020年研；2019年法硕(法学)真题]

相关试题：

(1)民事法律行为可撤销的事由及其法律后果。[简答题，西南政法2025年研]

(2)简述可撤销民事法律行为。[简答题，中国政法2023年研]

(3)简述可撤销的民事法律行为的类型。[简答题，中南财大2023年研；湘潭大学2015年研]

(4)简述可撤销的民事法律行为的含义和类型。[简答题，温州大学2020年研]

(5)简述可撤销民事法律行为的种类及撤销权的行使。[简答题，东北财大2015年研]

答：(1)可撤销的民事法律行为的概念和特征：

可撤销的民事法律行为，是指当事人在从事民事法律行为时，因意思表示不真实，法律允许撤销权人通过行使撤销权而使该已经生效的民事法律行为归于无效的民事法律行为。其特征有：

①意思表示不真实。主要是指意思表示不真实的民事法律行为。

②须主动行使撤销权。撤销权须由撤销权人主动行使。

③撤销前有效。在撤销前，该民事法律行为仍有效。

(2)可撤销的民事法律行为的类型：

①重大误解的民事法律行为。指行为人对于民事行为产生错误的理解，并基于这种错误理解而为的民事法律行为。《民法典》第 147 条规定，基于重大误解实施的民事法律行为，行为人有权请求人民法院或仲裁机构予以撤销。其条件有：

a. 表意人对民事法律行为的内容等发生重大误解，或者出现表达错误，实质性影响权利义务关系。

b. 表意人因误解作出了意思表示，即表意人的错误认识与其作出意思表示之间有因果关系。

c. 行为人实施民事法律行为时存在重大误解。

②欺诈。指行为人故意告知虚假情况或隐瞒真实情况，诱使他人作出错误的意思表示。其分类如下：

a. 因一方欺诈。《民法典》第 148 条规定，一方以欺诈手段，使对方在违背真实意思的情况下实施的民事法律行为，受欺诈方有权请求人民法院或者仲裁机构予以撤销。其条件有：欺诈方具有欺诈的故意；欺诈方实施了欺诈行为；被欺诈方因欺诈陷入错误；被欺诈方因错误作出了意思表示。

b. 因第三人欺诈。《民法典》第 149 条规定，第三人实施欺诈行为，使一方在违背真实意思的情况下实施的民事法律行为，对方知道或者应当知道该欺诈行为的，受欺诈方有权请求人民法院或者仲裁机构予以撤销。其条件有：第三人实施了欺诈行为；对方知道或应当知道该欺诈行为。

③胁迫。指一方或第三人以将来要发生的损害或直接施加损害相威胁，使对方产生恐惧并因此作出的行为。《民法典》第 150 条规定，一方或者第三人以胁迫手段，使对方在违背真实意思的情况下实施的民事法律行为，受胁迫方有权请求人民法院或者仲裁机构予以撤销。其条件有：a. 一方或第三人实施了胁迫行为；b. 胁迫人具有胁迫的故意；c. 受胁迫方因胁迫实施了民事法律行为；d. 胁迫行为是非法的。

④显失公平。指一方在从事某种民事法律行为时因情况紧迫或缺乏经验作出了明显对自己有重大不利的行为。《民法典》第 151 条规定，一方利用对方处于危困状态、缺乏判断能力等情形，致使民事法律行为成立时显失公平的，受损害方有权请求人民法院或者仲裁机构予以撤销。其条件有：

a. 客观要件。给付与对待给付之间失衡或造成利益不平衡。

b. 主观要件。一方利用优势地位或对方轻率、无经验等与对方订立显失公平合同的故意。

(3)可撤销的民事法律行为中的撤销权：

撤销权是指因意思表示不真实而受损害的一方当事人所享有的请求法院或仲裁机构撤销该民事法律行为的权利。

①特点：a. 撤销权由受损害的一方享有；b. 撤销权是一种专属权利，不得单独转让；c. 撤销权的行使须采取诉讼或仲裁的方式。

②行使期限。当事人自知道或应当知道撤销事由之日起 1 年内(重大误解为 90 日内)行使撤销权。受胁迫的，自胁迫行为终止之日起 1 年内行使撤销权。明示或以行为表明放弃撤销权的，撤销权消灭。

(4)可撤销的民事法律行为被撤销的效果：

可撤销的民事法律行为被撤销后，该行为自始没有法律约束力。撤销后的法律效果与民事法律行为被确认无效时相同，如返还财产、赔偿损失等。

五、法条分析题

《民法典》第145条规定："限制民事行为能力人实施的纯获利益的民事法律行为或者与其年龄、智力、精神健康状况相适应的民事法律行为有效；实施的其他民事法律行为经法定代理人同意或者追认后有效。相对人可以催告法定代理人自收到通知之日起三十日内予以追认。法定代理人未作表示的，视为拒绝追认。民事法律行为被追认前，善意相对人有撤销的权利。撤销应当以通知的方式作出。"[2020年法硕(非法学)真题改编]

请分析：

(1)本条中"其他民事法律行为"在法定代理人同意或追认前效力如何？

(2)本条中撤销权的行使须具备哪些条件？

(3)本条中"善意相对人"应如何认定？

答：(1)本条中，"其他民事法律行为"在法定代理人同意或追认前效力待定。效力待定的民事法律行为，是指民事行为成立之后，是否能发生效力尚不能确定，有待其他行为或事实使之确定的民事法律行为。效力待定的民事法律行为具有的特征有：

①效力待定的民事法律行为已经成立，但因缺乏处分权或行为能力而使效力不齐备。

②效力待定的民事法律行为的效力既非完全无效，也非完全有效，而是处于一种效力不确定的中间状态。

③效力待定民事法律行为是否发生效力尚不能确定，有待于其他行为或事实使之确定。

(2)撤销权在性质上属于形成权。撤销权人通过单方的意思表示行使撤销权，可导致可撤销民事法律行为的效力溯及既往的消灭。本条中撤销权的行使须具备的条件包括：①在限制民事行为能力人的法定代理人追认前行使；②相对人为善意；③撤销应当以通知的方式作出。

(3)善意相对人即善意第三人，是指合同的相对人或其他民事法律关系中的第三人，因自身没有过错也不可归责于己的行为，取得一定的财产或利益。民法上的善意是指没有过错。法律保护善意第三人的合法利益，法律关系中的其他人的权利不得对抗善意第三人。而本条中，"善意相对人"指的是相对人实施民事法律行为时不知道或者不应当知道对方为限制民事行为能力人。

六、案例分析题

1. 黄某被派去深圳工作一年，临行时将电视机委托给同事张某保管和使用，后又告知张某可以适当价格卖掉。梁某得知此消息后，找到张某，表示想买下这台彩电，但又不愿多出钱。梁对张说，你给黄写封信，告诉他彩电的显像管出了毛病，图像不清，要求他降价出售。张某考虑到与梁某平时关系不错，就按梁某的意思给黄某写了信。黄某回信说如果真是显像管坏了，可以降低价格卖掉。于是张某就以500元的低价将彩电卖给了梁某。黄某从深圳回来后，知道了买卖彩电的真相，要求梁某返还彩电。梁某说，20天前已以

1000 元的价格卖给王某。经查，王某买下电视时对以上情况并不知情，1000 元的价格与市价相差无几。但在 5 天前，王某一家及邻居戴某看电视时，该电视突然爆炸，炸伤王某及戴某，并造成其他财产损失近 2000 元。又查，该彩电的核心部件存在严重的质量隐患。[北化 2008 年研]

根据上述案情，回答下列问题：

（1）张某、梁某买卖彩电的行为属于什么性质的行为，效力如何？

（2）黄某可以请求张某、梁某承担什么责任？

（3）梁某与王某买卖彩电的行为是否有效？为什么？

（4）王某可以向谁要求赔偿损失？请求依据是什么？

（5）戴某可以向谁要求赔偿损失？请求依据是什么？

答：（1）张某和梁某买卖彩电的行为属于无效民事法律行为，自始无效。

《民法典》第 154 条规定，行为人与相对人恶意串通，损害他人合法权益的民事法律行为无效。第 155 条规定，无效的或者被撤销的民事法律行为自始没有法律约束力。本题中，代理人和第三人恶意串通，欺诈被代理人，损害被代理人利益的行为，属于无效民事法律行为，自始无效。

（2）黄某可以请求张某和梁某对其损失承担连带赔偿责任。张某实为受黄某委托，代理其卖电视机。但张某作为代理人，与第三人梁某恶意串通，使得电视机以不当的低价售卖，给黄某造成了经济损失。根据《民法典》规定，代理人和第三人恶意串通，损害被代理人利益的，应当对被代理人的损失承担连带赔偿责任。

（3）梁某与王某买卖电视机的行为合法有效，具体分析如下：

①梁某买得的电视机因黄某的撤销行为而使合同自始无效，因此取得的电视机应当返还给所有人黄某。梁某依法对电视机没有处分权，梁某出卖电视机给王某的行为属于无权处分。

②梁某与王某订立的电视机买卖合同的效力不受梁某无处分权的影响。同时王某符合善意取得的构成要件，为善意第三人，其购买电视机为善意，对梁某以欺诈方式购得电视机并不知情且无重大过失，同时以合理的市价购买，且已经实际交付占有，因此王某可以依法取得电视机的所有权。

（4）王某可以向梁某、电视机的生产者和销售者请求赔偿损失。请求依据具体如下：

①王某与梁某订立的电视机买卖合同合法有效。梁某应当承担电视机的质量瑕疵担保责任；对因电视机质量问题造成的损失，梁某应当承担损害赔偿责任。

②根据《消费者权益保护法》《产品质量法》等相关法律，因产品瑕疵遭受人身损害的产品的购买人和使用人，可以向产品的生产者请求赔偿，也可以向产品的销售者请求赔偿。

（5）戴某可以向电视机的生产者或销售者请求赔偿，具体依据分析如下：

①戴某作为电视机的观看者即使用者，可以《产品质量法》为依据，请求电视机的生产者或者销售者承担产品质量瑕疵责任。

②戴某与电视机之前的所有人或出卖人没有法律关系，且虽在王某家看电视遭受损失，但电视爆炸不是王某的过错，因此梁某不必承担合同责任，王某也不必承担侵权责任。即梁某与王某对戴某的损失不承担赔偿责任。

2. 甲汽车销售公司与乙汽车制造公司签订了一份轿车买卖合同。由于甲公司的业务员丁某对汽车型号不太熟悉，因此，在签订合同时，将甲公司原先想买的B型号轿车写成了A型号轿车。虽然乙公司提供的型号不是甲公司原想购买的B型号轿车，但A型号轿车销量也不错。甲公司因此按照合同约定提货并支付了货款。[中山大学2010年研]

请结合此案回答下列问题：

(1)丁某的行为属于合同法的什么行为？其效力如何？

(2)甲公司在支付货款后是否还能行使撤销权？

答：(1)丁某的行为属于意思表示不真实的行为；按《民法典》相关规定，属于可撤销的民事法律行为。在甲、乙的轿车买卖合同中，丁某作为甲公司的业务员，其与乙公司签订的合同即甲公司与乙公司签订的合同。在这一合同中，甲、乙所达成的是对买卖B型轿车的合意，而丁某的笔误造成了合同条款与当事人真实意思表示相背离，将B型号写成了A型号，属于意思表示不真实的行为，其效力为可撤销的民事法律行为。

(2)甲公司在支付货款后可以依其他撤销事由行使撤销权，但不得就合同标的错误这一问题主张撤销权的问题。本题中，虽然一开始存在标的物认识错误的撤销事由，但由于A型号轿车的销量也不错，甲公司才按照合同约定提货并支付了货款，属于对A型号轿车达成的新合意，甲乙双方就A型号的轿车买卖达成了新的合同。因此，甲公司在支付货款后不得再就此事由主张撤销权。当然，如果合同存在其他撤销事由的，甲公司仍得就该事由主张撤销权的行使。

第五章 代 理

一、单项选择题

1. 甲伪造A公司的印章，并以A公司名义与不知情的B公司签订合同。对此，下列说法正确的是(　　)。[2024年法硕(法学、非法学)真题]

A. A公司追认前，B公司有权通知A公司撤销合同

B. A公司追认后，B公司有权通知A公司解除合同

C. 无论A公司是否追认，B公司均有权请求甲履行合同

D. 无论A公司是否追认，B公司均有权请求人民法院撤销合同

【解析】ABD三项，表见代理，是指行为人虽没有代理权，但交易相对人有理由相信行为人有代理权的无权代理。本题中，甲伪造A公司的印章，不能构成表见代理，而是狭义的无权代理。在狭义无权代理中，被代理人追认之前，善意相对人有权以通知方式撤销民事法律行为。本题中，B公司不知情，为善意相对人，自然有权在A公司追认前通知撤销合同。A公司追认后，合同有效，B公司无权解除、撤销合同。

C项，合同双方当事人为A公司与B公司，基于合同相对性原理，甲不受该合同约束，B公司无权请求甲履行合同。

2. 甲将一幅字画交给乙代售。丙出价400万元，丁出价300万元并许诺给乙50万元"好处费"。乙以甲的名义将字画卖给丁，并向甲隐瞒了丙的报价。甲得知真相后拒绝承认该交易。该买卖合同(　　)。[2023年法硕(法学、非法学)真题]

A. 无效　　B. 可撤销　　C. 效力待定　　D. 不成立

【解析】《民法典》第154条规定，行为人与相对人恶意串通，损害他人合法权益的民事法律行为无效。代理人不得滥用代理权，代理人与第三人恶意串通，损害被代理人合法权益的行为无效。本题中，第三人丁许诺给代理人乙较高的好处费低价收购字画，明显属于恶意串通，所签订的买卖合同无效。

二、多项选择题

某服装公司员工实施的下列行为中，该公司不予认可但仍应承担民事法律后果的有(　　)。[2017年法硕(法学)真题]

A. 超越代表权限与不知情的L公司订立买卖合同

B. 超越公司经营范围与不知情的M公司订立买卖合同

C. 伪造公司印章与不知情的P公司订立买卖合同

D. 以自己的名义将公司的电脑转让给不知情的Q公司

【解析】A项，《民法典》第170条第2款规定，法人或者非法人组织对执行其工作任务的人员职权范围的限制，不得对抗善意相对人。因此，该服装公司员工超越代理权限与不知情的L公司订立的买卖合同有效，该公司应承担民事法律后果。

B项，《民法典》第505条规定，当事人超越经营范围订立的合同的效力，应当依照本

1A　2A　▎　AB

法第一编第六章第三节和本编的有关规定确定，不得仅以超越经营范围确认合同无效。如果该服装公司员工与不知情的M签订的买卖合同虽超越经营范围，但未违反法律禁止性规定，则该买卖合同有效，公司需承担民事法律后果。

CD两项，《民法典》第171条第1款规定，行为人没有代理权、超越代理权或者代理权终止后，仍然实施代理行为，未经被代理人追认的，对被代理人不发生效力。CD两项均为没有代理权的行为，只有经过被代理人的追认，被代理人才承担民事责任。该公司不予认可，即不予追认，该民事责任由行为人承担，公司不承担法律后果。

三、概念题

1. 滥用代理权与无权代理［武大2013年研］、**滥用代理权**［南京理工2011年研］

答：(1)滥用代理权，是指代理人行使代理权时，违背代理权的设定宗旨和代理行为的基本准则，有损被代理人利益的行为。

(2)无权代理，是指代理人无代理权、超越代理权或在代理权终止以后所从事的代理行为。

(3)二者的区别：

①从是否取得代理权来看，滥用代理权是有权代理；而无权代理无代理权。

②从法律效果来看，前者代理的行为当然无效；后者为效力未定，经过追认后，无权代理行为有效。

③从代理内容来看，前者违背代理权设立宗旨，不利于被代理人；后者则可能对被代理人有益。

2. 无权代理与表见代理［中南财大2008年研；上交2006年研］

相关试题：

(1)无权代理［中南财大2023年研；中国政法2021年研；温州大学2018年研；四川师大2018年研；人大2007年研］

(2)表见代理［中国政法2024年研；湖南师大2024年研；暨南大学2023年研；浙商大2020年研；华中农大2017年研；东北财大2015年研；山东大学2014年研；南京大学2012年研；北科2011年研；南京师大2009年研］

答：(1)无权代理，是指代理人无代理权、超越代理权或在代理权终止以后所从事的代理行为。

(2)表见代理，是指行为人没有代理权、超越代理权或者代理权终止后仍然实施代理行为，相对人有理由相信行为人有代理权的代理。

(3)广义的无权代理包括表见代理。狭义的无权代理与表见代理的区别如下：

①有无外表授权不同。狭义无权代理没有外表授权，代理人以代理人名义所为的民事法律行为，相对第三人可以经过合理的调查或其他途径得知其没有本人授权，不具备令第三人信服的代理权合法外观；表见代理须有使相对人相信行为人具有代理权的事实或者理由，代理人拥有本人的授权文件或者其他外观可以使一般善意第三人相信的证明。

②代理行为的效力不同。在狭义无权代理中，无权代理属于效力未定，是否对被代理人发生效力取决于被代理人是否予以追认。如果被代理人予以追认的，变为有权代理；如

果被代理人不予追认的，对于被代理人不发生法律效力，而是由行为人承担责任。但在表见代理中，表见代理对被代理人产生有权代理的效力，即由本人而非行为人负代理行为的效果，被代理人不得以无权代理为抗辩。

四、简答题

1．简述直接代理与间接代理。［中南财大 2020 年研］

相关试题：直接代理与间接代理［概念辨析题，宁波大学 2018 年研；华南理工 2017 年研］、**间接代理**［概念题，广西民大 2023 年研］

答：根据代理人进行代理活动的方式不同，代理可分为直接代理和间接代理。

（1）直接代理又称显名代理，是指代理人以被代理人的名义在代理权限范围内进行代理行为，其法律效果直接由被代理人承担。

（2）间接代理，是指代理人以自己的名义进行民事法律行为，其效果转移于被代理人的代理。

（3）二者的区别主要有：

①名义不同。直接代理以被代理人的名义进行；而间接代理以代理人的名义进行。

②效果归属不同。直接代理的效果直接归属于被代理人；间接代理的效果需要特定条件才能归属于被代理人。

③法律依据不同。直接代理适用《民法典》一般规定；间接代理适用《民法典》第 925、926 条规定。

2．辨析：委托代理中的代理人无条件享有复任权。［首都师大 2009 年研］

相关试题：代理人无条件享有复任权。［辨析题，首都师大 2015 年研］

答：这种观点错误，具体分析如下：

（1）《民法典》第 169 条规定："代理人需要转委托第三人代理的，应当取得被代理人的同意或者追认。转委托代理经被代理人同意或者追认的，被代理人可以就代理事务直接指示转委托的第三人，代理人仅就第三人的选任以及对第三人的指示承担责任。转委托代理未经被代理人同意或者追认的，代理人应当对转委托的第三人的行为承担责任，但是在紧急情况下代理人为了维护被代理人的利益需要转委托第三人代理的除外。"可见，复代理附有条件，除非紧急情况，必须事先取得被代理人同意或者事后告知被代理人并取得同意。

（2）委托代理人原则上没有复任权，因为委托代理的基础是特定当事人之间的信任关系。但是在尊重被代理人意思和有利于保护被代理人利益的前提下，委托代理人在下列情况下可享有复任权：

①委托代理人不能亲自执行事务，为被代理人的利益需要转托他人代理。

②为了被代理人的利益确实需转委托的，转委托前取得被代理人的同意。

③在紧急情况下，不需要征得被代理人的同意。紧急情况下（如急病、通信中断、疫情防控等），代理人无法亲自处理且无法联系被代理人时，可不经同意转委托，以避免损害被代理人利益。若转委托不符合条件，则对被代理人无效，代理人需对第三人行为负责。

3. 代理权的滥用有哪些情形？［湖南师大2024年研］

相关试题：

（1）滥用代理权的情形与效力。［上交2019年研］

（2）简述滥用代理权的主要情形及其效力。［2015年法硕（法学、非法学）真题］

（3）滥用代理权的类型及其法律后果。［论述题，中山大学2014年研］

答：滥用代理权，是指代理人行使代理权时，违背代理权的设定宗旨和代理行为的基本准则，有损被代理人利益的行为。滥用代理权的主要情形包括：

（1）自己代理。又称"自己契约"，指代理人以被代理人的名义与自己进行民事法律行为。《民法典》第168条第1款规定，代理人不得以被代理人的名义与自己实施民事法律行为，但是被代理人同意或者追认的除外。即该行为通常无效，但是被代理人同意或者追认的除外。

（2）双方代理。又称同时代理，指代理人同时代理被代理人和相对人实施同一民事法律行为。《民法典》第168条第2款规定，代理人不得以被代理人的名义与自己同时代理的其他人实施民事法律行为，但是被代理的双方同意或者追认的除外。该行为原则上无效，但是被代理的双方同意或者追认的除外。

（3）恶意代理。即代理人与相对人恶意串通，损害被代理人的利益。此种行为属于无效的民事行为。《民法典》第164条第2款规定，代理人和相对人恶意串通，损害被代理人合法权益的，代理人和相对人应当承担连带责任。

4. 简述表见代理的要件与法律效果。［中南财大2024年研］

相关试题：

（1）论述表见代理的定义与构成。［论述题，扬州大学2024年研］

（2）简述表见代理的概念及其构成要件。［武大2022年研；北邮2014年研；北航2011年研］

（3）表见代理的构成要件。［论述题，浙商大2018年研；武大2012年研；山东大学2007年研］

（4）表见代理及其要件。［山东大学2017年研］

（5）简述表见代理的构成要件。［2017年法硕（非法学）真题；苏州大学2014年研］

（6）论述表见代理之要件。［论述题，华南理工2015年研］

（7）论表见代理的构成要件和法律效力。［论述题，中山大学2011年研；北大2006年研］

答：表见代理，是指行为人虽没有代理权、超越代理权或者代理权终止后仍然实施代理行为，但交易相对人有理由相信行为人有代理权的无权代理。《民法典》第172条规定，行为人没有代理权、超越代理权或者代理权终止后，仍然实施代理行为，相对人有理由相信行为人有代理权的，代理行为有效。表见代理制度旨在保护交易安全，维护相对人对权利外观的合理信赖。

（1）表见代理的构成要件：

①无权代理人未获得被代理人的授权。表见代理属于广义的无权代理，因此只能在代理人未获授权、超越权限或代理权已终止而从事代理行为的情形下发生。因授权不明而实施的代理行为并非无权代理。

②相对人有合理的理由相信无权代理人有代理权：

a. 存在代理权的外观，即须有“外表授权”。权利外观是指被代理人的授权行为已经在外部形成了一种表象，即能够使相对人有合理的理由相信无权代理人已经获得了授权。

b. 相对人主观上善意且无过失。相对人不知道或不应当知道无权代理人实际上没有代理权，且其不知情并非因疏忽大意或懈怠造成。相对人如果有过失而不知行为人没有代理权，则不构成表见代理。

③无权代理行为的发生与被代理人有关。权利外观的形成与被代理人有关（如授权不明、未收回授权书等）。如果无权代理的发生与被代理人无关（如无权代理人私刻公章、伪造营业执照等），则不构成表见代理。

（2）表见代理的法律效果：

①产生有权代理的效果。即在符合表见代理的情形下，代理行为有效。表见代理人所从事的代理行为应直接归属于被代理人，被代理人应受到该行为的约束，直接享有或承担法律行为的权利和义务。在被代理人向相对人承担责任后，无权代理人应依其过错向被代理人承担损害赔偿责任。

②相对人有撤销权。表见代理旨在保护相对人利益，相对人对于表见代理应享有选择权，既可以按狭义无权代理，享有撤销权；亦可按表见代理，接受与本人的民事法律行为，与本人之间发生权利义务关系。

五、论述题

1. 论代理权行使的一般原则和效果。［天津商大 2021 年研］

相关试题：

（1）试述代理权行使的规则（包括要求和限制）。［首都师大 2013 年研］

（2）代理人行使代理权应遵守哪些原则？［简答题，上海海事大学 2010 年研］

答：（1）代理权行使的一般原则：

代理权的行使是指代理人在授权范围内，以被代理人的名义进行的行为，由此产生的法律后果由被代理人承担。代理人在行使代理权时应遵循以下原则：

①在代理权限内从事代理行为。代理人须在授权范围内行使代理权，不得擅自扩大或变更代理权限。超越代理权限所为的行为，除被代理人追认的以外，对被代理人不发生法律效力，而由代理人承担责任。

②亲自行使代理权。代理人必须亲自实施代理行为，才合乎被代理人的愿望。除非经被代理人同意或有不得已的事由发生，不得将代理事务转委托他人处理。

③依据诚信原则行使代理权。代理人行使代理权，应从被代理人的利益出发，应谨慎、勤勉、忠实地处理好被代理人的事务，以增进被代理人的福利。

④正当行使代理权。代理人应依据法律规定和诚信原则正当行使代理权，不得滥用代理权，如自己代理、双方代理等损害被代理人利益的行为。

（2）代理权行使的效果：

①代理人在代理权限范围内以被代理人的名义实施的民事法律行为，其法律效果直接归属于被代理人。这种效果体现了代理制度的本质，即代理人代替被代理人实施行为，被

代理人是真正的民事主体，承受法律行为的后果。

②越权代理的效果：

a. 如果代理人超越代理权限实施行为，被代理人可以追认。一经追认，该行为视为在代理权限内实施，其法律效果归属于被代理人。

b. 如果被代理人拒绝追认，越权代理行为对其不发生效力，由代理人承担责任。例如，代理人擅自购买超出预算的商品，被代理人拒绝追认，代理人可能需要自行承担费用或解除合同。

③代理权滥用的效果：

a. 代理人与第三人恶意串通，损害被代理人利益的，代理人和第三人承担连带责任。被代理人有权要求代理人和第三人赔偿损失。

b. 代理人自己代理或双方代理的，未经被代理人同意或追认，无效。如果被代理人追认，这些行为有效，其法律效果归属于被代理人；否则无效，代理人可能要承担相应责任。

2. 论无权代理及其法律后果。［广西民大 2020 年研］

相关试题：

(1) 无权代理的类型及后果。［简答题，中国政法 2023 年研］

(2) 简述无权代理制度。［简答题，对外经贸 2020 年研］

(3) 论无权代理的法律效果。［清华大学 2020 年研］

(4) 试述无权代理。［浙工大 2018 年研］

答：无权代理是指没有代理权、超越代理权或在代理权终止以后所从事的代理行为。其根本特征在于行为人以他人名义进行民事活动时没有代理权。《民法典》第 171 条第 1 款规定，行为人没有代理权、超越代理权或者代理权终止后，仍然实施代理行为，未经被代理人追认的，对被代理人不发生效力。

(1) 无权代理的类型：

①根本未经授权的代理。即行为人根本没有代理权却从事代理活动。

②超越代理权的无权代理。即行为人享有代理权，但超越代理权限从事了本不该由其进行的代理活动。数个委托代理人共同行使代理权，其中一人或者数人未与其他委托代理人协商，擅自行使代理权的，也属于无权代理。

③代理权已终止后的无权代理。即行为人原本享有代理权，但其代理权已经终止，行为人仍以代理人的身份进行代理活动。

④代理权开始前的无权代理。即在授权的意思表示未到达代理人时，代理人以被代理人的名义从事了代理行为，构成无权代理。

(2) 无权代理的法律后果：

①对被代理人造成的法律后果。无权代理是无效行为，被代理人对所谓的代理行为不承担责任。但如果被代理人对此行为予以追认，则会使无权代理成为有权代理，被代理人就应当对该代理行为承担相应的法律后果。

②对无权代理人造成的法律后果。无权代理人所实施的行为，如果不能得到被代理人的追认，又不能证明自己有代理权，则应对自己的行为承担责任，对该行为所造成的相对人的损失负赔偿责任。被代理人对无权代理行为有拒绝承认的形成权，该拒绝的意思表示

一经作出即产生无权代理对被代理人无效的法律后果。该无权代理人应对第三人承担相应的法律后果。如果因无权代理行为而造成被代理人损失的，无权代理人也应负赔偿责任。

③对相对人造成的法律后果。在无权代理中，相对人对代理行为享有催告权，善意的相对人还享有撤销权。《民法典》第171条第2款规定："相对人可以催告被代理人自收到通知之日起30日内予以追认。被代理人未作表示的，视为拒绝追认。行为人实施的行为被追认前，善意相对人有撤销的权利。撤销应当以通知的方式作出。"第3款规定："行为人实施的行为未被追认的，善意相对人有权请求行为人履行债务或者就其受到的损害请求行为人赔偿。但是，赔偿的范围不得超过被代理人追认时相对人所能获得的利益。"对于相对人也有过错的，《民法典》第171条第4款规定，相对人知道或者应当知道行为人无权代理的，相对人和行为人按照各自的过错承担责任。

六、法条分析题

《民法典》第170条规定："执行法人或者非法人组织工作任务的人员，就其职权范围内的事项，以法人或者非法人组织的名义实施的民事法律行为，对法人或者非法人组织发生效力。法人或者非法人组织对执行其工作任务的人员职权范围的限制，不得对抗善意相对人。"[2022年法硕(非法学)真题]

请分析：

(1)本条规定的代理属于何种代理？

(2)"不得对抗善意相对人"如何理解？

(3)相对人知道行为人超越职权范围实施代理行为的，该代理行为的法律后果如何？

答：(1)本条规定的代理属于职务代理。职务代理，是指执行法人或者非法人组织工作任务的人员，就其职权范围内的事项，以法人或者非法人组织的名义实施的民事法律行为，无须法人或者非法人组织的特别授权，对法人或者非法人组织发生效力。在我国法律体系中，可将职务代理纳入委托代理的范畴加以规范。

(2)善意，是指该相对人有理由相信与其进行交易的人是在职权范围内实施民事法律行为，即有理由相信其具有代理权。如果相对人可以证明自己不知、无法知道或不应知道工作人员职权范围的限制，相对人可被认定为善意。如果相对人是善意的，即对法人或者非法人组织对执行其工作任务的人员职权范围的限制，不知道也不应知道，那么法律应当对这种合理信赖予以保护，以维护其合法权益。即只要交易相对人对该职权限制不知情，即产生合法有效职务代理的法律后果，法人或者非法人组织仍需承担工作人员越权代理实施行为的法律后果。

(3)越权代理行为的效力待定。被代理人追认的，代理行为对被代理人发生效力；未经被代理人追认的，对被代理人不发生效力，相对人和行为人按照各自的过错承担责任。其法律效果包括：

①被代理人有追认权。如果对此行为予以追认，则会使无权代理成为有权代理，被代理人就应当对该代理行为承担相应的法律后果。如果被代理人知道他人以本人名义实施民事行为而不作否认的，视为其同意他人代理。

②被代理人有拒绝权。被代理人对无权代理行为有拒绝承认的形成权，该拒绝的意思

表示一经作出即产生无权代理对被代理人不发生效力的法律后果。该无权代理人应对第三人承担相应的法律后果。

③相对人知道行为人超越职权范围实施代理行为的，属于恶意相对人。恶意相对人有催告权，但不享有撤销权。如果被代理人拒绝追认，则应由恶意相对人和行为人按照各自的过错承担责任。

七、案例分析题

1. 甲、乙是恋人，2005 年甲购买了一套房，登记在自己名下。甲与父母同住。2015 年，乙和丙签订买卖合同，按照市场价出售房屋，并偷出房本、甲的身份证，伪造授权委托书，和丙办理了过户登记。丙不知以上情况，但购房时没有实地考察下就购买了。现在丙向法院请求判令甲搬离房屋。[北大 2017 年研]

问：丙的请求能否得到法院支持？

答：丙的请求不能得到法院支持，具体分析如下：

(1)乙的行为构成无权代理，但不构成表见代理。《民法典》第 172 条规定，行为人没有代理权、超越代理权或者代理权终止后，仍然实施代理行为，相对人有理由相信行为人有代理权的，代理行为有效。本题中，乙伪造授权委托书，没有得到甲的授权，构成无权代理。丙虽然不知道上述情况，但由于是伪造的授权委托书，丙没有正当理由相信该无权代理人有代理权，不构成表见代理。

(2)房屋买卖合同的效力未定。《民法典》第 171 条第 1 款规定，行为人没有代理权、超越代理权或者代理权终止后，仍然实施代理行为，未经被代理人追认的，对被代理人不发生效力。无权代理实施的民事法律行为效力未定，经被代理人追认或行为人订立合同后取得代理权的，合同自始有效。如未经被代理人追认，则合同无效。

(3)房屋所有权未转移。房屋买卖合同若未得到甲的追认，则合同无效；即使已经办理了过户登记，仍然不发生物权变动的效力。即房屋所有权仍归属于甲。丙无权请求甲搬离房屋，只能请求乙承担相应责任。

2. 甲公司的合同专用章借给乙，并授权乙代理甲订立标的金额在 50 万元以下的合同。乙完成甲的委托以后，没有及时将合同专用章归还给甲，另外又以甲的名义与丙订立一份金额为 300 万元的合同。后，丙要求甲履行合同中约定的义务，遭到甲的拒绝。甲的理由是甲没有授权乙订立与丙的合同。于是，引起纠纷，诉至法院。[中山大学 2010 年研]

请问：

(1)如果丙公司不知乙没有代理权，丙公司是否有权要求甲公司履行合同义务，为什么？

(2)如果丙公司明知乙没有代理权，丙公司是否有权要求甲公司履行合同义务，为什么？

(3)如果乙在合法使用该合同专用章期间自己仿照私刻了该印章，在乙完成甲的委托以后，将原合同专用章还给甲，但乙用私刻的印章另外与丙订立了一份合同，丙公司是否有权要求甲公司履行合同义务，为什么？

答：(1)丙公司有权要求甲公司履行合同义务。

理由：乙、丙的行为构成表见代理。表见代理是指行为人没有代理权、超越代理权或者代理权终止后，仍然实施代理行为，相对人有理由相信行为人有代理权的，代理行为有效。本题中，乙完成甲的委托后，没有及时将合同专用章归还给甲，且丙公司不知乙没有代理权，且有理由相信乙有代理权。因此，乙的代理行为有效，丙公司有权要求甲公司履行合同义务。

(2)丙公司无权要求甲公司履行合同义务。

理由：构成表见代理须相对人为善意。如果相对人出于恶意，即明知或应知他人为无权代理，仍与其实施民事法律行为，就不成立表见代理。本题中，丙公司是明知乙没有代理权而与乙签订合同的，故丙公司为恶意，甲公司不应承担责任。

(3)丙公司无权要求甲公司履行合同义务。

理由：表见代理的构成要件之一是无权代理行为的发生与被代理人有关。如果无权代理的发生与被代理人无关，则不构成表见代理。本题中，乙在合法使用该合同专用章期间自己仿照私刻了该印章；由于印章系伪造，被代理人对此毫不知情也无法加以防范，因此不构成表见代理。丙公司无权要求甲公司履行合同义务。

第六章　民事责任

一、概念题

1. 民事责任[四川师大 2018 年研；北邮 2009 年研]

答：参见本章论述题答案。

2. 按份责任与连带责任[中南财大 2003 年研]、**连带责任**[宁波大学 2020 年研]

相关试题：连带责任和按份责任[概念比较题，西南政法 2024 年研]

答：(1)按份责任是指共同责任人依法定或约定的份额对权利人承担各自的责任的民事责任。

(2)连带责任是指共同责任人不分份额地向权利人承担全部责任。权利人有权请求部分或者全部连带责任人承担责任。

(3)二者的区别主要表现在对外责任不同。按份责任中，责任人对权利人仅以其负担的份额为限承担责任；连带责任中，各责任人之间对权利人的请求，不分份额、彼此连带地承担责任，权利人可请求任一或全部责任人承担一部或全部责任。

3. 免责事由[广西民大 2023 年研]

答：民事责任的免责事由又称抗辩事由，是指不承担责任或者减轻责任的事由。免责事由一般包括不可抗力、正当防卫、紧急避险、受害人过错、第三人原因、自甘风险、自助等。民事责任的免责事由是民事责任制度的重要组成部分，旨在保护社会成员的自由空间，实现风险的合理分配，避免无限度归责带来的不确定性。具备法律规定的免责事由的行为人不承担民事责任或进行适当补偿。

二、简答题

简述民事责任免责事由的情形。[天津商大 2024 年研]

相关试题：论述民事责任的免责事由。[论述题，广东财大 2024 年研]

答：民事责任的免责事由又称抗辩事由，是指不承担责任或者减轻责任的事由。具体包括：

(1)不可抗力。《民法典》第 180 条规定："因不可抗力不能履行民事义务的，不承担民事责任。不可抗力是不能预见、不能避免且不能克服的客观情况。"不可抗力须具备三个基本条件：①客观性，即须独立于人的行为之外，不受当事人意志控制。②因果性，即须构成损害结果发生的事实上原因。③相对性，即当事人无法控制这种客观情况及其后果。

(2)正当防卫。指为了保护本人或他人的人身或财产免受正在进行的不法侵害，针对不法侵害人实施的自卫行为。《民法典》第 181 条规定："因正当防卫造成损害的，不承担民事责任。正当防卫超过必要的限度，造成不应有的损害的，正当防卫人应当承担适当的民事责任。"其成立条件有：①存在侵害行为；②防卫行为适法、适度。

(3)紧急避险。指为了保护本人或他人的人身或财产免受正在发生的危险，不得已采取的致人损害的行为。《民法典》第 182 条规定："因紧急避险造成损害的，由引起险情发生的人承担民事责任。危险由自然原因引起的，紧急避险人不承担民事责任，可以给予适当补偿。紧急避险采取措施不当或者超过必要的限度，造成不应有的损害的，紧急避险人应当承担适当的民事责任。”

(4)自愿救助行为。《民法典》第184条规定，因自愿实施紧急救助行为造成受助人损害的，救助人不承担民事责任。自愿救助行为适用于非专业人员在紧急情况下救助他人的自愿行为。其免责须满足以下条件：①主体：非专业人员在紧急情况下自愿救助他人。②情境：行为须在紧急情况下实施。③目的：以救助他人为唯一目的。④方式：在自身能力范围内以有利于受助人的方式实施。⑤注意义务：尽到一般理性人在当时情况下应有的谨慎和勤勉。

(5)其他免责事由：

①依法执行职务，指依据法律授权及有关规定行使合法权力、履行法定义务的行为。其成立条件有：a. 有合法授权；b. 行为的客体、方式和程度与职务授权相适应。

②受害人同意，指受害人事前作出甘愿承担某种损害后果或风险的意思表示。其条件有：a. 被同意的行为得到法律和道德认可；b. 有益于社会及同意者本人；c. 实施遵循一定的理性规则。

③受害人过错，指受害人对损害的发生或扩大具有过错，是其所受损害的原因之一。

三、论述题

民事责任的特点与分类。[中山大学2009年研]

相关试题：

(1)论民法中的按份责任与连带责任。[扬州大学2022年研]

(2)试述民事责任的本质和特征。[苏州大学2009年研]

答：民事责任是指民事主体违反民事义务依法应承担的民事法律后果。

(1)民事责任的特征：

①违反民事义务的法律后果。承担民事责任的前提是违反民事义务。

②补偿性。民事责任主要是为了补偿权利人所受损失和恢复民事权利的圆满状态。民事责任侧重于补偿，一般不具有惩罚性。

③强制性。民事责任最终必须依赖国家强制力作保障，主要由法院最终确定责任的承担。如果受害人请求责任人承担责任，而责任人拒绝承担，受害人有权请求法院运用国家公权力强制执行。

④以财产责任为主。民事责任的承担方式主要以财产责任为主，如赔偿损失、返还财产等。

(2)民事责任的分类：

①侵权责任与违约责任(按民事责任的产生原因分)：

a. 侵权责任，指因侵害他人的财产权益或者人身权益而产生的责任。

b. 违约责任，指因违反合同义务而产生的责任。违约责任以合同关系的存在为前提。

②过错责任、无过错责任与公平责任(按民事责任的归责方法分)：

a. 过错责任，指以行为人的过错为归责依据的责任。

b. 无过错责任，指不以过错为要件的责任，即只要给他人造成损失，不论有无过错均应承担责任。常见于产品责任和饲养动物致损责任。

c. 公平责任，指双方对损害均无过错时，依法律规定由双方分担损失。公平责任是一种特殊的损失分配方法，而非归责原则。

③财产责任与非财产责任(按民事责任的承担方式分)：

a. 财产责任，指以财产给付为内容的责任，如返还财产、赔偿损失等。

b. 非财产责任，指不具有财产内容的责任，如停止侵害、赔礼道歉、恢复名誉等。

④单独责任与共同责任(按民事责任的承担主体分)：

a. 单独责任，指由一个民事主体独立承担的责任。

b. 共同责任，指两个以上民事主体共同承担的责任。

⑤按份责任与连带责任(按民事责任共同责任人间的关系分)：

a. 按份责任，指共同责任人各自按份额承担责任，各责任人之间无连带关系。

b. 连带责任，指共同责任人中的任一人均有义务就共同责任向权利主体全部承担。

四、案例分析题

甲、乙因琐事发生口角，甲怀恨在心。某日，乙独自回家，途中被甲等三人拦住，上来就是一阵拳打脚踢。乙打不过，难以脱身。在甲挥拳向其打来时，乙朝甲猛力反击一拳，转身逃走。甲被打后当即倒地，经医院诊断为右侧第四根肋骨骨折。住院治疗月余，前后共花去医药费 6000 元。甲出院后要求乙赔偿其医药费，乙拒绝赔偿，于是甲诉至法院。[北邮 2022 年研]

请分析本案的法律关系；本案应如何处理？为什么？

答：(1)本案的法律关系分析：

①侵权行为。甲及其同伙对乙实施了殴打行为，侵犯了乙的人身权。

②正当防卫。乙在被甲等人殴打时为了保护自己的人身安全反击甲的行为，属于正当防卫。

(2)法院应当判决甲及其同伙赔偿乙的损失，并根据具体情况判断乙的反击行为是否超过必要限度，从而决定乙是否需要承担相应的民事责任。具体分析如下：

①甲及其同伙的侵权行为。甲及其同伙应当对乙的损害承担侵权责任，赔偿乙因此遭受的损失，包括但不限于医疗费、误工费、护理费等。如果甲及其同伙的行为构成犯罪(如故意伤害罪)，还可能面临刑事责任。

理由：根据《民法典》第 1179 条规定，侵害他人造成人身损害的，应当赔偿医疗费、护理费、交通费、营养费、住院伙食补助费等为治疗和康复支出的合理费用，以及因误工减少的收入。

②乙的正当防卫行为。乙的反击行为属于正当防卫，至于是否超过了必要限度需要具体分析：如果未明显超过必要限度，则乙不需要承担民事责任。如果乙的反击行为明显超过了必要限度，造成不应有的损害(如甲的肋骨骨折)，乙可能需要承担适当的民事责任，但责任范围应根据具体情况确定。

理由：《民法典》第 181 条规定："因正当防卫造成损害的，不承担民事责任。正当防卫超过必要的限度，造成不应有的损害的，正当防卫人应当承担适当的民事责任。"

第七章 诉讼时效与期间

一、单项选择题

甲欠乙10万元，时效期间届满未还。乙索要时，甲承诺2个月内偿还，但事后只给付了2万元。乙索要余款时，甲以10万元欠款已超过诉讼时效期间为由拒绝，并要求乙返还之前给付的2万元。下列选项中，正确的是（　　）。［2015年法硕（非法学）真题］

A. 甲应偿还剩余的8万元

B. 甲承诺偿还引起诉讼时效中断

C. 甲给付的2万元属于不当得利，乙应返还

D. 甲无权要求乙返还2万元，但剩余的8万元可以不偿还

【解析】诉讼时效中断，是指在诉讼时效进行进程中，因法定事由的发生，阻碍时效进行，致使以前经过的时效期间统归无效，从中断时起，其诉讼时效重新计算的制度。《民法典》第195条规定，有下列情形之一的，诉讼时效中断，从中断、有关程序终结时起，诉讼时效期间重新计算：①权利人向义务人提出履行请求；②义务人同意履行义务；③权利人提起诉讼或者申请仲裁；④与提起诉讼或者申请仲裁具有同等效力的其他情形。

AD两项，甲在诉讼时效期间届满之后，承诺偿还债务，并且实际上偿还了部分债务，构成甲对债务的承认。承认了债务，就应当完全履行，甲应偿还剩余的8万元债权。

B项，诉讼时效中断是在诉讼时效进行进程中，因法定事由发生而中断。乙向甲索要欠款时，时效期间已经届满，不再发生中断，诉讼时效中断须发生在期间届满之前。

C项，诉讼时效已经届满，但债权债务关系本身没有消灭。甲自愿偿还债务，不构成不当得利。

二、多项选择题

下列请求权不适用诉讼时效的有（　　）。［2018年法考真题］

A. 孟某与王某的房屋相邻，王某装修房屋将大量建筑垃圾堆放在门前妨碍孟某的通行，孟某有请求王某排除妨碍的权利

B. 孟某将自己的房屋出租给曹某居住，租期届满后，孟某基于所有权人的身份请求曹某搬离房屋的权利

C. 孟某的宝马轿车（登记在孟某名下）被徐某强行夺走，孟某基于所有权人的身份请求徐某返还宝马轿车的权利

D. 孟某与妻子刘某离婚，法院判决婚生子小孟（6岁）与刘某共同生活，孟某按月给付抚养费，小孟有请求孟某给付抚养费的权利

【解析】《民法典》第196条规定，下列请求权不适用诉讼时效的规定：①请求停止侵害、排除妨碍、消除危险；②不动产物权和登记的动产物权的权利人请求返还财产；③请求给付抚养费、赡养费或扶养费；④依法不适用诉讼时效的其他请求权。

A项，孟某请求邻居王某清理建筑垃圾排除妨碍的权利，属于请求排除妨碍请求权，

A ‖ ABCD

依法不适用诉讼时效的规定。

B 项，孟某作为不动产房屋的所有权人在租期届满后依法请求承租人曹某返还房屋的权利，属于不动产物权人请求返还财产的请求权，依法不适用诉讼时效的规定。

C 项，孟某作为登记的动产物权的权利人请求徐某返还宝马轿车的权利，属于动产物权权利人请求返还财产的请求权，依法不适用诉讼时效的规定。

D 项，被监护人小孟请求监护人孟某给付抚养费的权利，不适用诉讼时效的规定。

三、概念题

1. 时效[广西民大 2023 年研]

答：时效即时间的法律效力，是指一定的事实状态在法定期间内持续存在，从而产生与该事实状态相适应的法律效力的法律制度。时效的特征有：①必须有一定事实状态的存在；②该事实状态必须持续存在一定的期限；③一定的时间经过能够产生特定的法律效力。时效依其适用的权利和法律效果区分，可分为取得时效和消灭时效。

2. 诉讼时效[广东财大 2018 年研；南航 2016 年研；武大 2015 年研；中财 2014 年研；华中农大 2013 年研]

答：诉讼时效，是指权利人在法定期间内不行使权利即导致义务人有权提出拒绝履行的抗辩权的法律制度。诉讼时效是关于权利行使期限的规定，它直接表现为一定的期间。诉讼时效期间具有法定性、强制性，体现了义务人的时效利益。诉讼时效的适用范围，又称诉讼时效的客体。诉讼时效的类型包括：①普通诉讼时效；②特别诉讼时效；③最长诉讼时效。

3. 诉讼时效的中止[湘潭大学 2016 年研；中财 2014 年研；东北财大 2014 年研；北科 2009 年研]

答：参见本章简答题第 1 题答案。

4. 诉讼时效的中断[浙商大 2018 年研；南京理工 2011 年研；南开大学 2012 年研]

答：参见本章简答题第 2 题答案。

5. 除斥期间[暨南大学 2024 年研；广东财大 2024 年研；中山大学 2022 年研；北邮 2021 年研；武大 2020 年研；湖南师大 2020 年研；中财 2019 年研；中国政法 2017 年研；湘潭大学 2017 年研；南京大学 2012 年研；中南财大 2012 年研]

答：除斥期间又称不变期间，是指法律规定或者当事人约定的某种权利的预定存续期间。其主要特征有：①是撤销权、解除权等权利的存续期间；②可由法律规定或者当事人约定；③一般自权利人知道或者应当知道权利产生之日起计算；④不发生时效中止、中断和延长。

四、简答题

1. 简述诉讼时效中止的事由。[广东财大 2023 年研]

相关试题：

（1）简述《民法典》中规定的诉讼时效中止的具体情形。［上海财大 2022 年研］

（2）什么是诉讼时效的中止？［浙工大 2018 年研］

（3）简述诉讼时效的中止。［中财 2010 年研］

答：（1）诉讼时效的中止，是指在诉讼时效期间的最后 6 个月内，因法定事由而使权利人不能行使请求权的，诉讼时效期间的计算暂时停止。诉讼时效中止须满足两个条件：①出现法定中止的事由；②中止的事由存在于诉讼时效期间的最后 6 个月内。

（2）根据《民法典》第 194 条规定，诉讼时效中止的事由有：

①不可抗力。根据《民法典》第 180 条规定，不可抗力是不能预见、不能避免且不能克服的客观情况。如战争、地震等。

②无民事行为能力人或者限制民事行为能力人没有法定代理人，或者法定代理人死亡、丧失民事行为能力、丧失代理权。在诉讼时效期间的最后 6 个月内，如果权利人是无民事行为能力人或限制民事行为能力人，但没有法定代理人，或者法定代理人死亡、丧失代理权，或者法定代理人本人丧失行为能力的，则其在客观上将无法主导权利，此时诉讼时效将中止，从而为权利人预留必要的权利行使期间，以更好地保护无民事行为能力人和限制民事行为能力人的权利。

③继承开始后未确定继承人或者遗产管理人。在继承开始后，继承人尚未确定或非因继承人的原因导致遗产管理人不明确，将导致继承人不能行使权利；如果此种情况正好发生在时效期间的最后 6 个月内，也将产生诉讼时效中止的效力。

④权利人被义务人或者其他人控制。如果权利人被义务人或者其他人控制，也将导致权利人客观上无法行使权利。此处所说的“控制”，一般理解为权利人被限制人身自由。此时，可以导致诉讼时效中止。

⑤其他导致权利人不能行使请求权的障碍。这是法律对诉讼时效中止事由所作的兜底性规定。

2．简述诉讼时效中断的事由及其效力。［暨南大学 2024 年研］

相关试题：

（1）简述诉讼时效的中断事由。［上海交大 2025 年研］

（2）诉讼时效期间中断的法定事由。［天津商大 2019 年研］

（3）简述《民法典》中规定的引起诉讼时效中断的法定事由。［对外经贸 2018 年研］

（4）诉讼时效中断的法定事由及效力。［论述题，中山大学 2015 年研］

答：诉讼时效的中断，是指诉讼时效进行中因法定事由的发生，推翻了诉讼时效存在的基础，导致已进行的期间全部归于无效，诉讼时效重新起算的制度。

（1）诉讼时效中断的事由：

①权利人向义务人提出履行请求。权利人一旦提出“履行请求”，就表明其积极行使了权利。其条件是：权利人必须向义务人提出请求，并且请求的意思表示必须到达义务人。

②义务人同意履行义务。义务人同意履行义务（明示或默示）将导致时效中断。同意履行简称“认诺”，包括分期履行、部分履行、提供担保、请求延期履行、制定清偿债务计划等行为。

③权利人提起诉讼或者申请仲裁。权利人提起诉讼，是指权利人依诉讼程序请求人民

法院强制义务人履行义务的行为。申请仲裁，是指权利人向仲裁机构申请就争议进行仲裁。

④与提起诉讼或者申请仲裁具有同等效力的其他情形。主要包括三种情况：

a. 权利人申请支付令、申请破产、申报破产债权等。

b. 权利人向人民调解委员会以及其他依法有权解决相关民事纠纷的机构提出请求。

c. 权利人向公安机关、人民检察院、人民法院报案或者控告等。

(2)诉讼时效中断的效果：

①已经过的时效统归无效。已经计算的时效在中断事由出现后失去效力，原来的时效经过不会产生任何法律效力。

②中断事由消除以后，时效期间重新计算。诉讼时效中断后，已经经过的诉讼时效归于无效，时效期间重新计算。

③可能再次中断。在新的诉讼时效期间内，如果权利人再次主张权利或者义务人再次同意履行义务，可以认定为诉讼时效再次中断。

3. 简述诉讼时效的中止与中断的区别。[厦门大学2022年研；中财2014年研；首都师大2014年研]

相关试题：

(1)诉讼时效的中止与诉讼时效的中断[概念题，西南政法2022年研；武大2013年研]

(2)简述诉讼时效的中止和中断的含义及其区别。[温州大学2020年研]

(3)时效中断与时效中止的异同。[山东大学2011年研]

答：(1)二者的含义：

①诉讼时效的中止，是指在诉讼时效期间进行中，因发生一定的法定事由使权利人不能行使请求权，从而暂时停止计算诉讼时效期间。

②诉讼时效的中断，是指诉讼时效进行中因法定事由的发生，推翻了诉讼时效存在的基础，因此使已进行的期间全部归于无效，诉讼时效重新起算。

诉讼时效中断和诉讼时效中止都是阻却时效完成的障碍。

(2)二者的区别：

①发生时间不同。时效中止发生在时效期间届满前6个月；时效中断可发生在时效进行中的任一阶段。

②发生事由不同。诉讼时效中止的事由一般是当事人主观意志所不能控制的事由，如不可抗力；中断的法定事由通常是当事人的主观意志所能左右的，如提出请求或提起诉讼。

③法律效果不同。诉讼时效中断的法律效果是在中断事由发生以后，已经经过的时效期间全部归于无效，重新开始计算时效期间；而诉讼时效中止的法律效果在于中止事由发生前经过的时效期间仍然有效，中止事由消除后，诉讼时效期间仍有6个月才届满。

4. 简述诉讼时效与除斥期间的区别。[浙商大2020年研；中南财大2015年研；中财2011年研；北师2007年研；北邮2007年研]

相关试题：

(1)诉讼时效的中止、中断和延长。[上交2021年研]

(2)诉讼时效与除斥期间[概念题，中南财大2025年研；河北经贸2024年研；广西民

大2021年研；华南理工2015年研]

(3)简述诉讼时效与除斥期间的主要区别。[北科2010年研]

答：(1)诉讼时效与除斥期间的含义：

①诉讼时效，是指权利人在法定期间内不行使权利即导致义务人有权提出拒绝履行的抗辩权的法律制度。

②除斥期间，是指法律规定或者当事人约定的对于某种权利所预定的存续期间。

(2)诉讼时效与除斥期间的区别：

除斥期间与诉讼时效均限制权利行使时间，旨在督促权利人及时行使权利、维护社会关系稳定，但二者有以下区别：

①适用对象不同。诉讼时效主要适用于债权请求权，可统一规范。除斥期间主要适用于撤销权、解除权等形成权，需根据具体权利分别规定。

②能否由当事人约定不同。诉讼时效为强制性规定，不得由当事人变更。除斥期间可由法律或当事人约定。

③能否中止、中断、延长不同。诉讼时效为可变期间，可中止、中断或延长。而除斥期间固定不变，一般不得中断、中止、延长。

④届满后的法律效果不同。诉讼时效届满，请求权不消灭，义务人获得抗辩权。除斥期间届满，权利消灭。

⑤是否允许法院主动援引不同。诉讼时效届满，是否主张抗辩权由义务人决定，法院不得主动审查。而除斥期间届满，法院有权依职权审查。

第二编　物　权

【知识框架(庖丁解牛)】

- 物权
  - 物权与物权法概述
    - 物权概述：概念、特征、效力、分类；物权法的概念和体系
    - 物权法基本原则：平等保护、物权法定、公示公信原则
    - 物权的保护：物权确认请求权、物权请求权
  - 物权变动
    - 概述：概念、模式[意思主义、形式主义]
    - 基于法律行为的物权变动：物权变动概述、不动产物权变动模式
    - 不动产登记：登记簿、登记效力、登记查询、登记制度
    - 动产交付：概述、交付的特殊方式、特殊动产物权变动
    - 非基于法律行为的物权变动：物权变动类型、不动产物权变动登记
  - 所有权
    - 一般原理：概念、特征、限制、权能、分类、取得[原始、继受取得]
    - 业主的建筑物区分所有权
      - 概念、特征、业主大会和业主委员会
      - 内容：专有权、共有权、共同管理权
    - 相邻关系：概念、特征、处理原则、种类
    - 共有
      - 概述：概念、特征、准共有
      - 按份共有、共同共有：含义、共有人的权利和义务
      - 共有财产的分割：概念、方式、效力
  - 用益物权
    - 概述：概念、功能、特征、行使与保护、准用益物权
    - 土地承包经营权：概念、特征、取得、效力、消灭、土地经营权
    - 建设用地使用权：概念、特征、取得、效力、集体建设用地使用权
    - 宅基地使用权：概念、特征、设立、效力、消灭
    - 居住权：概念、特征、设立、效力、消灭
    - 地役权：概念、特征、取得、效力、消灭
  - 担保物权
    - 概述：概念、特征、体系、担保合同、担保物权的竞存和消灭
    - 抵押权：概念、设立与登记、效力与实现、特殊抵押权
    - 质权：概念、特征、动产质权、权利质权
    - 留置权：概念、特征、成立、效力、实现
  - 占有
    - 概述：概念、特征、分类
    - 占有的取得[原始取得、继受取得]、变更与消灭
    - 占有的效力：占有人的权利和义务、推定效力[权利推定、状态推定效力]
    - 占有的保护：自力救济、占有保护请求权、损害赔偿请求权

【通关提要(提纲挈领)】

物权编比较重要，包括通则、所有权、用益物权、担保物权和占有五部分，详细规定了物权的设立、变更、转让和消灭，以及各种具体的物权类型。本编较难，尤其是不动产登记、动产交付、共有关系和担保物权等部分。本编各种题型都有可能考查，特别是概念题、简答题、论述题和案例分析题。

复习时，要结合法条，理解其立法背景和目的；归纳总结各类物权的特点和区别，如抵押权、质权、留置权的不同点等；可通过案例练习，加深对物权保护措施的理解。具体要求如下：

掌握：物权变动模式，包括不动产登记的类型与效力、动产交付的方式；所有权的取得方式，包括原始取得和继受取得，特别是善意取得等；担保物权的设立、效力及实现程序；用益物权的具体内容与行使限制。

熟悉：物权的保护方法，如物权请求权的类型与行使；共有制度的分类与法律后果；相邻关系的处理原则与常见类型。

了解：占有制度的基本概念与分类，以及不同类型占有的效力。

第一章 物权与物权法概述

一、概念题

1. 定限物权[中南财大 2020 年研]

答：定限物权又称他物权或有期物权，是指非所有人基于法律规定或合同约定，在所有人的财产上享有的占有、使用、收益以及在特定情况下依法享有的一定处分权。定限物权是从所有权派生出来的权利，以所有权的存在为前提，其内容是从所有权的权能中分离出来的部分权能。根据对物的利用内容不同，定限物权可分为用益物权和担保物权。

2. 物权公示原则[中山大学 2016 年研]

答：参见本章论述题第 1 题答案。

3. 公信原则[南开大学 2012 年研]**、物权变动的公信原则**[南京理工 2011 年研]

答：参见本章论述题第 1 题答案。

4. 物权法定原则[中国政法 2022 年研；安徽师大 2019 年研；杭州师大 2016 年研；南京大学 2015 年研；南航 2015 年研]

答：参见本章论述题第 3 题答案。

5. 物权确认请求权[广西民大 2022 年研]

答：物权确认请求权，是指利害关系人在对物权归属和内容发生争议时，请求确认物权归属和明确权利内容的权利。《民法典》第 234 条规定，因物权的归属、内容发生争议的，利害关系人可以请求确认权利。物权确认包括两方面：①确认物权归属，这是保护物权的前提；②确认物权内容，即在物权内容有争议时请求法院确认。行使该请求权的主体限于利害关系人，包括真正权利人、对物主张权利的人及其债权人。请求权必须向有关机关或法院提出，并最终由法院确权。

二、简答题

简述用益物权与担保物权的区别。［2012年法硕（法学）真题；中国矿大2009年研］

相关试题：

（1）用益物权和担保物权［概念题，华南理工2022年研］

（2）用益物权与担保物权有哪些主要区别？［北科2010年研］

答：（1）二者的概念：

①用益物权，是指权利人对他人所有的不动产或者动产依法享有的占有、使用和收益的权利，包括土地承包经营权、建设用地使用权、宅基地使用权等。

②担保物权，是指除法律另有规定外，担保物权人在债务人不履行到期债务或者发生当事人约定的实现担保物权的情形时，依法享有的就担保财产优先受偿的权利，包括抵押权、质权、留置权等。

（2）二者的区别：

①目的不同。用益物权，以对标的物的使用、收益为目的，称为"使用价值权"。担保物权，以担保债权的实现为目的，侧重对标的物交换价值的支配。

②主从关系不同。除地役权外，用益物权都是主权利。担保物权都是从权利，主要为担保主债权的实现而设定。

③存续期限不同。用益物权的期限具有确定性且通常较长，以保障权利人对物的持续利用。对于担保物权，债权一旦清偿，担保物权即消灭。

三、论述题

1．试论我国物权法的公示、公信原则。［2016年法硕（法学）真题］

相关试题：

（1）物权法中的公示公信原则。［中南财大2025年研］

（2）试论述物权变动的公示公信原则。［湖南师大2024年研］

（3）简述物权变动公示原则。［简答题，西北政法2020年研］

答：物权变动应遵循公示原则和公信原则，以保障交易安全、稳定社会经济秩序。

（1）公示原则。指物权的设立、变动须按法定的公示方法公开，使第三人能及时了解物权的变动情况。其主要基于两个原因：①保护第三人利益和交易安全；②涉及公共利益。物权的公示方法须由法律明确规定。不动产物权一般以登记为公示方式；动产物权一般以交付（占有）为公示方式。《民法典》第208条规定："不动产物权的设立、变更、转让和消灭，应当依照法律规定登记。动产物权的设立和转让，应当依照法律规定交付。"当然也有例外情况，如依法属于国家所有的自然资源，所有权可以不登记。

公示原则的功能有：确认物权归属；维护交易安全；提高物的利用效率。

（2）公信原则。指基于法定公示方法公示的权利状态，相对人有合理理由相信其为真实，并与登记权利人进行交易的，法律应当予以保护。公信原则的内容有：

①权利正确性推定。公示所显示的权利人在法律上推定为真正的权利人。不动产登记簿是产权确认的依据，若有人主张登记错误，需承担举证责任。

②信赖保护。基于信赖公示所记载的权利而进行的交易应受法律保护。即使权利外观与真实情形不符，第三人的信赖也应受到保护。

(3)公示、公信原则的意义在于，明确物权的功能，提高物的利用效率，保护交易安全，稳定社会经济秩序。二者相辅相成，以不同的功能确保物权变动快捷、顺畅、安全地完成。公示原则确保物权变动的透明性和可预见性；而公信原则则保护了善意第三人的信赖利益，共同维护了交易安全和秩序。

2. 试述物权的效力。［苏州大学 2013 年研］

相关试题：简述物权的效力。［简答题，中山大学 2010 年研］

答：物权的效力是指物权所特有的功能和作用，主要由以下三方面的效力构成：

(1)物权的排他性。其包括所有权和他物权的排他性，以及对世效力和不可侵害性。这意味着同一物上不能存在两个所有权或相互矛盾的他物权，且任何人都不得妨碍物权人行使权利。

①所有权的排他性，指同一物上不得存在两个所有权。

②他物权的排他性，指同一物上不得成立两个内容相矛盾的他物权。

③对世效力，指任何人都负有不得侵害物权的义务。

④不可侵害性，指物权人有权排除他人侵害和妨害，并在物受到侵夺时主张物权请求权。

(2)物权的优先性。其体现在对外优先于债权，在内根据法律规定和设立时间先后确定优先顺序。

①对外的优先性，指在同一标的物上同时存在物权和债权时，物权优先。如担保物权人在破产程序中享有优先受偿权。

②对内的优先性，指同一物上有多项其他物权并存时，根据法律规定和设立时间先后确定优先顺序。

某些情况下，法律基于公共利益等因素，可以规定后发生的物权优先于先发生的物权。

(3)物权的追及效力。指作为物权客体的物无论辗转流向何处，所有人均可依法向物的占有人索取，请求其返还原物。

①适用范围。其不仅适用于所有权，也适用于用益物权和担保物权。

②限制。物权的追及效力不是绝对的，受到善意取得等法律限制。

3. 论物权法定原则。［中山大学 2016 年研］

相关试题：

(1)简述物权法定原则的内容。［简答题，西北政法 2023 年研；中南财大 2014 年研］

(2)试论物权法定原则及违反的后果。［北邮 2022 年研］

(3)简述物权法定原则的概念及内容。［简答题，天津商大 2021 年研］

(4)简述《民法典》上的公信原则。［简答题，青岛大学 2017 年研］

(5)论物权变动的公示原则。［中山大学 2016 年研］

答：物权法定原则是指物权的种类和内容应由法律明确规定，不能通过其他规范性文件或当事人约定任意设定。《民法典》第116条规定，物权的种类和内容，由法律规定。其主要目的是准确界定物权、定分止争和维护社会秩序。

(1)物权法定原则的主要内容：

①物权种类法定，即物权的种类由法律规定，不得由当事人随意创设。

②物权内容法定，即物权的内容由法律规定，不得创设与法定物权内容不符的物权。

(2)物权法定原则的法律后果：

①违反物权种类法定，不产生创设物权的效力，但可能具有合同法上的效力。

②违反物权内容法定，具体情况具体分析。如果涉及物权基本内容，则无效；如果仅是对物权行使进行限制且未改变基本内容，则可能有效。

4. 论述物权请求权。［扬州大学2024年研］

相关试题：

(1)简述物权请求权的概念和特点。［简答题，天津商大2023年研］

(2)简述民法中请求权的体系。［简答题，北邮2023年研］

(3)简述物权请求权的体系。［简答题，天津商大2022年研］

(4)论物权请求权的种类和功能。［吉林大学2021年研］

答：(1)物权请求权的概念：

物权请求权是指权利人为恢复物权的圆满状态或防止侵害发生，请求义务人返还原物、排除妨害、消除危险、恢复原状的权利。它依附于物权，只有在物权受到侵害或因他人行为导致物权人不能圆满支配其物权时才能成立。

(2)物权请求权的特点：

①特有保护方法。物权请求权是物权法特有的保护方式，基于物权产生，旨在保护物权。

②与物权不可分离。物权请求权与物权不可分离，与物权同时产生、转移、消灭，且不能单独转让。

③恢复圆满支配状态。其主要目的在于恢复权利人对物的圆满支配状态，而非损害赔偿。

④行使方式多样。其行使方式主要包括：返还原物、排除妨害、消除危险和恢复原状。

(3)物权请求权的类型：

①返还原物请求权。指权利人对无权占有或侵夺其物的人，有权请求返还占有物。《民法典》第235条规定，无权占有不动产或者动产的，权利人可以请求返还原物。其特征有：a. 主体为失去占有的物权人；b. 原物须存在；若原物灭失，则只能要求赔偿损失；c. 直接法律效力是移转标的物的占有；d. 返还原物包括返还原物及其孳息。该项请求权是由所有权所派生的请求权，且是所有权效力的直接体现。

②排除妨害请求权。指当物权的享有和行使受到占有以外的方式妨害时，物权人有权请求排除妨害、使自己的权利恢复圆满状态的权利。其仅限于除去妨害并不包括恢复原状。其构成要件有：a. 被妨害的标的物仍存在且由物权人占有；b. 妨害人以占有以外的方法妨害物权人行使所有权；c. 妨害行为不合法或超越了正常容忍限度。

③消除危险请求权。指当行为人的行为可能造成对他人的妨害并构成一定危险时，权利人有权请求消除已存在的危险。《民法典》第236条规定，妨害物权或者可能妨害物权的，权利人可以请求排除妨害或者消除危险。通过行使消除危险请求权，可以预防将来发生对物权的现实损害。其特点有：a. 危险须是可合理预见的；b. 危险确实存在且有损害他人财产的可能性；c. 危险可是未来或现实的。

④修理、重作、更换等恢复原状请求权。恢复原状是指行为人导致他人财产损害后，应当采取措施使财产恢复原有状态。《民法典》第237条规定，造成不动产或者动产毁损的，权利人可以依法请求修理、重作、更换或者恢复原状。该条规定实际上确定了修理、重作、更换或恢复原状的请求权，简称为恢复原状请求权。其特点有：a. 通常在动产或不动产遭受毁损的情况下适用；b. 恢复原状的方式因动产和不动产而异，动产主要采取修理、重作、更换等方式；c. 目的是恢复物权人对物权的圆满支配状态；d. 应考虑经济合理性，如果修理或重作费用过高，可允许以同等质量的替代物履行恢复义务。

5. 试论物权请求权与损害赔偿请求权的区别。［暨南大学2022年研］

答：物权请求权和侵权损害赔偿请求权在物权受到侵害时均可适用，但其主要区别有：

(1)功能不同：

①物权请求权，其主要目的在于排除或防止物权受侵害的事实，恢复或保障物权的圆满状态。其行使方式包括返还原物、排除妨害和防止侵害。

②侵权损害赔偿请求权，其目的是填补因物权受侵害而造成的损失，适用于已经发生的财产损失。

(2)责任构成要件不同：

①物权请求权中，权利人无需证明相对人具有过错，只需证明物权受到侵害或有受侵害的可能。

②侵权损害赔偿请求权，需适用过错责任原则。权利人须证明加害人有过错，且造成了实际财产损失。

(3)是否适用诉讼时效不同：

①物权请求权，一般不适用3年的普通诉讼时效，因为物权请求权通常针对持续性的侵害行为。

②侵权损害赔偿请求权，适用3年的普通诉讼时效。

(4)对物权保护的效力不同：

①物权请求权来源于物权本身，是物权效力的内容，具有优先性。例如，在破产程序中，所有人基于返还原物请求权享有取回权，优先于一般债权。

②侵权损害赔偿请求权属于债权内容，效力次于物权请求权。在破产程序中，仅能作为一般债权人按比例受偿。

综上所述，二者从不同角度为物权损害提供救济，可以独立适用，也可以结合适用。

第二章　物权变动

一、单项选择题

1. 甲将借给乙的笔记本电脑卖给丙，甲、丙约定由丙直接向乙请求返还电脑。该电脑的交付方式属于(　　)。[2020年法硕(非法学)真题]

A. 现实交付　　B. 占有改定　　C. 简易交付　　D. 指示交付

【解析】指示交付是指出让人的出让动产被第三人占有的，出让人将返还请求权让与受让人，并告知占有人向受让人交付该动产。《民法典》第227条规定，动产物权设立和转让前，第三人占有该动产的，负有交付义务的人可以通过转让请求第三人返还原物的权利代替交付。本题中，甲将出借给乙的电脑出售给丙时，电脑仍由乙实际占有。甲与丙约定由丙直接向乙请求返还电脑，实质上将对乙的返还请求权转让给丙，该交付方式属于指示交付。

2. 甲经政府主管部门批准，在其宅基地上盖了一栋楼房，未办理房屋登记手续。3年后甲死亡，其唯一的继承人乙将房屋卖给同村的丙，并交付丙占有使用。现该房屋的所有权人是(　　)。[2017年法硕(法学、非法学)真题]

A. 国家　　B. 甲所在村集体　　C. 乙　　D. 丙

【解析】《民法典》第230条规定，因继承取得物权的，自继承开始时发生效力。第231条规定，因合法建造、拆除房屋等事实行为设立或者消灭物权的，自事实行为成就时发生效力。第232条规定，处分依照本节规定享有的不动产物权，依照法律规定需要办理登记的，未经登记，不发生物权效力。本题中，甲经政府批准后在其宅基地上盖楼房，属于合法建造房屋，自房屋建成时取得所有权，不需要办理登记手续。甲死亡后，乙通过继承取得物权，自继承开始时取得房屋所有权，也不需要进行登记。但乙将该房屋进行处分时，应当进行登记，不登记的不发生物权变动的效力。虽然乙已将房屋交付给丙占有使用，但由于未办理登记，丙不能取得所有权，房屋的所有权人依然是乙。

3. 甲和乙签订设备转让合同，约定甲将一台设备转给乙。乙又与丙订立买卖合同，将该设备出卖给丙。对于该设备的交付，以下表述正确的是(　　)。[2019年法考真题]

A. 乙构成指示交付　　B. 乙构成占有改定

C. 乙构成简易交付　　D. 乙尚未完成交付

【解析】A项，指示交付是指动产由第三人占有时，出让人将其对第三人的返还请求权让与受让人，以代替交付。本题中，乙对甲占有的设备不享有返还请求权。

B项，占有改定是指动产物权的让与人与受让人之间特别约定，标的物仍然由出让人继续占有，在物权让与的合意成立时，即视为交付。本题中，乙、丙没有占有该设备。

C项，简易交付是指受让人已经实际占有动产，如受让人已经通过寄托、租赁、借用等方式实际占有了动产，则于物权变动的合意成立时，视为交付。本题中，丙作为受让人，并没有占有设备。

D项，因乙对丙既未观念交付，又未现实交付，故乙未完成交付。

1D　2C　3D

二、多项选择题

1．预告登记的失效原因包括（　　）。［2022 年法硕（法学、非法学）真题］

A．预告登记的权利人死亡或者终止

B．买卖不动产物权的协议被撤销

C．买卖不动产物权的协议被认定无效

D．自能够进行不动产登记之日起 90 日内权利人未申请登记

【解析】预告登记，是指当事人为确保债权的实现、保障将来实现物权等，按照约定向登记机构申请办理的预先登记。《民法典》第 221 条第 2 款规定，预告登记后，债权消灭或者自能够进行不动产登记之日起 90 日内未申请登记的，预告登记失效。此处的债权消灭包括：①买卖不动产的协议被认定无效、被撤销、被解除；②预告登记的权利人放弃债权等。

2．下列选项中，无须登记即可发生物权变动的有（　　）。［2018 年法硕（法学、非法学）真题］

A．甲公司将其股权出质给银行

B．乙公司将其轮船的所有权转让给高某

C．丙公司通过拍卖取得建设用地使用权

D．丁农户将其土地承包经营权转让给钱某

【解析】A 项，《民法典》第 443 条第 1 款规定，以基金份额、股权出质的，质权自办理出质登记时设立。

B 项，《民法典》第 225 条规定，船舶、航空器和机动车等物权的设立、变更、转让和消灭，未经登记，不得对抗善意第三人。因此轮船的所有权转让，无须登记即可发生物权变动，但不能对抗善意第三人。

C 项，《民法典》第 349 条规定："设立建设用地使用权的，应当向登记机构申请建设用地使用权登记。建设用地使用权自登记时设立。登记机构应当向建设用地使用权人发放建设用地使用权证书。"因此，拍卖取得的建设用地使用权，需要登记。

D 项，《民法典》第 335 条规定，土地承包经营权互换、转让的，当事人可以向登记机构申请登记；未经登记，不得对抗善意第三人。即土地承包经营权的转让无须登记即发生物权变动，但不能对抗第三人。

三、概念题

1．异议登记［中南财大 2020 年研］

答：异议登记是指利害关系人对不动产登记簿记载的物权归属等事项提出异议而进行的登记。其条件有：①利害关系人认为不动产登记簿存在错误；②以不能办理更正登记为前提；③提供初步证据证明登记存在错误。其主要功能有：①保护真实权利人；②警示功能，保护交易相对人。《民法典》第 220 条规定："不动产登记簿记载的权利人不同意更正的，利害关系人可以申请异议登记。登记机构予以异议登记，申请人自异议登记之日起 15 日内不提起诉讼的，异议登记失效。异议登记不当，造成权利人损害的，权利人可以向申

1BCD　2BD

请人请求损害赔偿。”

2. 预告登记［中国政法 2025 年研；中南财大 2023 年研；武大 2022 年研；三峡大学 2017 年研；东北财大 2011 年研］

答：参见本章简答题第 2 题答案。

3. 指示交付［广西民大 2022 年研］

答：参见本章论述题第 2 题答案。

4. 占有改定［中国政法 2024 年研；中国海大 2022 年研；暨南大学 2020 年研；中南财大 2019 年研；青岛大学 2017 年研；武大 2015 年研；南京大学 2012 年研］

答：参见本章论述题第 2 题答案。

四、简答题

1. 简述物权变动的模式。［中山大学 2016 年研］

相关试题：

（1）论物权变动的主要模式与我国法律的实践选择。［论述题，中财 2017 年研］

（2）论述我国民法确立的物权变动模式。［论述题，西南科大 2015 年研］

答：物权变动是指物权的设立、变更、转让和消灭。从比较法的角度看，物权变动的主要模式有：

（1）意思主义。指仅需当事人的债权意思（如达成合意）即可产生物权变动的效力。其不区分债权发生的意思表示和物权变动的意思表示，不以登记或交付为成立或生效要件。

（2）形式主义。指除了债权意思外，还须采用登记或交付的法定方式才能产生物权变动效力。其类型有两种：

①物权形式主义又称物权行为，即除了债权意思外，还需有物权变动的意思表示（物权契约），并采用登记或交付的法定方式才能产生物权变动效力。其特点是区分债权行为与物权行为，且认为物权行为具有独立性与无因性。

②债权形式主义又称意思主义与登记或交付相结合的物权变动模式，即除了债权意思外，还须采用登记或交付的法定方式，但不需要作出物权变动的意思表示。其特点是不承认独立的物权行为，认为物权变动的原因是债权行为与登记或交付的结合。

根据《民法典》第 209 条第 1 款和第 224 条规定，我国采用“合意加公示”的模式，即以债权形式主义为原则、以公示对抗主义为例外的多元物权变动模式。采取这一模式的理由包括：a. 保护交易安全和秩序；b. 符合我国实际情况；c. 平衡各方利益。

2. 简述预告登记。［中南财大 2023 年研］

答：（1）预告登记又称预登记、预先登记，与本登记相对，是指当事人为确保债权的实现、保障将来实现物权等，按照约定向登记机构申请办理的预先登记。根据《民法典》第 221 条规定，预告登记主要适用于以下两种情况：

①房屋买卖协议，包括普通房屋所有权转让和预售商品房的买卖。

②其他不动产物权变动协议。如为保障将来设定抵押权而办理的抵押权预告登记。

(2)预告登记的效力。预告登记本身并不直接表明物权变动结果，而是为了保障权利人未来取得物权的一种公示方式。其效力体现在以下几个方面：

①保障债权实现的效力。保障未来的物权变动顺利进行，使预告登记的债权在未来顺利转化为物权。

②对抗第三人的效力。经过预告登记的权利可以对抗第三人，阻止其取得与预告登记权利相冲突的物权，使普通债权产生一种对抗第三人的效力。

③限制物权处分的效力。预告登记后，原物权人的法律处分行为受到限制。

④确定权利顺位的效力。预告登记具有确定权利实现顺位的效力，经过预告登记的权利可以优先于其他权利实现。

(3)预告登记的失效。根据《民法典》第221条第2款规定，预告登记在以下两种情况下自动失效：

①债权消灭。如果债权因某种原因消灭，则预告登记自动失效。

②未及时申请登记。自能进行不动产登记之日起90日内未申请登记，预告登记自动失效。

3. 简述非基于法律行为发生物权变动的主要类型与变动规则。[中南财大2022年研]

答：非基于法律行为的物权变动是指因法律规定的原因(如继承、法院判决、征收等)导致的物权变动。非基于法律行为发生物权变动的类型及变动规则有：

(1)法院、仲裁机构的生效法律文书。根据《民法典》第229条规定，法院、仲裁机构的生效法律文书可以导致物权变动。

①条件：a. 须是法院的生效裁判或仲裁机构的生效裁决；b. 须在实体法上形成或创设某种物权变动效果；c. 须针对特定的动产或不动产作出决定。

②效力：即使没有办理登记的，新的权利人凭借生效法律文书也享有物权，可以对抗原权利人及其债权人，并要求登记机关变更登记。

(2)征收决定。根据《民法典》第229条规定，征收决定可以发生物权变动，自征收决定生效时发生效力。

①条件：征收补偿完成后，被征收人未提起行政复议或诉讼，或者提起后原征收决定被维持。

②效力：自征收决定生效时发生物权变动。

(3)继承取得物权。《民法典》第230条规定，因继承取得物权的，自继承开始时发生效力。继承人取得继承财产的所有权和其他物权，成为新的物权人。

(4)合法建造房屋、拆除住房、添附等事实行为。《民法典》第231条规定，因合法建造、拆除房屋等事实行为设立或者消灭物权的，自事实行为成就时发生效力。

①条件：合法建造房屋、拆除住房等事实行为完成时，发生物权变动。

②效力：即使未办理登记，也可以事实上发生物权变动。添附情况下，依据法律规定确定物的归属，也属于非基于法律行为发生的物权变动。

五、论述题

1. 论我国《民法典》不动产登记的一般效力。[天津商大2020年研改编]

答：不动产登记的效力，是指在登记后产生的法律效果。《民法典》第209条第1款规定，不动产物权的设立、变更、转让和消灭，经依法登记，发生效力；未经登记，不发生效力，但是法律另有规定的除外。不动产登记的效力主要有：

(1)物权变动的效力。即不动产物权的设立、变更、转让和消灭，经依法登记后才发生法律效力。根据《民法典》第 209 条第 1 款规定，未经登记的不动产物权变动不发生效力，但法律另有规定的除外。物权变动的具体生效时间以记载于不动产登记簿的时间为准。

(2)权利推定效力。指登记记载的权利人被推定为法律上的权利人。在没有更正登记或异议登记的情况下，应推定登记记载的权利人为物权人。权利推定规则能够减轻登记簿上权利人的证明责任，但若事实上的权利状况与登记内容不一致，主张重新确权的当事人需承担举证责任。

(3)善意保护效力。即登记记载的权利人在法律上被推定为真正的权利人，即使登记内容有误，信赖该登记并从事交易的人仍受法律保护，符合善意取得条件的可获得不动产所有权。这种保护有助于维护交易安全。

2. 论动产物权变动中的交付。[中南财大 2021 年研]

相关试题：简述动产物权交付的类型。[简答题，中南财大 2020 年研]

答：动产物权的变动，是指基于法律行为的动产物权变动。《民法典》第 224 条规定，动产物权的设立和转让，自交付时发生效力，但是法律另有规定的除外。据此，在一般情形下，动产物权的变动以交付为生效要件。交付分为两种形式：

(1)现实交付。指出让人将动产的实际占有移转给受让人，需满足实际控制移转和受让人接受占有的要件。其构成要件有：a. 移转标的物的实际控制；b. 受让人接受占有。

(2)观念交付。指在特殊情况下，允许通过特别约定代替实际交付，以减少交易成本。具体包括：

①简易交付。指动产物权设立和转让前，权利人已经依法占有该动产，无需再实际交付，从法律行为生效时起直接发生物权变动的效力。根据《民法典》第 226 条规定，其构成要件有：a. 权利人已依法占有动产；b. 双方实施了生效的法律行为；c. 物权自法律行为生效时变动。

②指示交付。指动产物权设立和转让时，动产由第三人占有，转让人将其对第三人的返还请求权转让给新的权利人，代替实际交付。根据《民法典》第 227 条规定，其构成要件有：a. 第三人依法占有动产；b. 转让人对第三人享有返还原物请求权；c. 双方达成转让返还原物请求权的协议；d. 协议生效时请求权转让并代替交付。

③占有改定。又称继续占有，指动产物权转让时，转让人希望继续占有动产，双方约定由转让人继续占有，受让人取得间接占有以代替实际交付。根据《民法典》第 228 条规定，其构成要件有：a. 转让人已占有并希望继续占有标的物；b. 双方达成物权变动的合意；c. 约定由转让人继续占有标的物；d. 合同生效时占有改定生效，物权变动随之发生。

六、法条分析题

1.《民法典》第 220 条第 2 款规定："不动产登记簿记载的权利人不同意更正的，利害关系人可以申请异议登记。登记机构予以异议登记的，申请人在异议登记 15 日内不起诉，异议登记失效。异议登记不当，造成权利人损害的，权利人可以向申请人请求损害赔偿。"

［中财 2014 年研改编］

请对该规定予以解读和评析。

答：本法条是关于不动产异议登记的规定，具体分析如下：

(1)不动产异议登记，是指登记机构按照权利人或者利害关系人的申请将其认为登记簿记载错误的事项记载于登记簿的行为。异议登记的法律效力是，登记簿上所记载的权利失去正确性推定的效力，第三人也不得主张依照登记的公信力而受到保护。

(2)异议登记的法律效果：

①暂时击破登记簿的公信力。异议登记为真实权利人的利益，通过否定取得人的善意而暂时击破登记簿之公信力的法律效力。

②异议登记失效并不影响人民法院对当事人物权纠纷案件的实体审理。

(3)异议登记的限制。异议登记虽然可以对真正权利人提供暂时性的保护，同时也给不动产物权交易造成了一种不稳定的状态。为使不动产物权的不稳定状态早日恢复正常，法律必须对异议登记的有效期间作出限制。因此，本条规定，申请人在异议登记之日起 15 日内不起诉的，不动产异议登记失效。申请人在不动产异议登记之日起 15 日内不起诉，说明不动产异议登记的申请人不积极行使其权利。为使登记簿上记载的权利人的利益和正常的交易秩序不致受到严重影响，法律规定此时该不动产异议登记失去其法律效力。

(4)滥用异议登记制度的损害赔偿责任。异议登记可以使登记簿上所记载的权利失去正确性推定的效力，异议登记的申请人在提出异议登记申请时也无须充分证明其权利受到了损害，因此如果申请人滥用异议登记制度，将可能给登记簿上记载权利人的利益造成损害。所以，本条规定，异议登记不当造成权利人损害的，权利人可以向申请人请求损害赔偿，给予真正权利人以保证。

2.《民法典》第 221 条规定：

当事人签订买卖房屋或者其他不动产物权的协议，为保障将来实现物权，按照约定可以向登记机构申请预告登记。预告登记后，未经预告登记权利人同意，处分该不动产的，不发生物权效力。

预告登记后，债权消灭或者自能够进行不动产登记之日起三个月内未申请登记的，预告登记失效。

请分析：［2018 年法硕(非法学)真题改编］

(1)哪些行为属于该条第 1 款所称的“处分该不动产”行为？

(2)哪些情形应当认定为该条第 2 款所称的“债权消灭”的情形？

答：(1)处分行为是指直接使某种权利发生、变更或消灭的民事法律行为。该条第 1 款所称的“处分该不动产”行为具体包括：未经预告登记的权利人同意，转移不动产所有权，或者设定建设用地使用权、地役权、抵押权等其他物权的。

(2)债的消灭又称债的终止，是指债的关系当事人双方间的权利义务于客观上已不复存在。其原因通常包括：清偿、抵销、提存、双方协议、免除债务、解除合同、债务更新、混同等。该条所述为预告登记的不动产债权。买卖不动产物权的协议被认定无效、被撤销、被解除，或者预告登记的权利人放弃债权的，应当认定为本款所称的“债权消灭”。

第三章 所有权的一般原理

一、单项选择题

1. 甲将自己的房屋赠与好友乙，已交付但未办理过户登记。一年后，甲因急需资金，将该房卖给丙并办理了过户登记，同时约定在丙付清全款前，甲保留房屋所有权。对此，下列选项正确的是（　　）。[2020 年法硕（法学、非法学）真题]

A. 甲仍享有房屋所有权　　B. 乙继受取得房屋所有权

C. 丙善意取得房屋所有权　　D. 丙继受取得房屋所有权

【解析】所有权的取得以权利取得是否须以前权利人的所有权为前提作为标准，可分为原始取得与继受取得。继受取得是指基于他人既存的所有权而取得所有权，如买卖、赠与等。本题中，甲将房屋赠与乙，但房屋因未办理过户登记，所有权未发生移转，此时房屋所有权人仍然是甲；甲将房屋卖给丙并办理了过户登记，此时房屋所有权人变为丙。甲丙之间“保留房屋所有权”的约定与法律规定冲突，基于物权法定原则不发生物权效力，因此丙继受取得了房屋的所有权。

2. 甲将汽车以 15 万元的价格卖给乙并交付。后甲从乙处借回汽车，并以 16 万元的价格卖给不知情的丙，同时办理了登记手续，但车仍由甲占有。乙得知后，要求甲、丙返还汽车，赔偿损失。对此，下列选项正确的是（　　）。[2018 年法硕（非法学）真题]

A. 汽车归丙所有，乙的损失由甲赔偿

B. 汽车归丙所有，乙的损失由甲、丙连带赔偿

C. 汽车归乙所有，乙有权要求甲返还汽车、赔偿损失

D. 汽车归乙所有，乙有权要求丙返还汽车、赔偿损失

【解析】动产所有权善意取得应具备的条件有：①标的物须为占有委托物且为非禁止流通物；②让与人系无权处分人；③受让人取得动产时出于善意；④受让人以合理的价格受让；⑤已完成交付。此处的交付不包括占有改定。本题中，甲将汽车卖给不知情的丙，但车仍由甲占有，丙没有善意取得汽车的所有权，汽车所有权仍归乙；乙有权要求甲返还，并赔偿损失。

二、概念题

1. 原始取得[东北财大 2011 年研；中南财大 2005 年研]

答：参见本章简答题第 1 题和论述题第 1 题答案。

2. 善意取得[北邮 2020 年研；温州大学 2017 年研；人大 2015 年研；东北财大 2013 年研；南京师大 2010 年研]

答：参见本章简答题第 2 题答案。

3. 添附[暨南大学 2024 年研；广外 2024 年研；中国政法 2023 年研；武大 2015 年研]

答：添附是指民事主体把不同所有权人的财产或劳动成果合并成一种新形态的财产。

1D　2C

其形态主要包括：①加工，指将他人的财产加工改造为更高价值的财产；②附合，指不同所有人的财产紧密结合形成新财产，如砖瓦附合于房屋中；③混合，指不同所有人的动产互相结合难以分开，或分开在经济上不合理，而形成新的财产，如米与米、酒与酒的混合。添附是所有权原始取得的方式之一，意味着新物的产生和旧物的消灭。

三、简答题

1. 简述原始取得与继受取得的区别。［北邮2022年研］

答：（1）二者的含义：

①原始取得，指根据法律规定最初取得财产的所有权或不依赖于原所有权人的意志而取得财产的所有权。原始取得包括劳动生产和收益、征收、善意取得、添附、返还遗失物等。

②继受取得又称传来取得，指通过某种法律行为从原所有权人处取得财产所有权。其取得根据主要包括买卖合同、赠与、互易、继承、受遗赠和其他合法原因。

（2）二者的区别：

①是否基于原权利人的意愿不同。原始取得不基于原权利人的意愿，可能是基于自己的劳动或从非权利人处取得。继受取得基于原权利人的意志，从原权利人处取得。

②取得物权的原因不同。原始取得基于法律规定，属于非基于法律行为的物权变动。继受取得基于法律行为，通常是通过与原权利人之间的法律行为（如买卖合同、赠与合同等）取得物权。

③是否承受财产上的权利负担不同。原始取得通常不需要承受该财产上既有的权利负担。继受取得需要承受该财产上的权利负担，并且知悉这些负担。

2. 简述善意取得制度。［广西民大2024年研］

相关试题：

（1）论述善意取得制度的效力。［论述题，中国政法2024年研］

（2）简述善意取得的构成要件。［上海财大2022年研；华侨大学2018年研；南京大学2015年研；武大2014年研］

（3）简述所有权即时取得的必备要件。［湖南师大2021年研］

（4）简述善意取得的概念及其构成要件。［宁波大学2019年研］

（5）简述善意取得的概念和构成要件。［青岛大学2015年研］

答：（1）善意取得又称即时取得，是指无处分权人将动产或不动产转让给受让人，如果受让人在取得该财产时出于善意，则受让人将依法取得该动产或不动产的所有权或其他物权。《民法典》第311条规定了善意取得制度，该制度旨在维护交易安全，促进市场经济有序发展，并鼓励交易，降低交易成本。

（2）善意取得的构成要件：

①无处分权人处分他人财产。无权处分是指没有处分权而处分他人的财产。无权处分中的“处分”，是指通过买卖、赠与、抵押等使所有权发生转让或权能分离。

②受让人取得财产时出于善意。善意，是指受让人不知或不应知道让与人转让财产时为无权处分，且无重大过失。如果受让人为恶意，则无法成立善意取得。

③以合理的价格有偿转让。转让价格应根据市场价格判断合理性，通常不能与市场价格相差过多。

④完成了法定的公示方法。即需要登记的财产已经办理登记，不需要登记的财产已经交付给受让人。善意取得必须以公示的完成为要件。

⑤转让合同有效。转让人与受让人之间的转让合同必须合法有效。无效或可撤销的合同不能产生善意取得的效果。

(3)善意取得的法律后果：

①物权变动。受让人即时取得标的物的所有权，原权利人的所有权消灭。原权利人不得向善意受让人主张返还原物，只能要求转让人赔偿损失或承担其他法律责任。

②动产上的原有权利原则上消灭。善意受让人取得动产后，动产上的原有权利消灭，但受让人在受让时知道或应当知道该权利的除外。其适用范围限于动产，且受让人在受让时不知情。

③无权转让人的法律责任。原权利人可以基于债权请求权要求转让人承担合同责任、侵权责任或不当得利的返还责任，但不能向受让人和其他权利人追及。

四、论述题

试述我国《民法典》所有权原始取得的根据。[广西民大2022年研]

相关试题：论述所有权原始取得的方法。[南京理工2011年研；中山大学2010年研]

答：所有权原始取得，是指根据法律规定最初取得财产的所有权或不依赖于原所有权人的意志而取得财产的所有权。所有权原始取得的根据主要包括：

(1)劳动生产、收益：

①劳动生产，指民事主体通过劳动创造产品，并通过扩大再生产获取其劳动成果。

②收益，主要指收取孳息。孳息是指由原物所生的物或收益，包括天然孳息和法定孳息。《民法典》第321条规定：“天然孳息，由所有权人取得；既有所有权人又有用益物权人的，由用益物权人取得。当事人另有约定的，按照其约定。法定孳息，当事人有约定的，按照约定取得；没有约定或者约定不明确的，按照交易习惯取得。”

(2)征收。指国家基于公共利益将单位或个人的财产移转给国家所有。《民法典》第243条第1款规定，为了公共利益的需要，依照法律规定的权限和程序可以征收集体所有的土地和组织、个人的房屋以及其他不动产。

(3)善意取得又称即时取得。指无处分权人将动产或不动产转让给受让人，如果受让人出于善意，则依法取得该动产或不动产的所有权或其他物权。《民法典》第311条第1款规定，无处分权人将不动产或者动产转让给受让人的，所有权人有权追回；除法律另有规定外，符合下列情形的，受让人取得该不动产或者动产的所有权：①受让人受让该不动产或者动产时是善意；②以合理的价格转让；③转让的不动产或者动产依照法律规定应当登记的已经登记，不需要登记的已经交付给受让人。

(4)添附。指民事主体把不同所有权人的财产或劳动成果合并成一种新形态的财产，包括附合、混合和加工三种情况。《民法典》第322条规定：“因加工、附合、混合而产生的物的归属，有约定的，按照约定；没有约定或者约定不明确的，依照法律规定；法律没有规定的，按照充分发挥物的效用以及保护无过错当事人的原则确定。因一方当事人的过错或者确定物的归属造成另一方当事人损害的，应当给予赔偿或者补偿。”

（5）拾得遗失物。指发现他人遗失物而予以占有的法律事实。《民法典》第314条规定：“拾得遗失物，应当返还权利人。拾得人应当及时通知权利人领取，或者送交公安等有关部门。”第315条规定，有关部门收到遗失物，知道权利人的，应当及时通知其领取；不知道的，应当及时发布招领公告。

（6）拾得漂流物、发现埋藏物或者隐藏物。《民法典》第319条规定：“拾得漂流物、发现埋藏物或者隐藏物的，参照适用拾得遗失物的有关规定。法律另有规定的，依照其规定。”漂流物、埋藏物和隐藏物的权属按照如下规则确定：①返还失主；②妥善保管漂流物、埋藏物和隐藏物；③支付费用。

五、案例分析题

1. 1998年1月，甲、乙结婚，次年11月女儿丙出生。2007年3月，乙病故，甲将丙托付给自己的父母照顾，自己外出打工。甲在打工时认识了丁，二人合伙做生意并同居生活，在此期间共同出资购买房屋一套，登记在甲名下。2021年9月6日，甲、丁前往登记机关办理结婚登记，途中遭遇车祸，甲当场身亡，丁受轻伤。此时丁已怀有身孕。

丙在办理父亲甲丧事期间，得知甲名下有一套房屋，遂办理了遗产继承公证，并根据公证将房屋过户到自己名下。后丙以市价将房屋卖给戊，并以房屋已出售为由要求丁搬离。丁遂到登记机关办理了异议登记。丙和戊办理房屋过户时因有异议登记而无法过户。戊主张自己已经善意取得房屋所有权，要求丁注销异议登记。丁则主张自己是房屋共有人，要求分割该房屋，并主张丙与戊之间的房屋买卖合同因丙无权处分而无效。[2022年法硕（法学）真题]

请结合上述材料，回答下列问题并说明理由：

（1）丙与戊签订的房屋买卖合同是否无效？

（2）戊是否依据善意取得制度取得了房屋所有权？

（3）丁是否有权请求分割房屋？

（4）丁腹中的胎儿是否有权继承甲的部分遗产？

答：（1）丙与戊签订的房屋买卖合同有效。

理由：《民法典》第143条规定，具备下列条件的民事法律行为有效：①行为人具有相应的民事行为能力；②意思表示真实；③不违反法律、行政法规的强制性规定，不违背公序良俗。丙与戊之间的房屋买卖合同具备合同的有效要件；丙对房屋没有处分权，不影响合同效力。

（2）戊不能依据善意取得制度取得房屋所有权。

理由：《民法典》第311条第1款规定，无处分权人将不动产或者动产转让给受让人的，所有权人有权追回；除法律另有规定外，符合下列情形的，受让人取得该不动产或者动产的所有权：①受让人受让该不动产或者动产时是善意；②以合理的价格转让；③转让的不动产或者动产依照法律规定应当登记的已经登记，不需要登记的已经交付给受让人。由此可知，戊若主张善意取得房屋，要符合以上法律规定的条件；但该房屋因丁的异议登记并未过户到戊的名下，不符合“转让的不动产应当登记的已经登记”这一条件，因此戊无权主张善意取得该房屋。

(3)丁有权请求分割房屋。

理由：该房屋为甲和丁在同居期间共同出资购买，实际为甲和丁共有。甲和丁在同居期间共同购买的财产不属于共同共有，而且双方对同居购买的财产归属并没有作特别约定，故该房屋应为按份共有。丁依法应当按照其出资比例享有房屋的份额，丁作为按份共有人享有随时请求分割请求权。

(4)丁腹中的胎儿有权继承甲的部分遗产。

理由：《民法典》第16条规定：“涉及遗产继承、接受赠与等胎儿利益保护的，胎儿视为具有民事权利能力。但是，胎儿娩出时为死体的，其民事权利能力自始不存在。”因此，丁腹中的胎儿有权继承甲的部分遗产。但若胎儿娩出为死体，其民事权利能力自始不存在，不享有继承权。

2. A的一块价值20万元名牌金表于2018年5月3日遗失，被B拾得。B发过几次失物招领广告，一直无人认领，于是B将该名牌金表交给拍卖行拍卖。C在拍卖行按拍卖价买了这块名牌金表。C把该名牌金表寄存在邻居D家，结果名牌金表被偷走。很快，偷表人被抓获。在公安机关审讯下，偷表人供认自己曾在D家偷了这块名牌金表，并将该名牌金表在黑市以2万元的价格卖给了E。2019年3月2日，C根据公安机关的通知，前去认领。A知道后，认定该名牌金表是自己遗失的那一块，也主张自己是金表的真正所有权人。E认为自己是花2万元买来的、自己才是最后的所有权人。[暨南大学2021年研]

问：

(1)金表的所有权应该归谁？为什么？

(2)A的权利可以通过什么方式救济？

(3)E是否有所有权？为什么？

答：(1)金表的所有权应该归C。

理由：《民法典》第311条第1款规定，无处分权人将不动产或者动产转让给受让人的，所有权人有权追回；除法律另有规定外，符合下列情形的，受让人取得该不动产或者动产的所有权：①受让人受让该不动产或者动产时是善意；②以合理的价格转让；③转让的不动产或者动产依照法律规定应当登记的已经登记，不需要登记的已经交付给受让人。本题中，C在购买时并不知道金表是B拾得的遗失物，属于善意第三人。C在拍卖行按合理价格购买并取得了金表的所有权。

(2)A的权利可通过向B和拍卖行主张返还金表或赔偿损失，并通过民事诉讼的方式进行救济。

①向B主张返还或赔偿。《民法典》第314条规定：“拾得遗失物，应当返还权利人。拾得人应当及时通知权利人领取，或者送交公安等有关部门。”但本题中，拾得人B将该名牌金表交给拍卖行拍卖。因此，权利人A可以要求拾得人B返还金表或赔偿损失。如果B已经将金表拍卖，A可以要求B赔偿金表的市场价值。

②向拍卖行主张赔偿。A可以要求拍卖行承担相应的责任。如果拍卖行在拍卖过程中存在过错，如未尽到合理的审查义务，A可以要求拍卖行赔偿损失。

③民事诉讼。A 可以向法院提起民事诉讼，要求 B 和拍卖行承担赔偿责任。

(3)E 没有所有权。

理由：根据《民法典》第 311 条规定，构成善意取得要求"以合理的价格转让"财产。所谓合理，应根据市场价格判断，通常不应与市场价格相差过大。具体需结合转让标的物的性质、数量、付款方式及交易习惯等因素综合认定。本题中，E 在黑市上以 2 万元的不合理价格购买实际价值 20 万元的金表，不符合合理价格的标准。因此，E 不能善意取得金表的所有权。

3. 林荣是李楠家的保姆。某日林荣借打扫阁楼之名，盗走安放于李家阁楼内的玉观音雕像一尊，隔日将其以 10 万元价格出售给全不知情的肖明。交付雕像时，肖明仅支付了约定价款的一半，约定剩余 5 万元一个月之后再付。10 天后，地震导致该雕像从书架上掉落破碎。[暨南大学 2020 年研]

请问：

(1)请问林荣与李楠之间存在哪些法律关系？双方各有何权利、义务？

(2)请问林荣与肖明间存在何种法律关系？其效力如何？

(3)雕像的最后一位所有权人是谁？为什么？

(4)李楠应如何主张权利救济？

答：(1)①林荣与李楠之间存在以下法律关系：

a. 雇佣关系。林荣是李楠家的保姆，二者之间存在雇佣关系。

b. 侵权关系。林荣盗走了李楠家的玉观音雕像，构成了侵权行为。

②李楠的权利和义务：

a. 权利：要求林荣履行保姆职责，如打扫卫生、照顾家庭等；要求林荣返还被盗的玉观音雕像或赔偿损失；要求林荣承担侵权责任，包括赔偿损失、恢复原状等。

b. 义务：按时支付林荣的工资；提供必要的工作条件和安全保障。

③林荣的权利和义务：

a. 权利：获得约定的工资报酬；在合理范围内要求李楠提供必要的工作条件和安全保障。

b. 义务：履行保姆职责，如打扫卫生、照顾家庭等；不得侵害李楠的财产权益，不得盗窃财物。

(2)①林荣与肖明间存在买卖合同关系。林荣将盗来的玉观音雕像出售给肖明，双方之间形成了买卖合同关系。

②其效力待定，具体分析如下：

a. 善意取得。根据《民法典》第 311 条规定，肖明在购买雕像时并不知道雕像是林荣盗窃所得，且支付了合理的对价(10 万元)，符合善意取得的条件。因此，肖明可以善意取得雕像的所有权。

b. 部分付款。虽然肖明仅支付了一半价款，但雕像已经交付，肖明已经取得了雕像的所有权。剩余的 5 万元属于肖明的债务，不影响雕像所有权的转移。

(3)雕像的最后一位所有权人是肖明。理由如下：

由上可知，肖明善意取得了雕像的所有权。尽管雕像在地震中损坏，但这并不影响肖明作为最后一位所有权人的身份。所有权人在物品损坏后仍然享有对该物品的权益，包括索赔权等。

(4)李楠可以通过民事诉讼和刑事报案追究林荣的侵权责任，但不能直接要求肖明返还雕像。

①追究林荣的侵权责任：

a. 民事诉讼。李楠可以向法院提起民事诉讼，要求林荣返还雕像或赔偿损失。由于雕像已经被善意第三人肖明取得，李楠可以要求林荣赔偿雕像的市场价值。

b. 报警。李楠还可以向公安机关报案，追究林荣的刑事责任。根据《刑法》第264条规定，盗窃公私财物，数额较大的，处3年以下有期徒刑、拘役或者管制，并处或者单处罚金。

②不能直接要求肖明返还雕像。由于肖明是善意取得雕像的所有权，李楠无法直接要求肖明返还雕像。李楠只能通过追究林荣的责任来获得赔偿。

4. 2015年5月7日，A公司法定代表人甲吩咐员工乙将一台已损坏的旧电脑扔掉。乙将电脑扔到垃圾箱后，觉得与其扔了还不如修好后卖掉，遂返回将电脑带回家修好。乙的朋友丙得知上述情况后，在2015年6月5日找到乙，请求乙将电脑送给自己；乙答应，并与丙约定一周后交付。丁听说乙有一台旧电脑，在2015年6月8日向乙表示愿以合理价格购买，乙当即同意。因乙在电脑中的文件尚未完成备份，故双方约定乙借用电脑三天，三天后再交付给丁。2015年6月9日，乙通知丙撤销赠与。[2016年法硕(非法学)真题]

请根据上述材料，回答下列问题并说明理由：

(1)A公司是否丧失了电脑的所有权？

(2)乙是否有权撤销赠与？

(3)丁是否取得了电脑的所有权？

答：(1)A公司丧失了电脑的所有权。

理由：A公司委托甲抛弃电脑，具有抛弃电脑的意思表示。甲实施了抛弃行为，A公司脱离了对电脑的占有，因此丧失了所有权。

(2)乙有权撤销赠与。

理由：根据《民法典》第658条第1款规定，赠与人在赠与财产的权利转移之前可以撤销赠与。赠与物在移交受赠人之前，赠与人享有任意撤销权。本题中，乙未向丙交付电脑，电脑的所有权尚未发生转移，故乙有权撤销赠与。

(3)丁取得了电脑的所有权。

理由：根据《民法典》第228条规定，动产物权转让时，当事人又约定由出让人继续占有该动产的，物权自该约定生效时发生效力。本题中，乙、丁之间的电脑交付采用了占有改定的交付方式，在乙、丁电脑转让的约定生效时，丁就获得了电脑的所有权。

5. A公司在某市商业街开发了一幢商品楼，售价4000元/平方米。某甲选中了其中一套三居室，双方签订了购房合同并于2004年2月1日办理了付款交房的手续，并且约定1年内办理所有权证书。

某甲因公需要出国一年。为了方便房屋的维护，某甲在2004年2月18日将房屋钥匙交给A公司下属的物业处保管。3月份以后，该市的楼价大幅上涨，商品房供不应求。3月5日，A公司售楼人员某乙从物业处取走了其甲房屋钥匙，打开房屋让购房者参观选购。该房屋被某丙看中。某乙以A公司名义与某丙签订了购房合同，双方于3月30日办理了交房付款手续，并于次日办理了登记手续。某甲于2005年5月回国后发现本属于自己的房屋已被他人居住，十分气愤，手持购房合同要求某丙退房屋，遭到某丙拒绝。某甲找到A公司交涉。

A公司负责人表示“一房二卖”的确是自己的工作人员所为，向某甲道歉并表示愿意按合同约定返还某甲的全部购房款及利息，但拒绝某甲要求返还房屋的请求。[中南财大2007年研]

根据上述案情，请回答：

(1)A公司与某甲的购房合同是否有效？

(2)A公司与某丙的购房合同是否有效？

(3)该房屋的所有权应当归谁？

(4)A公司应对某甲承担什么法律责任？

答：(1)A公司与某甲的购房合同有效。

理由：《民法典》第143条规定，具备下列条件的民事法律行为有效：①行为人具有相应的民事行为能力；②意思表示真实；③不违反法律、行政法规的强制性规定，不违背公序良俗。本题中，A公司与某甲是在意思自治的基础上签订的合同，且已办理付款交房的手续，符合《民法典》规定，二者的合同合法有效。房屋合同的有效与否与所有权是否已转移无关，所有权未转移并不影响合同的成立。

(2)A公司与某丙的合同有效。

理由：某乙以A公司的名义与某丙签订了购房合同，且事后得到了A公司的追认。某丙和A公司是在双方自愿的基础上签订的合同，购房合同合法有效。且某甲并未与A公司办理房屋所有权转移手续，其并未拥有该房屋的所有权，因此A公司有权将此房屋出卖。

(3)该房屋的所有权属于某丙。

理由：《民法典》第208条规定，不动产物权的设立、变更、转让和消灭，应当依照法律规定登记。本题中，某丙和A公司签订了房屋买卖合同并办理了所有权转移手续，因此此房的所有权属于某丙。

(4)A公司应对某甲承担违约责任。

理由：《民法典》第577条规定，当事人一方不履行合同义务或者履行合同义务不符合约定的，应当承担继续履行、采取补救措施或者赔偿损失等违约责任。本题中，A公司已与某甲签订了合法有效的房屋买卖合同，但A公司后又将该房屋卖给他人，违反了合同规定，因此其应对某甲承担采取补救措施或赔偿损失等违约责任。

第四章 业主的建筑物区分所有权

一、单项选择题

1. 某小区住宅楼的电梯间安装了电子广告屏，循环播放各种广告。广告费由物业服务企业收取。在扣除合理成本后，该广告收入属于(　　)。[2023 年法硕(法学、非法学)真题]

A. 业主共有　　B. 物业服务企业所有

C. 业主委员会所有　　D. 业主与物业服务企业共有

【解析】根据《民法典》第 271 条规定，业主对建筑物内的住宅、经营性用房等专有部分享有所有权，对专有部分以外的共有部分享有共有和共同管理的权利。第 282 条规定，建设单位、物业服务企业或者其他管理人等利用业主的共有部分产生的收入，在扣除合理成本之后，属于业主共有。本题中，物业服务企业利用小区共有电梯循环播放广告，而共有电梯属于业主共有部分。基于上述规则，在扣除合理成本后，该广告收入应当属于业主共有。

2. 根据我国《民法典》规定，下列由业主共同决定的事项中，应当经参与表决专有部分面积 3/4 以上的业主且参与表决人数 3/4 以上的业主同意的是(　　)。[2021 年法硕(法学、非法学)真题]

A. 解聘物业服务企业　　B. 制定和修改管理规约

C. 选举业主委员会　　D. 筹集建筑物的维修资金

【解析】《民法典》第 278 条规定，下列事项由业主共同决定：①制定和修改业主大会议事规则；②制定和修改管理规约；③选举业主委员会或者更换业主委员会成员；④选聘和解聘物业服务企业或者其他管理人；⑤使用建筑物及其附属设施的维修资金；⑥筹集建筑物及其附属设施的维修资金；⑦改建、重建建筑物及其附属设施；⑧改变共有部分的用途或者利用共有部分从事经营活动；⑨有关共有和共同管理权利的其他重大事项。业主共同决定事项，应当由专有部分面积占比 2/3 以上的业主且人数占比 2/3 以上的业主参与表决。决定前款第⑥项至第⑧项规定的事项，应当经参与表决专有部分面积 3/4 以上的业主且参与表决人数 3/4 以上的业主同意。决定前款其他事项，应当经参与表决专有部分面积过半数的业主且参与表决人数过半数的业主同意。

二、多项选择题

下列选项中，可以认定为建筑物区分所有权的业主的有(　　)。[2016 年法硕(非法学)真题]

A. 基于租赁合同使用房屋的承租人

B. 依法登记取得建筑物专有部分所有权的人

C. 根据人民法院的生效判决取得建筑物专有部分所有权的人

D. 基于与建设单位之间的商品房买卖合同已合法占有建筑物专有部分的人

【解析】建筑物区分所有权的权利主体是业主。业主通常是指买房置业的人或不动产的

1A　2D　❙　BCD

所有人，主要包括：①依法取得专有部分所有权的人，主要包括：a. 基于法律行为(如买卖、赠与等)发生物权变动并依法办理登记手续的业主；b. 非基于法律行为(如继承、法院判决等)发生物权变动而取得专有部分所有权的人；②基于买卖合同已合法占有建筑物专有部分的人，即使尚未依法办理所有权登记，也可以被认定为业主。A 项中的承租人是房屋的使用人，不属于法律规定的建筑物区分所有权的业主。

三、概念题

建筑物区分所有权［武大 2024 年研；中国政法 2022 年研；暨南大学 2017 年研；温州大学 2017 年研；华中农大 2011 年研］

相关试题：业主的建筑物区分所有权［湖南师大 2022 年研］

答：参见本章简答题答案。

四、简答题

建筑物区分所有权的概念与特点。［天津商大 2018 年研］

相关试题：

(1)简述建筑物区分所有权。［四川师大 2018 年研］

(2)简述建筑物区分所有权的概念与权利内容。［安徽师大 2018 年研］

答：(1)建筑物区分所有权的概念：

根据《民法典》第 271 条规定，建筑物区分所有权是指业主对建筑物内的住宅、经营性用房等专有部分享有所有权，对专有部分以外的共有部分享有共有和共同管理的权利。建筑物区分所有权是一种由业主享有的专有部分所有权、共有权和共同管理权三项权利组成的复合权利。

(2)建筑物区分所有权的特征：

①基于建筑物的区分。与传统独门独院的所有权不同，建筑物区分所有权通过将建筑物分割为多个独立单元，形成专有部分的所有权、共有权和管理权。

②权利主体是业主。业主通常是指买房置业的人或不动产的所有人，可以是自然人、法人或其他组织。

③复合性，即由专有部分所有权、共有权和共同管理权三项权利构成。

④客体主要是建筑物。建筑物包括公寓、普通住宅、连体别墅等。业主的共有范围不仅限于建筑物本身，还包括小区规划范围内的绿地、道路、公共场所和公共设施等。

(3)建筑物区分所有权的内容：

①专有权，是专有部分所有权的简称。《民法典》第 272 条规定："业主对其建筑物专有部分享有占有、使用、收益和处分的权利。业主行使权利不得危及建筑物的安全，不得损害其他业主的合法权益。"

②共有权，即业主对建筑物内的共有部分(如公共区域、设施)享有共有权。

③共同管理权，即业主对共有部分享有共同管理的权利。

五、法条分析题

《民法典》第 271 条规定："业主对建筑物内的住宅、经营性用房等专有部分享有所有

权，对专有部分以外的共有部分享有共有和共同管理的权利。”[2014年法硕(非法学)真题改编]

请分析：

(1)本条规定的是何种权利？该权利的主要特征有哪些？

(2)符合哪些条件可认定为本条中的“专有部分”？

答：(1)本条规定的是业主的建筑物区分所有权。

建筑物区分所有权，是指在对建筑物进行纵向和横向区分的基础上，由业主享有的由专有部分的所有权、共有权和共同管理权三项权利组成的一种复合的权利。该权利的主要特征，参见本章简答题答案。

(2)专有部分，是指在构造上能明确区分，具有排他性且可独立使用的建筑物部分。专有部分的范围是界定业主专有部分所有权的基础。符合下列条件，可认定为本条规定中的“专有部分”：

①构造上的独立性。专有部分在物理构造上与其他部分明确隔离，通常以墙壁、地板、大门等作为间隔标志，确保其范围清晰。

②利用上的独立性。专有部分能够独立使用并具有排他性，不需依赖其他部分辅助即可实现其功能(如居住、经营等)，且具备独立的经济效用。判断标准通常以是否有独立出入门户为依据。

③可登记性，即能登记为特定业主所有权的客体。专有部分需通过登记成为特定业主所有权的客体，体现法律上的独立性。登记后，各部分在法律上成为独立所有权客体，建筑物整体不再作为单一物存在。

第五章　相邻关系

一、多项选择题

甲、乙约定，甲租住乙的别墅15年。租赁期间，甲将房屋加高，使邻居丙的房屋采光受到严重影响。对此，丙(　　)。[2015年法硕(非法学)真题]

A. 可以侵害相邻权为由要求甲排除妨碍

B. 可以侵害相邻权为由要求乙排除妨碍

C. 无权要求乙排除妨碍，因为将房屋加高系甲所为

D. 可以侵害建筑物区分所有权为由要求乙排除妨碍

【解析】ABC三项，相邻关系，是指相互毗邻的不动产的所有人或使用人因对不动产行使所有权或使用权而发生的权利义务关系。本题中，甲将房屋加高的行为侵害了邻居丙的相邻权，同时甲是房屋的使用人，乙是房屋所有权人，因此丙既可以要求甲排除妨碍，也可以要求乙排除妨碍。

D项，建筑物区分所有权基于同一栋建筑物。本题中，乙的房屋为别墅，不是同一栋建筑物，不存在建筑物区分所有权。

二、概念题

相邻关系[暨南大学2019年研；温州大学2018年研；武大2015年研]

答：相邻关系，是指相互毗邻的不动产的所有人或使用人因对不动产行使所有权或使用权而发生的权利义务关系。其特征包括：①基于法律规定；②主体须是两个以上的人；③因不动产相邻而发生；④内容复杂，包括提供通风、采光、排水、通行等必要便利和不得损害他方合法权益；⑤客体是行使不动产权利所体现的利益。相邻关系旨在维护相邻各方的利益平衡。《民法典》第288条规定，不动产的相邻权利人应当按照有利生产、方便生活、团结互助、公平合理的原则，正确处理相邻关系。

三、案例分析题

1. 甲承包的农田三面环水，另一面和乙的承包地接壤，须通过乙的土地才能走到公共道路上。甲每日下地干活，都需要经过乙的承包地。乙也明确允许甲及其家人通过自己的土地。[中财2010年研]

根据上述案情，请回答下列问题：

(1)本案中，假如某日甲、乙的妻子因琐事发生口角并厮打，乙遂禁止甲及其家人通过自己的土地。乙的做法能否得到法律的支持？为什么？

(2)本案中，假如甲进城务工颇有积蓄，遂将全家接到县城生活。该土地则依法转包给外来人员丙。乙以丙与其并无约定为由禁止丙从其土地上通行。乙的做法能否得到法律的支持？为什么？

(3)本案中，假如甲经过有关部门许可，可以在其土地上建造一个小小的码头。其与乙

AB

约定可以在乙的土地上划出一条宽不足两米的小道供运货之用。该合同创设的是什么权利？

(4)前题中，若甲将该土地及码头转让给丁，丁能否主张对该道路的通行权？为什么？

(5)第三题中，若乙将其土地转让给戊，甲在什么情况下可以主张对该道路的通行权？

(6)本案中，假设三年前乙在其土地上种植一种国外引进的新农作物。该植物生命力极为顽强，甲的土地中与乙接壤的近十米的土地都寸草不生。甲一直没有说什么，现粮食价格暴涨，种粮收益增加数倍。现甲要求乙停止在与其接壤的十米范围内种植该作物，并赔偿最近三年来的损失。其请求是否妥当？为什么？

答：(1)乙的做法不能得到法律的支持。

理由：《民法典》第291条规定，不动产权利人对相邻权利人因通行等必须利用其土地的，应当提供必要的便利。相邻关系是依法产生的，对于提供便利的一方来说，其负有为另一方提供便利的法定义务。因此，乙无权禁止甲及其家人通过自己的土地。

(2)乙的做法不能得到法律的支持。

理由：相邻关系是依据法律规定而非依据合同约定产生的，因此只要存在着相邻关系，不动产权利人就应该提供通行便利，故乙不得以无约定作为禁止丙从其土地上通行的理由。

(3)该合同创设的是地役权。地役权是指不动产权利人为某特定不动产的便利而使用他人不动产，使其负一定负担的物权。本题中，甲与乙约定划出供运货之用小道，在性质上属于创设地役权。

(4)如果土地使用权转让在地役权期限以内，丁可以主张对该道路的通行权。如果该土地使用权转让时，地役权的期限已过，丁无权主张对该道路的通行权。

理由：《民法典》第380条规定："地役权不得单独转让。土地承包经营权、建设用地使用权等转让的，地役权一并转让，但合同另有约定的除外。"地役权具有从属性，其随土地承包经营权等权利的转让而转让。如果土地承包经营权等权利转让时处于地役权存续期间的，地役权随之转让。因此，若甲在地役权期限以内将该土地及码头转让给丁，丁可以主张对该道路的通行权。如果该土地使用权转让时，地役权的期限已过，丁无权主张对该道路的通行权。

(5)如果乙将其土地转让给戊，在性质上属于供役地的转让。根据《民法典》第380条规定，如果土地使用权转让在地役权期限以内，甲可主张对该道路的通行权。

(6)甲的请求妥当。

理由：《民法典》第296条规定，不动产权利人因用水、排水、通行、铺设管线等利用相邻不动产的，应当尽量避免对相邻的不动产权利人造成损害；造成损害的，应当给予赔偿。本题中，乙的行为对相邻的不动产权利人造成了很大损害，甲有权请求其停止侵害并给予相应赔偿。至于赔偿数额，则应分别按当年的粮食价格计算。

第六章　共　有

一、单项选择题

1. 甲、乙、丙三人以3∶2∶1的比例按份共有一头骆驼，用于旅游服务。现甲欲将自己的份额转让给丁，乙、丙均要求以同等条件购买。甲的份额应当(　　)。[2019年法硕(法学、非法学)真题]

A. 由丁购买　　B. 由乙、丙等额购买

C. 由甲在乙和丙中指定一人购买　　D. 由乙、丙按所持份额比例购买

【解析】《民法典》第305条规定："按份共有人可以转让其享有的共有的不动产或者动产份额。其他共有人在同等条件下享有优先购买的权利。"第306条规定："按份共有人转让其享有的共有的不动产或者动产份额的，应当将转让条件及时通知其他共有人。其他共有人应当在合理期限内行使优先购买权。两个以上其他共有人主张行使优先购买权的，协商确定各自的购买比例；协商不成的，按照转让时各自的共有份额比例行使优先购买权。"本题中，甲、乙、丙三人按份共有该骆驼，乙、丙要求以同等条件购买时，应当由乙、丙按所持份额比例购买。

2. 甲、乙、丙三人按35%、55%、10%的份额共有一艘渔船。乙、丙2人均有意卖掉渔船，甲坚决反对。关于出卖渔船，下列选项正确的是(　　)。[2018年法硕(非法学)真题]

A. 乙有权单独决定出卖渔船　　B. 乙、丙未经甲同意无权出卖渔船

C. 乙、丙有权基于多数份额出卖渔船　　D. 乙、丙可根据多数共有人同意出卖渔船

【解析】《民法典》第301条规定，处分共有的不动产或者动产以及对共有的不动产或者动产作重大修缮的，应当经占份额2/3以上的按份共有人或者全体共同共有人同意，但共有人之间另有约定的除外。甲、乙、丙三人按35%、55%、10%份额共有一艘船，根据上述法条规定，要有2/3以上份额的按份共有人同意才可以，乙、丙的份额仅占65%，不足2/3(66.67%)，乙、丙要卖船须经过甲的同意。

二、概念题

按份共有与共同共有[华南理工2023年研]

相关试题：

(1)按份共有[东北财大2011年研；上海海事大学2007年研]

(2)共同共有[华侨大学2018年研；中国政法2017年研]

答：(1)按份共有，又称分别共有，是指两个或两个以上共有人按各自份额对共有财产享有权利并承担义务的共有关系。其特征有：①各共有人按份额享有共有物；②各共有人按份额对共有财产享有权利、承担义务；③权利及于共有财产的全部，而不是局限于某一部分。

(2)共同共有，又称公同共有，是指两个或两个以上民事主体基于某种共同关系，对某项财产不分份额地共同享有权利并承担义务的共有形式。其特征有：①共同共有基于共同

1D　2B

关系而产生，以共同关系的存在为前提。②共同共有中没有具体的份额划分。③共同共有人平等地享有权利、承担义务。

(3)二者的区别，参见本章简答题第 3 题答案。

三、简答题

1. 简述共有的种类及如何进行共有财产的分割。［北邮 2020 年研］

相关试题：试述共有财产的分割。［首经贸 2017 年研］

答：(1)共有的种类。共有包括按份共有和共同共有，参见本章概念题答案。

(2)共有财产的分割：

①共有财产的分割。指在共有关系存续期间，共有人请求按份额或均等地分割共有财产。《民法典》第 303 条规定："共有人约定不得分割共有的不动产或者动产，以维持共有关系的，应当按照约定，但是共有人有重大理由需要分割的，可以请求分割；没有约定或者约定不明确的，按份共有人可以随时请求分割，共同共有人在共有的基础丧失或者有重大理由需要分割时可以请求分割。因分割造成其他共有人损害的，应当给予赔偿。"

②共有财产分割的方式。《民法典》第 304 条第 1 款规定："共有人可以协商确定分割方式。达不成协议，共有的不动产或者动产可以分割且不会因分割减损价值的，应当对实物予以分割；难以分割或者因分割会减损价值的，应当对折价或者拍卖、变卖取得的价款予以分割。"即对共有财产的分割可以采取实物分割、变价分割和作价补偿三种方式。分割可以通过协议或法院裁判进行。

③共有财产分割的效力。全部共有财产分割后，共有关系消灭，各共有人对其分得的部分取得单独所有权。《民法典》第 304 条第 2 款规定，共有人分割所得的不动产或者动产有瑕疵的，其他共有人应当分担损失。

2. 简述按份共有人的权利。［天津商大 2024 年研］

答：按份共有人的权利有：

(1)占有、使用和收益权。《民法典》第 298 条规定，按份共有人对共有的不动产或者动产按照其份额享有所有权。份额越大，权利越大；份额越小，权利越小。共有财产的使用和收益方法应由全体共有人协商决定，不能单方面擅自占有和使用。

(2)管理权。《民法典》第 300 条规定，共有人按照约定管理共有的不动产或者动产；没有约定或者约定不明确的，各共有人都有管理的权利和义务。管理方式和利用方法须由全体共有人通过协议确定，也可以通过分管协议指定部分共有人管理共有物。

(3)物权请求权。按份共有人在共有财产遭受侵害或妨害时，享有物权请求权，包括返还原物、排除妨害和消除危险。各共有人可以单独行使此项权利，不必征得其他共有人的同意。

(4)转让权。按份共有人可以自由处分其应有部分。这种处分包括：①分出，指退出共有关系，将自己份额分割出去；②转让，指将自己份额转让给他人。转让不得损害其他共有人的利益。如果事先约定不得转让或分出份额，则视为放弃该权利。

(5)优先购买权。《民法典》第 305 条规定："按份共有人可以转让其享有的共有的不动产或者动产份额。其他共有人在同等条件下享有优先购买的权利。"出卖人应提前通知其他共有人，多个共有人主张优先购买权时，协商确定购买比例；协商不成的，按各自份额比例行使优先购买权。

3. 简述按份共有与共同共有的区别。［暨南大学2023年研；中财2010年研；首经贸2009年研］

相关试题：试述共同共有和按份共有的区别。［论述题，中国政法2021年研］

答： 按份共有又称分别共有，即按份共有人对共有的不动产或者动产按照其份额享有所有权。共同共有又称公同共有，即共同共有人对共有的不动产或者动产共同享有所有权。按份共有与共同共有的区别有：

（1）权利和义务的分配不同：

①按份共有中，各共有人依其份额享有权利并承担义务。

②共同共有中，各共有人不分份额，共同享有权利、承担义务。

（2）共有物的处分不同。《民法典》第301条规定，处分共有的不动产或者动产以及对共有的不动产或者动产作重大修缮、变更性质或者用途的，应当经占份额2/3以上的按份共有人或者全体共同共有人同意，但是共有人之间另有约定的除外。

①按份共有中，原则上需要2/3以上份额的共有人同意。

②共同共有中，原则上需要全体共同共有人一致同意，但共有人之间另有约定的除外。

（3）份额转让和优先购买权不同：

①按份共有中，共有人可以转让其份额，其他共有人在同等条件下享有优先购买权。

②共同共有中，不存在优先购买权的问题。

（4）共有财产的分割不同：

①按份共有中，在没有约定或约定不明确的情况下，共有人可以随时请求分割。

②共同共有中，只有在共有的基础丧失或基于重大理由时才能请求分割。

四、论述题

论述民法中的共同共有。［中山大学2016年研］

相关试题：

（1）简述我国婚姻法对夫妻共有财产的认定标准。［简答题，北邮2019年研］

（2）简述共同共有的类型。［简答题，河南师大2017年研］

（3）简述共同共有的特征。［简答题，中山大学2014年研］

答：（1）共同共有的概念和特征，参见本章概念题答案。

（2）共同共有人的权利和义务：

①共同共有人的权利。共同共有人对共有财产享有平等的占有和使用权，收益由全体共有人共同享有。处分共有财产须经全体共有人同意，未经同意的处分行为不发生物权变动效力。但若某共有人依法或依协议有权代表全体共有人处分财产，其行为有效。

②共同共有人的义务。共同共有人对共有财产共同承担义务。《民法典》第302条规定，共有人对共有物的管理费用以及其他负担，有约定的，按照其约定；没有约定或者约定不明确的，按份共有人按照其份额负担，共同共有人共同负担。

（3）共同共有的类型。在我国，共同共有的基本形式有两种：

①夫妻共有财产。指夫妻在婚姻关系存续期间，一方或双方取得，依法由夫妻双方共同享有所有权的共有关系。根据《民法典》第1062条规定，夫妻共有财产包括在婚姻关系存续期间各自的合法收入(如工资、奖金、劳务报酬)和共同劳动收入，以及各自因继承或者接受赠与取得的财产等，但遗嘱或者赠与合同中确定只归夫或者妻一方所有的除外。

②家庭共有财产。指全部或部分家庭成员共同所有的财产，即在家庭共同生活期间共同创造或获得的财产。每个家庭成员对家庭共有财产享有平等权利。除法律特别规定或家庭成员另有约定外，使用、处分或分割家庭共有财产须经全体成员同意，任何成员不得擅自处置。

五、法条分析题

1.《民法典》第304条规定："共有人可以协商确定分割方式。达不成协议，共有的不动产或者动产可以分割且不会因分割减损价值的，应当对实物予以分割；难以分割或者因分割会减损价值的，应当对折价或者拍卖、变卖取得的价款予以分割。共有人分割所得的不动产或者动产有瑕疵的，其他共有人应当分担损失。"[2023年法硕(非法学)真题]

请回答：

(1)共有物的法定分割方式有哪些？

(2)本条关于共有物分割的规定体现了何种立法价值导向？

答：(1)共有物的法定分割方式有三种：

①实物分割。指在不影响共有财产的使用价值和特定用途时，以原物分配给各共有人，如分割蛋糕、布匹、土地等。根据《民法典》第304条规定，对于共有财产的分割，如果达不成协议，共有的不动产或者动产可以分割且不会因分割减损价值的，应当对实物予以分割。

②变价分割。指在共有财产无法实物分割时，通过变卖共有物并将所得价金分配给各共有人的分割方式。根据《民法典》第304条规定，难以分割或者因分割会减损价值的，应当对折价或者拍卖、变卖取得的价款予以分割。变价分割应通过市场公开竞价的方式实现共有物的价值，并在此基础上对取得的价款进行分割。

③作价补偿。指部分共有人取得共有财产，并按照市场价值对其他共有人进行补偿的分割方式。这种方式通常适用于共有物无法实物分割或实物分割困难的情形。

(2)本条关于共有物分割的规定所体现的立法价值导向包括：

①体现了法律本身的价值。具体来说，协议分割优先，体现了自愿原则。共有人分割所得的不动产或者动产有瑕疵的，其他共有人应当分担损失，体现了公平原则。

②体现了法律所传达出的社会价值。对难以分割或者因分割会减损价值的共有物，应当变价分割或者作价补偿，体现了物尽其用的效率价值。

2. 分析一下《民法典》第305条："按份共有人可以转让其享有的共有的不动产或者动产份额。其他共有人在同等条件下享有优先购买的权利。"[对外经贸2024年研]

答：《民法典》第305条规定了按份共有人的份额处分权和其他共有人的优先购买权。

(1)法条的目的和意义：

①维护共有关系的稳定性。在按份共有中，每个共有人对共有财产享有一定份额。如

果没有限制措施，部分共有人随意转让其份额，可能会引入新的共有人，导致共有关系变得复杂和不稳定。

②保障其他共有人的权益。赋予其他共有人在同等条件下的优先购买权，是对其他共有人权益的重要保障。其他共有人在共有财产的形成和维护过程中已经投入了精力和资源，并且对共有财产的性质、用途等有一定的规划。

(2)核心要点：

①按份共有人的转让权：

a. 权利主体为按份共有人，即共同拥有某项财产但各自拥有不同份额的人。

b. 转让对象。按份共有人可以转让其享有的共有不动产或动产的份额。

c. 转让方式。可以通过买卖、赠与等方式进行转让，但一般不包括赠与等无偿转让方式。

②其他共有人的优先购买权：

a. 优先购买条件。在同等条件下，其他共有人享有优先购买权。

b. 同等条件，指价格、支付方式、付款期限等交易条件相同。

c. 行使方式。其他共有人应在合理期限内行使优先购买权，否则视为放弃。

d. 法律效果。如果其他共有人行使优先购买权，外部受让人将无法获得该份额。

(3)法律后果：

①行使优先购买权的后果。当其他共有人依法行使优先购买权时，转让份额的行为应优先在共有人之间进行。即转让人应当将份额转让给行使优先购买权的其他共有人，而不是第三人。

②未行使或放弃优先购买权的后果。如果其他共有人在规定的时间内未行使优先购买权或者明确表示放弃优先购买权，那么转让人可以将其份额转让给第三人。

综上，《民法典》第305条明确了按份共有人转让其共有份额的权利，同时赋予其他共有人在同等条件下的优先购买权。这一规定旨在保护共有人的利益，维护按份共有关系的稳定，促进公平交易，并简化法律关系。

第七章　用益物权概述

一、概念题

用益物权［中南大学 2019 年研；西南科大 2015 年研；南京理工 2011 年研；北师 2006 年研］

答：参见本章简答题答案。

二、简答题

简述用益物权的定义和特征。［北化 2007 年研］

相关试题：用益物权的法律特征。［南航 2016 年研］

答：(1)用益物权的概念：

用益物权是指权利人对他人所有的不动产或动产在一定范围内进行占有、使用和收益的权利。用益物权由所有权派生而来，属于他物权，与担保物权一起构成物权中的他物权体系。五种典型的用益物权为土地承包经营权、建设用地使用权、宅基地使用权、居住权、地役权。

(2)用益物权的特征：

除了具备物权的一般特征外，用益物权还具有以下特征：

①他物权性质，即是在他人之物上设立的权利。用益物权基于他人所有的财产设立。在用益物权设定后，所有权人受自己意思的拘束，不得再直接对物的使用价值加以支配。

②客体主要是不动产，也包括动产。传统上，用益物权的客体主要限于不动产。我国《民法典》第 323 条采取了较为开放的态度，将用益物权的客体扩充至动产。

③内容是占有、使用和收益，为定限物权。其中，占有是指对物的实际控制；使用是指依物的自然属性、法定用途或者约定的方式，对物进行实际上的利用；收益是指通过对物的利用而获取孳息，包括天然孳息以及法定孳息。

④具有存续期限。用益物权一般均具有明确的存续期限，不能永久存续，以免架空所有权。同时，用益物权的存续期限较长，以便权利人稳定预期并取得收益。

第八章　土地承包经营权

一、单项选择题

1. 根据《民法典》规定，土地承包经营权的设立时间为(　　)。[2022、2013 年法硕(法学、非法学)真题]

A. 土地承包经营权合同成立时　　B. 土地承包经营权合同生效时

C. 土地承包经营权登记时　　D. 土地承包经营权证发放时

【解析】《民法典》第 333 条规定："土地承包经营权自土地承包经营权合同生效时设立。登记机构应当向土地承包经营权人发放土地承包经营权证、林权证等证书，并登记造册，确认土地承包经营权。"

2. 村民胡某承包了一块农民集体所有的耕地，订立了土地承包经营权合同，未办理确权登记。胡某因常年在外，便与同村村民周某订立土地承包经营权转让合同，将地交周某耕种，未办理变更登记。关于该土地承包经营权，下列哪一说法是正确的？(　　)[2017 年法考真题]

A. 未经登记不得处分

B. 自土地承包经营权合同生效时设立

C. 其转让合同自完成变更登记时起生效

D. 其转让未经登记不发生效力

【解析】AB 两项，《民法典》第 333 条规定："土地承包经营权自土地承包经营权合同生效时设立。县级以上地方人民政府应向土地承包经营权人发放土地承包经营权证、林权证、草原使用权证，并登记造册，确认土地承包经营权。"即未办理确权登记不影响土地承包经营权的设立。同时，立法并未禁止处分未经登记的土地承包经营权。

CD 两项，《民法典》第 335 条规定，土地承包经营权互换、转让的，当事人可以向登记机构申请登记；未经登记，不得对抗善意第三人。土地承包经营权的转让采取登记对抗主义，即自转让合同生效后发生权利移转。登记只是一个对抗善意第三人的要件。

二、概念题

土地承包经营权[人大 2011 年研]

答：参见本章简答题第 1 题答案。

三、简答题

1. 简述土地承包经营权的特征。[扬州大学 2023 年研]

答：(1)土地承包经营权的概念：

土地承包经营权，是指农业生产经营者以从事农业生产为目的，对集体所有或国家所有的由农民集体使用的土地进行占有、使用和收益的权利。《民法典》第 331 条规定，土地承包经营权人依法对其承包经营的耕地、林地、草地等享有占有、使用和收益的权利，有

1B　2B

权从事种植业、林业、畜牧业等农业生产。土地承包经营制度保障了农户的自主经营权，调动了农民的生产积极性，促进了农村经济和社会发展。

(2)土地承包经营权的特征：

①主体特定性，即主体是农户。其主体通常是农村集体经济组织的成员，通常以户为单位。非本集体成员的单位或个人也可通过特定程序承包集体土地，但土地承包经营权的主体仍限于农户。而土地经营权的主体范围更广，包括自然人、法人及其他组织。

②客体限定性。其客体是集体所有或国家所有由农民集体使用的农用地，具体包括：

a. 农民集体所有的农用地，如耕地、林地、草地、养殖水面、滩涂及“四荒”土地。

b. 国家所有但依法由农民集体使用的农用地，如耕地、林地、草地等。

③复合性。土地承包经营权兼具财产权和人身权的性质。

a. 财产权属性。土地承包经营权是一种用益物权，能为权利人带来经济收益。承包方可占有、使用、收益承包地，并通过出租、入股等方式流转土地经营权获取收益。

b. 人身权属性。土地承包经营权基于特定身份取得，移转时受身份限制，如只能在集体经济组织成员间互换、转让。

④可分离流转土地经营权。“三权分置”改革后，农户可保留土地承包权而流转土地经营权：

a. 农户可自行经营承包地，也可流转土地经营权由他人经营。

b. “四荒”土地可通过招标、拍卖等方式发包，由承包方取得土地经营权。

⑤目的限定性，限于从事农业生产。其设立目的是从事种植业、林业、畜牧业、渔业等农业生产活动。耕地优先用于粮食、蔬菜等农产品生产。承包人不得改变土地农业用途，但可修建必要的农业生产设施，如排水渠道、育苗场所、看护房等。

2. 简述土地承包经营权的性质和取得方式。[中南财大2023年研]

答：(1)土地承包经营权的性质：

①用益物权性质：

a. 物权法定性。土地承包经营权由法律明确规定，其内容、期限、流转等均有详细规定。

b. 支配性。承包人可以在承包土地上自主安排生产经营活动，如种植农作物、建造农业生产设施等。

c. 排他性。同一土地上只能设立一个有效的土地承包经营权。一旦土地承包给某个农户，其他主体未经法定程序不能在同一土地范围行使相同的权利。

d. 优先性。在与其他债权等权利冲突时，土地承包经营权具有优先性。

②社会保障性质：

a. 对农民基本生活的保障。土地承包经营权是农民基本生活的重要手段，通过经营承包土地获取农产品收益来维持生活。

b. 就业保障功能。土地承包经营为农民提供了就业机会，特别是在经济不景气或就业机会有限的情况下，农民可以依赖土地维持生计。

(2)土地承包经营权的取得方式：

①土地承包经营权的设定取得。作为最主要的方式，其是指承包方通过与发包方订立

土地承包经营合同而取得土地承包经营权。土地承包经营合同由发包方和承包方平等协商订立。发包方为村集体经济组织、村民委员会或村民小组，承包方为本集体经济组织的农户。土地承包经营权自合同成立之日起生效，不以登记为要件。合同一般采用书面形式，并在双方签字、捺印或盖章时生效。

②土地承包经营权的移转取得。指受让人通过互换或转让等方式从原承包人手中取得土地承包经营权。其移转不以登记为要件，但未经登记的，不得对抗善意第三人。移转方式包括：

a. 互换。指同一集体经济组织内部的承包方之间互相交换土地承包经营权。互换结果是各自取得对方的土地承包经营权。互换需向发包方备案。

b. 转让。指土地承包经营权人将其土地承包经营权让渡给本集体经济组织的其他农户。转让必须经发包方同意。原承包方与发包方的承包关系终止，受让方与发包方建立新的承包关系。

第九章 建设用地使用权

一、单项选择题

根据我国物权法，建设用地使用权的设立时间为(　　)。[2016 年法硕(法学)真题]

A. 建设用地使用权出让合同生效时　　B. 建设用地使用权登记时

C. 建设用地使用权出让合同公证时　　D. 行政主管部门批准时

【解析】《民法典》第 349 条规定："设立建设用地使用权的，应当向登记机构申请建设用地使用权登记。建设用地使用权自登记时设立。登记机构应当向建设用地使用权人发放建设用地使用权证书。"

二、论述题

论述建设用地使用权的概念、特征和类型。[扬州大学 2023 年研]

相关试题：建设用地使用权的设立方式。[简答题，武大 2024 年研]

答：(1)建设用地使用权的概念：

建设用地使用权是指自然人、法人或非法人组织依法对国家所有的土地享有的利用该土地建造建筑物、构筑物及其附属设施的权利。《民法典》第 344 条规定，建设用地使用权人依法对国家所有的土地享有占有、使用和收益的权利，有权利用该土地建造建筑物、构筑物及其附属设施。建设用地包括城乡住宅、公共设施、工矿、交通水利设施、旅游、军事设施等用地。

(2)建设用地使用权的特征：

①客体为国有土地。其标的仅以土地为限，而且仅限于国家所有的土地。

②目的限于从事建设活动，即建造并保有建筑物、构筑物及其附属设施。我国对土地实行用途管制。

③具有期限性。建设用地使用权具有明确的期限限制。《城镇国有土地使用权出让和转让暂行条例》第 12 条规定，土地使用权出让最高年限按下列用途确定：a. 居住用地 70 年；b. 工业用地 50 年；c. 教育、科技、文化、卫生、体育用地 50 年；d. 商业、旅游、娱乐用地 40 年；e. 综合或其他用地 50 年。

(3)建设用地使用权的类型：

①按土地用途不同，建设用地使用权可分为住宅用地、工业用地、基础设施用地、商业用地等建设用地使用权。

②按取得/设立方式不同，建设用地使用权可分为：

a. 划拨建设用地使用权，是指经县级以上人民政府依法批准，将土地无偿或在缴纳补偿、安置等费用后交付给使用者使用的建设用地使用权。其特点有：公益性；无偿性；无期限性；限制流通性。

b. 出让建设用地使用权，是指国家以土地所有者的身份将建设用地使用权在一定年限内有偿让与土地使用者，并由土地使用者向国家支付土地使用权出让金的建设用地使用权。其特点有：交易性；有偿性；期限性。

B

第十章 宅基地使用权

一、概念题

宅基地使用权[北邮 2024 年研；安徽师大 2018 年研；中山大学 2010 年研；人大 2008 年研]

答：参见本章简答题第 1 题答案。

二、简答题

1. 简述宅基地使用权的概念和特征。[扬州大学 2021 年研]

相关试题：

(1)简述宅基地使用权的特征。[2021 年法硕(法学、非法学)真题]

(2)宅基地使用权的特征有哪些？[湖南师大 2020 年研]

答：(1)宅基地使用权的概念：

宅基地使用权，是指农村集体经济组织的成员依法享有的在农民集体所有的土地上建造个人住宅及其附属设施的权利。《民法典》第 362 条规定，宅基地使用权人依法对集体所有的土地享有占有和使用的权利，有权依法利用该土地建造住宅及其附属设施。宅基地使用权是保障农民安居乐业和农村社会稳定的重要法律制度。

(2)宅基地使用权的特征：

①客体限于集体所有的土地。宅基地属于集体所有，仅能在集体土地上设立宅基地使用权。在国有土地上建造住宅则需设立建设用地使用权。

②主体限于农村集体经济组织成员。宅基地使用权的主体是符合条件的农村集体经济组织成员，体现其成员权属性。城镇居民不得取得宅基地使用权，严禁购买宅基地或用于建设别墅、会馆等。

③用途限于建造住宅及其附属设施。宅基地使用权仅可用于建造住宅及与居住相关的设施(如车库、沼气池等)，并需符合土地利用规划和村庄规划，优先利用原有宅基地和空闲地。

④取得无偿性。宅基地使用权具有社会福利性质。农村集体经济组织成员可无偿或以较低代价取得，无需按市场价格购买。

2. 建设用地使用权和宅基地使用权的联系和区别。[中国政法 2021 年研]

答：建设用地使用权，是指自然人、法人或非法人组织依法对国家所有的土地享有的利用该土地建造建筑物、构筑物及其附属设施的权利。宅基地使用权，是指农村集体经济组织的成员依法享有的在农民集体所有的土地上建造个人住宅及其附属设施的权利。

(1)二者的联系：

二者都属于用益物权，都是利用他人土地从事建造活动，且均可在集体土地上设立。

(2)二者的区别：

①土地权属不同。建设用地使用权建立在国家所有的土地之上；宅基地使用权建立在农民集体所有的土地之上。

②权利主体的身份限制不同。建设用地使用权无身份限制，自然人、法人和其他组织均可；宅基地使用权仅限于自然人，且限于本集体经济组织的成员。

③权利内容不同。建设用地使用权可以转让、抵押及出资；宅基地使用权具有社会福利性质，不能转让、抵押或投资入股。

④取得方式不同。建设用地使用权通过出让或划拨等方式取得，严格限制以划拨方式设立；宅基地使用权通过审核批准的方式取得。

⑤设立要件不同。建设用地使用权以登记为设立要件，自登记时设立；宅基地使用权自乡(镇)人民政府审核批准时设立，不以登记为设立要件，但可以申请登记。

⑥是否有偿不同。建设用地使用权主要通过出让方式设立，需支付出让金等费用；宅基地使用权由本集体经济组织成员无偿取得。

⑦存续期限不同。建设用地使用权有明确的期限限制，如居住用地70年、工业用地50年。住宅建设用地使用权期限届满时自动续期；非住宅建设用地使用权期限届满时，需申请续期并支付费用。宅基地使用权没有期限限制。

第十一章 居住权

一、多项选择题

下列有关居住权的表述，说法正确的是(　　)。[2024年法硕(法学、非法学)真题]

A. 居住权以无偿为原则，以有偿为例外

B. 居住权既可以用于满足自然人生活居住需要，也可以用于满足其生产经营需要

C. 居住权人在居住权期限内死亡，居住权消灭

D. 居住权的设立只能是自然人

【解析】A项，居住权原则上是无偿的，当事人另有约定的除外。

B项，居住权的设立目的是满足权利人生活居住的需要，不可用作其他用途。

C项，《民法典》第370条规定："居住权期间届满或者居住权人死亡的，居住权消灭。居住权消灭的，应当及时办理注销登记。"

D项，居住权的主体限于自然人，即权利人(享有者)只能是自然人。但居住权的义务人(设立者)可以是自然人、法人或其他组织，只要其是住宅的所有权人或有权处分住宅的主体。

二、概念题

居住权[广西民大2024年研；中山大学2022年研]

答：参见本章简答题答案。

三、简答题

简述居住权的概念与特征。[中南财大2024年研]

相关试题：简述居住权。[上贸大2022年研]

答：(1)居住权的概念：

居住权是指自然人依据合同约定或遗嘱指定，对他人的住宅享有通过占有、使用以满足自己生活居住需要的物权。《民法典》第366条规定，居住权人有权按照合同约定，对他人的住宅享有占有、使用的用益物权，以满足生活居住的需要。

(2)居住权的特征：

①设立在"他人的房屋所有权"上。居住权是一种他物权，建立在他人房屋所有权之上。

②设立目的是"满足生活居住需要"。居住权仅用于生活居住，不能用于商业或其他用途。权利人仅限于自然人。

③为特定自然人而设定。居住权具有人身属性，基于特定个人的生活居住需求而设定，权利主体范围有限。

④一般具有无偿性。居住权通常无偿，但当事人可以协商一致地收取费用。

⑤期限一般具有长期性甚至终身性。居住权期限可以附条件或附期限，通常具有长期性甚至终身性。未约定期限时，居住权人可以终身使用房屋。

AC

⑥不得转让或继承。居住权不得转让或继承，仅用于居住权人自己的基本居住权利保障。

⑦设立居住权的住宅一般不得出租。设立居住权的住宅一般不得出租，但当事人另有约定的除外。特殊情况下，经双方同意可以出租。

通过这些特征，居住权确保了特定群体的基本居住需求得到保障，同时维护了房屋所有权人的权益。

第十二章　地役权

一、单项选择题

甲村为了灌溉A地，与乙村签订书面合同，约定：甲村每年支付乙村4000元，在乙村的水库取水10000立方米，期限为20年。合同签订后，双方办理了权利登记。一年后，甲村将A地发包给丙，后丙将部分承包地转包给丁。[2017年法硕(法学、非法学)真题]

(1)甲村与乙村设定的有关取水的权利属于(　　)。

A. 地役权　　B. 相邻权　　C. 租赁权　　D. 土地承包经营权

【解析】地役权，是指不动产权利人为便利使用自身不动产，经他人同意后使用他人不动产的用益物权，如通行权、取水权、采光权、眺望权。本题中，甲村为了提高自己不动产的效益而利用乙村的水库，甲乙之间签订了书面合同，通过合同确立了地役权。甲乙之间的权利不是相邻权，乙村没有必须让甲村从水库取水的义务，两村之间也不存在租赁和土地承包经营行为。

(2)在丙将部分承包地转包给丁后，关于取水的权利表述正确的是(　　)。

A. 只有丙有权取水　　B. 只有丁有权取水

C. 丙、丁均有权取水　　D. 丙、丁均无权取水

【解析】《民法典》第378条规定，土地所有权人享有地役权或者负担地役权的，设立土地承包经营权、宅基地使用权等用益物权时，该用益物权人继续享有或者负担已经设立的地役权。第380条规定："地役权不得单独转让。土地承包经营权、建设用地使用权等转让的，地役权一并转让，但是合同另有约定的除外。"本题中，甲村是土地所有权人，享有对乙村水库的地役权；甲村在转让土地承包经营权时，该土地承包经营权人丙继续享有甲村设立的取水权。后丙又将部分土地转包给丁，因部分土地承包经营权转让的，地役权一并转让，所以丁也有权取水。

二、多项选择题

甲为自己房屋使用的便利与乙签订地役权合同，约定五年内乙不得加盖楼房，甲支付5万元。合同签订后，双方办理了登记手续。三年后甲去世，房屋由丙继承。同年，乙将楼房卖给丁，随后丁加盖楼房，遭丙阻止。在本案中，(　　)。[2013年法硕(非法学)真题]

A. 丙无权制止丁加盖楼房　　B. 地役权由丙享有

C. 地役权不因甲死亡而消灭　　D. 丁有权要求乙承担违约责任

【解析】地役权，是指不动产权利人为便利使用自身不动产，经他人同意后使用他人不动产的用益物权。土地承包经营权、建设用地使用权转让的，除了合同有约定的，地役权一并转让。建设用地使用权发生继承的，由该继承使用人继续享有或负担已经设立的地役权。本题中，丙继承了房屋也就继承了甲设立的地役权，已设立的地役权不因设立者的死亡而消灭。

A项，丙继承了甲设立的地役权，有权阻止丁加盖房屋。

---

(1)A　(2)C　｜　BC

D 项，地役权经过登记的，可以对抗善意第三人。本题中，供役地负担地役权已办理登记，丁应知道供役地已设立地役权。乙没有刻意隐瞒和欺骗已设立的地役权，乙和丁的合同真实有效。因此，丁无权要求乙承担违约责任。

三、概念题

地役权［中国政法 2024 年研；广西民大 2023 年研；南航 2016 年研；浙江财大 2016 年研；青岛大学 2015 年研；武大 2014 年研；浙大 2014 年研；东北财大 2010 年研］

答：参见本章论述题第 1 题答案。

四、论述题

1. 论地役权的概念和特征。［中财 2014 年研；中山大学 2010 年研］

相关试题：

（1）简述地役权的属性。［简答题，宁波大学 2021 年研］

（2）简述地役权的特征。［简答题，2019 年法硕（法学、非法学）真题］

（3）简述地役权的不可分性。［简答题，暨南大学 2016 年研］

（4）试述地役权的特征。［厦门大学 2015 年研］

答：（1）地役权的概念：

地役权是指不动产权利人为便利使用自身不动产，经他人同意后使用他人不动产的用益物权。《民法典》第 372 条规定："地役权人有权按照合同约定，利用他人的不动产，以提高自己的不动产的效益。前款所称他人的不动产为供役地，自己的不动产为需役地。"

（2）地役权的特征：

①权利人和义务人均是不动产的权利人。地役权双方主体均是不动产的权利人，包括所有权人和用益物权人（如建设用地使用权人、宅基地使用权人等）。

②内容是利用他人不动产，并对他人的权利加以限制。

③目的是提高自己不动产的效益，包括经济利益、生活便利。

④以合同形式设立。设立地役权，当事人应当采用书面形式订立地役权合同。

⑤具有从属性。即地役权依附于需役地的所有权或使用权而存在，与需役地不可分离。具体表现为：a. 设定前提：需役地的存在；b. 不可单独转让；c. 随用益物权转移；d. 随需役地消灭。地役权不得单独抵押，但在实现抵押权时，地役权一并转让。

⑥具有不可分性。即地役权存在于需役地和供役地的全部，不能被分割为各个部分或仅以一部分单独存在。具体表现如下：

a. 设定时的不可分性。需役地为数人共有的，各共有人对整体取得地役权。供役地为共有的，一旦设定地役权，效力及于供役地整体。

b. 享有或负担上的不可分性。需役地分割或部分转让时，地役权就各个部分而存在。供役地分割或部分转让时，地役权也存在于各个部分。

c. 消灭时的不可分性。需役地的所有权或使用权为两人以上共有时，任一共有人不能仅为自己的份额而消灭地役权。供役地为两人以上共有时，共有人之一不得仅为自己的份额而消灭地役权。

2. 试论地役权与相邻关系的联系与区别。［东北财大 2014 年研；广东财大 2014 年研］

相关试题：

（1）试论述相邻权和地役权的区别。［北邮 2023 年研］

（2）论地役权和相邻关系（相邻权）的异同。［上贸大 2023 年研］

（3）简述地役权与相邻关系的区别。［中国政法 2022 年研；中南财大 2015 年研；北邮 2014 年研；沈阳师大 2014 年研；中财 2012 年研；2011 年法硕（法学）真题］

（4）地役权与相邻关系［概念题，宁波大学 2018 年研；人大 2016 年研］

（5）比较地役权与相邻关系的异同。［简答题，首经贸 2012 年研］

（6）简述相邻关系和地役权的关系。［简答题，北科 2011 年研］

答：地役权是指不动产权利人为便利使用自身不动产，经他人同意后使用他人不动产的物权。相邻关系是指相互毗邻的不动产的所有人或使用人因对不动产行使所有权或使用权而发生的权利义务关系。

（1）二者的联系：

地役权和相邻关系均因对不动产的利用而产生，二者之间有较多的相似之处：

①产生原因上，都基于调和不动产利用过程中的冲突而产生。

②权利内容上，都涉及通行、排水、通风、采光等问题。

③法律救济途径上，权利人都可以请求适用物权的保护措施或者债权的保护措施。

（2）二者的区别：

①权利产生方式不同。地役权基于当事人的合意设立，依合同产生，是一种独立的用益物权。相邻关系基于法律规定设定，依法自动产生，是不动产所有权的当然内容。

②是否需要登记不同。地役权未经登记，不得对抗善意第三人；相邻关系无须登记即可成立，并对抗第三人。

③调整范围不同。地役权中的需役地与供役地可以相邻或不相邻，只要能实现需役地价值即可。相邻关系发生在相邻的不动产所有人或使用人之间。

④调整方法不同。地役权实现意思自治的方式是当事人签订的地役权合同，可以限制或排除当地习惯。相邻关系注重习惯的运用，法律、法规有规定的依照其规定，没有规定的按当地习惯处理。

⑤调节限度不同。地役权允许当事人自由约定权利义务，调节限度更大，更充分地实现不动产的利用价值。相邻关系为法定扩张，提供最低限度的调节。

⑥是否有偿不同。地役权可以有偿或无偿，取决于当事人合意；相邻关系通常无偿。

⑦存续期间不同。地役权的存续期间可由当事人约定，可设定永久地役权；相邻关系具有永久性和一时性相结合的特性。

五、案例分析题

1998 年 4 月 1 日，栗园村村委会与本村农户刘家签订土地承包合同，约定：村集体的耕地 A 地块交由刘家承包经营；承包期为 1998 年 5 月 1 日至 2028 年 4 月 30 日。

2012 年 5 月 1 日，刘家与相邻 B 地块的承包户张家签订合同，约定：刘家有权在 B 地块取水浇田，每年支付 2000 元。刘家未对该权利申请登记。6 月 1 日，刘家到 B 地块取水时，张家以刘家取水的权利未登记为由，不允许其取水。

2019 年 4 月 1 日，刘家将 A 地块的土地经营权流转给本村农户李家，双方约定：李家有权于 2019 年 4 月 10 日至 2030 年 3 月 31 日使用 A 地块，每年支付 500 元/亩；刘家应于 4 月 10 日前交付 A 地块。4 月 5 日，本村农户赵家得知刘家将土地经营权流转给李家，于是找到刘家，请求刘家将 A 地块的土地经营权流转给自己，并表示愿意每年支付 700 元/亩，刘家遂与赵家签订合同，并在当天交付了 A 地块。次日，李家发现赵家在使用 A 地块，要求赵家返还。[2020 年法硕(法学)真题]

请根据上述材料，回答下列问题并说明理由：

(1)张家不允许刘家取水的理由是否成立?

(2)刘家与李家之间关于李家使用 A 地块期限的约定是否有效?

(3)李家是否有权要求赵家返还 A 地块?

答：(1)张家不允许刘家取水的理由不成立。

理由：地役权是指不动产权利人为便利使用自身不动产，经他人同意后使用他人不动产的用益物权。地役权合同应当采取书面形式，地役权自地役权合同生效时设立。本题中，刘家到 B 地块取水的权利属于地役权。该地役权自刘家和张家签订的地役权合同生效时设立，不以登记为要件。因此，张家不能以权利未登记为由不允许刘家取水。

(2)刘家与李家之间关于李家使用 A 地块期限的约定部分有效。

理由：土地经营权流转的，流转的期限不得超过承包期的剩余期限，超过该期限的部分无效，未超过的部分有效。根据栗园村村委会与刘家的约定，刘家对 A 地块的承包期为 1998 年 5 月 1 日至 2028 年 4 月 30 日，而刘家与李家约定李家有权于 2019 年 4 月 10 日至 2030 年 3 月 31 日使用 A 地块，刘家与李家约定的期限超出了承包期的期限，故该约定部分有效，部分无效。

(3)李家有权要求赵家返还 A 地块。

理由：承包合同通常自成立之日起生效，承包方自承包合同生效时取得土地承包经营权。土地承包经营权人将土地经营权流转的，未经登记，不得对抗善意第三人。因此，李家在其和刘家签订的承包合同生效时，即取得了 A 地块的土地承包经营权。赵家已知刘家将土地经营权流转给了李家，所以不属于善意第三人。因此，作为 A 地块土地承包经营权主体的李家有权要求赵家返还 A 地块。

第十三章　担保物权概述

一、单项选择题

1. 甲向乙借款100万元。为担保乙的债权，甲以一套价值50万元的房屋作抵押，丙以一套价值50万元的房屋作抵押，丁提供保证。现甲不能偿还到期债务。对此，下列说法正确的是(　　)。[2020年法硕(法学)真题]

A. 乙应当先就甲的房屋实现抵押权

B. 乙应当先就丙的房屋实现抵押权

C. 乙应当先请求丁承担保证责任

D. 乙可以同时请求甲、丙、丁承担按份担保责任

【解析】《民法典》第392条规定："被担保的债权既有物的担保又有人的担保的，债务人不履行到期债务或者发生当事人约定的实现担保物权的情形，债权人应当按照约定实现债权；没有约定或者约定不明确，债务人自己提供物的担保的，债权人应当先就该物的担保实现债权；第三人提供物的担保的，债权人可以就物的担保实现债权，也可以要求保证人承担保证责任。提供担保的第三人承担担保责任后，有权向债务人追偿。"本题中，既有物的担保，又有人的担保，甲作为债务人以自己的房屋作了抵押，乙应当先就该物的担保实现债权。

2. 甲向乙借款，将自己的汽车抵押给乙，办理了抵押登记。后甲又向丙借款，将该车质押给丙。丙在占有该车期间，发现汽车有故障，送到丁厂修理。丁厂因未收到修理费将该车留置。本案的担保物权受偿顺序是(　　)。[2020年法硕(非法学)真题]

A. 抵押权；质权；留置权　　B. 质权；留置权；抵押权

C. 留置权；抵押权；质权　　D. 留置权；质权；抵押权

【解析】《民法典》第456条规定，同一动产上已经设立抵押权或者质权，该动产又被留置的，留置权人优先受偿。第415条规定，同一财产既设立抵押权又设立质权的，拍卖、变卖该财产所得的价款按照登记、交付的时间先后确定清偿顺序。本题中，甲的汽车上已经设立抵押权、质权，又设立留置权的，留置权人丁厂优先受偿，同时，抵押登记先于质押交付时间，因此抵押权人乙优先于质押权人丙受偿。

3. 甲将一套房屋抵押给乙，担保100万元债权，但尚未办理抵押登记手续；后甲又将房屋抵押给丙，担保100万元债权。甲、丙订立合同的当天，丙拿到甲的房产证，但未办理抵押登记手续。后甲无力清偿债务，拍卖房屋获得价款160万元。关于乙、丙分配的说法，正确的是(　　)。[2019年法考真题]

A. 乙受偿100万元，丙受偿60万元　　B. 乙受偿60万元，丙受偿100万元

C. 乙受偿50万元，丙受偿50万元　　D. 乙、丙对房屋均不享有抵押权

【解析】D项，不动产抵押权的设立，采取强制公示原则，故未办理抵押登记手续，则抵押权未设立。本题中，因乙、丙均未办理抵押登记手续，故均不享有抵押权。

1A　2C　3D

ABC 三项，《民法典》第 414 条第 1 款规定，同一财产向两个以上债权人抵押的，拍卖、变卖抵押财产所得的价款依照下列规定清偿：①抵押权已经登记的，按照登记的时间先后确定清偿顺序；②抵押权已经登记的先于未登记的受偿；③抵押权未登记的，按照债权比例清偿。该规定以“各债权人均享有抵押权”为前提。本题中，乙、丙二人均未享有对该房屋的抵押权，二人的债权均为普通债权，应遵循普通债权的平等清偿规则。

二、简答题

1. 简述担保物权的特征。［首都师大 2012 年研］

相关试题：

(1) 论述担保物权的特征。［论述题，三峡大学 2017 年研］

(2) 简述担保物权的特征与分类。［北邮 2014 年研］

(3) 简述担保物权的概念和特征。［人大 2012 年研］

答：担保物权是指权利人在债务人不履行到期债务或者发生当事人约定的其他实现条件时，依法享有的就担保财产优先受偿的权利。担保物权是一种具有债权担保功能的他物权，除具有一般物权的特征外，还具有以下特征：

(1) 从属性。指担保物权的设立、效力、移转及消灭，均从属于债权。

①设立上的从属性。担保物权的设立原则上以主债权的存在为前提。

②效力上的从属性。主合同无效，担保合同原则上无效。但在最高额担保中，某一主合同无效不影响担保合同的效力。

③移转上的从属性。担保物权随主债权的转移而转移。主债权转让时，担保物权一并转让，但法律另有规定或当事人另有约定的除外。

④消灭上的从属性。担保物权因所担保的主债权的消灭而消灭。

(2) 不可分性：

①整体性。担保物权人在其债权完全清偿之前，有权就担保财产的全部行使权利，不受担保财产分割或部分转让的影响。

②部分分割。担保财产被分割或部分转让时，担保物权人仍可就分割或转让后的财产行使权利，除非善意第三人取得该部分财产或追及效力被切断。

③主债权分割。主债权被分割或部分转让时，各债权人可以按其债权份额行使担保物权。

④主债务分割。主债务被分割或部分转移时，债务人自己提供的担保财产继续担保全部债务，第三人提供的担保须经其书面同意才能继续有效。

(3) 物上代位性。《民法典》第 390 条规定，担保期间，担保财产毁损、灭失或者被征收等，担保物权人可以就获得的保险金、赔偿金或者补偿金等优先受偿。即当担保财产毁损、灭失或被征收而获得赔偿或补偿时，担保物权的效力及于该赔偿或补偿(代位物)，担保物权人可就代位物行使其权利。

①代位物类型。代位物不仅限于金钱，还包括保险金、赔偿金、补偿金或其他利益。

②效力顺位。担保物权对于代位物的效力系嗣后发生。与其他权利竞存时，各担保物权人依照原担保财产的受偿顺位行使权利。

③给付通知。给付义务人在收到担保物权人的给付通知之前，已经向担保人履行给付义务的，物上代位权消灭；收到通知后仍向担保人给付的，对担保物权人不产生效力。

2. 简述担保物权竞存的顺位规则。［中南财大 2024 年研］

答：担保物权竞存的顺位规则如下：

（1）竞存担保物权之间优先顺位的一般规则：

①抵押权竞存时的优先顺位，遵循"先登记者优先"规则。《民法典》第 414 条第 1 款规定，同一财产向两个以上债权人抵押的，拍卖、变卖抵押财产所得的价款依照下列规定清偿：a. 抵押权已经登记的，按照登记的时间先后确定清偿顺序；b. 抵押权已经登记的先于未登记的受偿；c. 抵押权未登记的，按照债权比例清偿。未经登记的动产抵押权不得对抗善意第三人，但判断标准仅依据登记时间。

②其他可以登记的担保物权竞存时的优先顺位，参照适用"先登记者优先"规则。具体包括权利质权中的无权利凭证的有价证券质权、基金份额质权、股权质权、知识产权质权和应收账款质权。

③动产抵押权与浮动抵押权竞存时的优先顺位。各权利人之间的顺位仅依登记时间确定，不考虑浮动抵押权的确定时间。

（2）动产抵押权和动产质权竞存时的优先顺位。根据《民法典》第 415 条规定，同一动产上竞存的动产抵押权和动产质权，以取得对抗第三人效力的时间先后为准。动产抵押权自登记时产生对抗第三人的效力。动产质权自交付质押财产时设立并取得对抗第三人的效力。通过对比动产抵押权登记时间和动产质物交付时间来确定优先顺位，无需考虑当事人的善意或恶意。

（3）动产抵押权或质权与留置权竞存时的优先顺位。根据《民法典》第 456 条规定，同一动产上已设立抵押权或质权，又被留置的，留置权人优先受偿。适用这一规则时应注意：①不考虑留置权人是否善意；②可类推适用于融资租赁交易中出租人的所有权或所有权保留交易中出卖人的所有权与留置权竞存的情形。

（4）购买价金担保权的超优先顺位规则。购买价金担保权是指债权人在动产上取得的担保因购买该动产所生的价金给付义务的担保权。根据《民法典》第 416 条规定，购买价金担保权实行"后登记者优先"，属于一般优先顺位规则的例外，其适用应满足以下条件：

①新担保权是为了担保购置标的物，并在该标的物上设立，旨在担保该标的物全部或部分价款的清偿。

②新担保权人应在标的物交付后 10 日内办理动产担保登记。

③同一债务人为他人设立了购买价金担保权和其他竞存的动产担保权。

三、法条分析题

《民法典》第 390 条规定："担保期间，担保财产毁损、灭失或者被征收等，担保物权人可以就获得的保险金、赔偿金或者补偿金等优先受偿。被担保债权的履行期未届满的，也可以提存该保险金、赔偿金或者补偿金等。"［中南财大 2015 年研改编］

（1）该条是关于什么制度的规定，该制度的内容是什么？

（2）该制度的运用原理是什么？

答：（1）本条是关于担保物权的物上代位性制度的规定。担保物权的物上代位性，是指担保财产因灭失、毁损而获得保险金、赔偿金或补偿金时，该保险金、赔偿金或补偿金成为担保财产的代替物，担保物权依然存在于其上，债权人有权就该代替物行使担保物权。该制度的具体内容如下：

①根据《民法典》第390条规定，担保财产的代位物包括以下内容：

a. 担保财产因第三人的侵权行为或者其他原因毁损、灭失时，担保人所获得的损害赔偿金。但根据《民法典》第432、451条规定，质权人、留置权人负有妥善保管质押财产的义务；因保管不善致使质押或者留置财产毁损、灭失的，应当承担赔偿责任，质权人、留置权人向出质人或者债务人支付的损害赔偿金不能作为担保财产的代位物。

b. 保险金。担保人对担保财产投保的，因保险事故发生而致使担保财产毁损、灭失时，担保人可以请求保险人支付保险金。该保险金可以作为代位物。

c. 补偿金。主要指担保财产被国家征收时，担保人从国家得到的补偿金。《民法典》第243条第3款明确规定，征收单位、个人的房屋及其他不动产，应当依法给予征收补偿，维护被征收人的合法权益；征收个人住宅的，还应当保障被征收人的居住条件。

②担保期间，担保财产毁损、灭失或者被征收等，担保物权人可以就担保人所得的损害赔偿金、保险金或者补偿金等优先受偿。在因担保财产毁损、灭失或者被征收产生代位物时，可能会出现两种情况：

a. 担保物权人的债权已经到期或者出现当事人约定的可以实现担保物权的情形。在这种情况下，担保物权人可以在代位物上实现优先受偿权。

b. 担保物权人的债权还没有到期。在这种情况下，代位物虽是特定的，但毕竟已经货币化，担保物权人对其进行控制的可能性降低，其到期实现债权的可能性也会降低。为保障担保物权人的债权得以实现，担保物权人可以提前在代位物上实现自己的债权。如果担保物权人还希望保留自己的期限利益，也可以不立即在代位物上实现担保物权；而等到债权履行期届满，债务人不履行债务时再在代位物上优先受偿。担保人可以自己或者应担保物权人的要求向提存机构提存该保险金、赔偿金或者补偿金等。

（2）担保物权的物上代位性制度的原理。物上代位性是指担保物权的效力及于担保财产因毁损、灭失所得的赔偿金等代位物上。这是担保物权的重要特征。担保物权以支配担保物的交换价值为内容，以取得该价值而受偿债权为目的。所以，即使担保财产本身已经毁损、灭失，只要该担保财产交换价值的替代物还存在，该担保物权的效力就移转到了该替代物上。这种效力不但在抵押权上存在，在质权、留置权上也存在。在担保物的实体形态改变而其价值仍然存在时，担保物权人就其变化了的价值形态受偿，仍可达到同样目的。在担保人依法或经担保物权人同意而转让或处分担保物所得的价款，亦同为原担保物的替代物时，担保权人同样有物上代位权。

四、案例分析题

2007年8月，甲企业通过转让取得一块土地的建设用地使用权，并在该土地上合法建造了一座厂房。2008年5月，甲企业向乙银行借款1500万元，同时以该厂房作为抵押物为借款提供担保，双方签订了抵押合同并办理了抵押权登记手续。2008年7月，乙银行认为甲企业用作抵押物的厂房价值不足，于是要求甲企业另行提供担保。甲企业遂委托丙公司作保证人，丙公司与乙银行签订了保证合同。2009 年 1 月，乙银行将 1500 万的债权转让给丁银行。现 1500 万元借款已到期，甲企业因经营管理不善无力偿还。[2012 年法硕(非法学)真题]

根据上述案情，请回答：

(1)甲企业对其建造的厂房是否享有所有权？为什么？

(2)丙公司对丁银行的债权是否应承担保证责任？为什么？

(3)本案中丁银行应如何通过担保实现自己的债权？为什么？

答：(1)甲企业对其建造的厂房享有所有权。

理由：《民法典》第 231 条规定，因合法建造、拆除房屋等事实行为设立或者消灭物权的，自事实行为成就时发生效力。本题中，建造房屋属于事实行为；房屋建好后，甲企业即在事实上取得了房屋的所有权。

(2)丙公司对丁银行的债权应当承担保证责任。

理由：根据《民法典》规定，保证期间，债权人依法将主债权转让给第三人的，保证人在原保证担保范围内继续承担保证责任。本题中，债权人乙银行将债权转让给丁银行，保证人丙公司对丁银行的债权应当继续承担保证责任。

(3)丁银行应先就甲企业的厂房的抵押权实现其债权，不足部分再由保证人丙公司清偿。

理由：《民法典》第 392 条规定："被担保的债权既有物的担保又有人的担保的，债务人不履行到期债务或者发生当事人约定的实现担保物权的情形，债权人应当按照约定实现债权；没有约定或者约定不明确，债务人自己提供物的担保的，债权人应当先就该物的担保实现债权；第三人提供物的担保的，债权人可以就物的担保实现债权，也可以请求保证人承担保证责任。提供担保的第三人承担担保责任后，有权向债务人追偿。"

本题中，丁银行的债权既有甲企业的厂房抵押担保(担保物权)，又有丙公司担任保证人(保证)，属于混合担保。在混合担保中，如果债务人没有履行到期债务需分以下两种情形讨论：①债务人自己提供物的担保的，应当先就该物保实现债权；②债务人自己未提供物的担保的，可以就第三人物保或者保证人选择求偿。甲企业作为债务人以厂房抵押属于债务人自己提供物的担保的情形。基于上述规则，银行应当先就甲企业的厂房实现债权，不足部分再向丙公司主张保证责任。

第十四章　抵押权

一、单项选择题

1. 甲将汽车抵押给乙，向乙借款 50 万元，约定抵押期间甲不得转让汽车。双方在办理抵押登记时，未将禁止转让汽车的约定予以登记。后甲将汽车卖给不知情的丙并交付。对此，乙有权(　　)。[2023 年法硕(法学、非法学)真题]

A. 请求甲承担违约责任

B. 主张丙未取得汽车所有权

C. 请求丙承担侵权责任

D. 请求确认甲与丙之间的买卖合同无效

【解析】AD 两项，《最高人民法院关于适用〈中华人民共和国民法典〉有关担保制度的解释》(以下简称《民法典担保制度解释》)第 43 条规定，当事人约定禁止或者限制转让抵押财产但是未将约定登记，抵押人违反约定转让抵押财产，抵押权人请求确认转让合同无效的，人民法院不予支持；抵押财产已经交付或者登记，抵押权人请求确认转让不发生物权效力的，人民法院不予支持，但是抵押权人有证据证明受让人知道的除外；抵押权人请求抵押人承担违约责任的，人民法院依法予以支持。

B 项，丙此时已经善意取得所有权。

C 项，根据合同相对性原理，乙不能请求丙承担侵权责任。

2. 甲向乙借款 100 万元，借期 2 年，欲以自己的房屋 1 套作担保。双方于 2018 年 6 月 1 日签订了不动产抵押合同，乙一直催促甲办理抵押登记，均无效果。一月后，乙要求甲以自己的汽车作抵押，双方于 2018 年 7 月 1 日签订了动产抵押合同，但一直未将汽车交付于乙。现因甲不能清偿到期欠款，乙要求实现抵押权。下列哪一选项是错误的？(　　)[2018 年法考真题]

A. 甲乙之间的不动产抵押合同由于一直没有办理抵押登记而无效

B. 甲乙之间的不动产抵押合同于 2018 年 6 月 1 日成立并生效，但不动产抵押权未设立

C. 甲既能就汽车设立抵押权，又能就汽车设立质押权

D. 乙有权请求将甲的汽车拍卖，并就所得价款行使优先受偿权

【解析】AB 两项，根据《民法典》第 402 条规定，以不动产进行抵押的，应办理抵押登记。抵押权自登记时设立。第 215 条规定，当事人之间订立有关设立、变更、转让和消灭不动产物权的合同，除法律另有规定或当事人另有约定外，自合同成立时生效；未办理物权登记的，不影响合同效力。本题中，甲、乙虽未办理抵押登记手续，不动产抵押权未设立，但并不影响抵押合同的效力，二者间的抵押合同合法有效。

C 项，根据“物权法定”基本原理，对于动产而言，既可以设立抵押权，又可以设立质押权。

D 项，《民法典》第 403 条规定，以动产抵押的，抵押权自抵押合同生效时设立；未经

1A　2A

登记，不得对抗善意第三人。第425条规定，债务人或者第三人将其动产出质给债权人占有的，债务人不履行到期债务或者发生当事人约定的实现质权的情形，债权人有权就该动产优先受偿。

二、多项选择题

1. 戴某申请向银行贷款，需要提供担保物。下列选项中，戴某可用于设立担保物权的是(　　)。[2024年法硕(法学、非法学)真题]

A. 戴某的土地经营权

B. 戴某对第三人的债权

C. 戴某的房屋(已被查封)

D. 戴某的畅销书著作权中的财产性权利

【解析】A项，通过招标、拍卖、公开协商等方式承包农村土地，经依法登记取得权属证书的，可以依法采取出租、入股、抵押或者其他方式流转土地经营权。

C项，根据《民法典》第399条规定，依法被查封、扣押、监管的财产不得设立抵押权等担保物权。

BD两项，权利质权是指以债权或者其他可让与的财产权利(如股权)为质押财产的质权。根据《民法典》第440条规定，债务人或者第三人有权处分的下列权利可以出质：①汇票、本票、支票；②债券、存款单；③仓单、提单；④可以转让的基金份额、股权；⑤可以转让的注册商标专用权、专利权、著作权等知识产权中的财产权；⑥现有的以及将有的应收账款；⑦法律、行政法规规定可以出质的其他财产权利。因此，戴某对第三人的债权以及其畅销书著作权中的财产性权利可以设立权利质权。

2. 某公司向银行借款，以其现有的以及将有的原材料、半成品、产品抵押，并办理了抵押登记。银行依约向该公司发放了贷款。对此，下列选项正确的有(　　)。[2023年法硕(法学、非法学)真题]

A. 公司未按期还款时，抵押财产确定

B. 银行的抵押权从办理抵押登记之日起设立

C. 银行的抵押权不得对抗正常经营活动中已支付合理价款并取得抵押财产的买受人

D. 银行的抵押权不得对抗抵押登记后已支付合理租金并占有抵押财产的承租人

【解析】《民法典》第396条规定，企业、个体工商户、农业生产经营者可以将现有的以及将有的生产设备、原材料、半成品、产品抵押，债务人不履行到期债务或者发生当事人约定的实现抵押权的情形，债权人有权就抵押财产确定时的动产优先受偿。

A项，某公司向银行借款，以其现有的以及将有的原材料、半成品、产品抵押，并办理了抵押登记，属于动产浮动抵押。债务履行期限届满债权未实现，抵押财产确定。

B项，动产浮动抵押权在合同生效时设立。

C项，《民法典》第404条规定，以动产抵押的，不得对抗正常经营活动中已经支付合理价款并取得抵押财产的买受人。

1ABD　2AC

D项，《民法典》第405条规定，抵押权设立前，抵押财产已经出租并转移占有的，原租赁关系不受该抵押权的影响。因此，先抵押后出租的，抵押权已经登记，抵押权的实现不受影响。

三、概念题

抵押权［武大2020年研；中财2017年研；东北财大2015年研；人大2013年研；华中农大2011年研］

答：抵押权，是指债权人对于债务人或第三人提供的、不移转占有的担保财产，在债务人不履行到期债务或发生约定情形时，可就该财产折价、拍卖或变卖所得价款优先受偿的权利。其特点有：①抵押权是一种约定担保物权；②抵押权是为实现担保债权而提供特定的财产担保；③抵押权不移转抵押财产的占有；④抵押权是以抵押财产的变价而优先受偿的权利。

四、简答题

1. 简述我国抵押财产的范围。［华侨大学2011年研］

相关试题：《民法典》关于抵押权客体的规定。［南京理工2011年研改编］

答：抵押财产是抵押人提供担保用于设定抵押权的财产。我国抵押财产的范围如下：

(1)可设立抵押权的财产。《民法典》第395条第1款规定，债务人或者第三人有权处分的下列财产可以抵押：①建筑物和其他土地附着物；②建设用地使用权；③海域使用权；④生产设备、原材料、半成品、产品；⑤正在建造的建筑物、船舶、航空器；⑥交通运输工具；⑦法律、行政法规未禁止抵押的其他财产。

(2)禁止抵押的财产。《民法典》第399条规定，下列财产不能抵押：①土地所有权；②宅基地、自留地、自留山等集体所有的土地使用权，但法律规定可以抵押的除外；③学校、幼儿园、医疗机构等以公益为目的成立的非营利法人的教育设施、医疗卫生设施和其他公益设施；④所有权、使用权不明或者有争议的财产；⑤依法被查封、扣押、监管的财产；⑥法律、行政法规规定不得抵押的其他财产。

2. 简述最高额抵押权确定的事由。［广西民大2022年研］

答：最高额抵押权的确定，是指最高额抵押权所担保的在一定范围内的不特定债权，因特定事由的发生而转化为具体、特定的债权。根据《民法典》第423条规定，最高额抵押权的确定事由主要有：

(1)约定的债权确定期间届满。如果当事人约定了债权确定期间，则最高额抵押权所担保的债权数额在该期间届满时确定。如果没有约定或约定不明确，抵押权人或抵押人自最高额抵押权设立之日起满2年后请求确定债权。

(2)新的债权不可能发生。当最高额抵押权担保的债权不再发生时，担保债权的流动性停止，最高额抵押权所担保的债权即得以确定。实践中主要包括两种情况：①担保债权范围变更，致使新的债权无法再发生；②基础合同(如连续性交易合同)消灭，使担保债权无法再次发生。

(3)抵押财产被查封、扣押。抵押财产被查封、扣押会直接危及最高额抵押权的实现。

抵押权人知悉或应当知悉抵押财产被查封、扣押时，最高额抵押权的担保债权确定，担保范围不再扩大。

(4)债务人或抵押人被宣告破产或解散。债务人或抵押人被宣告破产时，未到期的债权在破产申请受理时到期，附利息的债权自破产申请受理时起停止计息。在债务人或抵押人解散的情况下，进入清算程序时也需要确定担保债权额。

(5)法律规定债权确定的其他情形。如当事人约定的实现抵押权的情形出现时，担保债权也可确定。

五、法条分析题

1.《民法典》第406条规定："抵押期间，抵押人可以转让抵押财产。当事人另有约定的，按照其约定。抵押财产转让的，抵押权不受影响。"[中南财大2022年研]

答：《民法典》第406条第1款规定了抵押期间抵押财产转让的基本规则，体现了对抵押人处分权的尊重与抵押权人利益保护的平衡。具体分析如下：

(1)抵押人转让抵押财产的权利：

①自由转让原则。抵押期间，抵押人可自由转让抵押财产，这体现了对抵押人处分权的尊重，旨在促进财产的高效利用。

②处分权的法律基础。抵押权的本质是价值权。抵押人保留所有权，自然享有处分权。

(2)当事人约定优先原则：

①意思自治的体现。当事人可约定禁止或限制转让，此类约定优先于法定规则。

②约定效力的对抗性：

a. 未登记的约定，仅在抵押人与抵押权人之间产生债权效力，不得对抗善意第三人(如受让人)。抵押人违约转让的，抵押权人仅能主张违约责任，不影响转让合同的效力。

b. 已登记的约定，具有物权公示效力，可对抗第三人。若抵押财产已办理禁止转让登记，不动产登记机构应拒绝办理转移登记；即使完成登记，抵押权人仍可主张转让不发生物权变动效力。

(3)抵押权的追及效力：

①"抵押权不受影响"的核心含义。抵押财产转让后，抵押权人仍可就该财产优先受偿，即抵押权具有追及效力。

②对受让人的法律效果。受让人取得附抵押权的所有权，需承受抵押权负担。例外情形为，若受让人代为清偿债务消灭抵押权，可取得无负担的所有权。

(4)与相关制度的衔接：

①与善意取得的协调。抵押权已登记的，可对抗受让人。抵押权未登记的，受让人可以善意取得无抵押权的所有权。

②与破产程序的衔接。抵押财产转让后，抵押权人仍可在破产程序中优先受偿。

(5)立法价值与评价：

第406条通过"自由转让+约定优先+追及效力"的规则设计，实现了以下平衡：

①促进物之流通。即允许抵押财产转让，避免财产闲置。

②保护交易安全。即通过登记公示和追及效力，维护抵押权人利益。

③尊重意思自治。当事人可灵活约定转让限制，适应多样化的融资需求。

综上，本条是《民法典》担保物权制度现代化的重要体现，既顺应了市场经济对财产高效利用的需求，又通过配套机制防范了抵押权落空的风险，对司法实践具有重要指导意义。

2.《民法典》第408条规定："抵押人的行为足以使抵押财产价值减少的，抵押权人有权请求抵押人停止其行为；抵押财产价值减少的，抵押权人有权请求恢复抵押财产的价值，或者提供与减少的价值相应的担保。抵押人不恢复抵押财产的价值，也不提供担保的，抵押权人有权请求债务人提前清偿债务。"[中南财大2021年研]

答：《民法典》第408条规定了抵押权人的保全权，即抵押权人为保护其抵押权而可行使的权利。由于抵押权的设定不转移抵押财产的占有，如果抵押人的行为可能或已经导致抵押财产价值减少，抵押权人将难以通过抵押财产的变价款优先受偿。因此，法律赋予抵押权人保全抵押财产交换价值的权利，具体包括：

(1)抵押财产价值减少防止权。在抵押权存续期间，如果抵押人的行为足以使抵押财产的价值减少或处于持续减少的状态，抵押权人有权要求抵押人停止侵害行为或排除妨害。

(2)恢复价值和增加担保请求权。当抵押人的行为已经使抵押财产的价值减少或继续减少时，抵押权人有权请求恢复抵押财产的价值或提供与减少的价值相应的担保。"请求恢复抵押财产的价值"不限于对抵押物采取恢复原状的措施，还包括采取各种相应的措施实现这一目的。抵押权人可以通过诉讼请求抵押人提供与抵押财产价值减少部分相应的担保。

(3)损害赔偿请求权。因第三人的侵害行为导致抵押财产毁损或灭失时，抵押权人有权请求加害人赔偿。《民法典》第390条明确规定，抵押权的效力及于赔偿物，即抵押权人享有损害赔偿请求权。

本条旨在保护抵押权人的合法权益，有助于抵押权人在抵押财产价值受到损害时能够及时采取措施，确保债权的安全性和完整性。同时，本条规定也兼顾了债务人和第三人的利益，体现了法律的公平性和合理性。

六、案例分析题

1. 刘某于2017年8月去世，享年78岁，在其名下共有四套房产。其妻子王某尚健在，其有两子刘一、刘二，均已成年。2017年9月，其子刘一在其父去世后，伪造了其母王某已于2016年已经离世的死亡证明，同时伪造了其为刘某独生子女的证明。此后，刘一于2017年10月将在其父亲刘某名下的四套房产分别过户到自己一人名下。2017年11月，刘一用上述四套房产作为抵押从两家小贷公司共计贷款3000万元，并与小贷公司分别签订了贷款合同与房产抵押合同。上述贷款于2018年10月到期。到期后，刘一未按照约定归还贷款本息且无其他可供还款的财产，小贷公司起诉刘一要求归还贷款本息并申请行使抵押权。此时，王某及刘二得知此事，要求确认刘一的房屋过户及抵押行为无效并要求行使相应的继承权获得相应的房产。[北邮2020年研]

结合相关法律规定分析论述：

(1)本案存在哪些法律关系并予以分析说明。

(2)本案如何具体处理并说明理由？

答：(1)本案存在以下法律关系：

①继承法律关系。刘某去世后，其名下的四套房产应由其法定继承人继承。《民法典》第 1127 条规定，遗产按照下列顺序继承：a. 第一顺序：配偶、子女、父母；b. 第二顺序：兄弟姐妹、祖父母、外祖父母。王某、刘一和刘二是刘某的第一顺序继承人，均有权继承刘某的遗产。刘一伪造了其母王某的死亡证明及自己为刘某独生子女的证明，这些行为均违法。

②物权法律关系。刘一通过伪造证明将房产过户到自己名下，这一行为侵犯了其他继承人的合法权益。刘一将房产作为抵押物向小贷公司贷款，签订了贷款合同和房产抵押合同。

③债权债务法律关系。刘一与两家小贷公司签订了贷款合同及房产抵押合同。刘一未按约定归还贷款本息，构成违约；小贷公司有权要求刘一归还贷款本息并行使抵押权。

(2)本案的具体处理方法及理由如下：

①确认刘一的房产过户行为无效。理由：刘一通过伪造证明将房产过户到自己名下，这一行为违反了法律规定，侵害了其他继承人的合法权益。根据《民法典》第 146 条规定，行为人与相对人以虚假的意思表示实施的民事法律行为无效。因此，刘一的房产过户行为无效，房产应恢复至刘某的名下。

②确认刘一的房产抵押行为无效。理由：由于刘一的房产过户行为无效，其对房产并不享有合法的所有权，因此无权将房产抵押给小贷公司，其抵押行为无效。

③恢复房产原状。理由：房产应恢复至刘某的名下，然后由其法定继承人王某、刘一和刘二共同继承。根据《民法典》第 1127 条规定，法定继承人应按照法定顺序继承遗产。

④处理贷款合同。理由：虽然房产抵押行为无效，但刘一与小贷公司之间的贷款合同仍然有效。刘一应承担还款责任，但由于其无其他可供还款的财产，小贷公司无法通过抵押权实现债权。小贷公司可以向法院起诉刘一，要求其偿还贷款本息。

⑤分配遗产。理由：根据《民法典》第 1130 条规定，同一顺序继承人继承遗产的份额，一般应当均等。因此，四套房产应由王某、刘一和刘二三人平均分配。

综上所述，本案应确认刘一的房产过户及抵押行为无效，恢复房产原状，并由法定继承人王某、刘一和刘二共同继承房产。刘一应承担还款责任，但小贷公司无法通过抵押权实现债权。

2. 2017 年 3 月 1 日，甲公司与乙银行书面约定：甲公司向乙银行借款，以在建写字楼作抵押，抵押担保的债权为 2017 年 3 月 1 日至 12 月 31 日期间签订的所有借款合同项下的借款本息之和，但担保债权总额不超过 1 亿元。签约后双方办理了抵押登记。

2017 年 4 月 1 日，甲公司法定代表人汪某以甲公司名义与乙银行签订 2000 万元借款合同。10 月 1 日，甲公司股东会决议：汪某代表公司所签借款合同，单笔限额为 3000 万元。12 月 31 日，汪某以甲公司名义与乙银行签订 4000 万元借款合同。乙银行对甲公司股东会决议并不知情。

上述借款均在 2018 年 12 月 1 日到期，本息共计 6500 万元。同日，乙银行将上述债权转让给丙公司，并书面通知了甲公司。[2019 年法硕(法学)真题]

请根据上述材料，回答下列问题并说明理由：

(1)乙银行享有何种特殊抵押权？

(2)汪某以甲公司名义与乙银行签订的借款合同是否有效?

(3)丙公司对在建写字楼是否享有抵押权?

(4)本案中的抵押权在什么期间行使才能得到人民法院保护?

答:(1)乙银行享有最高额抵押权。具体分析如下:

最高额抵押权,是指债务人或第三人为担保一定期间内连续发生的债权,提供担保财产,当债务人不履行到期债务或发生约定实现抵押权的情形时,债权人在最高债权额限度内对该担保财产享有优先受偿的权利。本题中,甲以楼房作为抵押,担保2017年3月1日至12月31日期间签订的所有借款合同项下的借款本息之和,担保债权总额不超过1亿元。因此,乙银行享有最高债权额为1亿元的最高额抵押权。

(2)汪某以甲公司名义与乙银行签订的借款合同有效。具体分析如下:

①公司的法定代表人有权以公司名义代表公司从事民事行为。汪某系甲公司法定代表人,有权以公司名义签订借款合同。2000万元合同在担保债权总额之内,故合同有效。

②公司的内部决议不得对抗外部第三人。4000万元借款合同虽然超出甲公司股东会对汪某代表权的限制,但该限制系甲公司内部决议,不得对抗善意相对人乙银行。

(3)丙公司对在建写字楼享有抵押权。具体分析如下:

乙银行享有的最高额抵押权所担保的债权已经确定,而乙银行将债权转让给丙公司的行为有效且已通知甲。主债权转让的,担保该债权的抵押权一并转让。丙公司受让乙银行债权,乙银行对在建写字楼的抵押权也一并转让给丙公司。

(4)本案中的抵押权在下列期间行使才能得到人民法院保护:2018年12月2日至2021年12月1日。

抵押权人应在主债权诉讼时效期间行使抵押权,未行使的,人民法院不予保护。抵押权人丙公司应在主债权诉讼时效期间行使抵押权。因期日计算从次日起算,故行使抵押权的期间起点为2018年12月2日,诉讼时效为3年,故期间终止时间为2021年12月1日。

3. 甲建筑公司向乙银行借款3000万元,约定于2008年10月归还,并以其所有的一栋建筑作为抵押,签订了抵押合同,但借款给付后一直未办理抵押登记。同时,丙公司提供了连带责任保证,与乙订立了保证合同。另甲公司还与丁公司签订了建设工程施工合同。由甲为丁建设A大厦,工程款为2000万元,竣工交付后一个月内付清工程款;工程于2008年8月竣工交付。此外,丁曾以在建的A大厦为戊的债权提供抵押,并办理了在建工程抵押登记。现各债务人均没有履行其债务,而甲公司陷入债务危机、资不抵债,因无动力去向丁请求支付工程款,而一直未为请求。[南京大学2010年研]

请问:

(1)甲乙之间的抵押合同是否可以有效?抵押未登记的效果是什么?如果抵押已登记,则丙是否可以主张乙应先就该抵押物实现债权?

(2)甲可否主张就A大厦拍卖款优先受偿工程款债权?若戊也提出同样的主张,谁可以先就A大厦的拍卖款受偿?

(3)乙银行是否可以直接请求丁向其支付2000万元?为什么?

(4)如果乙可以提出问题(3)中的主张,而丁也资不抵债,则乙与戊在A大厦价值分配上,谁应当处于优先地位?为什么?

答：(1)甲乙之间的抵押合同有效，但未登记时抵押权未设立；若已登记，丙可主张乙先就抵押物实现债权。具体分析如下：

①抵押合同的有效性。甲乙之间的抵押合同有效。根据《民法典》第402条规定，抵押合同自成立时生效，不以登记为生效要件。

②抵押未登记的效果。未办理抵押登记，抵押权未设立。乙银行不能对抵押物(甲公司的建筑)享有优先受偿权。乙银行仅能作为普通债权人主张债权。

③抵押已登记时丙的主张。如果抵押已登记，乙银行对抵押物享有优先受偿权。根据《民法典》第392条规定，债权人应先就物的担保实现债权，不足部分再向保证人主张。因此，丙公司可以主张乙银行先就抵押物实现债权。

(2)甲享有建设工程价款优先受偿权，优先于戊的抵押权。具体分析如下：

①甲的优先受偿权。甲作为A大厦的施工方，根据《民法典》第807条规定，享有建设工程价款优先受偿权。该权利优先于抵押权和其他债权。

②戊的优先受偿权。戊作为A大厦的在建工程抵押权人，其抵押权已登记，享有优先受偿权，但该权利劣后于建设工程价款优先受偿权。

③受偿顺序。甲的建设工程价款优先受偿权优先于戊的抵押权。因此，甲可先就A大厦的拍卖款受偿。

(3)乙银行不能直接请求丁支付2000万元，因其与丁无直接合同关系。理由如下：

①乙银行的权利：乙银行不能直接请求丁支付2000万元。乙银行与丁公司之间不存在直接的合同关系，且丁公司欠付的是甲公司的工程款，而非乙银行的债权。

②根据合同相对性原则，乙银行只能向债务人甲公司主张债权，或通过代位权向丁公司主张甲公司的工程款债权。但代位权的行使需满足一定条件，如甲公司怠于行使债权且乙银行对甲公司的债权已到期。

(4)若乙通过代位权取得工程款债权，其优先受偿权优于戊的抵押权。理由如下：

①乙与戊的优先顺序。如果乙银行通过代位权取得甲公司对丁公司的工程款债权，则乙银行享有建设工程价款优先受偿权。根据《民法典》第807条规定，建设工程价款优先受偿权优先于抵押权。

②受偿顺序。乙银行的工程款优先受偿权优先于戊的抵押权。因此，乙银行在A大厦价值分配上处于优先地位。

第十五章 质 权

一、单项选择题

1. 甲把自己的手表交给乙保管，乙擅自将手表质押给丙，丙又擅自将手表质押给知情人丁，现上述债务均已到期。下列说法正确的是（　　）。[2024 年法硕（非法学）真题]

A. 只有丙有质权　　B. 丙、丁享有质权，丙质权优先

C. 丙、丁均不享有质权　　D. 丙、丁享有质权，丁质权优先

【解析】A 项，乙作为保管人，无权处分甲的手表。根据《民法典》第 311 条规定，若丙为善意第三人（不知乙无权处分），且支付合理对价，丙可基于善意取得质权。题目未明确丙是否为善意，但通常推定丙为善意，因此丙享有质权。

BCD 三项，丙擅自质押给丁，丁作为知情人，明知手表为甲所有，不符合善意取得的条件。根据《民法典》第 311 条规定，丁不能取得质权。若丙和丁均享有质权，质权优先顺序以设立时间先后为准。

2. X 银行、Y 公司、Z 公司三方约定：X 银行贷款给 Y 公司，Y 公司以存放在港口仓库中的 1000 吨某型号钢材提供质押，X 银行委托 Z 公司监管。合同签订后，Z 公司派员工入驻钢材仓储地控制钢材。本案中，质权的设立时间为（　　）。[2022 年法硕（法学、非法学）真题]

A. 三方协议生效之日　　B. X 银行放贷之日

C. Z 公司实际控制钢材之日　　D. 港口仓库收到三方协议之日

【解析】质权是指为了担保债权的履行，债务人或者第三人将其动产或者权利出质给债权人占有，当债务人不履行债务时，债权人有就其占有的财产优先受偿的权利。Y 公司以 1000 吨某型号钢材提供动产质押，以担保 X 银行向其提供的贷款。X 银行为债权人、质权人，Y 公司为债务人、出质人。《民法典担保制度解释》第 55 条规定，当事人有证据证明监管人系受债权人的委托监管并实际控制该货物的，人民法院应当认定质权于监管人实际控制货物之日起设立。Z 公司受债权人 X 银行的委托对该批货物进行监管，X 银行的质权于监管人 Z 公司实际控制货物之日起设立。

3. 甲为担保对乙的债务，于 2015 年 3 月 1 日与乙签订质押合同，承诺将自己的越野车质押给乙。同年 4 月 1 日，甲交付越野车，但未将随车工具箱交付给乙。对此，下列说法正确的是（　　）。[2017 年法硕（法学、非法学）真题]

A. 乙于 3 月 1 日取得质权　　B. 乙对随车工具箱享有质权

C. 质押合同于 3 月 1 日生效　　D. 质押合同于 4 月 1 日成立

【解析】AB 两项，《民法典》第 428 条规定，质权自出质人交付质押财产时设立。4 月 1 日，甲将越野汽车交付给乙，此时质权设立，乙取得质权。甲未将随车工具箱交付给乙，对随车工具箱的质权未设立，乙对随车工具箱不享有质权。

CD 两项，质押合同是诺成性合同，自合同订立时生效。甲乙之间的质押合同于 3 月 1

1A　2C　3C

日签订，自订立时生效，因此该质押合同于3月1日生效。

二、多项选择题

2016年3月3日，甲向乙借款10万元，约定还款日期为2017年3月3日。借款当日，甲将自己饲养的市值5万元的名贵宠物鹦鹉质押交付给乙，作为债务到期不履行的担保；另外，第三人丙提供了连带责任保证。关于乙的质权，下列哪些说法是正确的？（　　）［2017年法考真题］

A. 2016年5月5日，鹦鹉产蛋一枚，市值2000元，应交由甲处置

B. 因乙照管不善，2016年10月1日鹦鹉死亡，乙需承担赔偿责任

C. 2017年4月4日，甲未偿还借款，乙未实现质权，则甲可请求乙及时行使质权

D. 乙可放弃该质权，丙可在乙丧失质权的范围内免除相应的保证责任

【解析】A项，《民法典》第429条规定，质权自出质人交付质押财产时设立。第430条规定，质权人有权收取质押财产的孳息，但合同另有约定的除外。本题中，乙作为质押权人，鹦鹉产蛋一枚应交由乙处置。

B项，《民法典》第432条规定，质权人负有妥善保管质押财产的义务；因保管不善致使质押财产毁损、灭失的，应当承担赔偿责任。本题中，乙作为质押权人应妥善照管鹦鹉，因照管不善致使鹦鹉死亡，需承担赔偿责任。

C项，《民法典》第437条第1款规定，出质人可以请求质权人在债务履行期限届满后及时行使质权；质权人不行使的，出质人可以请求人民法院拍卖、变卖质押财产。2017年4月4日，债务履行期间已经届满，出质人甲可请求质权人乙及时行使质权。

D项，《民法典》第435条规定："质权人可以放弃质权。债务人以自己的财产出质，质权人放弃该质权的，其他担保人在质权人丧失优先受偿权益的范围内免除担保责任，但是其他担保人承诺仍然提供担保的除外。"本题中，甲以自己的财产出质，乙放弃该质权的，丙可在乙丧失质权的范围内免除相应的保证责任。

三、概念题

1. 质权［南航2015年研；武汉理工2010年研］

答：质权，是指债务人或第三人将动产或权利移转给债权人占有或控制，在债务人不履行到期债务或发生约定情形时，债权人可就该动产或权利折价、拍卖或变卖所得价款优先受偿的权利。作为担保物权的一种，质权的特点有：①质权原则上以交付为公示方法。②质权的标的为动产或财产权利，不包括不动产权利。③留置效力，即质权人可直接支配质物以实现质权。质权按标的财产不同，可分为动产质权与权利质权。

2. 权利质权和动产质权［中南财大2008年研］

相关试题：权利质权［人大2009年研；上海海事大学2009年研］

答：（1）质权按标的财产不同，可分为动产质权与权利质权。

①权利质权，是指以所有权以外的可转让财产权为出质财产的质权。

BCD

(2)动产质权，是指债权人对于债务人或第三人移转占有的担保动产，在债务人不履行到期债务或发生约定情形时，依法就该动产折价、拍卖或变卖所得价款优先受偿的权利。

(3)二者的区别有：

①标的不同。动产质权以动产为标的，权利质权的标的是所有权之外的可转让财产权利，如财产性债权、专利权、商标权、著作权等财产权。

②公示方式不同。动产质权自出质人向质权人转移质押财产占有时设定；有书面凭证的权利质权自出质人向质权人交付凭证时设立，无书面凭证的权利质权自登记时设立。

四、简答题

简述质权与抵押权的异同。[中南财大 2018 年研]

相关试题：

(1)抵押权与质权[概念题，武大 2013 年研]

(2)试述抵押权与质权的区别。[论述题，中山大学 2009 年研；北科 2007 年研；北师 2007 年研]

答：(1)质权与抵押权的概念：

①质权，是指债务人或第三人将动产或权利移转给债权人占有或控制，在债务人不履行到期债务或发生约定情形时，债权人可就该动产或权利折价、拍卖或变卖所得价款优先受偿的权利。

②抵押权，是指债权人对于债务人或第三人提供的、不移转占有的担保财产，在债务人不履行到期债务或发生约定情形时，可就该财产折价、拍卖或变卖所得价款优先受偿的权利。

(2)质权与抵押权的相同点：

①目的相同，都是为了保障债权的实现。

②性质相同，都属于担保物权，具有从属性和不可分性。

③权利内容相同，都包括对担保物的优先受偿权。

(3)质权与抵押权的区别：

①标的物不同。质权主要以动产或权利(如股权、应收账款)为标的物；抵押权主要以不动产(如房屋、土地)为标的物，也可以是动产。

②占有方式不同。质权人需要实际占有质押物，质押物需移交给质权人；抵押权人不需要实际占有抵押物，抵押物仍由抵押人占有使用。

③设立方式不同。质权通过交付质押物设立，通常需要签订质押合同并移交质押物；抵押权通过登记设立，通常需要签订抵押合同并在相关部门进行登记。

④效力不同。质权人对质押物有直接控制权，债务人不履行债务时，质权人可以直接处分质押物；抵押权人对抵押物没有直接控制权，债务人不履行债务时，抵押权人需要通过法律程序才能处分抵押物。

⑤公示方式不同。质权通过占有质押物进行公示；抵押权通过登记进行公示。

⑥适用范围不同。质权适用于动产和某些权利；抵押权适用于不动产和动产。

五、论述题

试论动产质权对质权人的效力。［东北财大 2015 年研］

相关试题：质权对质权人的效力。［简答题，天津商大 2020 年研］

答：动产质权对质权人的效力有：

（1）占有和留置质押财产的权利。质权人有权合法占有质押财产，并在债权未完全清偿前留置该财产。若占有权受到侵害，质权人可提起占有恢复之诉。

（2）孳息收取权。质权人有权收取质押财产的孳息（包括天然孳息和法定孳息），除非合同另有约定。收取的孳息用于按顺序清偿：收取孳息的费用、主债权的利息、主债权。

（3）费用返还请求权。质权人有权请求出质人偿还因保管质押财产所支出的必要费用。这一权利可通过约定由质押财产优先受偿。

（4）物上代位权和增担保请求权。质押财产毁损、灭失或被征收所得的保险金、赔偿金或补偿金应作为代位物继续提供担保。质押财产价值明显减少且足以对质权人权利造成危害时，质权人可要求出质人提供相应担保；若出质人拒绝，质权人可将质押财产变价提存。

（5）转质权。即质权人可以为担保自己或他人的债务设立新的质权。《民法典》第 434 条规定，质权人在质权存续期间，未经出质人同意转质，造成质押财产毁损、灭失的，应当承担赔偿责任。承诺转质（经出质人同意）时，质权人仅对转质权人的过错造成的损失负责。

（6）优先受偿权。质权人较无担保债权人优先受偿，并在出质人破产时享有别除权。

（7）保管质押财产的义务。《民法典》第 432 条规定，质权人负有妥善保管质押财产的义务；因保管不善致使质押财产毁损、灭失的，应当承担赔偿责任。

（8）返还质押财产的义务。债务人履行债务或出质人提前清偿所担保的债权后，质权人应当返还质押财产。

六、法条分析题

《民法典》第 433 条规定：“因不可归责于质权人的事由可能使质押财产毁损或者价值明显减少，足以危害质权人权利的，质权人有权请求出质人提供相应的担保；出质人不提供的，质权人可以拍卖、变卖质押财产，并与出质人协议将拍卖、变卖所得的价款提前清偿债务或者提存。”［中南财大 2021 年研］

答：本条是关于质押财产毁损或价值明显减少时质权人权利的规定，其目的在于保障质权不因质押财产的毁损或价值减少而受到影响。

（1）依据本条规定，质权人享有以下保全质权的权利：

①增加担保请求权。即质权人有权在质押物价值减少时要求出质人恢复质押物的价值，或者提供与质押物减少的价值相当的担保。

②质物的预行拍卖权。在债权清偿期届满前，若质押物有损坏或者价值明显减少的可能，足以对质权人权利造成危害的，质权人可以请求出质人提供相应的担保。若出质人不提供相应的担保，质权人可以拍卖或者变卖质物，并与出质人协议将拍卖或者变卖所得的价款用于提前清偿所担保的债权或者向与出质人约定的第三人提存。

（2）具体含义阐释如下：

①不可归责于质权人的事由。指质押财产有毁损或者价值明显减少的可能，但不是由于质权人的过错所致，而是由于质押财产自身原因或者第三人的原因或其他事由使其价值有减少的可能。这种可能是客观存在的，且必然会造成对质权人利益的危害。

②相应的担保。指质权人要求出质人提供担保的价值与质押财产可能毁损或者减少部分的价值相当。

③可以拍卖、变卖质押财产。在出质人拒绝提供担保的情况下，质权人有权拍卖或者变卖质押财产。这里的拍卖、变卖财产与质权人本身就占有质物密切相关，此与抵押权规则不同。

综上所述，《民法典》第433条为法律设定的担保物权人维护自身担保权益的权利救济路径。

七、案例分析题

(案情摘要)甲为公司职员，与乙同住一间宿舍。2008年初，公司派甲到外地办事处工作一年。临行前，甲将自己的一张红木桌委托给乙保管并允许其使用。后乙的朋友丙找到乙，说其乡下的妹妹丁要出嫁，请乙帮忙买一张红木桌送给其妹做嫁妆。乙遂将甲的红木桌按市价卖给了丙。

一个月后，丙为筹备妹妹的婚礼向戊借款2000元。戊要求丙提供担保，丙便与戊约定以刚买来的红木桌质押，双方立有质押字据。后来丙将红木桌作为嫁妆送给了其妹丁。[中国矿大2009年研]

根据案情，请回答下列问题：

(1)在本案中，红木桌的所有权共发生了几次转移？每次转移的具体依据是什么？

(2)若借款到期，丙未能按期还款，戊可否对红木家具行使质权？为什么？

答：(1)红木桌的所有权共发生两次转移。具体分析如下：

①第一次转移，是乙将甲委托给自己保管的红木桌按市价卖给丙。转移的依据是善意取得制度。具体而言，乙的行为属于无权处分行为，但丙是善意第三人，并支付了合理的价款，且双方完成了交付，因而符合善意取得制度的构成要件。即丙取得了红木家具的所有权。

②第二次转移，是丙将红木桌作为嫁妆送给了其妹丁。所有权转移的依据是赠与行为，丙已经善意取得了红木家具的所有权，因而其将该家具赠与其妹的民事法律行为有效，发生物权变动的效力。

(2)戊不可以对红木家具行使质权，具体分析如下：

《民法典》第429条规定，质权自出质人交付质押财产时设立。即质权须移转质物的占有，质权以占有标的物为成立要件。在设立质权时，出质人(债务人或第三人)应当将质物的占有移交给债权人。

本题中，虽然双方立有质押字据，但没有转移红木桌的占有，仅成立质押合同，物权上的质押并不成立。因此，戊不可以对红木家具行使质权。

第十六章　留置权

一、多项选择题

甲将自己的一辆小汽车借给朋友乙开。乙因为刚拿驾照不久，开车过程中不慎发生事故，导致车门撞坏。乙将车开至丙修理厂维修，但乙并未支付任何维修费用。车修好后，乙不来取车也不支付修理费。甲获悉后，前来丙修理厂取车且坚持车是自己的，但事故是乙导致，车也是乙送来的，为此也拒绝支付修理费。丙无奈将该汽车留置，拒绝甲取车的要求。下列说法正确的有(　　)。[2024 年法硕(法学、非法学)真题]

A. 维修厂丙有权留置该汽车　　B. 甲可以代为支付维修费

C. 甲有权要求乙归还车辆　　D. 甲有权要求丙归还车辆

【解析】A 项，留置权，是指债务人不履行到期债务时，债权人有权留置其合法占有的债务人动产，并就该动产优先受偿的权利。债务人不履行到期债务，债权人因同一法律关系留置合法占有的第三人的动产，并主张就该留置财产优先受偿的，人民法院应予支持。本题中，车辆属于第三人甲的动产，乙将甲的车开至丙修理厂维修，但未支付修理费。丙修理厂因此对该车辆享有留置权。

B 项，债务人不履行债务，第三人对履行该债务具有合法利益的，第三人有权向债权人代为履行。甲作为车主可以代为支付维修费来消灭债务，使得留置权消灭。

C 项，《民法典》第 235 条规定，无权占有不动产或者动产的，权利人可以请求返还原物。甲是汽车的所有权人，乙是借用人，甲有权向乙请求返还车辆。

D 项，所有权人甲可基于物权返还请求权要求丙归还车辆，但丙可基于留置权对抗甲的返还请求。

二、概念题

留置权[暨南大学 2018 年研；温州大学 2018 年研；武大 2015 年研；北航 2011 年研；人大 2010 年研；北科 2008 年研]

答：参见本章简答题第 1 题答案。

三、简答题

1. 简述留置权的含义及成立条件。[2012 年法硕(非法学)真题]

相关试题：

(1)简述留置权的构成要件。[中南财大 2025 年研]

(2)简述留置权取得的要件。[浙江财大 2015 年研]

答：(1)留置权的含义：

留置权，是指债务人不履行到期债务时，债权人有权留置其合法占有的债务人动产，并就该动产优先受偿的权利。其特征是：①法定性。留置权属于法定担保物权。②牵连性。留置权与原始债权具有牵连性。③限定性。留置权的客体限于动产。④双重性。留置权的

ABCD

效力具有双重性，包括留置效力、变价与优先受偿效力。

(2)根据《民法典》第447、448条规定，留置权的成立条件包括：

①债权人已经合法占有债务人的动产。即债权人要实际管领、控制或支配债务人动产。占有方式可以是直接、辅助或间接占有。

②债权人留置的动产，应当与债权属于同一法律关系，但是企业之间的留置除外。同一法律关系通常指同一个民事法律关系，最常见于合同产生的债权债务关系。

③债务人不履行到期债务。债权清偿期届满，债务人仍不履行债务时，债权人才可留置合法占有的动产。

2. 简述留置权对留置权人的效力。［天津商大2024年研］

相关试题：简述留置权人的权利。［扬州大学2021年研］

答：留置权对留置权人的效力有：

(1)占有权。留置权人在债权受清偿前可排他占有留置财产，拒绝返还请求，依不可分性就全部财产行使权利，稳固保障权益。《民法典》第450条规定，留置财产为可分物的，留置财产的价值应当相当于债务的金额。

(2)孳息收取权。《民法典》第452条规定："留置权人有权收取留置财产的孳息。前款规定的孳息应当先充抵收取孳息的费用。"

(3)保管使用权。留置权本质为担保物权，原则上无权使用。但在必要保管限度内，留置权人可有限使用，如为防物品损坏的适度操作。

(4)保管义务。《民法典》第451条规定，留置权人负有妥善保管留置财产的义务；因保管不善致使留置财产毁损、灭失的，应当承担赔偿责任。

(5)收取必要费用权。留置期间支出的保管等必要费用，可要求债务人偿还并优先受偿，维护合理支出补偿。

(6)优先受偿权。这是留置权效力的核心体现，也是保障其债权的基本手段。债务期满后经宽限期，债务人未偿债或提供担保时可行使。

(7)返还留置财产义务。债务人偿债或留置权消灭时应返还留置财产，折价或变卖后如有剩余也应返还，确保财产归属公正。

第十七章 占 有

一、单项选择题

1. 甲下班时误将同事的同款电脑当成自己的电脑带回家。甲对该电脑的占有属于(　　)。[2015 年法硕(非法学)真题]

A. 有权占有　　B. 间接占有　　C. 善意占有　　D. 他主占有

【解析】A 项，有权占有，是指基于本权的占有；无权占有，是指欠缺本权的占有。本题中，甲对电脑包的占有没有本权的存在，属于无权占有。

B 项，直接占有，是指直接对物加以管领的占有。本题中，甲直接将电脑包拿回家，是对物直接加以管领，属于直接占有。

C 项，善意占有，是指占有人不知道且不应当知道自己的占有没有合法根据而占有。本题中，甲误将同事的电脑包当成自己的带回家，不知道且不应当知道自己的占有没有合法依据，属于善意占有。

D 项，自主占有，是指占有人以自己所有的意思而占有；他主占有，是指占有人以他人所有的意思而占有。本题中，甲将电脑包当成自己的，属于自主占有。

2. 甲将自己的摄像机交给乙保管，丙从乙处盗走该摄像机并卖给了不知情的丁。下列主体中，对该摄像机的占有属于他主占有的是(　　)。[2014 年法硕(非法学)真题]

A. 甲　　B. 乙　　C. 丙　　D. 丁

【解析】占有按占有人是否具有所有的意思，可分为自主占有和他主占有。自主占有，是指占有人以自己所有的意思而占有；他主占有，是指以非所有的意思而进行的占有。本题中，甲作为所有权人，对相机的占有属于自主占有；丙偷盗了相机也是以自己所有的目的对其进行占有；丁在不知情的情况下购得相机，属于自主占有。只有乙是为甲保管相机，并非以自己所有的意思而进行占有，因而属于他主占有。

二、多项选择题

1. 甲将拾得的手表赠与不知情的乙，乙对该手表的占有属于(　　)。[2018 年法硕(法学、非法学)真题]

A. 有权占有　　B. 善意占有　　C. 直接占有　　D. 自主占有

【解析】A 项，有权占有是基于本权的占有；无权占有是欠缺本权的占有。遗失物不适用善意取得，乙不能取得所有权。本题中，手表是甲拾得的，甲应当将手表归还失主，无权对手表进行处分，因此乙对手表的占有不是有权占有。

B 项，善意占有，是指占有人不知道且不应当知道自己的占有没有合法根据而占有。本题中，乙并不知道手表是拾得的，属于善意占有。

C 项，直接占有，是指直接对物加以管领之占有。本题中，乙对手表的占有是直接加以管领，属于直接占有。

D 项，自主占有，是指占有人以自己所有的意思而为之占有。本题中，乙以为手表是

1C　2B　▌　1BCD

甲合法赠与自己的，乙的占有具有所有的意思，因此属于自主占有。

2. 甲公司为乙公司运输一批羊，途中有三只羊逃跑，被丙、丁拾得。丙将其中两只羊赶回家，丁带着剩下的一只羊在路边等候失主。戊驾车经过此地，因车速过快将羊撞死。下列选项中，正确的有（　　）。［2015 年法硕（法学）真题］

A．甲公司有权要求丙返还两只羊　　B．乙公司有权要求丙返还两只羊

C．甲公司有权要求戊赔偿　　D．丁有权要求戊赔偿

【解析】A 项，甲公司依运输合同对这一批羊享有占有权，属于有权占有；丙对羊的占有属于无权占有。根据《民法典》第 462 条规定，有权占有人对于无权占有人享有占有返还请求权。因此，甲公司有权要求丙返还两只羊。

B 项，《民法典》第 235 条规定，无权占有不动产或者动产的，权利人可以请求返还原物。乙公司是羊的所有权人，有权要求无权占有人丙返还两只羊。

C 项，《民法典》第 593 条第 1 款规定："当事人一方因第三人的原因造成违约的，应当依法向对方承担违约责任。当事人一方和第三人之间的纠纷，依照法律规定或者按照约定处理。"本题中，因戊的原因导致甲公司对乙公司违约，甲公司承担违约责任后有权向戊追偿，因此甲公司有权要求戊赔偿损失。

D 项，《民法典》第 462 条第 1 款规定，占有的不动产或者动产被侵占的，占有人有权请求返还原物；对妨害占有的行为，占有人有权请求排除妨害或者消除危险；因侵占或者妨害造成损害的，占有人有权依法请求损害赔偿。丁的行为构成无因管理。丁对羊的占有是一种善意占有，有权要求戊赔偿。

三、概念题

1. 无权占有［南京大学 2014 年研］

答：无权占有是指无本权的占有。本权是占有人所享有的可以占有某物的权利，如所有权、建设用地使用权、质权、留置权、债权等。无权占有只能根据其占有事实及状态受到占有制度的保护。无权占有人在本权人请求返还原物时，有返还的义务。

2. 自主占有［南京大学 2023 年研；上海海事大学 2009 年研］、**他主占有**［中国政法 2021 年研］

答：（1）根据占有人是否具有所有的意思，占有可分为：

①自主占有，是指占有人以所有的意思对物进行的占有，如所有人对其物的占有。

②他主占有，是指占有人不以所有人的意思进行占有，如承租人对标的物的占有。

（2）区分二者的意义在于，是否可通过取得时效获得所有权。只有当占有人具有将财产据为己有的意思时，才能通过占有时效取得所有权。

四、简答题

1. 简述占有。［扬州大学 2024 年研］

答：（1）占有，是指占有人对物的事实上的控制和支配状态。其特征有：

2ABCD

①占有的主体是实施占有的人，可以是自然人、法人或非法人组织。其不限于物的所有权人，也不限于完全民事行为能力人。无民事行为能力人和限制民事行为能力人也可以成为占有人。

②占有的客体限于有体物，包括不动产和动产。但占有的客体不限于独立的物，对物的组成部分也可以成立占有。

③占有的内容是对物在事实上的控制和支配。这种控制和支配必须是现实的、确定的，且能够以一定形式呈现出来，为外界所知。

（2）占有的效力，是指法律赋予占有的一定法律效力。一般来说，占有的效力主要包括权利推定的效力、状态推定的效力、占有人的权利与义务等方面。

（3）对占有的保护，是对社会安宁、稳定的保护。民法对占有的保护方法主要有占有人的自力救济、占有保护请求权和损害赔偿请求权。

2．简要回答占有的推定效力。［吉林大学 2023 年研］

相关试题：

（1）简述占有的效力。［辽宁大学 2020 年研］

（2）占有的权利推定效力。［天津商大 2018 年研］

（3）占有的效力主要表现在哪些方面？［北科 2013 年研］

（4）简述占有的权利推定效力。［东北财大 2013 年研］

答：占有的推定效力，是指法律赋予占有的一定法律效力，主要包括：

（1）占有的权利推定效力。指法律基于占有人对物的占有事实，推定其具有占有本权。其体现在以下方面：①免负举证责任，但对方提出反证时需承担推翻反证的责任；②权利人、第三人均可援用；③为占有人的利益而设，但对其产生不利益时，占有人也可援用；④是消极性的推定，不能作为行使权利的积极证明。

（2）占有的状态推定效力，又称占有的事实推定。指在无相反证据的情况下，推定占有人的占有是无瑕疵占有。即推定占有人的占有为自主、善意、和平、公开占有；在占有的前后有占有的证据时，推定其为继续占有。

3．简述物权请求权与占有保护请求权的区别。［北邮 2020 年研］

答：物权请求权，是指物权的圆满状态受到妨碍或者有被妨碍风险时，物权人为恢复其物权圆满状态，得请求义务人返还原物、排除妨害、消除危险、恢复原状的权利。占有保护请求权是占有人的占有被非法侵害时，占有人可直接对侵害人，也可向法院提起保护其占有的请求权，包括占有物返还请求权、排除妨害请求权、消除危险请求权。二者的区别在于：

（1）基础不同。物权请求权是基于物权而衍生出来的请求权；占有保护请求权是基于占有这一事实、而非基于某一权利衍生出来的请求权。

（2）功能不同。物权请求权的功能在于使得物权恢复圆满状态，维护物权效力；占有保护请求权的功能在于恢复其占有状态。

（3）举证责任不同。物权请求权人必须举证证明享有物权；占有保护请求权人仅需证明其原本的占有事实。

五、论述题

论占有的保护。［中南财大 2023 年研］

相关试题：

(1) 简述《民法典》上的占有保护请求权。［简答题，暨南大学 2020 年研］

(2) 论民法上的占有保护请求权。［人大 2009 年研］

答：为了维护社会财产秩序和生活秩序的稳定，法律对占有给予保护。占有人在占有受到侵害时，可以通过自力救济、行使占有保护请求权和损害赔偿请求权寻求救济。

(1) 占有人的自力救济。如果侵害人没有比占有人更强的权利，则占有人在其占有受到侵害时可以进行自力救济。自力救济包括：

①自力防御，指占有人有权以自己力量排除对其占有的侵夺或妨害。如房屋占有人可驱逐非法侵入者。

②自力取回，指占有人有权自行取回被侵夺的占有物。

(2) 占有保护请求权，又称占有人的物上请求权、占有人的请求权、占有物上请求权、基于占有而发生的请求权。《民法典》第 462 条第 1 款规定，占有的不动产或者动产被侵占的，占有人有权请求返还原物；对妨害占有的行为，占有人有权请求排除妨害或者消除危险。则占有保护请求权包括：

①占有物返还请求权。指占有人在其占有物被他人侵夺后，请求侵占人返还占有物的权利。其构成要件有：a. 须有占有物被侵夺；b. 请求权人须为占有人；c. 针对侵占行为人提出请求。占有人返还原物的请求权，自侵占发生之日起 1 年内未行使的，该请求权消灭。

②排除妨害请求权。指占有人在其占有受到他人妨害时，请求他人除去妨害的权利。其构成要件有：a. 存在妨害行为(以侵占以外的方法妨碍占有)；b. 请求权人须是占有人；c. 须向妨害人提出请求。

③消除危险请求权。又称防止妨害请求权，指占有可能遭受他人妨害时，占有人请求他人采取措施防止妨害发生的权利。

(3) 占有的损害赔偿请求权。根据《民法典》第 462 条规定，“因侵占或者妨害造成损害的，占有人有权依法请求损害赔偿”。基于物权的占有，占有人可以行使物权请求权和占有保护请求权，就所遭受的损害行使侵权损害赔偿请求权或违约损害赔偿请求权。基于债权的占有，占有人只能行使占有保护请求权。

通过这些保护方法，法律旨在确保占有人能够有效维护其占有状态，保障其合法权益。

第三编　合　同

【知识框架(庖丁解牛)】

- 合同
  - 债与合同概述：概念、特征、要素、分类/体系
  - 合同的订立
    - 概述：概念、要件、形式、法律拘束力；格式条款和免责条款
    - 要约：概念、特征、生效条件、要约邀请、法律效力、撤回和撤销、失效
    - 承诺：概念、要件、撤回和迟延
    - 缔约过失责任：概念、类型、赔偿范围
  - 合同的效力
    - 概述：概念、合同生效与成立的区别、特殊规则；无效或被撤销的后果
    - 合同效力瑕疵类型：未生效、效力待定、无效、可撤销合同
  - 合同的履行
    - 概述：概念、特征、原则、合同漏洞填补；情势变更
    - 合同履行基本规则：履行主体、标的、地点、期限、方式、费用
    - 合同履行抗辩权：同时履行抗辩权、后履行抗辩权、不安抗辩权
  - 合同的保全
    - 概述：概念、特征、性质、功能
    - 债权人代位权：概念、行使条件、行使范围与方式、行使效力
    - 债权人撤销权：概念、成立要件、行使范围与方式、行使效力
  - 合同的变更和转让
    - 合同变更：概念、特征、要件、效力
    - 合同债权转让[债权让与]：概念、特征、条件、法律效力
    - 合同债务转移[债务承担]：概念、特征、类型、条件、效力
    - 合同权利义务概括转让：概念、特征、类型、效力
  - 合同的权利义务终止
    - 概述：概念、特征、效力；合同的司法终止
    - 终止原因：清偿、解除、抵销、提存、免除、混同
    - 合同的解除：概念、特征、种类、程序、法律后果
  - 违约责任：概述、违约行为形态、实际履行责任、损害赔偿责任、违约金和定金
  - 典型合同
    - 买卖合同：概念、特征、内容、效力、风险负担与利益承受、特种买卖合同
    - 供用电、水、气、热力合同：概念、特征、供用电合同
    - 赠与合同、借款合同、保理合同：概述、效力
    - 保证合同：概念、特征、保证方式和范围、权利和义务、特殊保证
    - 租赁合同：概述、效力、风险负担、解除
    - 融资租赁合同：概述、与买卖合同的关系、效力、解除与终止
    - 承揽合同：概述、效力、风险负担
    - 建设工程合同、运输合同、技术合同：概念、特征、效力、解除
    - 委托合同、合伙合同：概述、效力、终止
    - 保管合同、仓储合同、物业服务合同、行纪合同、中介合同：概述、效力
  - 准合同
    - 无因管理：概念、性质、构成要件、效力
    - 不当得利：概念、性质、构成要件、基本类型、效力

【通关提要(提纲挈领)】

合同编是民法中的重点编，共分为通则、典型合同和准合同三部分，详细规定了合同的订立、效力、履行、变更、转让、终止及违约责任等内容。本编较难，涉及的内容广泛且复杂。本编各种题型都有可能考查，特别是概念题、简答题、论述题和案例分析题。

复习时，要理论学习与实际案例相结合，理解合同的订立、履行、变更、转让、终止及违约责任等内容；分类学习典型合同(买卖、租赁、借款等)，掌握每种合同的特点、效力和特殊规定；制作合同流程图，辅助理解合同的各个环节；通过真题演练，提高应试能力和实际应用能力。具体要求如下：

掌握：合同的订立与效力、履行原则；合同保全措施；合同的变更和转让规则、解除条件及违约责任承担方式。

熟悉：典型合同(买卖、租赁、借款等)的具体条款及特殊规定；无因管理和不当得利的概念与适用情形。

了解：技术合同中关于开发、转让或许可的相关规定。

第一章　债与合同概述

一、单项选择题

1. 甲、乙两家公司签订合同，约定由乙公司向甲公司提供价值 10 万元的柴油或燃煤。经过调研，甲公司认为燃煤还需要承担煤渣处理成本，于是要求乙公司必须交付柴油。乙公司拒绝且表示其已经购置了燃煤，后乙公司将燃煤运到甲公司所在地。对此，下列说法正确的是(　　)。[2024 年法硕(非法学)真题]

A. 乙公司应交付柴油

B. 甲公司和乙公司订立的合同产生的是简单之债

C. 甲公司可以请求乙公司承担违约责任

D. 乙公司的合同债务已经履行

【解析】AB 两项，根据《民法典》第 515 条第 1 款规定，标的有多项而债务人只需履行其中一项的，债务人享有选择权；但是，法律另有规定、当事人另有约定或者另有交易习惯的除外。本题中，甲、乙两家公司签订合同，约定乙公司向甲公司提供柴油或燃煤，乙公司为选择之债的债务人，对标的具有选择权。

CD 两项，乙公司选择以燃煤为标的并将燃煤运到甲公司所在地，应视为按合同约定履行了债务，没有违约行为，无须承担违约责任。

2. 甲与某房产公司签订一购房合同，双方约定：如交房时房价下跌，买方可要求退房或要求卖方退还差价。该约定产生的债属于(　　)。[2016 年法硕(法学)真题]

A. 可分之债　　B. 简单之债　　C. 选择之债　　D. 种类之债

【解析】A 项，按债的给付能否分割，多数人之债可分为可分之债与不可分之债。本题

1D　2C

中的债属于单一之债，并非多数人之债。

BC 两项，债按标的有无选择性，可分为简单之债和选择之债。简单之债，是指债的标的是单一的。选择之债是指债的标的有数种，当事人可以选择其中之一履行。本题中，债的标的有两种：退房或者退还差价，因此属于选择之债，不是简单之债。

D 项，特定之债是指以特定物为标的物的债，种类之债是指以种类物为标的物的债。本题中的标的物是一套具体的房屋，是特定物，属于特定之债，不是种类之债。

二、概念题

1. 连带之债[中南财大 2019 年研；东北财大 2013 年研]

答：连带之债，是指债的多数主体中任何一人都有权请求对方履行全部债务，或任何一人都有义务向对方履行全部债务的债。连带之债由法律规定或当事人约定，其中多数人一方相互间有连带关系。其类型有：①连带债权，即任一债权人可请求债务人履行全部债务，债务人向任一债权人清偿后，债权即消灭。②连带债务，即债权人可要求任一债务人履行全部债务；债务人清偿后，超出其内部份额的部分可向其他债务人追偿。连带之债通过强化债权实现保障，平衡多方权益。

2. 种类之债与特定之债[广西民大 2021 年研]

答：(1)按债的标的物的属性不同，债可分为：

①种类之债，指以种类物的给付为标的的债。种类物是可以用其他同类物替代的物。

②特定之债，指以特定物的给付为标的的债。特定物是具有独特特征、不能被替代的物。

种类之债在以下情况下转化为特定之债：a. 依当事人约定和债权人同意；b. 依债务人行为。

(2)二者的区别：

①标的物不同。种类之债的标的物是可替代的种类物；特定之债的标的物是不可替代的特定物。

②成立条件不同。种类之债中若无法确定数量，则合同因标的不确定而无法成立。特定之债成立时无须特别约定数量和质量，只需交付该特定物。

③是否发生履行不能不同。种类之债中，由于种类物可替代，通常不发生履行不能。特定之债中，由于标的物特定，可能发生履行不能的问题。

3. 有偿合同和无偿合同[华南理工 2022 年研]

答：(1)按是否存在对价，合同可分为：

①有偿合同，指一方履行义务给对方某种利益，对方需支付相应代价的合同。大多数交易合同都是有偿的。

②无偿合同，指一方给付对方某种利益，对方取得该利益时无需支付任何报酬的合同。无偿合同是等价有偿原则的例外。

(2)二者的区分意义：

①确定合同性质。区分有偿与无偿有助于明确合同的性质。

②当事人的注意义务。有偿合同中，当事人通常承担更高的注意义务；而无偿合同中的注意义务较低。

4. 诺成合同［中南财大 2019 年研；北科 2011 年研］

答：诺成合同即“一诺即成”的合同，是指当事人意思表示一致即告成立的合同。诺成合同是合同的一般形态。其特点在于当事人双方意思表示一致，合同即告成立，而不以当事人交付标的物为合同成立要件。根据传统民法，买卖租赁、雇佣承揽、委托等属于诺成合同。与之相对的是实践合同，又称要物合同，是指除当事人意思表示一致外尚需交付标的物才能成立的合同。

三、简答题

1. 简述债权和物权的区别。［中财 2018 年研；清华大学 2007 年研］

相关试题：

(1) 物权与债权的区别。［论述题，厦门大学 2025 年研；中国政法 2024 年研］

(2) 论债权与物权之区别。［论述题，中山大学 2016 年研］

答：债权与物权是民法中最基本的财产权形式。债权是指债权人享有的请求债务人为特定行为的权利。物权是指权利人在法定的范围内对特定的物享有的直接支配并排他的权利。二者的区别如下：

(1) 权利性质不同。债权为请求权，债权人请求债务人履行特定行为或不为特定行为。物权为支配权，权利人直接支配特定物。

(2) 权利范围不同。债权为对人权和相对权，只能针对债务人主张。物权为对世权和绝对权，可以对抗任何人。

(3) 效力特点不同。债权具有平等性，即各债权在效力上平等，按比例清偿。物权具有优先性，即在同一标的物上，物权优先于债权。

(4) 公开性不同。债权具有非公开性，仅存在于特定当事人之间，无需公示。物权具有公开性，必须公示，使第三人知晓。

(5) 设立方式不同。债权自由约定，只要不违法，当事人可自由设定。物权遵循法定主义，种类和内容由法律规定，不允许自由创设。

(6) 客体不同。债权主要以行为为客体，如交付货物、支付货款等。物权主要以有体物为客体，包括特定的物和未来财产(担保物权)。

(7) 存续期限不同。债权的期限一般较短，债务履行后终止。物权具有永久性或长期性，即使他物权也有较长存续期限。

2. 简答按份之债和连带之债的区分。［上贸大 2023 年研］

相关试题：论连带之债。［论述题，青岛大学 2017 年研；中山大学 2011 年研］

答：按债的当事人之间权利义务内容和性质的不同，多数人之债可分为按份之债与连带之债。

(1) 二者的含义：

①按份之债。指数个债权人或债务人按照一定份额享有债权或负担债务。

②连带之债。指债的多数主体中任何一人都有权请求对方履行全部债务，或任何一人都有义务向对方履行全部债务的债。

(2)二者的区分：

①适用范围不同。连带之债是特殊形态，仅在法律有规定或当事人有约定时成立。按份之债为多数人之债的常态。

②给付是否可分不同。连带之债中，给付可是可分的或不可分的。按份之债中，给付须是可分的。

③债的效力不同。连带之债中，任一债权人可要求债务人履行全部义务，任一债务人须清偿全部债务，超额清偿者可追偿。按份之债中，各债权人或债务人按份额享有债权或负担债务，不涉及内部追偿。

④内部追偿不同。连带之债存在内部追偿关系，超额清偿者可向其他债务人追偿。按份之债一般不发生内部追偿问题。

第二章　合同的订立

一、单项选择题

1. 甲公司向乙公司发函：“我司需磷酸铁锂 10 吨，每吨单价 5 万元，如贵司能供货，请回函。”乙公司收到函件后及时回函：“最近磷酸铁锂市场价格上调，我司仅能以每吨 6 万元的价格出售。”次日，乙公司向甲公司发出 10 吨磷酸铁锂，并通知甲公司已按函件要求的数量发货。甲公司收到乙公司的回函后，以乙公司的报价过高为由拒收运抵的磷酸铁锂。对此，下列说法正确的是(　　)。[2024 年法硕(非法学)真题]

A. 甲公司和乙公司之间的买卖合同未成立

B. 乙公司有权请求甲公司承担违约责任

C. 乙公司有权请求甲公司承担缔约过失责任

D. 甲公司有权请求乙公司承担缔约过失责任

【解析】A 项，《民法典》第 478 条规定，有下列情形之一的，要约失效：①要约被拒绝；②要约被依法撤销；③承诺期限届满，受要约人未作出承诺；④受要约人对要约的内容作出实质性变更。甲公司向乙公司发函，希望以每吨 5 万元的价格购买磷酸铁锂，属于要约；乙公司回函中对货物价格进行了实质性变更，不能视为对原要约的承诺，而应视为乙公司向甲公司发出新要约，加之甲公司并未作出承诺，故买卖合同未成立。

B 项，违约责任以合同成立生效为前提。本题中，买卖合同并未成立、生效。

CD 两项，缔约过失责任，是指在订立合同的过程中，当事人一方因违反其依据诚实信用原则产生的先合同义务，致使另一方信赖利益损失时所应承担的赔偿责任。本题中，双方均在正常进行商业谈判，并无任何一方违背诚实信用原则，因而均不必承担缔约过失责任。

2. 甲在某团购网站团购了一饭店的代金券。该饭店在代金券团购页面备注“法定节假日及周末不得使用”字样。甲在周五下午去该饭店就餐，结账时饭店表示，周五属于周末，不能使用代金券。对此，下列选项正确的是(　　)。[2024 年法硕(法学、非法学)真题]

A. 代金券上的“法定节假日及周末不得使用”为“霸王条款”，甲有权主张该条款无效

B. 团购网站存在欺诈，甲有权撤销与团购网站的买卖合同

C. 甲与饭店未就餐饮价格达成合意，餐饮服务合同未成立

D. 代金券上的使用时间应当按照通常理解予以解释，甲有权使用代金券

【解析】A 项，《民法典》第 497 条规定，有下列情形之一的，该格式条款无效：①具有本法第 1 编第 6 章第 3 节和本法第 506 条规定的无效情形；②提供格式条款一方不合理地免除或者减轻其责任、加重对方责任、限制对方主要权利；③提供格式条款一方排除对方主要权利。饭店已在团购页面备注“法定节假日及周末不得使用”字样，符合意思自治；同时考虑餐饮行业特点，该条款具有合理性。此外，该条款不属于上述第②项情形，且履行了提示、说明义务，应认定该条款有效。

B 项，饭店与甲的争议点在于周五下午是否属于周末，属于合同解释问题，团购网站

1A　2D

不存在欺诈行为。

C 项，甲购买饭店代金券，当其购买行为完成时合同成立。甲与饭店在代金券使用日期上存在争议，属于合同解释问题，不影响合同效力。

D 项，《民法典》第 498 条规定："对格式条款的理解发生争议的，应当按照通常理解予以解释。对格式条款有两种以上解释的，应当作出不利于提供格式条款一方的解释。格式条款和非格式条款不一致的，应当采用非格式条款。"本题中，"法定节假日及周末"属于格式条款内容，应按照通常理解解释，即周五不是周末，因而甲有权使用代金券。

3. 2020 年 2 月 27 日，某网店以 100 元的优惠价格寄给老客户甲一盒新到的面膜，并附说明：若不同意购买，请在 10 天内寄回，邮费到付。3 月 1 日，甲收到面膜并放在桌子上，3 天后将面膜扔进垃圾桶。3 月 12 日，该网店要求甲付款，甲表示拒绝。该网店和甲之间的买卖合同（　　）。[2022 年法硕（法学、非法学）真题]

A. 未成立　　B. 有效　　C. 无效　　D. 被撤销

【解析】A 项，当事人订立合同可以采取要约、承诺方式。承诺是受要约人向要约人作出的同意要约的意思表示。承诺原则上应以明示方式作出，特殊情况下依交易习惯或者要约的规定也可以行为方式作出，但除法律有特别规定或当事人事先有明确约定外，沉默不能视为承诺的形式。网店将面膜和说明寄给甲的行为属于要约，要约仅说明以行为方式退回，而非以行为方式作出承诺，且此处法律没有特别规定，当事人事先也没有明确约定，因此甲的沉默不能视为承诺的形式，该网店和甲之间的买卖合同未成立。

BCD 三项，合同的效力以合同成立为前提。本题中，该网店和甲之间的买卖合同尚未成立，自然不涉及合同效力评价的问题。

4. 甲收到乙通讯公司短信，内容为：本公司为您提供实时天气预报服务，每月收费 5 元，如不接受此服务，请回复"N"。甲看后未予理睬。后甲发现乙公司向自己收取了该费用，遂要求返还。甲与乙公司之间的天气预报服务合同（　　）。[2020 年法硕（法学、非法学）真题]

A. 不成立　　B. 无效　　C. 可撤销　　D. 有效

【解析】合同的一般成立要件是所有合同成立均须具备的条件，包括：①双方或多方当事人；②当事人就合同必要条款达成合意；③合同内容明确；④经过要约和承诺阶段等。乙公司向甲发送短信的行为是要约行为，需要获得甲的承诺后合同才成立。承诺原则上应以明示方式作出，特殊情况下依交易习惯或者要约的规定也可以行为作出。但除法律有特别规定或当事人事先有明确约定外，沉默不能视为承诺的形式。本题中，甲的沉默不能视为承诺，故甲与乙公司的合同不成立。

二、概念题

1. 要约邀请[中国政法 2020 年研；人大 2014 年研]

答：要约邀请，又称引诱要约，是指希望他人向自己发出要约的表示。其特征包括：①邀请性质，是一方向他人发出邀请而非直接订立合同；②是一种事实行为；③无约束力，

3A　4A

即不能因相对人的承诺成立合同，撤回时一般不承担法律责任，除非给善意相对人造成信赖利益损失。常见的要约邀请包括：拍卖公告、招标公告、招股说明书、债券募集办法、基金招募说明书、商业广告和宣传、寄送的价目表等。

2. 缔约过失责任［暨南大学 2023 年研；浙江财大 2018 年研；青岛大学 2015 年研；北邮 2008 年研；南京大学 2004 年研］

答：参见本章论述题第 1 题答案。

三、简答题

简述要约与要约邀请的区别。［中国政法 2021 年研；北邮 2007 年研］

相关试题：根据《民法典》，简述要约和要约邀请的区别。［暨南大学 2021 年研］

答：（1）二者的含义：

①要约。《民法典》第 472 条规定，要约是希望与他人订立合同的意思表示，该意思表示应当符合下列条件：①内容具体确定；②表明经受要约人承诺，要约人即受该意思表示约束。

②要约邀请。根据《民法典》第 473 条规定，要约邀请是希望他人向自己发出要约的表示。

（2）二者的区别有：

①法律规定和交易习惯不同。《民法典》第 473 条第 1 款规定："拍卖公告、招标公告、招股说明书、债券募集办法、基金招募说明书、商业广告和宣传、寄送的价目表等为要约邀请。商业广告和宣传的内容符合要约条件的，构成要约。"另可按照交易习惯作出判定。

②目的即当事人意愿不同。要约中应包含明确的订约意图，其目的在于获得对方的承诺以成立合同。要约邀请的目的在于引出对方的要约，订约的意图不是很明确。

③提议内容是否包含合同主要条款不同。要约包含合同的主要条款，能因承诺而成立合同。要约邀请不包含合同的主要条款，仅希望对方提出要约。即使包含主要条款，但声明不受拘束或需进一步协商的，仍视为要约邀请。

④条件不同。要约的条件如前所述；要约邀请无须具备前述条件，只要邀请人足以确定即可。

⑤效力不同。要约人须受要约约束；要约邀请本身无法律效力，故邀请人不受要约邀请的约束。

四、论述题

1. 论述缔约过失责任。［中山大学 2010 年研］

相关试题：

（1）简述缔约过失责任。［简答题，扬州大学 2024 年研］

（2）请论述民法中缔约过失责任。［中国政法 2022 年研］

（3）简述缔约过失责任的构成要件。［简答题，中南财大 2021 年研；扬州大学 2020 年研；天津商大 2018 年研］

（4）请简述缔约过失责任的概念及类型。［简答题，武大 2015 年研］

答：(1)缔约过失责任的概念和构成条件：

缔约过失责任是指在合同订立过程中，一方因违反诚信原则和法律规定，导致另一方信赖利益受损而应承担的损害赔偿责任。《民法典》第500条明确规定，当事人在订立合同过程中，若实施假借订立合同、恶意磋商等行为造成对方损失，应承担赔偿责任。其构成条件有：

①发生在合同订立过程中。这是缔约过失责任与违约责任的根本区别。缔约过失责任主要发生于合同未成立或合同成立但未生效、无效、被撤销、未被追认等场合下。合同成立时间是判断是否承担缔约过失责任的关键。

②一方违反诚信原则的义务。缔约过失中的“过失”是客观过失，指一方在缔约阶段违反诚信原则产生的义务。诚信原则要求当事人诚实守信，履行协助、保密等附随义务。违反这些义务不仅损害对方，还可能扰乱社会经济秩序。此外，缔约过失责任还可能因破坏缔约关系而产生。

③造成他人信赖利益损失。缔约过失责任以造成对方损失为前提。信赖利益损失是指因合同不成立或无效导致的不利益，如支付费用等。信赖必须合理，且损失与缔约过失行为有因果关系。信赖利益赔偿旨在使当事人恢复到合同未订立时的状态，不同于履行利益的赔偿。

(2)缔约过失责任的类型：

①假借订立合同，恶意进行磋商。无真实订立意图，仅为拖延时间或损害对方利益。

②故意隐瞒重要事实或提供虚假情况。构成欺诈，需证明欺诈方故意且相对人因此陷入错误认识。

③泄露或不正当地使用商业秘密或其他保密信息。无论合同是否成立，违反保密义务需赔偿损失。

④其他违背诚信原则的行为。如合同无效、被撤销、违反强制缔约义务、无权代理等情况。

(3)缔约过失责任的赔偿范围：

在缔约过失责任中，赔偿范围以信赖利益为限，与违约责任中的履行利益不同。信赖利益损失限于直接损失，包括：

①因信赖对方要约邀请或要约有效而支出的合理费用，如联系、考察、检查标的物等费用。

②为缔约准备所支出的合理费用，如为筹款支付的费用。

③上述费用所损失的利息。

此外，费用支出必须合理，与缔约过失行为有因果关系；信赖利益赔偿不超过履行利益。

2. 结合《民法典》，试述违约责任和缔约过失责任的关系。[北大2010年研改编]

相关试题：

(1)违约责任与缔约过失责任[概念题，华南理工2023年研]

(2)简述缔约过失责任与违约责任的区别。[简答题，武大2015年研]

(3)缔约过失责任属于违约责任。[辨析题，首都师大2015年研]

答：(1)二者的概念：

①缔约过失责任，是指在合同订立过程中，一方因违反诚信原则和法律规定，导致另一方信赖利益受损而应承担的损害赔偿责任。

②违约责任，是指合同当事人因违反合同义务所应承担的责任。

(2)二者的联系：

①二者均为合同法领域的民事责任，旨在保护当事人的合法权益。

②二者都涉及赔偿责任，以弥补因一方行为给对方造成的损失。

(3)二者的区别：

①发生时间不同。缔约过失责任发生在合同订立过程中，通常与合同不成立、无效或被撤销相关联。违约责任发生在合同有效成立后的履行阶段，合同未成立、无效或被撤销时不可能发生违约责任。

②违反义务不同。缔约过失责任基于当事人违反诚实信用原则产生的先合同义务，这些义务是法定的。违约责任基于当事人违反合同约定的义务，这些义务主要是约定义务。

③归责原则不同。缔约过失责任以过错责任为基本归责原则，要求当事人有过错。违约责任原则上采用严格责任，不以当事人具有过错为要件。

④责任性质不同。缔约过失责任是一种法定的损害赔偿责任，主要表现为单一的损害赔偿。违约责任可由当事人自行约定，包括支付违约金、赔偿损失和实际履行等多种责任形式。

⑤赔偿范围不同。缔约过失责任赔偿对方的信赖利益损失，即因信赖合同能够成立或生效而支出的各种合理费用及其利息。违约责任赔偿对方的期待利益损失，即合同完全履行时本应获得的利益。

五、案例分析题

1. 2020年7月10日，甲、乙签订书面合同，约定：甲在8月12日前向乙交付70台设备，货到付款；合同自双方盖章时成立。后乙欲将购买的设备转售，遂在7月15日询问甲能否按时发货，甲答复称："没问题，盖章后就发货。"乙于是与丙签订了70台设备的买卖合同，约定乙在8月16日向丙交货。

7月20日，甲发现设备库存不足，故未在合同书上盖章，并通知乙只能交付60台设备，乙无奈同意。7月31日，甲将60台设备交付给乙。8月8日，因价格上涨，甲以合同不成立为由要求乙返还已交付的设备，被乙拒绝。

为按时向丙交货，乙在8月10日以市价购买了10台同型号设备，连同甲交付的60台设备一并交给丙。事后，乙请求甲赔偿未交付10台设备给自己造成的损失。［2021年法硕(非法学)真题］

请根据上述材料，回答下列问题并说明理由：

(1)甲、乙在7月10日签订的买卖合同是否成立？

(2)甲是否有权请求乙返还60台设备？

(3)乙是否有权请求甲赔偿未交付10台设备所造成的损失？

答：(1)甲、乙在7月10日签订的买卖合同不成立。

理由：合同的成立，是指合同各方当事人的意思表示一致。合同尊重当事人的意思自治。本题中，甲乙之间约定合同自双方盖章时成立，而甲并未盖章，因此合同未成立。

(2)甲无权请求乙返还60台设备。

理由：承诺的内容应当与要约的内容一致。受要约人对要约的内容作出实质性变更的，为新要约。甲通知乙只能交付60台设备的意思表示构成新的要约，乙的同意构成承诺，双方之间成立60台设备的买卖合同。甲将60台设备交付给乙，设备的所有权已转移给乙，甲无权请求乙返还60台设备。

(3)乙有权请求甲赔偿未交付10台设备所造成的损失，甲需要向乙承担缔约过失责任。

理由：缔约过失责任，是指在合同订立过程中，一方违背其基于诚信原则和法律规定而负有的义务，致使另一方信赖利益遭受损失，而应承担的损害赔偿责任。甲的答复使乙产生合理信赖，乙基于此信赖与丙签订合同，后甲未按答复出售该10台设备，致乙信赖利益损失，因此甲应承担缔约过失责任。

2. 2018年8月25日，A公司给B公司发去电子邮件：求购1000个V型芯片，单价为1000元。8月30日，A公司与C公司签订买卖合同，约定A公司向C公司提供1000个V型芯片，价款120万元，交货日期为9月30日。合同签订后，C公司依约向A公司交付定金10万元。

2018年9月5日，B公司给A公司发来600个芯片，同时说明只能供应600个，A公司收货并支付了600个芯片的货款。后A公司要求B公司交付剩余的400个芯片，B公司以无此义务为由拒绝。

2018年9月20日，A公司将600个芯片交付给C公司，表示剩余400个芯片无货可供，愿意为此承担违约责任，并请C公司自行寻找货源，但C公司仍坚持要求A公司供货。C公司苦等几个月无望，不得已从市场购进400个芯片；此时芯片价格上涨，C公司比合同价款多支出15万元。[2021年法硕(法学)真题]

请根据上述材料，回答下列问题并说明理由：

(1)A公司与B公司之间的买卖合同何时成立？

(2)B公司是否有权拒绝交付剩余的400个芯片？

(3)C公司是否有权请求A公司对10万元定金双倍返还？

(4)C公司是否有权请求A公司赔偿15万元的损失？

答：(1)A公司与B公司之间的买卖合同在2018年9月5日A公司收货时成立。

理由：承诺的内容应当与要约的内容一致。受要约人对要约的内容作出实质性变更的，为新要约。B公司发来600个芯片并说明只能供应600个芯片的意思表示为新要约，A公司的收货行为属于承诺，承诺生效时合同成立。因此，A公司与B公司之间的买卖合同在A公司收货时成立。

(2)B公司有权拒绝交付剩余的400个芯片。

理由：合同的一般成立要件包括：①存在双方或多方当事人；②当事人就合同主要条款达成合意。本题中，A、B公司已经成立了一个标的为600个芯片的买卖合同，而A公司与B公司之间关于400个芯片的买卖合同未成立，因此B公司有权拒绝交付剩余的400个芯片。

(3)C 公司无权请求 A 公司对 10 万元定金双倍返还。

理由：当事人一方不完全履行合同的，应当按照未履行部分所占合同约定内容的比例，适用定金罚则。A 公司部分履行合同，应当按照未履行部分所占合同约定内容的比例适用定金罚则。因此，C 公司无权请求 A 公司对 10 万元定金双倍返还。

(4)C 公司无权请求 A 公司赔偿 15 万元的损失。

理由：当事人一方违约后，对方应当采取适当措施防止损失的扩大；没有采取适当措施致使损失扩大的，不得就扩大的损失请求赔偿；当事人因防止损失扩大而支出的合理费用，由违约方负担。A 公司违约后，已明确表示自己无货并要求 C 公司自寻货源；C 公司未采取适当措施致使损失扩大，不得就扩大的损失要求赔偿。

3. 2009 年 11 月初，A 公司与 B 公司先后进行多次关于买卖氧化铝的合同谈判。同月 19 日，B 公司将谈判结果经法定代表人签字后传真至 A 公司，确认："B 公司将销售，A 公司将购买 5 万吨氧化铝；价格将根据装运前一个月的伦敦金属交易所平均三月官方价的 12% 确定。正式的合同文本将随后传到。"A 公司法定代表人签字后当日即传真回 B 公司。

11 月 20 日，B 公司将正式的合同文本传真至 A 公司。

12 月 1 日，A 公司将修改后的合同文本提供给 B 公司，并希望对方予以确认。

12 月 9 日，B 公司回复要求 A 公司确认 B 公司于 11 月 20 日提供的合同文本。

12 月 11 日，B 公司表示将不再继续双方之间的交易。

12 月 16 日，A 公司传真确认 B 公司 11 月 20 日所传真的合同文本，法定代表人签字后将合同传真至 B 公司；但 B 公司传真回复，重申 12 月 11 日的立场。后双方对于合同是否成立发生争议，诉至人民法院。[中山大学 2011 年研]

请根据我国法律的有关规定，谈谈你对本案合同成立与否的看法。

答：本题中，该合同事实上并没有成立，具体分析如下：

(1)B 公司在 2009 年 11 月 19 日将谈判结果以传真的方式传给 A 公司，属于要约；A 公司在传真上签字，属于对 B 公司要约的承诺。但 B 公司的传真中表明双方之间需要正式的合同文本，A 公司的签字也认同了这一点，即合同的成立需要形式要件，但双方并没有签署正式合同文本，因此双方的合同并没有成立。

(2)2009 年 11 月 20 日，B 公司将正式合同文本传真给 A 公司，这是合同成立的形式要件。按照《民法典》规定，当事人采用合同书形式订立合同的，自当事人均签名、盖章或者按指印时合同成立。但 A 公司 12 月 1 日对合同文本进行修改并希望 B 公司予以确认，应视为发出新的要约。B 公司明确提出要求确认之前提出的合同文本，应视为对新的要约的拒绝；后来明确表示不再继续双方之间的交易，因此新的要约已失效，双方之间的合同未成立。

(3)2009 年 12 月 16 日，A 公司确认 B 公司于 2009 年 11 月 20 日提出的正式合同，但之前其提出的新要约属于对原要约和合同的更改，因此 A 公司此时的承诺不发生法律效力，且 B 公司已表示不再继续双方之间的交易，因此合同没有成立。

第三章　合同的效力

一、单项选择题

甲开车不慎剐蹭了乙停在路边的汽车。甲因着急上班，在被剐车辆上留下一张写有自己联系方式的字条后离开。乙见后联系甲，两人在电话中商定甲赔偿800元。乙将车送去修理，支付费用1000元。甲和乙之间关于赔偿的约定(　　)。[2022年法硕(非法学)真题]

A. 成立并有效　　B. 因重大误解而效力待定

C. 因显失公平而可撤销　　D. 因系口头约定而无效

【解析】合同的成立，是指符合民事法律行为的构成要素的客观情况，其一般成立要件包括：①存在双方或多方当事人；②当事人就合同主要条款达成合意。合同的效力，是指已成立的合同将对合同当事人乃至第三人产生的法律后果。合同的有效要件有：①当事人缔约时有相应的缔约能力；②当事人的意思表示真实；③不违反强制性法律规范及公序良俗。甲、乙通过协商约定赔偿800元钱，符合合同的成立和有效要件；且民法尊重意思自治，乙修车花费1000元与甲赔偿的800元之间差距不大，结果无明显不公。因此，甲乙之间的合同成立且有效。

二、简答题

简述合同生效与合同成立的区别。[天津商大2024年研]

答：(1)二者的含义：

①合同成立，是指当事人就合同的主要条款达成合意。

②合同生效，是指已经成立的合同在当事人之间产生法律约束力。

(2)二者的区别：

①阶段不同。合同成立解决的是当事人之间是否存在合意的问题，合同生效解决的是合同是否具有法律效力的问题。合同成立后不一定立即生效，合同生效的时间可能晚于合同成立的时间。

②构成要件不同：

a. 合同成立，只需当事人就合同的主要条款达成一致意见。

b. 合同生效，除了合同成立的全部要件外，还需满足法律规定或当事人特别约定的其他条件。

③国家干预程度不同：

a. 合同成立，主要体现当事人的意思表示，强调合意。

b. 合同生效。国家对已经成立的合同予以认可。只有符合法律规定的合同才能生效。

三、案例分析题

张某带一仿清代和田玉雕鼻烟壶到李某家赏玩，后忘记携带回家，以为丢失。翌日，陈某到李某家做客，对该鼻烟壶爱不释手。李某告知该鼻烟壶为清代古玩，陈某表示愿出

A

资五万元购买，李某遂将该鼻烟壶卖给陈某。陈某后将该鼻烟壶拿去专业机构鉴定，发现该鼻烟壶为赝品，便要求撤销合同并拿回5万元。李某拒绝，陈某遂起诉至法院。［暨南大学2024年研］

(1)李某与陈某的合同是否有效？为什么？

(2)陈某能否主张撤销合同？为什么？

(3)如陈某未发现该鼻烟壶为赝品，1年后，张某发现其鼻烟壶在陈某处，能否向陈某要回该鼻烟壶？为什么？

答：(1)李某与陈某的合同有效。

理由：《民法典》第143条规定，具备下列条件的民事法律行为有效：①行为人具有相应的民事行为能力；②意思表示真实；③不违反法律、行政法规的强制性规定，不违背公序良俗。本题中，李某与陈某的合同符合上述条件，因此是有效的。

(2)陈某可以主张撤销合同。

理由：《民法典》第147条规定，基于重大误解实施的民事法律行为，行为人有权请求人民法院或者仲裁机构予以撤销。本题中，陈某购买鼻烟壶时误以为该赝品为清代古玩，属于重大误解。因此，陈某有权请求人民法院撤销其基于重大误解签订的合同。

(3)张某不能向陈某要回该鼻烟壶。具体分析如下：

本题中，陈某从李某处购买鼻烟壶时是善意的，且支付了5万元的合理价款，并且鼻烟壶已经交付给陈某。因此，根据《民法典》第311条规定，陈某通过善意取得了该鼻烟壶的所有权。即使张某在1年后发现鼻烟壶在陈某处，但因陈某已善意取得该鼻烟壶的所有权，张某不能直接要求陈某返还鼻烟壶。

第四章　合同的履行

一、单项选择题

1．司机甲与货主乙签订货运合同，乙委托甲运输一批货物到丙公司。甲、乙未约定货款支付时间，双方为先送货还是先支付运费发生争议：甲要求先支付运费；乙主张按照之前与他人交易习惯，要求甲先送货，货物送到丙公司，由丙公司验货无误并支付货款后，才能向司机甲支付运费。下列说法正确的是(　　)。[2024 年法硕(法学、非法学)真题]

A．甲应当先送货

B．甲享有先履行抗辩权

C．甲在送货后可以随时请求乙支付报酬

D．乙的付款期限应当按照其与他人的交易习惯确定

【解析】《民法典》第 525 条规定："当事人互负债务，没有先后履行顺序的，应当同时履行。一方在对方履行之前有权拒绝其履行请求。一方在对方履行债务不符合约定时，有权拒绝其相应的履行请求。"

AB 两项，甲乙双方并未约定履行顺序，因而甲不应当先履行送货义务，也不享有先履行抗辩权。

C 项，该货运合同属于没有先后履行顺序的双务合同。合同履行期限不明确的，债权人也可以随时要求履行。因此，甲在履行送货义务后，可以随时请求乙支付报酬。

D 项，交易习惯应是当事人之间在交易活动中经常使用的惯常做法，而非与其他人的交易惯例，因此乙与他人的交易习惯无权要求甲遵守。

2．甲与乙签订购货合同，约定甲签订合同后 10 日内付款，乙收到货款后交货。甲届期只付了部分货款，乙以甲未依约付款为由拒绝交货。乙的行为系行使(　　)。[2023 年法硕(非法学)真题]

A．请求权　　B．抗辩权　　C．形成权　　D．支配权

【解析】《民法典》第 526 条规定："当事人互负债务，有先后履行顺序，应当先履行债务一方未履行的，后履行一方有权拒绝其履行请求。先履行一方履行债务不符合约定的，后履行一方有权拒绝其相应的履行请求。"本题中，甲应付款在先，乙交货在后，在甲付款不符合约定的情况下，乙拒绝交付便是在行使先履行抗辩权。

二、概念题

1．同时履行抗辩权与先履行抗辩权[华南理工 2023 年研]

相关试题：同时履行抗辩权[三峡大学 2017 年研；南开大学 2015 年研；北化 2008 年研]

答：(1)同时履行抗辩权，参见本章简答题第 1 题答案。

(2)先履行抗辩权，是指在双务合同中，有先后履行顺序的，后履行一方在先履行一方未履行之前，有权拒绝自己的履行。《民法典》第 526 条规定："当事人互负债务，有先后履行顺序，应当先履行债务一方未履行的，后履行一方有权拒绝其履行请求。先履行一方履

1C　2B

行债务不符合约定的，后履行一方有权拒绝其相应的履行请求。”其构成要件有：①基于同一双务合同互负债务；②有先后履行顺序，须由一方当事人先为履行；③先履行一方未履行或履行不符合约定。

(3)二者都是为了保障双务合同中各方的权利和义务，确保合同的公平履行。其区别有：

①适用条件不同。同时履行抗辩权适用于无先后履行顺序的双务合同；先履行抗辩权适用于有先后履行顺序的双务合同。

②行使前提不同。同时履行抗辩权的行使前提是对方未履行或履行不符合约定。先履行抗辩权的行使前提是先履行一方未履行或履行不符合约定。

③目的不同。同时履行抗辩权的目的是确保双方同时履行，防止一方先履行而另一方不履行。先履行抗辩权的目的是确保先履行一方履行后，再由后履行一方履行。

2. 不安抗辩权[中国政法2024年研；北邮2024年研；安徽师大2019年研；中南大学2018年研；中山大学2016年研；青岛大学2015年研；北科2013年研；南京大学2013年研；首经贸2009年研]

答：参见本章简答题第2题答案。

三、简答题

1. 同时履行抗辩权的成立要件与效力。[中南财大2015年研]

相关试题：简述同时履行抗辩权的构成要件。[浙江财大2018年研]

答：(1)同时履行抗辩权的概念：

同时履行抗辩权又称履行合同的抗辩权，是指双务合同的一方当事人在他方未为对待履行之前，有权拒绝自己的履行。《民法典》第525条规定：“当事人互负债务，没有先后履行顺序的，应当同时履行。一方在对方履行之前有权拒绝其履行请求。一方在对方履行债务不符合约定时，有权拒绝其相应的履行请求。”其特征有：①仅适用于双务合同；②无履行先后顺序，即适用于双务合同中没有规定履行先后顺序的情况；③基于双务合同的牵连性；④主要是一种拒绝权。

(2)同时履行抗辩权的构成要件/适用条件：

①须在同一双务合同中双方互负债务。具体是指：a. 须由同一双务合同产生债务；b. 需双方当事人互负相互牵连的债务；c. 双方所负债务之间具有相应性。

②须双方互负的债务均已届清偿期。只有在双方的债务同时到期时，才能行使同时履行抗辩权。双方互负的债务须有效。

③须对方不履行或履行债务不符合约定。原告向被告请求履行债务时，原告自己已负有的与对方债务有牵连关系的债务未履行，被告可以主张同时履行抗辩权，拒绝履行债务。

④须对方的对待履行可能履行。即同时履行以能够履行为前提。

(3)同时履行抗辩权的效力：

同时履行抗辩权属于延期的抗辩权，不具有消灭对方请求权的效力。其效力表现为：

①一方在对方提出给付前，可以暂时拒绝履行自己的义务。

②正当行使同时履行抗辩权不构成违约。行使抗辩权是合法行为，不应视为违约。

2. 简要说明不安抗辩权的行使和效力。［吉林大学 2022 年研］

相关试题：

（1）试论不安抗辩权的适用条件。［论述题，暨南大学 2023 年研］

（2）简述不安抗辩权的概念与构成要件。［扬州大学 2022 年研］

（3）我国《民法典》规定的不安抗辩权的成立要件有哪些？［湖南师大 2020 年研改编］

（4）论述我国民法中不安抗辩权的行使及条件。［论述题，河南师大 2017 年研］

（5）简述不安抗辩权的概念以及行使条件。［北邮 2013 年研］

答：（1）不安抗辩权的概念和适用条件：

不安抗辩权是指在异时履行的合同中，应当先履行的一方有确切证据证明对方在履行期限到来后将不能或不会履行债务，则在对方没有履行或提供担保之前，有权暂时中止债务的履行。

不安抗辩权的适用条件有：

①同一双务合同互负债务。不安抗辩权仅适用于双务合同，双方当事人互负债务。一方的权利是另一方的义务，反之亦然。

②约定一方应先履行债务。双方约定一方应先履行债务，即存在异时履行的情况。如果履行在同一时间发生，则适用同时履行抗辩权。

③先履行一方有确切证据证明对方不能或不会履行。根据《民法典》第 527 条规定，这些事由主要包括：a. 经营状况严重恶化，如企业债务增加、资产减少、盈利能力急剧下降；b. 转移财产、抽逃资金以逃避债务；c. 丧失商业信誉；d. 有丧失或可能丧失履行债务能力的其他情形。

（2）根据《民法典》第 528 条规定，不安抗辩权行使的效力包括：

①暂时中止合同的履行。先履行一方有确切证据证明对方具有法律规定的不能或不会对待履行的事由后，可以暂时中止合同的履行。暂时中止合同的履行是不安抗辩权的主要效果，但不能直接解除合同。

②请求提供适当担保。在暂时中止合同履行后，有权要求对方在合理期限内提供担保。担保方式可以包括抵押、保证等，只要能够消除对方当事人的不安即可。

③在构成预期违约的情况下，请求承担违约责任或解除合同。在下列条件下，对方将构成预期违约：a. 在合理期限内未恢复履行能力；b. 未提供适当担保。

综上，不安抗辩权是为了保护先履行一方的利益，在对方有确切证据表明不能或不会履行债务时，允许其暂时中止履行，并要求对方提供担保或承担相应责任。

四、论述题

论合同的情势变更。［天津商大 2023 年研］

相关试题：

（1）情势变更的概念及其法律效果。［中国政法 2023 年研］

（2）民法典中的情势变更原则。［上财 2021 年研］

（3）论情势变更的构成要件及效力。［天津商大 2018 年研］

答：（1）情势变更的概念：

情势变更，是指在合同有效成立后，合同履行期间因合同的基础条件发生了当事人订立合同时难以预见的重大变化，致使合同不能履行或履行结果显失公平，根据诚信原则，当事人可以请求变更或解除合同的制度。《民法典》第533条规定，合同成立后，合同的基础条件发生了当事人在订立合同时无法预见的、不属于商业风险的重大变化，继续履行合同对于当事人一方明显不公平的，受不利影响的当事人可以与对方重新协商；在合理期限内协商不成的，当事人可以请求人民法院或者仲裁机构变更或者解除合同。

(2)情势变更的构成要件：

①发生在合同履行阶段。情势变更发生在合同履行期间，而不是在合同订立过程中或履行完毕后。

②合同的基础条件发生无法预见的变化。具体而言是指：a. 变化是当事人在订立合同时无法预见的；b. 变化涉及合同的基础条件，直接影响当事人的主要权利义务。

③不属于商业风险。情势变更不同于正常的商业风险，后者是市场主体应意识到并自愿承担的风险。

④继续履行对当事人一方明显不公平。情势变更可能导致合同无法履行，但在某些情况下，合同虽可继续履行，却对当事人一方明显不公平。

(3)情势变更的法律后果：

①当事人的继续谈判义务。根据《民法典》第533条规定，在发生情势变更后，受不利影响的一方有权要求对方继续谈判。继续谈判的义务既是法定义务，也是基于诚信原则产生的义务。违反该义务不会产生违约责任，但在法院或仲裁机构变更或解除合同时可能承担不利后果。

②通过诉讼或仲裁变更或解除合同。当事人在合理期限内协商不成，可以请求法院或仲裁机构变更或解除合同。法院或仲裁机构在裁判时，应根据公平原则判断是否变更或解除合同。公平原则要综合考虑客观情况变化对当事人权利义务的影响及是否违反继续谈判义务等因素。

综上，情势变更制度旨在保护当事人在合同履行过程中因不可预见的重大变化而受到的不公平影响，允许其请求变更或解除合同，并规定了相应的继续谈判义务和法律救济途径。

五、法条分析题

《民法典》第524条规定：“债务人不履行债务，第三人对履行该债务具有合法利益的，第三人有权向债权人代为履行；但是，根据债务性质、按照当事人约定或者依照法律规定只能由债务人履行的除外。债权人接受第三人履行后，其对债务人的债权转让给第三人，但是债务人和第三人另有约定的除外。”[中南财大2023年研]

答：《民法典》第524条规定了第三人代为履行的规则。第三人代为履行，是指履行人居于第三人的地位，以自己的给付，有意识地为债务人履行债务。

(1)第三人代为履行的条件：

①第三人范围。第三人，是指债务人及其履行辅助人以外的人。

②合法利益。第三人对债务履行具有合法利益。该利益须合法、正当、合理，并由第

三人举证证明。

③债权人不得拒绝。除非合同特别约定、法律规定或债务性质要求债务人亲自履行，债权人不得拒绝第三人代为履行。

(2)不得由第三人代为履行的情况：

债务只应由债务人本人履行的情况，是指债务按债务性质、当事人约定或依法律规定只能由债务人履行，具体情况包括：

①债务性质限制。某些债务因其性质须由债务人亲自履行，如表演合同中的表演义务。

②当事人约定。当事人可约定债务须由债务人本人履行，这种约定具有法律效力。

③法律规定。法律明确规定某些债务须由债务人本人履行，如《民法典》第791条规定建设工程主体结构的施工必须由承包人自行完成。

(3)债权人接受第三人履行后的法律后果：

①债权转让。债权人接受第三人履行后，其对债务人的债权自动转让给第三人。这意味着第三人取代原债权人的地位，成为新的债权人。

②例外情形。如果债务人和第三人另有约定，则不发生债权转让。这种约定应在第三人履行前达成，且应当明确具体。

(4)实践意义：

①促进债权实现。允许第三人代为履行有助于债权的实现。

②保护债务人利益。确保债务人在特定情况下仍能享有合法权益。

③维护交易秩序。通过明确规则，维护交易的稳定性和公平性。

(5)适用时的注意事项：

①合法利益的认定。准确判断第三人是否具有合法利益，避免随意介入债的关系。

②当事人约定的审查。审查当事人是否有排除第三人代为履行的约定。

③通知与证据保留。第三人代为履行时应通知债务人并保留证据，债权人应及时与第三人沟通确认债权转让事宜。

综上，《民法典》第524条通过规定第三人代为履行的条件和法律后果，平衡了各方当事人的利益，既保障了债权人的权益，又赋予了第三人一定的灵活性。同时，通过排除某些特定情形，确保了某些债务的履行主体不会被随意变更，维护了合同严肃性和法律权威性。

六、案例分析题

甲养殖场(以下简称“甲”)与乙公司(以下简称“乙”)签订合同：由甲向乙出售活鸡5000只，乙在2013年6月21日前向甲支付首期价款2万元，甲于同年6月30日向乙交货，交货后10日内乙结清余款。6月15日，乙得知甲与丙公司(以下简称“丙”)也签订了一份出售活鸡5000只的合同，担心甲不能按期向自己供货，于是向甲询问。甲称其的确与丙签订了合同，但养殖场规模较大，所以不会影响按期向乙供货。乙仍表示担心，虽经甲催促，也未于6月21日前支付首期款。6月25日，甲养殖场遭遇洪水灾害，致甲饲养的大部分鸡死亡；甲当即将此事通知了乙，并告知乙无法交货。[首经贸2015年研]

问题：

（1）乙未按期向甲支付首期款是否属于行使不安抗辩权的行为？为什么？是否构成违约？

（2）甲是否应承担无法交货的违约责任？请说明理由。

答：（1）乙未按期向甲支付首期款不属于行使不安抗辩权的行为。理由如下：

①不安抗辩权的成立条件包括：a. 双方当事人因同一双务合同而互负债务，抗辩方负有先为给付的义务；b. 有确切的证据表明后给付义务人的履行能力明显降低，有不能为对待给付的现实危险。

②现实危险主要是指下列情形：a. 经营状况严重恶化；b. 转移财产、抽逃资金，以逃避债务；c. 谎称有履行能力的欺诈行为；d. 其他丧失或者可能丧失履行能力的情况。

本题中，甲与丙之间签订的买卖合同并不能表明甲有不能为对待给付的现实危险。故乙不能行使不安抗辩权。《民法典》第527条第2款规定，当事人没有确切证据中止履行的，应当承担违约责任。本题中，乙没有确切证据而中止支付首期款，不属于行使不安抗辩权的行为，构成违约。

（2）甲不应承担无法交货的违约责任。理由如下：

《民法典》第590条规定："当事人一方因不可抗力不能履行合同的，根据不可抗力的影响，部分或者全部免除责任，但是法律另有规定的除外。因不可抗力不能履行合同的，应当及时通知对方，以减轻可能给对方造成的损失，并应当在合理期限内提供证明。当事人迟延履行后发生不可抗力的，不免除其违约责任。"本题中，甲养殖场遭遇洪水灾害，造成甲饲养的大部分鸡死亡，属于不可抗力。甲当即将此事通知了乙，并告知乙无法交货，符合《民法典》的规定，故甲不应当承担违约责任。

第五章　合同的保全

一、单项选择题

甲欠乙 5 万元逾期不还，乙要求甲马上偿还，否则就起诉。甲遂将自己仅有的财产即市价 5 万元的汽车以 4 万元卖给知情的丙，后被乙得知。对于甲和丙之间的买卖合同，下列说法正确的是(　　)。[2019 年法硕(非法学)真题]

A. 乙有权以书面通知方式撤销　　　　B. 乙得知一年后不再享有撤销权

C. 乙有权请求确认无效　　　　　　　D. 乙无权撤销

【解析】CD 两项，《民法典》第 539 条规定，债务人以明显不合理的低价转让财产、以明显不合理的高价受让他人财产或者为他人的债务提供担保，影响债权人的债权实现，债务人的相对人知道或者应当知道该情形的，债权人可以请求人民法院撤销债务人的行为。转让价格达不到交易时交易地的指导价或者市场交易价 70% 的，一般可以视为明显不合理的低价；对收购价格高于当地指导价或者市场交易价 30% 的，一般可以视为明显不合理的高价。本题中，汽车市价 5 万元，甲以市场价的 80% 即 4 万元转让给丙，并非明显不合理的低价，不满足债权人撤销权的条件。因此，乙无权撤销。

A 项，若存在撤销权，债权人须请求人民法院撤销，而非以书面通知方式撤销。

B 项，《民法典》第 541 条规定："撤销权自债权人知道或者应当知道撤销事由之日起 1 年内行使。自债务人的行为发生之日起 5 年内没有行使撤销权的，该撤销权消灭。"若存在撤销权，B 项表述没有问题。但本题不存在撤销权。

二、概念题

1. 债权人的代位权[中国政法 2021 年研；上财 2021 年研；中南大学 2019 年研；温州大学 2018 年研；南开大学 2010 年研；上海海事大学 2010 年研]

答：参见本章简答题第 1 题答案。

2. 债权人的撤销权[中国政法 2020 年研；青岛大学 2017 年研；温州大学 2017 年研；南京大学 2015 年研]

答：参见本章简答题第 2 题答案。

三、简答题

1. 简述债权人代位权的构成要件。[天津商大 2022 年研]

相关试题：

(1) 简述债权人代位权的概念与构成条件。[安徽师大 2018 年研]

(2) 试述合同保全中的代位权。[论述题，中山大学 2017 年研]

(3) 简述代位权的行使条件。[中财 2016 年研；杭州师大 2016 年研]

答：(1) 债权人代位权，是指当债务人怠于行使其对第三人(次债务人)的权利，影响债权人的到期债权实现时，债权人为保全其债权，有权以自己的名义代位行使债务人对第

D

三人的权利。《民法典》第535条第1款规定：“因债务人怠于行使其债权或者与该债权有关的从权利，影响债权人的到期债权实现的，债权人可以向人民法院请求以自己的名义代位行使债务人对相对人的权利，但是该权利专属于债务人自身的除外。”债权人代位权旨在保护债权人的合法权益，通过增加债务人的责任财产来确保债权的实现。

（2）债权人代位权的行使条件/构成要件：

①债权合法，即债权人对债务人的债权须合法。

②债务人对第三人须享有合法权利。可代位行使的债务人对第三人的权利应包括：a. 债权，包括合同债权、不当得利、无因管理等债权；b. 物权及物上请求权；c. 以财产利益为目的的形成权，如合同的解除权、撤销权、抵销权等；d. 以财产利益为目的的让与权、清偿受领权等；e. 诉讼上的公权利，如申请强制执行的权利等。

③债务人怠于行使权利。债务人应行使且能行使但未行使其权利，导致该权利可能消灭或减值。

④危及债权人的债权实现。债务人怠于行使权利影响到债权人到期债权的实现。如果债务人有充足的责任财产，能够清偿债务，则无需行使代位权。

⑤债务人对第三人的权利不具有专属性。债务人对第三人的权利不能是专属于债务人自身的权利，如基于扶养、抚养、赡养、继承关系产生的给付请求权，以及劳动报酬、退休金、养老金、抚恤金、安置费、人寿保险、人身伤害赔偿请求权等。

2. 简述债权人的撤销权。［中南财大2024年研］

相关试题：

（1）试述债权人的撤销权。［论述题，浙工大2020年研］

（2）简述债权人撤销权的成立要件。［中南大学2019年研；首都师大2010年研］

答：（1）债权人撤销权的概念：

债权人撤销权，是指债权人为保全其债权，对于债务人与第三人实施的危及其债权的行为，请求法院予以撤销的权利。其目的是，防止债务人责任财产不当减少，确保债务人的清偿能力不降低。

（2）债权人撤销权的成立条件：

《民法典》第538条规定，债务人以放弃其债权、放弃债权担保、无偿转让财产等方式无偿处分财产权益，或者恶意延长其到期债权的履行期限，影响债权人的债权实现的，债权人可以请求人民法院撤销债务人的行为。第539条规定，债务人以明显不合理的低价转让财产、以明显不合理的高价受让他人财产或者为他人的债务提供担保，影响债权人的债权实现，债务人的相对人知道或者应当知道该情形的，债权人可以请求人民法院撤销债务人的行为。债权人撤销权的成立要件可分为：

①客观要件：

a. 处分行为。债务人在债权债务关系成立后实施了处分财产的行为，如放弃债权、无偿转让财产等。

b. 责任财产减少。该处分行为导致债务人的责任财产减少，影响债权实现。

c. 影响债权实现。债务人的行为导致其无法履行债务，危及债权人的债权。

②主观要件：

a. 债务人恶意。债务人在实施处分行为时，明知该行为可能影响债权人的债权实现。

b. 第三人恶意。第三人是指通过债务人处分财产行为获得利益的人。当债务人以明显不合理低价转让财产、高价受让财产或为他人债务提供担保时，若第三人明知该行为损害债权人利益，即使无串通，也可认定其具有恶意。判断标准为：以第三人受益时的主观状态为准。若第三人受益后才知情，则不能认定为恶意，债权人不得行使撤销权。

(3)债权人撤销权的行使范围与方式：

①行使范围。任一债权人都可以单独或共同行使撤销权，且行使范围以全体债权人的债权为限。

②行使方式。债权人应以自己的名义通过诉讼方式行使撤销权。

(4)债权人撤销权的行使效力：

①对债务人的效力。撤销后，债务人的处分行为自始无效。

②对第三人的效力。第三人需返还已受领的财产或折价返还利益，同时可请求债务人返还其支付的代价。

③对债权人的效力。取回的财产或损害赔偿归入债务人的责任财产，作为全体债权人的共同担保。行使撤销权的必要费用由债务人负担，从撤销所得利益中扣除。

四、案例分析题

2004年3月15日，乙向甲借款3万元，约定当年8月30日前还清。逾期后，甲于9月5日要求乙还款，乙称自己没有偿还能力，但在丙处有1.5万元货款未收到，愿意将这1.5万元债权让与甲去收，并将债权文书当场交与甲。甲持该债权文书同乙一起到丙处收款时，丙承认欠乙货款1.5万元未付，但要求延期一个月后付给甲。后来丙以“我又没欠你钱，且乙又未到场”为由拒付。甲到丙处多次收款未果，以乙怠于行使债权为由，向人民法院起诉，要求代位行使乙在丙处的债权。[北化2007年研]

问：

(1)甲、乙、丙之间分别存在什么法律关系？

(2)甲的诉讼请求能否得到法院的支持？为什么？

答：(1)甲、乙、丙三者之间的法律关系如下：

①甲乙之间存在的是借贷法律关系。乙向甲借款3万元，二者之间存在借贷法律关系。

②乙丙之间存在的是债权债务关系。乙在丙处有1.5万元货款未收到，二者之间存在债权债务关系。

③甲丙之间存在的是基于债权让与而产生的债权债务关系。乙将自己对丙的1.5万元债权让与甲；甲取代乙成为新的债权人，其有权要求丙偿还货款。

(2)甲的诉求不能得到法院的支持。理由如下：

债权人的代位权，是指当债务人怠于行使其对第三人享有的权利而害及债权人的债权时，债权人为保全其债权，可以自己的名义代位行使债务人对第三人之权的权利。本题中，甲通过债权让与已经取得了乙对丙的债权，其已经是债权债务关系中的当事人。因此，甲应以自己的名义并以债权转移所获得的债权直接向丙要求其履行义务，而不能依靠行使代位权要求丙履行义务。

第六章　合同的变更和转让

一、单项选择题

1. 甲因急需资金，向乙提出借10万元；乙告知甲目前没有现款，但可以将丙欠自己的10万元已到期货款转借给甲。甲表示同意，乙为此将此事通知丙，但丙不同意，并直接将10万元货款向乙进行了支付。五日后，丙发现乙提供的货物有瑕疵，要求乙按照合同约定支付2万元违约金。同日，甲请求丙支付10万元，丙拒绝，并提出以下抗辩理由，其中能得到人民法院支持的是（　　）。［2024年法硕（法学、非法学）真题］

A. 自己已经向乙支付了货款

B. 乙转让10万元债权未经自己同意

C. 甲乙之间的合同为实践合同，尚未成立

D. 自己应付的款项可与乙应支付的违约金部分抵销

【解析】AB两项，债权让与无需经过债务人同意。当债权让与通知到达债务人后，债务人应当向受让人履行债务，即对债务人发生效力。乙将债权让与的事项通知丙后，丙仍向乙偿还债务，不能抵偿丙现在对甲的债务。

C项，债权转让合同属于诺成性合同，双方意思表示一致即宣告合同成立。

D项，《民法典》第549条规定，有下列情形之一的，债务人可以向受让人主张抵销：①债务人接到债权转让通知时，债务人对让与人享有债权，且债务人的债权先于转让的债权到期或者同时到期；②债务人的债权与转让的债权基于同一合同产生。本题中，丙对乙的违约之债和乙对丙的货物买卖之债基于同一买卖合同产生，因此丙对乙的违约债权可以与乙转让给甲的债权抵销。

2. 甲与某影视公司签订合同，约定甲两年内完成一部电视剧剧本，影视公司支付稿酬50万元。后甲将请求支付稿酬的权利转让给乙。甲请求支付稿酬的权利（　　）。［2021年法硕（法学、非法学）真题］

A. 经影视公司同意才可以转让

B. 依合同性质不得转让

C. 在转让通知到达影视公司时发生转让

D. 在转让合同生效时发生转让

【解析】AC两项，《民法典》第546条规定："债权人转让债权，未通知债务人的，该转让对债务人不发生效力。债权转让的通知不得撤销，但是经受让人同意的除外。"即如果债权人转让债权未通知债务人，并不影响该债权转让本身的效力，债权转让在转让合同生效时就已发生。本题中，甲的债权转让无须债务人影视公司的同意，且该债权转让在甲与乙签订转让合同时已经生效。

BD两项，《民法典》第545条规定，债权人可以将债权的全部或者部分转让给第三人，但是有下列情形之一的除外：①根据债权性质不得转让；②按照当事人约定不得转让；③依照法律规定不得转让。当事人约定非金钱债权不得转让的，不得对抗善意第三人。当

1D　2D

事人约定金钱债权不得转让的，不得对抗第三人。本题中，甲请求影视公司支付稿酬的权利不属于上述不允许转让的债权情形，因此甲可以转让该债权，债权在转让合同生效时发生转让。

二、概念题

1. 债权让与［清华大学 2013 年研］

答： 参见本章论述题答案。

2. 债务承担［中国政法 2017 年研；北邮 2008 年研；清华大学 2006 年研］

答： 债务承担，又称合同债务转移，是指通过债权人、债务人与第三人之间的协议，将债务转移给第三人承担。合同债务转移可因法律的直接规定或当事人之间的协议而发生。其特征有：①包括免责的债务承担和债务加入；②对象是债务而非债权；③可以是全部或部分转移；④须符合法定形式要件。债务承担能明确各方责任，灵活处理债务，保障债权人利益。

3. 债务加入［中南财大 2024 年研］

答： 参见本章法条分析题答案。

三、论述题

试论债权让与。［2020 年法硕（法学）真题］

相关试题：

（1）论债权让与（以民法典规定为根据，从可让与性、让与的债权种类、法律效果等方面论述，尤其从债务人保护出发论述）。［中国政法 2023 年研］

（2）简述债权让与的要件。［简答题，东北财大 2013、2010 年研］

（3）简述债权让与的条件及效力。［简答题，中南财大 2010 年研］

（4）论述债权让与的效力。［北邮 2009 年研］

答：（1）债权转让的概念和特征：

债权让与，又称合同债权转让，是指债权人通过协议将其债权全部或部分转让给第三人的行为。合同债权是财产权，具有可转让性。合同债权转让能促进资金融通，保障交易安全，灵活处理债务。其特征有：

①主体是债权人和第三人。债务人不是转让的当事人。

②对象是合同债权。债权是财产权，可以转让。合同债权转让通常无形式要求，协议生效即产生效果。

③转让方式可以是全部或部分转让。全部转让时，受让人取代原债权人；部分转让时，受让人与原债权人共同享有债权。无论采取何种转让方式，均不得因权利转让而增加债务人负担。

（2）合同债权转让的条件：

①须存在有效的合同债权。无效、被撤销或解除的合同债权不能转让。

②须达成转让合同。转让人和受让人须达成有效的债权转让合同。

③转让的合同债权须具有可让与性。《民法典》第 545 条第 1 款规定，债权人可以将债权的全部或者部分转让给第三人，但是有下列情形之一的除外：a. 根据债权性质不得转让；b. 按照当事人约定不得转让；c. 依照法律规定不得转让。

④须通知债务人。债权人转让债权时，必须通知债务人。未经通知，转让对债务人不生效。通知后，债务人应向新债权人履行债务。

⑤须依法办理相关手续。法律、行政法规规定需办理批准、登记等手续的，应办理。

(3)合同债权转让的法律效力：

①对内效力：

a. 债权转移。全部转让时，受让人成为新债权人；部分转让时，受让人与原债权人共同享有债权。

b. 从权利转移。从属于主债权的从权利(如抵押权、利息债权等)随主权利转移，但专属于债权人的从权利除外。

c. 权利瑕疵担保。转让人应保证转让的权利有效且无瑕疵。若因权利瑕疵给受让人造成损失，转让人应承担损害赔偿责任。

d. 禁止重复转让。转让人不得就同一权利再作转让。若重复转让，先前的受让人优先取得权利。

e. 增加的履行费用。因债权转让增加的履行费用由转让人负担。

②对外效力：

a. 债务人不再向原债权人履行。通知债务人后，债务人应向新债权人履行债务。继续向原债权人履行构成非债清偿，原债权人需返还。

b. 债务人应向新债权人履行。债务人向新债权人履行后，免除其对原债权人的债务。即使转让合同被宣告无效或撤销，债务人出于善意的履行仍然有效。

c. 抗辩权保留。债务人接到转让通知后，仍可对受让人主张对原债权人的抗辩，包括同时履行抗辩权、不安抗辩权等。

d. 抵销权。债务人接到转让通知时，若对原债权人享有到期或同时到期的债权，可以向受让人主张抵销。若债务人的债权与转让的债权基于同一合同产生，也可行使抵销权。

四、法条分析题

《民法典》第 552 条规定："第三人与债务人约定加入债务并通知债权人，或者第三人向债权人表示愿意加入债务，债权人未在合理期限内明确拒绝的，债权人可以请求第三人在其愿意承担的债务范围内和债务人承担连带债务。"[中南财大 2022 年研]

答：《民法典》第 552 条规定了并存的债务承担即债务加入的规则。具体分析如下：

(1)债务加入的含义：

债务加入又称并存的债务承担，是指第三人加入债务，成为新的债务人，但原债务人并不退出债务关系，而是与第三人共同对债权人负担债务。

(2)债务加入的构成要件：

①存在有效的原债权债务关系。这是债务加入的基础前提。只有原债权债务关系合法有效存在，才有第三人加入债务的问题。

②第三人有加入债务的意思表示。包括两种情形：a. 第三人与债务人约定加入债务并通知债权人；b. 第三人直接向债权人表示愿意加入债务。

③债权人未在合理期限内明确拒绝。债权人在此处享有一定的选择权，若其在合理期限内未明确表示拒绝，则视为其接受了第三人加入债务。“合理期限”的认定需根据具体案件的情况进行判断。

(3)债务加入的法律效果：

一旦满足上述构成要件，债权人可以请求第三人在其愿意承担的债务范围内和债务人承担连带债务。这意味着第三人成为连带债务人之一，与原债务人共同对债权人承担连带责任。债权人既可以向原债务人主张全部债权，也可以向第三人主张其愿意承担范围内的债权，还可以同时向二者主张债权。

(4)债务加入的实践意义：

①保障债权人利益实现。在经济活动中，当债务人的履行能力可能存在问题时，第三人加入债务为债权人提供了更多的债权实现途径和保障，降低了债权人的债权风险，增强了交易的安全性和稳定性。

②灵活处理债务关系。其为当事人提供了一种更灵活的债务处理方式，既满足了第三人愿意参与债务承担的意愿，又在一定程度上维护了原债权债务关系的相对稳定性，有利于促进经济交往和合作。

③平衡各方利益。该制度在保护债权人利益的同时，也兼顾了债务人与第三人的利益。债务人并未因第三人加入而完全免责，其仍需承担债务，而第三人加入债务也是基于其自愿和对自身利益的考量，实现了三方利益的合理平衡。

(5)债务加入适用时的注意事项：

①意思表示的真实性与明确性。需准确判断第三人加入债务的意思表示是否真实、明确，防止第三人因重大误解、受欺诈或胁迫等而作出非真实意思表示的情况，同时要明确第三人愿意承担债务的具体范围和条件。

②通知的有效性。在第三人与债务人约定加入债务并通知债权人的情形下，要注意通知的方式、时间和内容等是否符合法律规定和交易习惯，以确保通知的有效性，避免因通知瑕疵而影响债务加入的效力。

③合理期限的认定。对于债权人未在合理期限内明确拒绝的认定，应根据具体案件情况，综合考虑各种因素进行合理判断，防止债权人滥用沉默权或不合理拖延，影响债务加入的确定性和交易的效率。

综上，《民法典》第552条通过规定第三人加入债务的条件和法律后果，为债权人提供了更多的保障，同时也明确了第三人的法律责任。这一规定有助于维护交易的公平性和稳定性，确保债权得以有效实现。

五、案例分析题

1. 甲是临街商铺101室的业主，乙为其楼上201室的业主。2020年5月，甲将101室出租给丙，双方约定：此房用于餐饮经营，租期自2020年7月1日至2023年6月30日，租金为每年12万元。房屋交付后，丙花费10万余元对房屋进行装修，之后开业经营。

2022年1月，乙重新装修201室，破坏了防水层，造成101室房顶漏水，天花板和墙面受损严重，丙不得不暂停营业。丙将上述情况告知甲，甲遂出面要求乙维修；乙则提出丙的餐馆自营业以来，排出的油烟和产生的噪音严重影响其生活，要求先解决油烟和噪音问题，否则不予维修。双方争执不下，漏水问题始终未能解决，致使丙长期无法正常经营。[2023年法硕(法学)真题]

请根据上述材料，回答下列问题并说明理由：

(1)丙是否有权解除房屋租赁合同？

(2)丙是否有权请求甲赔偿其装修损失和营业损失？

(3)乙要求甲先解决油烟和噪音问题，否则不予维修，其主张是否成立？

答：(1)丙有权解除房屋租赁合同。具体分析如下：

《民法典》第563条第1款规定，有下列情形之一的，当事人可以解除合同：①因不可抗力致使不能实现合同目的；②在履行期限届满前，当事人一方明确表示或者以自己的行为表明不履行主要债务；③当事人一方迟延履行主要债务，经催告后在合理期限内仍未履行；④当事人一方迟延履行债务或者有其他违约行为致使不能实现合同目的；⑤法律规定的其他情形。

本题中，丙因房屋漏水长期无法正常经营，其租赁房屋的合同目的不能实现，所以守约方丙有权解除合同。

(2)丙有权请求甲赔偿其装修损失和营业损失。具体分析如下：

《民法典》第584条规定，当事人一方不履行合同义务或者履行合同义务不符合约定，造成对方损失的，损失赔偿额应当相当于因违约所造成的损失，包括合同履行后可以获得的利益；但是，不得超过违约一方订立合同时预见到或者应当预见到的因违约可能造成的损失。

本题中，丙的装修损失属于因违约所造成的直接损失，营业损失属于合同履行后可获得的利益损失，均在赔偿范围内。

(3)乙的主张不成立。具体分析如下：

《民法典》第526条规定："当事人互负债务，有先后履行顺序，应当先履行债务一方未履行的，后履行一方有权拒绝其履行请求。先履行一方履行债务不符合约定的，后履行一方有权拒绝其相应的履行请求。"

本题中，乙的维修义务与油烟、噪音问题的解决不构成对待给付，乙不得以甲未解决油烟、噪音问题为由行使抗辩权，拒绝履行维修义务。

2. 甲公司将价值100万元的机器设备出售给乙公司，保质期2年。双方约定货款分三期支付，乙公司先支付20万元货款，待机器设备交付后20天内再支付剩余70万元，在二年保质期到期时再支付尾款10万元。合同签订后，乙公司马上支付了20万元首期货款，甲公司交付机器设备后第10天，甲将对乙的剩余80万债权转让给丙公司，并通知了乙公司。乙公司于是向丙公司支付了第二期货款70万元。后乙公司以包括该机器设备在内的动产为丁设定了浮动抵押向丁借款60万元，没有办理抵押登记，该笔借款一直未还。该机器设备在保修期内出现质量问题，乙公司把该机器设备交给维修公司戊进行维修。维修款10万元乙公司也一直未付，维修公司戊将机器留置。现乙公司资不抵债，丁申请乙公司破产，被法院受理。乙公司的所有财产包括案涉机器设备拍卖后，扣除破产费用、工人工资等应该先支付的费用后，剩余财产70万元现金。丙、丁和另一名普通债权人已都向法院申报了债权。已的债权额是20万元。乙认为丙不能申报债权，因为自己欠丙的10万元机器尾款已经和机器的维修费抵销了；丙认为机器是甲卖给乙的，出现质量问题和自己没关系，乙应该找甲负责。［暨南大学2021年研］

问：

(1)哪笔债权应该最先得到偿还？为什么？

(2)丙的债权能否受偿？为什么？

(3)丁和已能够受偿多少债权？为什么？

答：(1)维修公司戊的留置权应最先得到偿还。理由如下：

理由：《民法典》第447条第1款规定，债务人不履行到期债务，债权人可以留置已经合法占有的债务人的动产，并有权就该动产优先受偿。本题中，维修公司戊对机器设备进行了维修，乙公司未支付维修费，因此戊享有对该机器设备的留置权。而留置权是一种法定的担保物权，其优先于其他债权和抵押权。因此，在乙公司破产时，维修公司戊的留置权应最先得到偿还。

(2)丙的债权可以受偿。理由如下：

①债权转让有效。《民法典》第546条第1款规定，债权人转让债权，未通知债务人的，该转让对债务人不发生效力。本题中，甲公司将对乙公司的剩余80万元债权转让给丙公司，并通知了乙公司，因此该债权转让有效。乙公司已经支付了70万元，尚欠丙公司10万元尾款。虽然乙公司认为该10万元尾款已经和机器的维修费抵销了，但这种抵销未经丙公司同意，且丙公司并未承担机器的质量保证责任。因此，丙公司仍有权要求乙公司支付剩余的10万元尾款。

②债权申报。丙公司已经向法院申报了债权，因此其债权应在破产程序中得到清偿。

(3)丁和已的债权将按比例受偿，丁公司的受偿金额为40万元，已公司的受偿金额为13.33万元。具体分析如下：

《民法典》第404条规定，以动产抵押的，不得对抗正常经营活动中已经支付合理价款并取得抵押财产的买受人。本题中，丁公司虽然对乙公司的动产设定了浮动抵押，但未办理抵押登记，因此其抵押权不能对抗善意第三人。

①扣除破产费用、工人工资等应先支付的费用后，剩余财产为70万元现金。维修公司戊的留置权优先受偿10万元后，剩余60万元用于清偿其他债权。

②丙公司有10万元债权，丁公司有60万元债权，已公司有20万元债权，其总债权额为：$10+60+20=90$(万元)。按照比例分配，各债权人的受偿金额为：丙公司：$(10/90)\times 60=6.67$(万元)；丁公司：$(60/90)\times 60=40$(万元)；已公司：$(20/90)\times 60=13.33$(万元)。

第七章　合同的权利义务终止

一、单项选择题

1. 甲借给乙10万元，约定到期连本带利偿还12万元，丙对此提供担保。其后乙向甲购买摩托车一辆，作价10万元，乙支付了10万元价款。现借款合同约定的还款期已到，甲、乙就债务清偿发生争议，乙主张自己清偿的是借款债务。对此，下列说法正确的是（　　）。［2024年法硕（非法学）真题］

A. 因借款债务约定有利息，故乙清偿的是借款债务

B. 因摩托车价款债务缺乏担保，故乙清偿的是摩托车价款债务

C. 因清偿任何债务可以由债务人指定，故乙清偿的是借款债务

D. 因债具有平等性，故乙的清偿为按比例清偿两项债务

【解析】《民法典》第560条规定："债务人对同一债权人负担的数项债务种类相同，债务人的给付不足以清偿全部债务的，除当事人另有约定外，由债务人在清偿时指定其履行的债务。债务人未作指定的，应当优先履行已经到期的债务；数项债务均到期的，优先履行对债权人缺乏担保或者担保最少的债务；均无担保或者担保相等的，优先履行债务人负担较重的债务；负担相同的，按照债务到期的先后顺序履行；到期时间相同的，按照债务比例履行。"本题中，甲乙双方的买卖合同和借款合同均已到期，根据前述规则，应优先抵充缺乏担保的摩托车价款债务。

2. 甲请同事吃饭，结账时发现没带钱，遂请好友乙帮忙买单。乙碍于情面付款。后乙要求甲偿还，甲拒绝。乙的付款行为属于（　　）。［2019年法硕（法学、非法学）真题］

A. 赠与　　B. 代为清偿　　C. 无因管理　　D. 情谊行为

【解析】清偿，是指债务人依法律规定或合同约定完成义务的行为。债务人为实现债权目的所为的给付行为，属于债务人清偿；债务人以外的第三人履行债务从而使债权人的债权得以实现的，称为第三人代为清偿。本题中，甲请同事吃饭，在甲与饭店之间形成了债权债务关系，甲是债务人，饭店是债权人。甲无力清偿所欠饭店债务，请求好友乙（第三人）代替自己履行债务，乙的行为属于代为清偿。

A项，乙并未有任何赠与的意思表示，仅仅是碍于情面代为付款，其行为不构成赠与。

C项，无因管理，是指没有法定或者约定的义务，为避免他人利益受损失而进行管理或者服务的行为。本题中，乙没有避免他人利益受损的意思，也没有为甲管理财物，因此不构成无因管理。

D项，情谊行为作为日常交往活动，一般不纳入民法的调整范围。本题中，甲请同事吃饭，也非甲乙之间一起吃饭，仅仅因为没带钱而让乙帮忙付款，此时两人之间已产生债权债务关系。后乙要求甲偿还饭款，更能确定乙的行为并非情谊行为。

二、概念题

1. 清偿抵充［中南财大2020年研］

1B　2B

答：清偿抵充，是指一人负担数宗种类相同的债务，当清偿人给付不足以清偿全部债务时，可在清偿时指定该给付所抵充的债务。根据《民法典》第560条规定，债务人对同一债权人负担的数项债务种类相同且给付不足以清偿全部债务的，除当事人另有约定外，债务人可以指定履行的债务；未指定的，优先履行已到期的债务；若均到期，则优先履行缺乏担保或担保最少的债务；若均无担保或担保相等，则优先履行负担较重的债务；若负担相同，则按到期时间顺序履行；到期时间相同的，按债务比例履行。清偿抵充的形式包括约定抵充、指定抵充和法定抵充。

2. 提存［广西民大2022年研；温州大学2017年研；东北财大2015年研；北科2013年研；南京师大2010年研］

答：提存是指由于债权人的原因，债务人无法向债权人清偿其到期债务时，将合同标的物交付给特定的提存部门，从而完成债务的清偿并使合同债务消灭。其主要特征包括：①因债权人原因导致债务人不能履行债务；②债务人将标的物交付给特定提存部门代替履行；③提存后债务人的债务消灭。提存的条件包括：①具有法律规定的提存原因，如债权人无正当理由拒绝受领、下落不明、死亡未确定继承人等；②标的物适于提存，不适于提存或提存费用过高的可以拍卖或变卖标的物并提存所得价款；③提存主体合法。

3. 混同［中国政法2023年研；南京大学2022年研；北科2007年研］

答：混同有广义与狭义之分。广义的混同包括：权利与权利的混同、义务与义务的混同、权利与义务的混同。狭义的混同专指权利与义务的混同，即债权与债务同归于一人，从而使合同关系消灭的事实。《民法典》第576条规定，债权和债务同归于一人的，债权债务终止，但损害第三人利益的情况除外。混同的效力表现为合同关系归于消灭。

三、简答题

1. 简述抵销的条件。［宁波大学2021年研］

相关试题：简述抵销的概念及要件。［浙江财大2016年研］

答：抵销，是指双方互负相同种类债务，使双方债务在对等额内相互消灭的法律制度。提出抵销的一方所享有的债权称为主动债权，被抵销的债权称为被动债权。抵销分为法定抵销和合意抵销。

（1）法定抵销的条件：

法定抵销，是指依据法律规定，在符合特定条件时，一方当事人单方面行使抵销权，使双方债权债务关系消灭。根据《民法典》第568条规定，法定抵销的构成要件包括：

①当事人互负债务。双方须彼此相互负担对应的合法债务，且这些债务须有效存在。

②标的物种类、品质相同。抵销的标的物须是种类和品质相同的动产。例如，同型号的钢材或同等级的大米。货币因其特殊性，可以相互抵销。

③被动债权已届清偿期。被动债权须已到期，即使主动债权尚未到期，也可进行抵销。

④双方债务不属于不能抵销的债务。债务应具有合法性，不得违反法律法规的规定或债务性质。如果当事人约定某些债务不得抵销，则应尊重当事人的约定。

（2）合意抵销的条件：

合意抵销，是指基于当事人之间的协议而发生的抵销。《民法典》第569条规定，当事人互负债务，标的物种类、品质不相同的，经协商一致，也可以抵销。即合意抵销的条件包括：

①当事人互负债务。双方必须彼此相互负担债务。

②标的物种类、品质不相同。即使标的物种类、品质不同，只要双方协商一致，也可以进行抵销。

③协商一致。双方可以通过合同约定抵销的条件，待条件成就时行使抵销权；或者直接通过协议将双方的债务相互抵销。

2. 简述提存的法律效力。［中南财大2024年研］

答：提存的法律效力包括：

（1）对债务人的效力：

①债务免除。提存是清偿的一种替代方法，债务人将标的物提存后，产生其与债权人之间债权债务关系消灭的效果。根据《民法典》第571条规定，提存成立视为债务人已经交付标的物，债务在该范围内消灭。

②支付利息及收取孳息权利的消灭。债务人提存后，不再负担支付利息的义务。根据《民法典》第573条规定，提存期间标的物的孳息归债权人所有，债务人不再享有收取孳息的权利。

③特殊情形下取回提存物的权利。根据《民法典》第574条第2款规定，如果债权人未履行对债务人的到期债务或书面放弃权利，债务人可以负担提存费用后取回提存物。

④标的物风险转移。提存后，标的物毁损灭失的风险由债务人移转至债权人。提存等同于清偿，视为标的物已经交付，风险自然转移。

⑤通知义务。《民法典》第572条规定，债务人应当及时通知债权人或其继承人、遗产管理人、监护人、财产代管人，以便债权人了解债务已履行并及时提取提存物，避免增加提存费用。

（2）对债权人的效力：

①标的物所有权转移。提存行为视为替代履行，一旦提存，标的物所有权即发生转移。债务人将标的物交付提存机关时，提存物的所有权即从债务人转移给债权人。

②提存物领取请求权。根据《民法典》第574条第2款规定，债权人享有以下权利：a. 领取提存物，包括原物及其孳息。b. 及时行使权利。自提存之日起5年内，债权人未提取提存物的，提存物扣除提存费用后归国家所有。

③支付提存费用的义务。提存费用由债权人负担。债权人领取提存物时，提存机关有权要求其支付提存费用，否则可留置提存物。

（3）对提存机关的效力：

①保管义务。提存机关负有保管提存物的义务，并应依据债权人的请求及时交付提存物，无法定理由不得拒绝交付。

②拒绝交付提存物的情形。根据《民法典》第574条第1款规定，若债权人对债务人负有到期债务且未履行或提供担保，提存机关根据债务人的要求应拒绝债权人领取提存物。

四、论述题

论合同的解除。［中南财大 2018 年研］

相关试题：

(1)简述合同解除的法律后果。［简答题，中国政法 2024 年研］

(2)论合同的法定解除权。［天津商大 2024 年研］

(3)我国民法上的合同解除的情形。［简答题，中国政法 2023 年研］

(4)简述合同解除的条件。［简答题，暨南大学 2021 年研］

(5)简述法定解除。［简答题，西北政法 2020 年研；首经贸 2010 年研］

(6)合同法定解除的条件。［南京大学 2015 年研］

答：(1)合同解除的概念和特征：

合同解除，是指在合同有效成立后，具备解除条件时，因当事人一方或双方的意思表示使合同关系自始消灭或向将来消灭的行为。合同解除的，该合同的权利义务关系终止。合同解除的特征有：

①适用于有效成立的合同。合同解除的对象是有效成立且未履行完毕的合同。

②须具备一定条件。法定解除条件由法律规定，约定解除条件由当事人在合同中约定。

③必须有解除行为。须由当事人行使解除权并通知对方。超过规定期限不行使解除权的，解除权消灭。

④效力是使合同关系自始消灭或向将来消灭。合同解除的效力取决于当事人的约定。

(2)合同解除的种类：

①协议解除。《民法典》第 562 条第 1 款规定，当事人协商一致，解除合同。其特征有：a. 通过订立新的合同解除原合同；b. 不得违背国家利益和社会公共利益；c. 解除后的恢复原状等事宜由当事人协商确定。

②基于约定解除权的解除。约定解除权，是指合同双方约定，在合同成立后、履行完毕前，若特定条件成就，一方可通过行使解除权使合同关系终止。《民法典》第 562 条第 2 款规定："当事人可以约定一方解除合同的事由。解除合同的事由发生时，解除权人可以解除合同。"约定解除权属于事前协商解除。条件成就时，一方享有解除权，但需实际行使才能解除合同。

③法定解除。指在合同成立后、履行完毕前，一方依法行使解除权使合同效力终止。根据《民法典》第 563 条第 1 款规定，有下列情形之一的，当事人可以法定解除合同：

a. 不可抗力致使合同目的不能实现。不可抗力致使合同目的完全不能实现时，可通过解除权解除合同；不可抗力导致合同目的部分不能实现或履行迟延，当事人可依情事变更原则请求法院变更合同内容。

b. 预期违约。一方在履行期届满前明确表示或以行为表明不履行主要债务，非违约方可选择解除合同。

c. 迟延履行主要债务。债务人未履行主要债务，经催告后在合理期限内仍未履行，债权人可解除合同。

d. 迟延履行或其他违约致合同目的无法实现。迟延履行影响合同目的实现的，不需经过催告程序便可解除合同；有其他违约行为致使不能实现合同目的的，允许非违约方解除合同。

e．法律规定的其他情形。

④不定期合同的解除。《民法典》第563条第2款规定，以持续履行的债务为内容的不定期合同，当事人可以随时解除合同，但是应当在合理期限之前通知对方。其行使要件有：a．主要适用于继续性合同；b．该继续性合同须是不定期的；c．必须提前通知对方，使对方作出合理准备。

(3)合同解除的程序：

①法定解除权的行使：

a．单方行使解除权。《民法典》第565条第1款规定："当事人一方依法主张解除合同的，应当通知对方。合同自通知到达对方时解除；通知载明债务人在一定期限内不履行债务则合同自动解除，债务人在该期限内未履行债务的，合同自通知载明的期限届满时解除。对方对解除合同有异议的，任何一方当事人均可以请求人民法院或者仲裁机构确认解除行为的效力。"单方行使解除权应符合的条件有：解除权是一种形成权，无须对方同意；须通知对方，自通知到达时解除；须在规定期限内行使；遵守法定形式要件。

b．通过诉讼或仲裁方式解除。《民法典》第565条第2款规定，当事人一方未通知对方，直接以提起诉讼或者申请仲裁的方式依法主张解除合同，人民法院或者仲裁机构确认该主张的，合同自起诉状副本或者仲裁申请书副本送达对方时解除。

②解除权的行使期限：a．有法律规定或当事人约定，在规定期限内行使；b．无法律规定或当事人约定，自知道或应当知道解除事由之日起1年内行使。

③相对人提出异议的权利。对方对解除合同有异议的，任何一方均可请求法院或仲裁机构确认解除行为的效力。

(4)合同解除的法律后果：

①溯及力。《民法典》第566条第1款规定，合同解除后，尚未履行的，终止履行；已经履行的，根据履行情况和合同性质，当事人可以请求恢复原状或者采取其他补救措施，并有权请求赔偿损失。

②返还请求权。合同解除后，当事人有权请求返还已作出的给付，并补偿相关费用。

③合同解除与损害赔偿的关系。《民法典》第566条第2款规定，合同因违约解除的，解除权人可以请求违约方承担违约责任，但是当事人另有约定的除外。

④合同解除后的担保责任。《民法典》第566条第3款规定，主合同解除后，担保人对债务人应当承担的民事责任仍应当承担担保责任，但是担保合同另有约定的除外。

五、法条分析题

《民法典》第566条规定："合同解除后，尚未履行的，终止履行；已经履行的，根据履行情况和合同性质，当事人可以要求恢复原状或者采取其他补救措施，并有权请求赔偿损失。"[中山大学2015年研改编]

请回答《民法典》所规定合同解除的类型，以及合同解除与违约损害赔偿之间的关系，并进一步分析合同解除后主张损害赔偿的范围应如何界定。

答：(1)根据不同的分类标准，可以将《民法典》所规定的合同解除分为不同的类型，以下介绍两种分类：

①按照合同解除是否需要与对方当事人形成一致意思表示，可分为：

a. 单方解除，指解除权人行使解除权将合同解除的行为，不必经对方当事人同意。

b. 协议解除，指当事人双方协商一致将合同解除的行为。它不以解除权的存在为必要。

②按照合同的解除条件是否法定，可分为：

a. 法定解除，指在合同成立后、履行完毕前，一方依法行使解除权使合同效力终止。在法定解除可分为可适用于所有合同的一般法定解除，以及仅以适用于特定合同的特别法定解除。

b. 约定解除，指合同双方约定，在合同成立后、履行完毕前，若特定条件成就，一方可通过行使解除权使合同关系终止。

约定解除与协议解除相似，都属于通过合意使用合同形式把原定的合同加以解除。二者的区别在于：约定解除在原合同中规定当事人的解除权；协议解除通过订立新合同来规定当事人的解除权。

(2)合同解除与违约损害赔偿是并用的关系。根据《民法典》第566条规定，合同解除后，对于已经履行的合同，根据具体履行情况和合同性质可以要求赔偿损失。

(3)《民法典》第566条对“损失”的范围没有进行明确界定，一般认为应当包括：

①直接损失：因合同解除导致的权利人现有财产的减少应当得到赔偿。

②间接损失：合同如期履行，权利人将得到的利益，即可期待利益。合同解除是在当事人无法通过原始性权利义务来实现合同目的时，通过救济性权利义务来实现合同目的一种方式。因此，救济性权利当然包括了要求对方赔偿可得利益损失。

六、案例分析题

1. 2018年9月29日，甲方和乙方签订了一份《供货合同》。合同约定：甲方向乙方提供50套整车电池，乙方向甲方支付货款360万元；甲方交付货物后7天内，乙方对货物进行验收，若验收期内无异议情况反馈即视为验收合格。同日双方还签订了《供应商产品质量保证协议》和《产品售后服务协议》。合同签订后，乙方向甲方发出了订购单，甲方从2018年12月12日开始分批向乙方提供整车电池。截至2019年1月5日，甲方共向乙方交付整车电池50套。乙方按照合同约定对50套整车电池进行了检验签收，且在合同约定的检验期内未对货物提出任何异议。乙方按照合同约定在2018年10月26日支付了75万元。剩余货款双方约定：在2019年2月12日前支付110万元，在2019年3月14日前支付150万元，还有25万元作为质保金。甲方多次催要剩余货款，乙方均以电池质量不符合双方签订的《供应商产品质量保证协议》以及产品有缺陷为由拒付。[扬州大学2021年研]

问：

(1)本案中的产品验收是否合格？为什么？

(2)本案中的乙方能否以电池质量存在问题为由而拒付货款？为什么？

(3)本案中，如乙方逾期支付货款成立，则给甲方造成的经济损失应如何处理？

答：(1)本案中的产品验收合格。理由如下：

根据合同约定，乙方在甲方交付货物后7天内对货物进行验收，若验收期内无异议情况反馈即视为验收合格。乙方在2018年12月12日至2019年1月5日期间分批接收了50套整车电池，并在合同约定的检验期内未提出任何异议。因此，根据合同约定，应视为验收合格。

(2)乙方不能以电池质量存在问题为由拒付货款。理由如下：

①甲乙之间存在债权债务关系。甲方已向乙方交付整车电池50套，乙方按照合同约定在2018年10月26日支付了75万元，且双方约定在2019年2月12日前支付110万元，在2019年3月14日前支付150万元，还有25万元作为质保金。甲乙之间存在债权债务关系，乙应当支付给甲货款。

②乙方未在验收期内提出异议。《民法典》第621条第1款规定："当事人约定检验期限的，买受人应当在检验期限内将标的物的数量或者质量不符合约定的情形通知出卖人。买受人怠于通知的，视为标的物的数量或者质量符合约定。"虽然双方签订了《供应商产品质量保证协议》，但乙方在合同约定的验收期内未提出任何异议，应视为验收合格。

综上，乙方不能以电池质量存在问题为由拒付货款。

(3)如果乙方逾期支付货款成立，甲方可以采取以下措施处理给其造成的经济损失：

①主张违约金。如《供货合同》中有明确的违约金条款，甲方可以要求乙方支付违约金。如果没有明确的违约金条款，甲方可按《民法典》第585条规定，请求法院或仲裁机构根据实际情况确定违约金。

②主张利息损失。《民法典》第584条规定，当事人一方不履行合同义务或者履行合同义务不符合约定，造成对方损失的，损失赔偿额应当相当于因违约所造成的损失，包括合同履行后可以获得的利益；但是，不得超过违约一方订立合同时预见到或者应当预见到的因违约可能造成的损失。甲方可以要求乙方支付逾期付款的利息损失，通常按照同期银行贷款利率计算。

③诉讼或仲裁。如果乙方拒绝支付剩余货款，甲方可以通过诉讼或仲裁的方式要求乙方支付剩余货款及相应的违约金和利息损失。

综上所述，甲方可以通过主张违约金、利息损失以及通过诉讼或仲裁的方式处理乙方逾期支付货款造成的经济损失。

2. 甲因出国工作，将自己的宠物犬寄养在朋友乙家。2015年5月2日，乙擅自决定将该犬卖给同事丙，乙、丙二人约定：宠物犬价格为5万元，2015年8月30日双方同时交付。

丙为按时向乙付款，于2015年8月20日向丁借款3万元，以自己的一辆汽车抵押，双方签订了书面抵押合同但未办理抵押登记。2015年8月23日，甲提前回国，从乙处取回宠物犬。2015年8月31日，丙以乙不能履行为由通知乙解除合同。[2017年法硕(非法学)真题]

请根据上述材料，回答下列问题并说明理由：

(1)乙丙之间的买卖合同效力如何？

(2)丁对丙的汽车是否享有抵押权？

(3)丙是否有权解除与乙之间的买卖合同？

答：(1)乙丙之间的买卖合同有效。理由如下：

合同的一般生效要件有：①当事人缔约时有相应的缔约能力；②当事人的意思表示真实；③不违反强制性法律规范及公序良俗。乙、丙均具有完全民事行为能力，且二者意思表示真实，签订的合同内容合法，故该合同有效。

(2)丁对丙的汽车享有抵押权。理由如下：

《民法典》第400条规定，设立抵押权，当事人应当采用书面形式订立抵押合同。第403条规定，以动产抵押的，抵押权自抵押合同生效时设立；未经登记，不得对抗善意第三人。

本题中，丙以汽车抵押，汽车属于第403条规定的动产，抵押权自抵押合同生效时设立。丙、丁双方签订了书面抵押合同，丁对丙的汽车享有抵押权。

(3)丙有权解除与乙之间的买卖合同。理由如下：

《民法典》第563条规定，当事人一方迟延履行债务或者有其他违约行为致使不能实现合同目的，当事人可以解除合同。乙丙之间约定的合同履行时间为2015年8月30日。到2015年8月31日丙要求解除合同，合同履行期已过，乙因无合同标的物致使合同不能履行。乙不能交付标的物的行为构成违约，致使合同目的不能实现，故丙有权解除合同。

3. 司法考试培训名师雷某与某培训学校约定，雷某将于2013年8月4日至6日为其讲授课程三天，课酬五万元。约定在8月1日给付课酬。[中财2014年研]

根据上述案情，请回答下列问题：

(1)如果7月30日，培训学校得知雷某经济状况严重恶化，有多笔债务逾期未还，则其是否可以中止履行？为什么？

(2)如果7月30日，培训学校有确切证据证明雷某被确诊为食道癌，须立即切除气管，则其可以采取何种救济手段？为什么？

(3)如果7月30日，培训学校得知雷某曾对人讲，因课酬太低，届时将不去授课，则其能否主张解除合同？为什么？

(4)如果8月4日，雷某只讲了一天课，就再未去授课，则培训学校是否有权要求雷某实际履行剩下的两天课？其如果解除合同的话，是否发生溯及力？为什么？

答：(1)培训学校不可以中止履行，具体分析如下：

《民法典》第527条规定，应当先履行债务的当事人，有确切证据证明对方有下列情形之一的，可以中止履行：①经营状况严重恶化；②转移财产、抽逃资金，以逃避债务；③丧失商业信誉；④有丧失或者可能丧失履行债务能力的其他情形。本题中，雷某教授课程的义务具有人身属性，其经济状况恶化，有多笔债务逾期未还，并不影响教授课程。因此，培训学校不可以中止履行。

(2)培训学校可以与雷某解除合同，具体分析如下：

《民法典》第563规定，因不可抗力致使不能实现合同目的的，当事人可以解除合同。在7月30日，培训学校有确切证据证明雷某被确诊为食道癌，须立即切除气管，这属于不可抗力，并直接导致雷某不能在8月4日进行授课。因此，培训学校可以与雷某解除合同。

(3)培训学校可以解除合同，具体分析如下：

预期违约又称先期违约，是指在履行期限届满前，一方无正当理由明确表示或通过行为表明其在履行期限届满后将不履行或无法履行合同。雷某的行为属于预期违约，培训学校可以据此解除合同，并要求雷某赔偿相应的损失。

(4)培训学校有权要求雷某实际履行剩下的两天课；若解除合同，不发生溯及力。具体分析如下：

①培训学校有权要求雷某继续履行合同。雷某只讲了一天课，就再未授课的行为属于不完全履行，培训学校有权要求其继续履行。

②若解除合同，不发生溯及力。继续性合同，是指履行必须在一定持续的时间内完成，而不是一时或一次完成的合同。本题中，培训学校与雷某签订的合同为继续性合同，雷某的授课是持续性的，因此如果合同解除，不发生溯及力，合同的履行不能恢复原状。

第八章 违约责任

一、单项选择题

1. 甲与乙签订合同约定：标的总额为100万元；任何一方违约，应向对方支付违约金20万元。后乙违约，给甲造成损失40万元。甲有权请求乙给付的最高金额是（　　）。[2023年法硕（法学、非法学）真题]

A. 80万元　　B. 60万元　　C. 40万元　　D. 20万元

【解析】《民法典》第585条规定："当事人可以约定一方违约时应当根据违约情况向对方支付一定数额的违约金，也可以约定因违约产生的损失赔偿额的计算方法。约定的违约金低于造成的损失的，人民法院或者仲裁机构可以根据当事人的请求予以增加；约定的违约金过分高于造成的损失的，人民法院或者仲裁机构可以根据当事人的请求予以适当减少。当事人就迟延履行约定违约金的，违约方支付违约金后，还应当履行债务。"本题中，违约金是20万元，低于实际损失40万元，基于上述规则可以请求增加违约金，但最多增加至40万元。

2. 某网店打折促销某型号扫地机器人，甲见后立即提交订单购买10台并付款。后该网店以库存不足为由拒绝发货。对此，该网店（　　）。[2022年法硕（非法学）真题]

A. 不承担民事责任　　B. 应当承担违约责任

C. 应当承担缔约过失责任　　D. 应当承担违反预约合同的责任

【解析】AB两项，违约责任，是指合同当事人因违反合同义务所应承担的责任。本题中，甲购买十台扫地机器人并付款，其与网店之间已经达成买卖合同，网店以库存不足为由拒绝发货，属于违约行为，应承担违约责任。违约责任是民事责任。

C项，缔约过失责任，是指在合同订立过程中，一方因违反诚信原则和法律规定，导致另一方信赖利益受损而应承担的损害赔偿责任。根据《民法典》第491条第2款规定，当事人一方通过互联网等信息网络发布的商品或者服务信息符合要约条件的，对方选择该商品或者服务并提交订单成功时合同成立，但是当事人另有约定的除外。本题中，网店与甲并未另有约定，因此在甲提交订单成功后，双方合同便已成立。同时，本合同并未附有生效条件或期限条件，合同成立时便生效。可见，网店的行为并非发生在合同订立过程中，而是在合同生效后，不承担缔约过失责任。

D项，《民法典》第495条第1款规定，当事人约定在将来一定期限内订立合同的认购书、订购书、预订书等，构成预约合同。本题中，网店与甲之间的合同属于本约合同，而非预约合同。

二、概念题

加害给付与瑕疵给付[中南财大2021年研]

答：（1）加害给付与瑕疵给付是不适当履行即履行具有瑕疵的两种类型。

①加害给付，指债务人的不适当履行行为不仅造成债权人履行利益的损失，还导致债

1C　2B

权人其他财产损失或人身损害。例如，电器漏电致人死亡。

②瑕疵给付，指履行不符合法律规定或合同约定的质量标准，导致对方当事人履行利益受损。例如，产品不合格、劳务不达标等。

(2)二者的相同点：均以合同有效存在为前提，且都属于不适当履行的子项情形。

(3)二者的区别：

①损害范围不同。瑕疵给付主要涉及履行利益损失；加害给付则包括履行利益以外的其他财产损失和人身损害。

②法律效果不同。加害给付引发违约责任和侵权责任的竞合；瑕疵给付仅引发违约责任。

三、简答题

1. 违约责任与侵权责任的比较。[南京理工 2011 年研]

相关试题：简述违约责任与侵权责任的竞合。[扬州大学 2024 年研]

答：违约责任，又称违反合同的民事责任，是指合同当事人因违反合同义务所应承担的责任。侵权责任是指行为人因其侵权行为承担的责任。违约责任和侵权责任的区别如下：

(1)归责原则不同。违约责任适用严格责任原则；侵权责任主要适用过错责任原则。

(2)举证责任不同。在违约责任中，受害人只需证明对方有违约行为，自己因此受到损害即可；在一般侵权责任中，受害人必须证明侵权人主观上有过错。

(3)责任构成要件和免责条件不同。在违约责任中，行为人实施了违约行为，且无有效的抗辩事由，就应当承担违约责任。除了法定的免责事由，当事人还可以约定免责事由。在侵权责任中，侵权行为一般由四个构成要件组成：侵权行为、损害事实、因果关系和过错。在侵权责任中，免责事由只能是法定的，当事人不能事先约定免责条件，也不能事先约定不可抗力的范围。

(4)责任承担方式不同。侵权责任主要采用损害赔偿的方式；违约责任除了损害赔偿外，还可以采用违约金、解除合同、定金罚则等方式。

(5)责任范围不同。违约责任的损害赔偿主要是财产损失的赔偿，一般不包括对人身伤害的赔偿和精神损害的赔偿责任；侵权责任的损害赔偿不仅包括财产损失的赔偿，而且包括人身伤害和精神损害的赔偿，其赔偿范围包括直接损失和间接损失。

(6)对第三人的责任不同。合同责任中，如果因第三人的过错导致合同债务不能履行，根据合同相对性原则，向债权人承担违约责任后，债务人才能向第三人追偿。而在侵权责任中，行为人一般只对因自己的过错导致他人损害的后果负责。

(7)诉讼管辖不同。因合同纠纷提起的诉讼，由被告住所地或者合同履行地人民法院管辖，合同的双方当事人可以在书面合同中协议选择被告住所地、合同履行地、合同签订地、原告住所地、标的物所在地人民法院管辖；侵权之诉，由侵权行为地或被告住所地人民法院管辖。

2. 简述预期违约责任。[北邮 2022 年研]

相关试题：预期违约责任的特征。[天津商大 2020 年研]

答：(1)预期违约的概念和特征：

预期违约又称先期违约，是指在履行期限届满前，一方无正当理由明确表示或通过行为表明其在履行期限届满后将不履行或无法履行合同。其特点有：

①时间特定。预期违约发生在履行期限届满前，表现为一方未来将不履行义务。

②对象特定。侵害对象是期待的债权，而不是现实的债权。

③后果特定。预期违约通常造成信赖利益损害，其损害赔偿范围与实际违约的责任不同。

(2)预期违约的两种情形：

①明示毁约。指一方当事人无正当理由，明确表示其在履行期限届满时不履行合同。其构成要件有：a. 一方明确表示其将不履行合同；b. 不履行合同的主要义务，如付款或交货义务；c. 无正当理由不履行。构成明示毁约的，另一方可以在履行期限到来前采取各种违约补救方式，如要求履行、赔偿损失、支付违约金以及解除合同等。

②默示毁约。指一方通过行为表明其在履行期限届满后将不履行合同，且另一方有充分证据证明其不愿履行，也未提供必要的履行担保。其构成要件有：a. 一方具有《民法典》第527条所规定的情况，如经营状况严重恶化、转移财产、丧失商业信誉等；b. 另一方有确凿的证据证明对方具有上述情形；c. 一方不愿提供适当履约担保。在默示毁约情形下，非违约方可暂时中止履行合同，但合同并未解除。

四、案例分析题

1. 2021年6月1日，甲公司与乙公司订立建设工程合同，约定由乙公司为甲公司承建厂房；2022年6月1日竣工，工程款2000万元，自竣工后1个月内支付。乙公司施工期间，因施工地城市举办运动会，工程被主管机关要求停工2个月。及至2022年8月1日，乙公司竣工后，遂于当日向甲公司送交竣工验收报告，并将厂房向甲公司交付。甲公司表示，因乙公司逾期竣工，依约应支付违约金45万元。[暨南大学2024年研]

(1)乙公司是否应当向甲公司支付逾期竣工的违约金？为什么？

(2)在验收过程中，甲公司发现厂房二楼的窗户比施工图少了1个，遂起诉至法院，要求乙公司按照合同约定，支付违约金100万元。请问乙公司可以如何保护自己的利益？说明理由。

(3)由于甲公司资金周转困难，遂与乙公司约定延至2023年1月支付工程款，并将该厂房抵押给乙公司。2023年1月到期后，甲公司无力支付工程款。请问乙公司可以采取什么措施？

答：(1)乙公司不应当向甲公司支付逾期竣工的违约金。理由如下：

《民法典》第590条规定："当事人一方因不可抗力不能履行合同的，根据不可抗力的影响，部分或者全部免除责任，但是法律另有规定的除外。因不可抗力不能履行合同的，应当及时通知对方，以减轻可能给对方造成的损失，并应当在合理期限内提供证明。"

①停工原因。乙公司在施工期间因施工地城市举办运动会，被主管机关要求停工2个月。这种情况属于不可抗力，因为是政府行为导致的停工，乙公司无法预见、无法避免且无法克服。

②通知义务。乙公司应及时通知甲公司，并在合理期限内提供相关证明，以证明其因

不可抗力导致停工。

③免责。因不可抗力，乙公司可以免除因停工2个月而导致的逾期竣工的责任。

综上所述，停工是由不可抗力导致的，因此乙公司无需向甲公司支付逾期竣工的违约金。

(2)乙公司可以通过请求减少违约金和提出补救措施来保护自己的利益。具体分析如下：

①根据《民法典》第585条规定，约定的违约金过分高于造成的损失的，人民法院或者仲裁机构可以根据当事人的请求予以适当减少。乙公司可以主张实际损失并不足以达到100万元，请求法院根据实际损失情况调整违约金数额。此外，乙公司还可以提出补救措施，如尽快安装缺失的窗户，并承担相应的费用。这样可以减少甲公司的实际损失，从而降低违约金的数额。

②理由：a. 公平原则。违约金的主要目的是弥补守约方的损失，违约金应当与实际损失相匹配。b. 实际损失。乙公司可以通过举证证明实际损失的具体数额，请求法院将违约金调整到合理的范围内。

(3)乙公司可以采取以下措施：

①行使抵押权。根据《民法典》第410条规定，债务人不履行到期债务或发生当事人约定的实现抵押权的情形，抵押权人可与抵押人协议以抵押财产折价或者以拍卖、变卖该抵押财产所得的价款优先受偿。

②诉讼或仲裁。乙公司可以向人民法院提起诉讼或申请仲裁，请求法院判决甲公司支付工程款，并确认乙公司对厂房享有优先受偿权。

③拍卖或变卖抵押物。乙公司可以请求法院拍卖或变卖抵押的厂房，并从所得价款中优先受偿。

综上所述，乙公司可以通过行使抵押权、提起诉讼或申请仲裁等方式来保障自己的权益。

2. 2016年6月，甲在乙电商平台注册网店并销售睫毛膏。2018年12月27日，乙以甲涉嫌出售假货应当处以售假金额10倍违约金为由将甲网店货款账户冻结，导致甲不能正常提现，并在其后扣划账户内资金83771元。乙认为甲的行为侵犯其合法权益，且10倍违约金的约定违反法律规定，属于无效条款。故请求法院判决乙返还资金并赔偿利息损失。乙认为：冻结甲账户资金系基于平台用户协议的双方约定，乙对甲售假行为根据售假金额的10倍进行处理有事实及合同依据；乙作为平台所有方对商家具有管理权，只要商家不出现售假等违反约定的行为，平台不会干涉甲正常提现。[扬州大学2020年研]

问：

(1)甲乙双方签订的平台用户协议效力如何？为什么？

(2)本案中，若要认定甲违约须固定的法律事实有哪些？

(3)本案中，平台用户协议约定的10倍违约金是否需要调整？为什么？

答：(1)甲乙双方签订的平台用户协议有效。理由如下：

①合同成立与生效。根据《民法典》第465条规定，依法成立的合同，受法律保护。甲在乙电商平台注册网店并销售睫毛膏，表明甲同意并接受了乙的平台用户协议，该协议是

双方的真实意思表示。

②合法性。平台用户协议的内容不违反法律法规的强制性规定，且不违背公序良俗，因此具备合法性。

③公平原则。虽然平台用户协议是由乙提供的格式条款，但只要这些条款没有免除乙的责任、加重甲的责任或排除甲的主要权利，且乙已经采取合理方式提示甲注意这些条款，那么这些条款就有效。

综上所述，甲乙双方签订的平台用户协议有效。

(2)本案中，若要认定甲违约，需要固定以下法律事实：

①售假行为。须有充分证据证明甲确实出售了假货，包括但不限于购买记录、鉴定报告、消费者投诉等。

②售假金额。需要确定甲出售假货的具体金额，以便计算违约金。

③平台用户协议的相关条款。确认平台用户协议中有关售假行为的处罚条款，以及这些条款是否明确告知甲，并且甲已经同意这些条款。

④通知和处理程序。确认乙在冻结账户和扣划资金前是否按照平台用户协议中的程序进行了通知，并给予了甲合理的申辩机会。

(3)平台用户协议约定的10倍违约金可能需要调整。理由如下：

①违约金的合理性。《民法典》第585条规定："当事人可以约定一方违约时应当根据违约情况向对方支付一定数额的违约金，也可以约定因违约产生的损失赔偿额的计算方法。约定的违约金低于造成的损失的，人民法院或者仲裁机构可以根据当事人的请求予以增加；约定的违约金过分高于造成的损失的，人民法院或者仲裁机构可以根据当事人的请求予以适当减少。"

②实际损失。乙需要提供证据证明其因甲售假行为所遭受的实际损失，包括但不限于商誉损失、消费者投诉处理成本等。10倍违约金是否过高，需要结合甲的实际售假行为给乙造成的损失来判断。如果10倍违约金明显高于乙的实际损失，甲可以请求法院予以适当减少。法院会综合考虑双方的过错程度、实际损失等因素，作出合理的判决。

③公平原则。违约金的设定应符合公平原则，不应过分惩罚违约方。如果10倍违约金明显不合理，法院可以根据实际情况进行调整。

3. 甲、乙两家公司订立一钢材买卖合同，约定甲公司应于9月20日前向乙公司提供钢材100吨，以保证乙公司承担的建设工程按期完成。9月18日，甲公司所在地突然发生特大水灾，一直持续到10月初。在此期间，甲公司未履行合同，也未向乙公司说明受水灾之事。乙公司因甲公司没有按期提供所需钢材，为按期完成承担的建设工程，不得不高价从丙公司处购买所需钢材，多花费4万元。乙公司因此要求解除钢材买卖合同并要求甲公司赔偿4万元。甲公司拒绝赔偿，也不同意解除钢材买卖合同。[厦门大学2012年研]

问：

(1)甲公司未履行合同的行为，是否构成违约？为什么？

(2)乙公司是否有权解除与甲公司的钢材买卖合同？为什么？

(3)本纠纷应如何处理？理由是什么？

答：(1)甲公司未履行合同的行为构成违约。

理由：《民法典》第577条规定，当事人一方不履行合同义务或者履行合同义务不符合约定的，应当承担继续履行、采取补救措施或者赔偿损失等违约责任。本题中，甲公司未能按照合同约定于9月20日前向乙公司提供钢材100吨，属于履行合同不符合约定情形，构成违约。

(2)乙公司有权解除与甲公司的钢材买卖合同。

理由：《民法典》第563条规定，有下列情形之一的，当事人可以解除合同：①因不可抗力致使不能实现合同目的；②在履行期限届满之前，当事人一方明确表示或者以自己的行为表明不履行主要债务；③当事人一方迟延履行主要债务，经催告后在合理期限内仍未履行；④当事人一方迟延履行债务或者有其他违约行为致使不能实现合同目的；⑤法律规定的其他情形。本题中，甲公司应于9月20日前向乙公司提供钢材100吨，才能保证乙公司承担的建设工程按期完成。而特大水灾一直持续到10月初，甲乙之间的合同目的已经不能实现，乙公司有权解除合同。

(3)甲公司作为因不可抗力不能履行合同一方，未尽通知义务，致使乙公司的损失进一步扩大，故应对4万元的扩大损失承担赔偿责任。

理由：根据《民法典》第590条规定，因不可抗力不能履行合同的，应当及时通知对方，以减轻可能给对方造成的损失，并应当在合理期限内提供证明。则在发生不可抗力事件后，受不可抗力影响而不能履行合同的一方应及时通知合同相对方。若未及时通知，并因此导致相对方损失扩大的，受影响一方应对扩大的损失部分承担赔偿责任。本题中，甲公司在遭受特大水灾后，未及时通知乙公司，致使乙公司多花费4万元，甲公司应就此损失承担赔偿责任。

第九章 典型合同(一)

一、单项选择题

甲委托乙公司将一批货物运往A地。后甲将运输途中的货物卖给丙，双方对风险的承担没有约定。甲、丙签订买卖合同后，该批货物毁损、灭失的风险( )。[2020年法硕(非法学)真题]

A. 自买卖合同成立时起由丙承担
B. 自货物交付给乙公司时起由丙承担
C. 自货物运抵A地时起由丙承担
D. 自货款付清时起由丙承担

【解析】《民法典》第606条规定，出卖人出卖交由承运人运输的在途标的物，除当事人另有约定外，毁损、灭失的风险自合同成立时起由买受人承担。本题中，甲将运输途中的货物卖给丙，该批货物毁损、灭失的风险自买卖合同成立时起由丙承担。

二、概念题

出卖人的瑕疵担保义务[中南财大2023年研]

相关试题：权利瑕疵担保[北科2011年研；南京大学2007年研]

答：出卖人的瑕疵担保义务，是指在买卖合同中，出卖人应当保证所交付的标的物符合合同约定的质量标准，不存在隐蔽的或明显的缺陷。如果标的物存在瑕疵，出卖人应承担相应的法律责任。其内容有：

(1)物的瑕疵担保义务，即出卖人须保证标的物符合合同约定的质量标准。《民法典》第615条规定："出卖人应当按照约定的质量要求交付标的物。出卖人提供有关标的物质量说明的，交付的标的物应当符合该说明的质量要求。"

(2)权利的瑕疵担保义务，即出卖人须保证其对标的物拥有合法的所有权或处分权。《民法典》第612条规定，出卖人就交付的标的物，负有保证第三人对该标的物不享有任何权利的义务，但是法律另有规定的除外。

三、简答题

简述买卖合同标的物的风险负担规则。[中南财大2023年研]

相关试题：

(1)论述买卖合同的风险负担规则。[论述题，中国政法2024年研]

(2)买卖合同标的物风险负担的原则。[广外2024年研]

答：(1)买卖合同标的物风险负担的基本规则：

在买卖合同中，标的物的风险，是指因非双方过错导致的毁损或灭失损失。风险负担即确定该损失由谁承担。《民法典》第604条规定，标的物毁损、灭失的风险，在标的物交付之前由出卖人承担，交付之后由买受人承担，但法律另有规定或当事人另有约定的除外。特殊情况包括：①交付前标的物风险由买受人承担；②交付后一段时间内标的物风险仍由出卖人承担。

A

(2)买卖合同标的物风险负担的具体规则:

①路货买卖中的标的物风险负担。《民法典》第606条规定，出卖人出卖交由承运人运输的在途标的物，除当事人另有约定外，毁损、灭失的风险自合同成立时起由买受人承担。

②需要运输的标的物风险负担。根据《民法典》第607条规定，出卖人按照约定将标的物运送至买受人指定地点并交付给承运人后，标的物毁损、灭失的风险由买受人承担；当事人没有约定交付地点或约定不明确，按规定标的物需要运输的，出卖人将标的物交付给第一承运人后，风险由买受人承担。

③未交付单证、资料不影响风险转移。《民法典》第609条规定，出卖人按照约定未交付有关标的物的单证和资料的，不影响标的物毁损、灭失风险的转移。

④迟延交付标的物的风险负担。《民法典》第605条规定，因买受人的原因致使标的物未按照约定的期限交付的，买受人应当自违反约定时起承担标的物毁损、灭失的风险。

⑤买受人未收取标的物的风险负担。根据《民法典》第608条规定，出卖人按照约定或按规定将标的物置于交付地点，买受人违反约定没有收取的，标的物毁损、灭失的风险自违反约定时起由买受人承担。

⑥出卖人根本违约的风险负担。《民法典》第610条规定:“因标的物不符合质量要求，致使不能实现合同目的的，买受人可以拒绝接受标的物或者解除合同。买受人拒绝接受标的物或者解除合同的，标的物毁损、灭失的风险由出卖人承担。”

⑦买受人承担风险与出卖人违约责任关系。《民法典》第611条规定，标的物毁损、灭失的风险由买受人承担的，不影响因出卖人履行义务不符合约定，买受人请求其承担违约责任的权利。

综上，标的物的风险负担主要依据交付时间确定，但在特定情况下可以由法律规定或当事人约定进行调整。

四、案例分析题

1. 甲和乙订立买卖合同，约定将玛莎拉蒂或法拉利出卖给乙，但是并未确定标的物，也并未约定具体的价款。事后，甲将法拉利停在路边，由于挖掘机的碰撞，导致该辆法拉利毁损并且无法修复。甲遂向乙交付玛莎拉蒂；乙却主张此前约定交付的是法拉利，并请求解除合同。甲将玛莎拉蒂提存到某公证机构丙处，并将其提存的事实通知乙。提存后数日，丙仓库起火，玛莎拉蒂被烧毁。事后得知，甲还约定将玛莎拉蒂卖给丁。[中南财大2023年研]

(1)甲之间的买卖合同能否成立？如果能够成立，如何确定标的物和价款？

(2)甲是否有权提存？乙是否有权解除合同？

(3)在玛莎拉蒂被烧毁的情况下，甲是否还能够请求乙支付价款？

(4)丁可否请求甲继续履行？

答:(1)①甲和乙之间的买卖合同能够成立。

理由：根据《民法典》第470条规定，合同的内容由当事人约定，一般包括当事人的名称或者姓名和住所、标的、数量、质量、价款或者报酬、履行期限、地点和方式、违约责任、解决争议的方法等条款。虽然甲和乙订立的买卖合同中未明确具体的标的物和价款，但双方已经达成了一致的意思表示，合同可以成立。

②标的物和价款可以通过协商、交易习惯或市场行情来确定。

理由：《民法典》第 510 条规定，合同生效后，当事人就质量、价款或者报酬、履行地点等内容没有约定或者约定不明确的，可以协议补充；不能达成补充协议的，按照合同相关条款或者交易习惯确定。如果无法通过协商或交易习惯确定，可以依据市场行情来确定。

(2)①甲有权提存。

理由：《民法典》第 570 条规定，有下列情形之一，难以履行债务的，债务人可以将标的物提存：a. 债权人无正当理由拒绝受领；b. 债权人下落不明；c. 债权人死亡未确定继承人、遗产管理人，或者丧失民事行为能力未确定监护人；d. 法律规定的其他情形。本题中，乙无正当理由拒绝接受标的物玛莎拉蒂，甲可以将玛莎拉蒂提存。

②乙有权解除合同。

理由：根据《民法典》第 563 条规定，有下列情形之一的，当事人可以解除合同：a. 因不可抗力致使不能实现合同目的；b. 在履行期限届满前，当事人一方明确表示或者以自己的行为表明不履行主要债务；c. 当事人一方迟延履行主要债务，经催告后在合理期限内仍未履行；d. 当事人一方迟延履行债务或者有其他违约行为致使不能实现合同目的；e. 法律规定的其他情形。本题中，乙主张交付的是法拉利，而法拉利已经毁损且无法修复，合同目的不能实现，乙有权解除合同。

(3)在玛莎拉蒂被烧毁的情况下，甲可以请求乙支付价款。

理由：根据《民法典》的规定，提存物的风险自提存之日起转移给债权人。本题中，甲将玛莎拉蒂提存到公证机构丙处，并通知了乙。提存后，玛莎拉蒂的所有权和风险都转移到了乙。因此，即使玛莎拉蒂后来因火灾被烧毁，甲仍然有权要求乙支付相应的价款。

(4)丁不能请求甲继续履行交付玛莎拉蒂的义务。

理由：如甲与丁之间确实存在有效的买卖合同关系，且合同中明确规定了甲需向丁出售玛莎拉蒂，但在甲已经将玛莎拉蒂提存给乙之后，实际上已无法再向丁交付同一辆车。在这种情况下，实际履行已不可能。根据《民法典》规定，当合同履行不能时，债权人可以请求解除合同并要求赔偿损失，但不能请求继续履行。因此，丁可以选择请求解除合同并要求甲赔偿损失，而不能请求其继续履行交付玛莎拉蒂的义务。

2. 案情：郑某有一幅名人字画，于 2022 年 5 月 1 日被朋友周某借走。周某将这幅画挂在自家墙上欣赏。2022 年 5 月 10 日，陈某到周某家做客，看到这幅画非常喜欢，问周某画从何来，周某称该画是从一个朋友手上买来的。陈某问可否将该画卖给他，他愿意出价 20 万元购买，周某当场表示同意。陈某说他现在手上没有这么多钱，需回去筹款，可否先将画交付给他，他三日内一定将全部款项交付给周某。周某表示画不能先交付给陈某，但同意给陈某三天筹款时间。三天后，陈某到周某家来，一手交钱，一手交画，约定任何一方违约，需向另一方支付违约金 2 万元，陈某同意。次日，马某来周某家做客，看到这幅画，表示非常喜欢，愿意出价 50 万元购买，并愿意当场付款。周某看马某出价如此高，便当场答应，收取了马某 50 万元价款，并将画交付给马某。三天后，陈某筹到款项，来到周某家，要求周某交画；周某称该画是从郑某处借来，已归还郑某，无法交付给陈某。陈某找到郑某核实；郑某方得知上述情形，非常生气，当场打电话给马某，要求马某将画返还

给自己，遭到马某拒绝。[扬州大学2024年研]

结合上述案情，回答下列问题：

(1)若陈某主张自己与周某的买卖合同在前，马某与周某的买卖合同在后，因此，马某与周某的买卖合同无效。陈某的此项主张是否成立，马某与周某的买卖合同效力如何，为什么？

(2)上述案情发生后，该画的所有权人是谁，为什么？

(3)郑某和陈某各自可通过何种方式使自己得到救济？

答：(1)陈某的主张不成立，马某与周某的买卖合同有效。理由如下：

合同的成立应当具备以下要件：①存在双方或多方当事人；②当事人就合同主要条款达成合意。本题中，周某与马某就该画的买卖达成了一致，合同已经成立。根据《民法典》第502条规定，依法成立的合同，自成立时生效。因此，马某与周某的买卖合同有效，不因陈某与周某的买卖合同在前而影响其效力。

(2)上述案情发生后，该画的所有权人是马某。具体分析如下：

①物权变动。根据《民法典》第224条规定，动产物权的设立和转让，自交付时发生效力。本题中，周某将该画交付给马某，该画的所有权已经转移给了马某。

②善意取得。虽然周某对借来的该画没有所有权，但根据《民法典》第311条规定，受让人在受让该不动产或者动产时是善意的，以合理的价格转让，且已经完成交付，受让人可以取得该物的所有权。马某在购买该画时并不知道周某无权处分，且支付了合理价格，因此马某可以善意取得该画的所有权。

(3)①郑某可以通过请求返还财产或损害赔偿的方式得到救济：

a. 请求返还财产。根据《民法典》第235条规定，无权占有不动产或者动产的，权利人可以请求返还原物。郑某作为该画的所有权人，可以向马某请求返还该画。

b. 损害赔偿。如马某善意取得该画所有权，郑某可要求周某赔偿其因该画被无权处分而造成的损失。

②陈某可以通过请求承担违约责任或解除合同的方式得到救济：

a. 请求承担违约责任。根据《民法典》第577条规定，当事人一方不履行合同义务或者履行合同义务不符合约定的，应当承担继续履行、采取补救措施或者赔偿损失等违约责任。陈某可以要求周某承担违约责任，包括支付违约金2万元。

b. 解除合同。根据《民法典》第563条规定，陈某可以解除与周某的买卖合同，并要求周某赔偿其因合同解除而遭受的损失。

3. 张某偶然在家中翻出所继承父亲遗产中珍藏的价值10万元的凤尾琴一把，出租给开设展览馆的王某供展览。不料，王某竟以12万元将琴出售给李某。李某又将该琴与赵某价值相当的明代屏风一副交换。经查，张某15岁，在将琴出租给王某签订合同时，李某作为见证人，并做了签名。[宁波大学2021年研]

问：

(1)张某和王某之间的租赁合同、王某和李某的买卖合同、李某和赵某的互易合同是否有效？

(2)张某可以向王某主张何种权利？

(3)张某直接向李某请求交付屏风，有无理由？

答：(1)①张某和王某之间的租赁合同无效。根据《民法典》第 19 条规定，8 周岁以上的未成年人为限制民事行为能力人，实施民事法律行为由其法定代理人代理或者经其法定代理人同意、追认。张某 15 岁，属于限制民事行为能力人，其签订租赁合同的行为不属于纯获利益或与其年龄、智力相适应的民事法律行为，需要经过其法定代理人的同意或追认才能生效。由于没有证据表明张某的法定代理人同意或追认该合同，因此该租赁合同无效。

②王某和李某的买卖合同有效。王某将凤尾琴出售给李某，该合同是双方的真实意思表示，且符合法律规定。尽管王某无权处分该琴，但根据《民法典》第 311 条规定，受让人在受让该动产时是善意的，以合理的价格转让，并且已经完成交付，受让人可以取得该动产的所有权。即李某作为善意第三人，支付了合理价格并取得了琴的所有权，因此该买卖合同有效。

③李某和赵某的互易合同有效。李某将凤尾琴与赵某价值相当的明代屏风交换，这是双方的真实意思表示，且符合法律规定。赵某也是善意第三人，因此该互易合同有效。

(2)张某可以向王某主张返还财产(或赔偿损失)和损害赔偿。具体分析如下：

①返还财产。根据《民法典》第 235 条规定，无权占有不动产或者动产的，权利人可以请求返还原物。张某可以要求王某返还凤尾琴。但由于凤尾琴已被王某出售给李某，张某可以要求王某返还相当于凤尾琴价值的赔偿。

②损害赔偿。根据《民法典》第 1165 条规定，行为人因过错侵害他人民事权益造成损害的，应当承担侵权责任。王某无权处分张某的凤尾琴，造成了张某的损失；张某可以要求王某赔偿损失，包括凤尾琴的价值 10 万元。

(3)张某直接向李某请求交付屏风没有法律依据，无理由。具体分析如下：

根据《民法典》第 311 条规定，李某从王某处善意取得凤尾琴，而赵某从李某处善意取得屏风。因此，赵某已经合法取得了屏风的所有权。张某不能直接向李某请求交付屏风，因为李某已经不再拥有屏风的所有权。张某应当向王某主张赔偿损失，而不是直接向李某或赵某请求交付屏风。

4. A 公司为拓宽销售渠道，于 2020 年 3 月在某电商平台开设网店。开业当天，公司员工因疏忽将某品牌白酒每坛 80000 元的销售价格误标成 8000 元。该白酒的进货价为每坛 50000 元。甲发现该酒的价格明显低于市场价，遂下单订购 2 坛并付款。次日，A 公司发现标价错误，立即联系甲，请求甲取消订单，甲拒绝。A 公司于是未向甲发货。甲诉至法院，要求 A 公司履行合同，A 公司则辩称该合同显失公平，并以此为由请求撤销合同。[2023 年法硕(非法学)真题]

请根据上述材料，回答下列问题并说明理由：

(1)本案中的买卖合同是否成立？

(2)A 公司请求撤销合同的理由是否成立？

答：(1)本案中的买卖合同成立。具体分析如下：

《民法典》第 491 条规定，当事人一方通过互联网等信息网络发布的商品或者服务信息符合要约条件的，对方选择该商品或者服务并提交订单成功时合同成立，但是当事人另有约定的除外。

本题中，A 公司的标价行为系特定人向相对人发出，以缔结合同为目的，内容具体确定，构成要约；甲提交订单成功构成承诺。双方当事人对买卖标的及其数量等达成合意，应认定合同成立。

（2）A 公司请求撤销合同的理由不成立。具体分析如下：

《民法典》第 151 条规定，一方利用对方处于危困状态、缺乏判断能力等情形，致使民事法律行为成立时显失公平的，受损害方有权请求人民法院或者仲裁机构予以撤销。

本题中，A 公司不存在处于危困状态、缺乏判断能力等情形，而是因公司员工疏忽将销售价格标错，其以显失公平为由主张撤销合同的理由不能成立。

5. 2019 年 10 月 8 日，钱某与丁某签订了一份房屋买卖合同，合同约定：钱某将其所有的商品房一套卖给丁某，总价款 180 万元，首付 100 万元在合同签订之日起 1 个月内交付，余款在 2020 年年底支付，首付款 100 万元付清后钱某须将该房交与丁某居住，房款全部交齐后双方再到房管部门办理过户手续。合同签订后，丁某依约履行了合同，钱某亦依约将房屋交与丁某居住，但一直未与丁某办理房屋过户手续。2021 年 8 月，钱某又将该房以 230 万元的价格卖给江某，并在同年 9 月为其办理了房屋过户手续。丁某得知后，于 2021 年 11 月向法院起诉，请求判决房屋归自己所有，判决钱某承担违约责任。钱某辩称：自己与丁某签订的合同存在重大误解，因为该房的实际面积为 68 平方米，而卖出时误测为 57 平方米，所以才以 180 万的价格卖给丁某，故请求撤销与丁某之间的房屋买卖合同。［暨南大学 2022 年研］

（1）钱某与丁某之间的房屋买卖合同是否可以撤销？

（2）钱某与江某之间的房屋买卖合同是否有效？

（3）纠纷发生时，该房屋的所有权属于谁？

（4）钱某是否应当向丁某承担违约责任？

答：（1）钱某与丁某之间的房屋买卖合同不可以撤销。理由如下：

根据《民法典》第 147 条规定，基于重大误解实施的民事法律行为，行为人有权请求人民法院或者仲裁机构予以撤销。重大误解是指行为人对行为的性质、对方当事人、标的物的品种、质量、规格和数量等存在错误认识。

①具体分析：钱某称因误测房屋面积而以较低价格卖出，但这并不构成重大误解。首先，房屋买卖合同中通常会明确约定房屋的具体信息，包括面积。如果合同中已明确记载了房屋面积，钱某应承担相应的风险。其次，即使存在误测，也应通过协商或补充协议解决，而不是单方面请求撤销合同。

②履行情况：丁某已经依约支付了首付款，并实际居住在该房屋内，合同已经部分履行，撤销合同将损害丁某的合法权益。

综上所述，钱某与丁某之间的房屋买卖合同不可以撤销。

（2）钱某与江某之间的房屋买卖合同有效。理由如下：

根据《民法典》第 143 条规定，具备下列条件的民事法律行为有效：①行为人具有相应的民事行为能力；②意思表示真实；③不违反法律、行政法规的强制性规定，不违背公序良俗。钱某与江某之间的房屋买卖合同符合上述条件，且双方已经办理了过户手续，因此该合同有效。

(3)纠纷发生时，该房屋的所有权属于江某。理由如下：

根据《民法典》第 209 条规定，不动产物权的设立、变更、转让和消灭，经依法登记，发生效力；未经登记，不发生效力，但是法律另有规定的除外。钱某与江某已经办理了房屋过户手续，房屋的所有权已经转移给江某。虽然钱某与丁某签订了房屋买卖合同并交付了房屋，但由于未办理过户手续，该房屋的所有权并未转移给丁某。

(4)钱某应当向丁某承担违约责任。理由如下：

《民法典》第 577 条规定，当事人一方不履行合同义务或者履行合同义务不符合约定的，应当承担继续履行、采取补救措施或者赔偿损失等违约责任。钱某与丁某签订的房屋买卖合同合法有效，而钱某未按合同约定办理过户手续，并将房屋再次出售给江某，构成了违约。丁某有权要求钱某承担违约责任，包括返还已支付的房款、赔偿损失等。

6. 吴德与古琦是大学同学，退休后都喜欢字画收藏，经常在一起切磋收藏心得与体会。2019 年 9 月 18 日上午，吴德邀请古琦到其家欣赏近期的一些收藏品，其中有一幅明朝著名书法家董其昌的《秋声赋》令古琦爱不释手。在古琦的再三要求下，吴德将董其昌的书法作品《秋声赋》以 150 万元人民币的价格转让给古琦。古琦回家后经常拿出来欣赏并向藏友展示。2019 年 12 月 1 日，古琦在展示给一位资深藏友时被告知为复制品，后经权威鉴定大师鉴定董其昌《秋声赋》这幅书法作品确实为赝品。因此，古琦向吴德提出退货并要求吴德退还 150 万元，但遭到吴德的明确拒绝。吴德说自己也不知道该书法作品为赝品，他本人也以为是真迹才买的，而且古琦当时是自己主动要买该书法作品的，不是强迫其买的。为此，古琦将吴德作为被告诉至法院。[湖南师大 2021 年研]

请问：

(1)吴德与古琦之间的买卖合同是否有效？为什么？

(2)该案应如何处理？为什么？

答：(1)吴德与古琦之间的买卖合同有效。理由如下：

①合同成立。根据《民法典》第 465 条规定，依法成立的合同，受法律保护。吴德与古琦之间的买卖合同是双方真实意思表示的结果，且没有违反法律法规的强制性规定。

②合同效力。根据《民法典》第 143 条规定，具备下列条件的民事法律行为有效：a. 行为人具有相应的民事行为能力；b. 意思表示真实；c. 不违反法律、行政法规的强制性规定，不违背公序良俗。吴德与古琦均为完全民事行为能力人，且买卖合同是双方自愿达成的，因此合同有效。

(2)本案应撤销买卖合同，并由吴德退还古琦 150 万元人民币。理由如下：

①标的物瑕疵担保责任。根据《民法典》第 615 条规定，出卖人应保证标的物符合约定质量要求。若标的物存在瑕疵，买受人有权要求解除合同、退货或赔偿损失。吴德出售的《秋声赋》为赝品，与双方约定的真迹不符，构成标的物瑕疵。

②重大误解。根据《民法典》第 147 条规定，基于重大误解实施的民事法律行为，行为人有权请求人民法院或者仲裁机构予以撤销。本题中，古琦基于对《秋声赋》为真迹的误解订立合同，符合重大误解的构成要件。而吴德虽声称不知情，但其作为字画收藏者，应对标的物的真伪承担更高的注意义务。其未能提供标的物的合法来源或鉴定证明，存在一定过错。

③返还财产。《民法典》第157条规定："民事法律行为无效、被撤销或者确定不发生效力后，行为人因该行为取得的财产，应当予以返还；不能返还或者没有必要返还的，应当折价补偿。有过错的一方应当赔偿对方由此所受到的损失；各方都有过错的，应当各自承担相应的责任。"古琦有权基于标的物瑕疵或重大误解请求撤销合同，要求吴德退还150万元。

综上所述，法院应判决撤销合同，吴德退还150万元，古琦返还《秋声赋》。若古琦因交易产生其他损失(如鉴定费用)，可要求吴德适当赔偿。

7. 2014年5月15日，甲公司与乙公司签订买卖合同，约定：甲公司从乙公司购进5台空调，2个冰柜，货款总计60000元，从2014年10月起分四期按月支付，每期支付15000元。

2014年5月20日，乙公司将合同约定的货物全部交给甲公司。5月27日，赵某为甲公司安装空调，其间，赵某不慎将工具掉到楼下，将行人钱某砸伤。经查，赵某系丙公司派遣到乙公司的安装工人，是丙公司在派遣前对赵某进行了培训。

2014年10月，甲公司支付了第一期货款15000元，后一直未支付第二期货款。[2018年法硕(非法学)真题]

请根据上述材料，回答下列问题并说明理由：

(1)本案中的买卖合同是否属于分期付款买卖？

(2)乙公司是否有权解除与甲公司签订的买卖合同？

(3)钱某的损害应当由谁承担赔偿责任？

答：(1)该买卖合同属于分期付款买卖。

理由：分期付款买卖，是指买受人在一定期限内将其应付的总价款分批向出卖人支付的买卖。在分期付款买卖中，买受人将应付的总价款在一定期间内至少分三次向出卖人支付。本题中，甲公司与乙公司签订买卖合同，甲公司分四次支付总价款，因此是分期付款买卖合同。

(2)乙公司有权解除该买卖合同。

理由：根据《民法典》第634条第1款规定，分期付款的买受人未支付到期价款的金额达到全部价款的1/5的，出卖人可以要求买受人支付全部价款或者解除合同。本题中，甲公司在支付第一期货款后，未支付第二期货款，第二期货款为15000元，占全部价款的1/4。此时，甲公司未支付的货款已经达到了全部价款的1/5，乙公司可以要求甲公司支付全部价款或者解除合同。

(3)钱某的损害应由乙公司承担赔偿责任。

理由：根据《民法典》第1191条规定，用人单位的工作人员因执行工作任务造成他人损害的，由用人单位承担侵权责任。劳务派遣期间，被派遣的工作人员因执行工作任务造成他人损害的，由接受劳务派遣的用工单位承担侵权责任；劳务派遣单位有过错的，承担相应的补充责任。本题中，乙公司是赵某的用工单位，丙公司是赵某的派遣单位，丙公司在派遣前对赵某进行了培训，因此不存在过错。钱某的损害赔偿应当由用工单位乙公司承担。

8. 甲和乙于2007年2月1日签订房屋买卖合同，约定：甲将自有房屋一套卖给乙，价款120万元。合同订立后，乙依约交付全部房款，并搬入该房屋居住。由于房价不断上涨，甲迟迟不与乙去房地产交易中心办理房屋过户登记手续。2007年10月10日，甲又与丙签订房屋买卖合同，将该房屋出售给丙，并在房地产交易中心办理了房屋过户登记手续，将房屋登记在丙的名下。随后丙要求乙腾出房屋。乙遂诉至法院，请求确认自己与甲之间的房屋买卖合同有效，撤销甲与丙之间的房屋买卖合同，并将房屋登记在自己的名下。[2010年法硕(法学)真题]

根据上述案情，请回答：

(1)甲乙之间的房屋买卖合同是否有效？为什么？

(2)甲丙之间的房屋买卖合同是否有效？为什么？

(3)乙是否有权要求法院撤销甲丙之间的房屋买卖合同？为什么？

(4)丙是否有权请求乙腾出房屋？为什么？

(5)甲应当对谁承担何种民事责任？

答：(1)甲乙之间的房屋买卖合同有效。

理由：《民法典》第215条规定，当事人之间订立有关设立、变更、转让和消灭不动产物权的合同，除法律另有规定或者当事人另有约定外，自合同成立时生效；未办理物权登记的，不影响合同效力。甲乙之间的房屋买卖合同，意思表示真实，双方具有相应的民事行为能力，合同内容和形式均符合法律规定，符合合同生效的全部要件；即使没有进行不动产移转登记，房屋买卖合同依旧有效。

(2)甲丙之间的房屋买卖合同有效。

理由：《民法典》第209条规定，不动产物权的设立、变更、转让和消灭，经依法登记，发生效力；未经登记，不发生效力，但是法律另有规定的除外。甲乙之间订立房屋买卖合同之后，没有依法进行不动产移转登记，没有发生不动产物权变动。房屋的所有权属于甲，甲有权处分属于自己的房屋。甲丙之间的房屋买卖合同，双方均具有相应的行为能力，意思表示真实，合同内容和形式均符合法律规定的合同生效条件，故该合同有效。

(3)乙无权要求法院撤销甲丙之间的房屋买卖合同。

理由：可撤销合同主要是意思表示不真实的合同，仅限于因重大误解、欺诈、胁迫、乘人之危等法律规定的原因订立的几种类型，而且只有可撤销合同的缔约方才有权申请撤销合同。本题中，甲丙之间的房屋买卖合同合法有效，且乙并非该合同的一方当事人，故乙无权要求撤销该合同。

(4)丙有权请求乙腾出房屋。

理由：《民法典》第235条规定，无权占有不动产或者动产的，权利人可以请求返还原物。甲与丙之间的房屋买卖合同有效，而且依法进行了不动产移转登记，因房屋已经登记在丙的名下，丙已经取得房屋所有权。乙此时住在丙的房屋中属于无权占有，因此丙有权请求乙腾出房屋。

(5)甲应当对乙承担违约责任。

理由：违约责任，是指因违反合同义务而产生的责任。甲乙之间签订了合法有效的房屋买卖合同，甲有义务按照合同办理房屋过户登记手续，但甲并未履行该义务，构成对乙的违约，所以甲应当对乙承担违约责任。

第十章　典型合同(二)

一、单项选择题

1. 在受赠人请求履行时，赠与人可以不再履行赠与义务的情形是(　　)。[2021 年法硕(法学、非法学)真题]

A. 受赠人严重侵害赠与人近亲属的合法权益

B. 赠与人的经济状况显著恶化，严重影响其生产经营

C. 赠与某贫困山区小学电脑，但尚未交付

D. 受赠人不履行赠与合同约定的义务

【解析】AD 两项，《民法典》第 663 条规定，受赠人有下列情形之一的，赠与人可以撤销赠与：①严重侵害赠与人或者赠与人近亲属的合法权益；②对赠与人有扶养义务而不履行；③不履行赠与合同约定的义务。赠与人的撤销权，自知道或者应当知道撤销事由之日起 1 年内行使。AD 两项中的赠与人可撤销赠与，而非不再履行赠与义务。

B 项，《民法典》第 666 条规定，赠与人的经济状况显著恶化，严重影响其生产经营或者家庭生活的，可以不再履行赠与义务。

C 项，赠与贫困山区电脑属于具有救灾、扶贫、助残等公益、道德义务性质的赠与合同。该性质的赠与合同不得撤销，赠与人不交付赠与财产的，受赠人可以请求交付。

2. 甲将房屋出租给乙。租赁期间甲将房屋卖给了丙，办理了过户登记手续，双方约定剩余租期的租金由丙收取。其后甲将上述事实告知乙。租期届满后，乙继续占有该房屋。对此，下列表述正确的是(　　)。[2021 年法硕(法学、非法学)真题]

A. 丙只能请求乙向甲返还房屋

B. 丙既可以请求甲交付房屋，也可以请求乙返还房屋

C. 丙只能请求甲交付房屋

D. 丙只能请求乙返还房屋

【解析】租赁合同是有期限地转移标的物使用权的合同，并不移转标的物的所有权。甲将房屋出售给丙，且办理了过户登记手续，此时房屋所有权人是丙。

A 项，丙是房屋所有权人，应请求乙向自己返还房屋。

BCD 三项，因此时甲已不具有房屋所有权，且不占有该房屋，甲也将房屋租赁的事实告知丙，丙无法向甲请求返还房屋。

3. A 公司急需机床，因资金不足与 B 公司签订合同，约定：B 公司按照 A 公司的要求向 C 厂购买 10 台机床出租给 A 公司，由 C 厂向 A 公司交付机床；租金 800 万元，每年年末 A 公司向 B 公司支付 80 万元；租赁期届满时，机床的所有权归 A 公司。该合同为(　　)。[2021 年法硕(非法学)真题]

A. 融资租赁合同　　　　B. 借款合同

C. 租赁合同　　　　D. 所有权保留的买卖合同

1B　2D　3A

【解析】融资租赁合同，是指出租人根据承租人对出卖人、租赁物的选择，向出卖人购买出租物，提供给承租人使用，承租人支付租金的合同。本题中，B公司是出租人，根据承租人A公司的要求向出卖人C厂购买10台机床，提供给承租人A公司使用，A公司支付租金，因此该合同属于融资租赁合同。

二、多项选择题

1. 甲与A公司约定：甲将自己的汽车卖给A公司并转移所有权，A公司支付价款60万元；该车由甲占有使用，甲每月支付租金15000元；合同有效期为5年，期满后汽车无偿归甲所有。对此，下列选项中正确的有（　　）。[2022年法硕（法学、非法学）真题]

A. 甲与A公司之间的合同属于有名合同

B. 甲与A公司之间的合同名为买卖合同，实为借款合同

C. 甲与A公司之间关于合同期满后汽车归属的约定无效

D. A公司对汽车的所有权未经登记不得对抗善意第三人

【解析】AB两项，根据《最高人民法院关于审理融资租赁合同纠纷案件适用法律问题的解释》，承租人将其自有物出卖给出租人，再通过融资租赁合同将租赁物从出租人处租回的，人民法院不应仅以承租人和出卖人系同一人为由认定不构成融资租赁法律关系。甲将其汽车出卖给A公司，再通过融资租赁合同将汽车从A公司处租回，构成融资租赁法律关系。甲与A公司之间的合同属于融资租赁合同，属于有名合同。

C项，融资租赁合同中出租人和承租人可以约定租赁期限届满时租赁物的归属，因此甲与A公司之间关于合同期满后汽车归属的约定有效。

D项，根据《民法典》第745条规定，出租人对租赁物享有的所有权，未经登记不得对抗善意第三人。

2. Y公司常年为Z公司供货，货款按月计算，每年6月底支付。2021年1月10日，Y公司与某银行订立有追索权的保理合同，将其对Z公司2021年第一季度的100万元货款债权转让给银行，向银行融资80万元，保理期限6个月。Y公司到期未能向银行偿还保理融资款，银行有权（　　）。[2022年法硕（法学、非法学）真题]

A. 请求Y公司返还80万元融资款本息

B. 请求Y公司回购100万元货款债权

C. 请求Z公司偿还100万元货款债务

D. 保留Z公司偿还的100万元货款扣除80万元本息和相关费用后的剩余部分

【解析】根据《民法典》第761条规定，保理合同是应收账款债权人将现有的或者将有的应收账款转让给保理人，保理人提供资金融通、应收账款管理或者催收、应收账款债务人付款担保等服务的合同。第766条规定，当事人约定有追索权保理的，保理人可以向应收账款债权人主张返还保理融资款本息或者回购应收账款债权，也可以向应收账款债务人主张应收账款债权。甲公司是应收账款债权人，银行是保理人，且双方签订的是有追索权的保理合同，因此银行可以采取下列措施：①向甲公司主张返还80万元保理融资款及本息；

1AD　2ABC

②向甲公司主张回购100万元债权；③向债务人乙公司主张100万元债权。

三、概念题

1. 赠与合同[人大2012年研]

答：赠与合同，根据《民法典》第657条规定，是指赠与人将财产无偿给予受赠人，受赠人表示接受赠与的合同。其特征有：①双方法律行为；②转移财产权的合同；③单务、无偿合同；④诺成合同。赠与合同一般是不要式合同，但赠与的财产依法需要办理登记或者其他手续的，应办理有关手续。赠与合同于“受赠人表示接受赠与”时成立。赠与合同一经订立，即对赠与人与受赠人产生拘束力。

2. 反担保[暨南大学2017年研]

答：反担保又称求偿担保，是指债务人或第三人为确保担保人承担担保责任后实现对主债务人的求偿权而设定的担保。其成立条件有：①反担保以本担保的存在为前提；②提供反担保的主体包括债务人及债务人以外的其他人；③反担保依其具体形式尚需满足特定的成立要件。反担保的核心功能在于保障担保人追偿权的实现。

3. 一般保证[中国政法2023年研；上海海事大学2006年研]

答：一般保证，根据《民法典》第687条规定，是指当事人在保证合同中约定，只有在债务人不能履行债务时，保证人才承担保证责任的保证。当事人在保证合同中对保证方式没有约定或者约定不明确的，按照一般保证承担保证责任。在一般保证中，在主合同纠纷已经过审判或仲裁，并就债务人财产进行强制执行后仍不能履行债务时，保证人才依法承担保证责任。

4. 先诉抗辩权[中南财大2024年研]

答：先诉抗辩权又称检索抗辩权，是指一般保证人在债权人未就主债务人的财产依法强制执行而无效果时，对于债权人可拒绝清偿的权利。《民法典》第687条第2款规定，一般保证的保证人在主合同纠纷未经审判或者仲裁，并就债务人财产依法强制执行仍不能履行债务前，有权拒绝向债权人承担保证责任，但是有下列情形之一的除外：①债务人下落不明，且无财产可供执行；②人民法院已经受理债务人破产案件；③债权人有证据证明债务人的财产不足以履行全部债务或者丧失履行债务能力；④保证人书面表示放弃本款规定的权利。

5. 租赁合同与融资租赁合同[人大2013年研]

相关试题：融资租赁合同[暨南大学2016年研；南开大学2012年研；北邮2005年研]

答：(1)租赁合同，是指出租人将租赁物交付承租人使用、收益，承租人支付租金的合同。

(2)融资租赁合同，是指当事人之间约定，出租人根据承租人对出卖人、租赁物的选择，向出卖人购买租赁物，提供给承租人使用，承租人支付租金的合同。

(3)二者的区别在于：

①主体不同。租赁合同的当事人只有出租人和承租人双方。而融资租赁合同涉及三方

当事人，即出租人、承租人和出卖人。

②主要义务不同。在租赁合同中，出租人对租赁物负瑕疵担保责任，出租人负有修缮的义务。在融资租赁合同中，出卖人对租赁物的质量负担保责任，承租人对租赁物负有修缮的义务。

③形式不同。租赁合同租赁期限为6个月以上的，应采用书面形式，未采用书面形式的，视为不定期租赁。融资租赁合同须采用书面形式。

四、简答题

简述赠与合同中赠与人的撤销权。［中南财大2012年研］

答：赠与合同中赠与人的撤销权可分为：

(1)赠与合同的任意撤销。指在赠与财产的权利转移之前，赠与人可以基于自己的单方意思撤销赠与合同。《民法典》第658条第1款规定，赠与人在赠与财产的权利转移之前可以撤销赠与。其仅适用于一般的赠与合同。经过公证的赠与合同，或具有救灾、扶贫、助残等公益、道德义务性质的赠与合同，不得任意撤销。如果赠与人不交付赠与财产，受赠人可以请求交付。如果赠与财产因赠与人的故意或重大过失毁损、灭失，赠与人应承担赔偿责任。

(2)赠与合同的法定撤销。指基于法定事由，赠与人、赠与人的继承人或法定代理人可以撤销赠与合同。

①赠与人的法定撤销。《民法典》第663条第1款规定，受赠人有下列情形之一的，赠与人可以撤销赠与：a. 严重侵害赠与人或者赠与人近亲属的合法权益；b. 对赠与人有扶养义务而不履行；c. 不履行赠与合同约定的义务。赠与人的撤销权，自知道或者应当知道撤销事由之日起1年内行使。

②赠与人的继承人或法定代理人的法定撤销。《民法典》第664条规定："因受赠人的违法行为致使赠与人死亡或者丧失民事行为能力的，赠与人的继承人或者法定代理人可以撤销赠与。赠与人的继承人或者法定代理人的撤销权，自知道或者应当知道撤销事由之日起6个月内行使。"

赠与合同依据法定撤销权被撤销后，赠与合同归于消灭。未交付的赠与财产无须再交付；已交付的赠与财产，可以向受赠人请求返还。

五、案例分析题

1. 2020年6月，甲是房屋所有人，甲、乙签订房屋租赁合同，租期5年。2022年7月，甲将房屋卖给自己的哥哥并办理登记过户，此事未通知乙。2022年8月，甲欲购单位附近的房屋，朋友丙遂将丁介绍给甲。2022年9月，三人见面商谈购房一事，丁表示房屋在自己父亲名下，并承诺能够得到父亲的房屋卖房授权，丙承诺："我保证丁能得到他父亲的授权，房子能顺利买卖。"甲随后与丁签订房屋买卖合同，合同载明丁为其父亲的代理人。后因丁未能获得其父授权，房屋买卖合同无法履行，甲要求丁赔偿自己为购买房屋支出的一万元费用，并要求丙承担保证责任。之后，乙也得知甲出售自己承租的房屋后，向甲主张该租赁房屋的优先购买权。［2024年法硕(非法学)真题］

根据上述材料，回答下列问题并说明理由：

(1)乙是否依法享有优先购买权？

(2)丙是否需要承担保证责任？

(3)甲是否有权请求丁赔偿支出的一万元费用？

答：(1)乙不享有优先购买权。

理由：《民法典》第726条第1款规定，出租人出卖租赁房屋的，应当在出卖之前的合理期限内通知承租人，承租人享有以同等条件优先购买的权利；但是，房屋按份共有人行使优先购买权或者出租人将房屋出卖给近亲属的除外。本题中，甲的哥哥属于近亲属，故承租人乙不能主张优先购买权。

(2)丙不需要承担保证责任。

理由：保证的核心要素是具有提供担保的意思。丙作出承诺，“我保证丁能得到他父亲的授权，房子能顺利买卖”，该承诺并没有提供担保的意思。此外，保证合同是要式合同，需要以书面形式签订。在本题中，丙没有签订书面形式的保证合同，更没有提供担保的意思，因此丙无需承担保证责任。

(3)甲有权请求丁赔偿支出的一万元费用的一部分。

理由：当行为人没有代理权或者代理权终止、超越代理权限，实施代理行为且未被被代理人追认的，属于无权代理。《民法典》第171条第4款规定，相对人知道或者应当知道行为人无权代理的，相对人和行为人按照各自的过错承担责任。本题中，丁不是房屋的所有权人，却与甲签订房屋买卖合同，且未被其父亲追认，属于无权代理，因此该买卖合同对丁的父亲不发生效力。甲明知丁是无权代理，故甲和丁应按各自的过错承担责任，共同承担这一万元的损失。因此，甲有权请求丁赔偿支出的一万元费用的一部分。

2. 甲、乙合伙开办健身中心，二人在2014年12月1日约定：甲以健身场地出资，乙以现金80万元出资，合伙期限为2015年1月1日至2019年12月31日，利润双方平分。

协议签订后，甲为提供健身场地，以个人名义租赁了丙的经营性用房，租期为自2015年1月1日起五年，每年年底支付当年租金15万元。租赁期间，甲在该房屋的入口处安装了两个摄像头，但未告知丙。

2018年1月初，甲因病去世。乙向丙请求按照原租赁合同租赁该房屋，丙拒绝。甲去世时，2017年的房租尚未支付。[2020年法硕(法学)真题]

请根据上述材料，回答下列问题并说明理由：

(1)丙发现甲安装摄像头后，有权向甲提出何种请求？

(2)甲死亡后，乙是否有权请求按照原租赁合同租赁该房屋？

(3)乙是否有义务支付甲欠付的租金？

答：(1)丙有权请求甲恢复原状或者赔偿损失。

理由：根据《民法典》第715条规定，承租人未经出租人同意，对租赁物进行改善或者增设他物的，出租人可以要求承租人恢复原状或者赔偿损失。本题中，甲在租赁房屋增设摄像头未经出租人丙同意，因此丙有权向甲请求对该租赁房屋恢复原状或者赔偿损失。

(2)乙有权请求按照原租赁合同租赁该房屋。

理由：根据《民法典》第732条规定，承租人在房屋租赁期间死亡的，与其生前共同居住的人或者共同经营人可以按照原租赁合同租赁该房屋。本题中，甲租赁房屋用于以个人合伙方式从事经营活动，房屋租赁期截止至2020年1月1日，甲在租赁期间死亡，作为共同经营人的乙有权请求按照原租赁合同继续租赁该房屋。

（3）乙无义务支付甲欠付的租金。

理由：甲以个人名义租赁房屋进行出资，为此欠付的租金属于甲的个人债务，并非合伙债务。因此，作为合伙人的乙无须为甲的个人债务承担无限连带责任，即无义务支付甲欠丙的2017年房租。

3. 2021年1月1日，李某与王某口头约定，李某承租王某的一套房屋。该房屋位于顶层，租期为5年，租金一次付清，交付租金后即可入住。洽谈时，王某告诉李某屋顶有漏水现象。为尽快入住，李某对此未置可否，付清租金后。入住后不久屋顶果然漏水，李某要求王某进行维修，王某认为在订立合同时已对漏水问题提前作了告知，李某当时并无异议，仍同意承租，故现在王某不应承担维修义务。于是，李某自购了一批建材，找到朋友金某带的装修队免费维修。金某派工人对屋顶进行维修，同时按照李某的意思对房屋进行了较大装修。维修屋顶大约花了10天时间，装修则用了1个月，王某对此并不知情。维修屋顶时，一名工人不慎摔伤，花去医药费数千元。2021年6月，由于屋顶防水建材质量问题，屋顶出现大面积漏水，造成李某1万余元财产损失。［暨南大学2023年研］

（1）房屋维修及费用负担问题应如何处理？理由是什么？

（2）李某与金某之间有什么法律关系？其内容和适用规则如何？摔伤工人的医药费用、损失应如何处理？理由是什么？

（3）房屋装修问题应如何处理？理由是什么？

（4）李某是否有权请求王某赔偿因2009年6月屋顶漏水所受损失？理由是什么？

答：（1）王某应当承担房屋维修义务并负担相关费用。理由如下：

①出租人维修义务。《民法典》第712条规定，出租人应当履行租赁物的维修义务，但当事人另有约定的除外。本题中，虽然王某在订立合同时告知了李某屋顶有漏水现象，但这并不免除王某的维修义务。

②合同条款解释。尽管王某提前告知了漏水问题，但双方并未明确约定李某自行承担维修责任。因此，王某仍需履行维修义务。

③实际损失。因屋顶漏水导致的实际损失，王某应负责修复，并承担由此产生的费用。

（2）①李某与金某之间的法律关系属于无偿委托。李某委托金某进行房屋维修，而金某免费提供劳务。

②内容和适用规则。《民法典》第919条规定，委托合同是委托人和受托人约定，由受托人处理委托人事务的合同。第930条规定，受托人处理委托事务时，因不可归责于自己的事由受到损失的，可以向委托人请求赔偿损失。但是，无偿委托合同的解除方应当赔偿因解除时间不当造成的直接损失。

③摔伤工人的医药费用和损失应由金某承担。

理由：根据《民法典》第1192条规定，个人之间形成劳务关系，提供劳务一方因劳务造成他人损害的，由接受劳务一方承担侵权责任；接受劳务一方承担侵权责任后，可以向有故意或者重大过失的提供劳务一方追偿。金某作为受托人，属于接受劳务一方，对工人负有管理责任，因此摔伤工人的医药费用、损失应由金某承担。如果金某能证明摔伤是因工人自身故意或重大过失导致的，则金某可以向该工人追偿。

(3)关于房屋装修问题，李某应当恢复原状或赔偿损失。理由如下：

《民法典》第715条规定："承租人经出租人同意，可以对租赁物进行改善或者增设他物。承租人未经出租人同意，对租赁物进行改善或者增设他物的，出租人可以请求承租人恢复原状或者赔偿损失。"本题中，承租人李某在未经出租人王某同意的情况下进行了较大装修，违反了上述规定。因此，王某有权要求李某恢复原状或赔偿损失。

(4)李某有权请求王某赔偿损失。理由如下：

①出租人维修义务。根据《民法典》第712条规定，出租人应当履行租赁物的维修义务。王某作为出租人，有义务确保房屋的正常使用状态。

②因果关系。屋顶漏水是由于防水建材质量问题导致的，这是王某责任范围内的问题。因此，李某因屋顶漏水造成的财产损失应当由王某赔偿。

③实际损失。李某因屋顶漏水造成的1万余元财产损失，王某应当予以赔偿。

4. 2006年6月1日，甲公司董事长以公司名义与乙公司签订房屋租赁合同。合同约定，甲将闲置的1号旧厂房出租给乙作为经营门面，租期六年。但未约定房屋维修义务的负担。乙租得房屋后，经甲同意对房屋进行了内部装修。2007年8月1日，当地发生特大暴雨，因房屋年久未维修而漏水，造成乙财产损失30万元。同年11月1日，乙经甲同意，在办理了合法建设手续后，将1号旧厂房扩建，但双方对扩建费用负担未达成一致。2008年6月1日，甲因生产需要，向丙银行借款200万元，约定同年12月1日还款。甲以扩建后的厂房作抵押，并办理了抵押登记。同时，丁公司作为保证人，约定丁承担保证责任直至甲向丙还清本息为止。还款期到后，甲未能还款。法院查明：

(1)甲股东会决议规定，厂房出租应经股东会特别决议。

(2)经甲委托，拍卖公司拍卖租赁房屋，戊以100万元拍得房屋。

(3)在拍卖前五日，甲通知了乙，但乙并未参加竞拍。[中南财大2010年研]

问：

(1)甲、乙的房屋租赁合同效力如何，为什么？

(2)因房屋漏水造成乙的损失如何承担，为什么？

(3)扩建后的房屋归谁所有，扩建费用如何承担，为什么？

(4)丁的保证责任期间应如何计算，为什么？

(5)丙如何主张担保权利，为什么？

(6)乙能否就房屋主张优先购买权，为什么？

(7)如在房屋抵押前，因甲违约导致租赁合同解除，对于装修物应如何处理，为什么？

答：(1)甲、乙的房屋租赁合同有效。

理由：①合同有效成立的要件主要包括：a. 适格的民事主体，具有相应的民事行为能力；b. 意思表示真实；c. 不违反法律、行政法规的强制性规定。

②甲公司要求对外租赁须经股东会特别决议的限制只是公司内部规定，无法对抗不知情的第三人，该租赁合同满足合同的其他成立要件。

因此，甲公司董事长作为其法定代表人与乙签订的租赁合同合法有效。

（2）因房屋漏水造成的损失应当由甲公司承担。

理由：依据《民法典》规定，甲公司作为出租人应当确保租赁物符合约定用途，即应当满足乙公司的日常使用要求，并承担租赁物的瑕疵担保义务。在双方未对租赁物厂房的维修明确约定的情况下，法律推定甲公司作为出租人应当履行维修义务。因此，因厂房失修导致房屋漏水给乙公司造成的损失应当由甲公司承担。

（3）扩建后的房屋归甲公司所有，扩建费用由甲公司负担。

理由：厂房所有权仍然归出租人甲公司所有，甲同意对出租屋的扩建是对自己所有物的正当支配，不影响所有权的归属。《最高人民法院关于审理城镇房屋租赁合同纠纷案件具体应用法律若干问题的解释》第12条规定，承租人经出租人同意扩建，但双方对扩建费用的处理没有约定的，人民法院按照下列情形分别处理：①办理合法建设手续的，扩建造价费用由出租人负担；②未办理合法建设手续的，扩建造价费用由双方按照过错分担。乙公司作为承租人经过甲的同意并办理了合法的建设手续，甲乙双方未约定扩建费用负担的，应由出租方即甲公司负担。因此，扩建房屋仍为甲公司所有，同时由其负担扩建费用。

（4）丁的保证期间应是2008年12月1日至2009年6月1日。

理由：《民法典》第692条第2款规定，债权人与保证人可以约定保证期间，但是约定的保证期间早于主债务履行期限或者与主债务履行期限同时届满的，视为没有约定；没有约定或者约定不明确的，保证期间为主债务履行期限届满之日起6个月。本题中，丁是甲公司向银行借款的保证人，但未约定保证期间，仅约定丁承担保证责任直至甲向丙还清本息为止。因此，丁的保证期应为甲的债务履行期限届满之日起6个月，即2008年12月1日至2009年6月1日。

（5）丙应当首先主张100万元的厂房拍卖款，再对未获清偿的100万元向甲公司或者在保证期限内向丁主张承担保证责任。

理由：丙对甲公司的200万元贷款既有甲自身所有厂房的物的抵押担保，同时又有丁作为保证人，依《民法典》规定，应当首先要求甲承担抵押权担保责任，再请求丁承担保证责任。丁的保证未约定保证形式，依法应当推定为一般保证。因此，丙应首先主张实现抵押担保，受偿拍卖所得后剩余部分向甲主张，甲不能履行债务时向丁主张。

（6）乙可以主张优先购买权。

理由：根据《民法典》第726条规定，出租人出卖租赁房屋的，应当在出卖之前的合理期限内通知承租人，承租人享有以同等条件优先购买的权利。根据《最高人民法院关于人民法院民事执行中拍卖、变卖财产的规定》第11条规定，人民法院应当在拍卖5日前以书面或者其他能够确认收悉的适当方式，通知当事人和已知的担保物权人，优先购买权人或者其他优先权人于拍卖日到场。即担保物权人或者人民法院拍卖担保物，优先购买权人不丧失优先购买权。因此，乙公司作为本案厂房的承租人，依法享有优先购买权，且不因未参加拍卖而丧失。

（7）对于装修物的处理应分两种情况：①若装修物与厂房未形成附合，可由承租人乙拆除。因拆除造成房屋毁损的，乙应当恢复原状。②若装修物与厂房已形成附合，则装修物的所有权归甲，乙可以请求甲赔偿剩余租赁期内装饰装修残值损失。

理由：根据《最高人民法院关于审理城镇房屋租赁合同纠纷案件具体应用法律若干问题

的解释》第9条规定，乙系征得出租人甲的同意而对厂房进行的装修，且双方未对装修物未来归属和处分作明确约定，因甲违约而导致租赁合同解除。装修物若未与租赁物形成附合，所有权归属承租人，承租人有权拆除，但因此给出租人造成的损失应当赔偿；若已经形成附合，则依据所有权取得原则，由出租屋所有权人甲获得装修物所有权，但因其违约导致合同解除的，应当对乙的装修物残值进行赔偿。

5. 2012年4月初，甲与乙、丙签订借款合同，约定：甲借给乙120万元，期限2年，乙每月偿还5万元；丙承担保证责任，如乙到期无力还款，由丙向甲偿还全部借款。

合同签订后，乙请求甲再多借给自己20万元，甲表示同意，并于2012年4月28日将140万元借款交给乙。乙出具借据，载明收到140万元，还款期限顺延。丙对此不知情。

2012年5月至2012年12月底，乙共计还款40万元。2013年1月，甲与丁签订债权转让合同，将甲对乙的债权转让给丁。合同签订后，甲向乙、丙发出债权转让通知书，乙收到后明确表示不同意，丙则未置可否。[2015年法硕(非法学)真题]

请根据上述案情，回答下列问题并说明理由：

(1)甲与乙之间的借款合同何时生效?

(2)丙的担保属于何种保证方式？对甲多借给乙的20万元，丙是否应承担保证责任?

(3)甲与丁之间的债权转让合同是否因乙不同意而无效?

答：(1)借款合同在2012年4月28日甲向乙交付借款时生效。

理由：自然人之间的借款合同，属于实践合同，自贷款人提供借款时生效。

(2)①丙的担保是一般保证。理由如下：

一般保证，是指保证人与债权人约定，当债务人不能履行债务时，由保证人承担保证责任的行为。连带责任保证，是指保证人与债权人约定，保证人与债务人对债务承担连带责任的行为。本题中，借款合同约定，丙在乙到期无力还款时承担保证责任，此种约定应依法认定为一般保证。

②对甲多借给乙的20万元，丙不应承担保证责任。

理由：这20万元未经保证人同意，加重了保证人责任，保证人依法对加重的部分不承担保证责任。

(3)甲与丁之间的债权转让合同不会因乙不同意而无效。

理由：债权转让，是指合同债权人通过协议将其债权全部或部分地转让给第三人的行为。债权人转让债权的，应当通知债务人，但无须征得债务人同意。因此，甲与丁之间的债权转让合同不会因债务人乙不同意而无效。

第十一章 典型合同(三)

一、单项选择题

1. W公司(国有独资公司)和X设计院签订了技术咨询合同。受托方X设计院在履行合同过程中，利用W公司提供的技术资料和工作条件完成了一项新的技术成果。双方对此类新技术成果归属未作约定，该成果依法属于(　　)。[2022年法硕(法学、非法学)真题]

A. X设计院　　B. W公司

C. X设计院和W公司　　D. 国家

【解析】《民法典》第885条规定："技术咨询合同、技术服务合同履行过程中，受托人利用委托人提供的技术资料和工作条件完成的新的技术成果，属于受托人。委托人利用受托人的工作成果完成的新的技术成果，属于委托人。当事人另有约定的，按照其约定。"受托人X设计院在履行合同过程中，利用委托人W公司提供的技术资料和工作条件完成了一项新的技术成果。双方对此类新技术成果归属未作约定，该成果依法属于受托人X设计院。

2. 画家甲丧偶后，独自抚养儿子乙。某日，甲将自己的一幅画作交给朋友丙保管，嘱托丙等自己去世后烧毁该画作。甲去世后，丙违背甲的嘱托，将画作交拍卖公司拍卖，得款50万元。该50万元应当(　　)。[2020年法硕(法学)真题]

A. 归乙所有　　B. 归丙所有　　C. 由乙、丙平分　　D. 归国家所有

【解析】《民法典》第888条第1款规定，保管合同是保管人保管寄存人交付的保管物，并返还该物的合同。第892条第1款规定，保管人应当妥善保管保管物。本题中，丙违背甲的嘱托，将画作交拍卖公司拍卖，该行为违反了甲与丙之间的保管合同的约定，甲可以要求丙返还拍卖价款。由于甲已经去世，乙作为甲的继承人，法定承受甲对丙享有的合同债权，因此该50万元应归乙所有。

二、多项选择题

甲、乙、丙、丁一家四口乘坐某客运公司的客车去旅游。甲购买了全票，乙购买了优待票，丙购买了半票，丁免票。因司机疲劳驾驶发生交通事故，令全车旅客受伤。下列人员中，有权请求客运公司赔偿的有(　　)。[2020年法硕(法学、非法学)真题]

A. 甲　　B. 乙　　C. 丙　　D. 丁

【解析】《民法典》第823条规定："承运人应当对运输过程中旅客的伤亡承担赔偿责任；但是，伤亡是旅客自身健康原因造成的或者承运人证明伤亡是旅客故意、重大过失造成的除外。前款规定适用于按照规定免票、持优待票或者经承运人许可搭乘的无票旅客。"本题中，因司机疲劳驾驶发生交通事故，令全车旅客受伤，旅客甲、乙、丙、丁四人均有权要求客运公司承担赔偿责任。

三、概念题

承揽合同[湖南师大2023年研；河南师大2017年研]

1A　2A　┃　ABCD

答：承揽合同，是指承揽人按照定作人的要求完成工作，交付工作成果，定作人支付报酬的合同。承揽合同属于劳务供给合同，其在性质上属于诺成、双务、有偿、不要式合同。此外，承揽合同还具有以下特征：①以完成特定工作并交付工作成果为目的；②具有一定人身属性；③当事人之间不存在控制、支配关系。承揽合同的核心在于承揽人按照定作人的要求完成特定工作并交付成果，同时保持独立性和自主性。

四、论述题

1. 我国《民法典》中承揽合同的风险负担规则。［中南财大 2013 年研］

答：承揽合同，是指承揽人按照定作人的要求完成工作，交付工作成果，定作人支付报酬的合同。承揽合同的风险负担规则如下：

(1) 材料的风险负担：

材料因不可归责于双方的事由毁损、灭失时，风险由提供材料的一方承担。若定作人提供材料，因承揽人未从中获益，风险由定作人承担；若承揽人提供材料，因定作人未受益且不了解材料情况，风险由承揽人承担。工作成果未交付前，定作人无需支付报酬。

(2) 工作成果的风险负担：

①所有权明确约定时，由所有权人承担风险。承揽人交付行为不产生所有权转移，所有权人自担风险符合受益与风险并存原则。

②所有权未明确约定时：

a. 定作人提供材料的，定作人享有工作成果所有权。交付前毁损、灭失的风险由定作人承担，但承揽人仍可就劳务价值请求报酬。

b. 承揽人提供材料的，承揽人享有所有权。交付前的风险由承揽人承担，参照《民法典》第 604 条买卖合同风险负担规则。

c. 若工作成果已完成交付，即使所有权归属未明确，风险由定作人承担。

(3) 报酬的风险负担：

①定作人自始取得所有权时，工作成果毁损、灭失导致无法交付的，报酬风险按定作人材料价值与承揽人劳务价值的比例分担。承揽人仅能按比例主张报酬。

②承揽人先取得所有权时，工作成果毁损、灭失导致无法交付或转移所有权的，报酬风险由承揽人承担，不得向定作人主张报酬。

2. 货运合同中承运人的主要义务。［中山大学 2015 年研］

答：货运合同即货物运输合同，是指承运人将托运人交付运送的货物运送到约定地点，托运人或收货人依照约定支付运费的合同。货运合同中，承运人的义务主要包括安全运输、妥善保管和及时通知，以确保货物的安全和顺利交付。具体如下：

(1) 安全运输的义务。承运人有义务将货物安全、及时地送达目的地，并按照托运人的指示交付给正确的收货人。如果将货物交付给错误的收货人，则承运人不构成有效交付，应承担违约责任。

(2) 妥善保管的义务。承运人应根据货物的性质采取合理的运输方式，对货物予以妥善保管，确保其安全送达目的地。承运人对运输过程中货物的毁损、灭失应承担赔偿责任。但若能证明货物的毁损、灭失是由于不可抗力、货物本身的自然性质或合理损耗，以及托运人或收货人的过错造成的，则不承担赔偿责任。当事人有约定的，按约定；无约定或约定不明确的，按交付或应当交付时货物到达地的市场价格计算；法律、行政法规另有规定的，依照其规定。

(3)通知义务。《民法典》第830条规定，货物运输到达后，承运人知道收货人的，应当及时通知收货人，收货人应当及时提货。

五、法条分析题

《民法典》第807条规定："发包人未按照约定支付价款的，承包人可以催告发包人在合理期限内支付价款。发包人逾期不支付的，除根据建设工程的性质不宜折价、拍卖的以外，承包人可以与发包人协议将该工程折价，也可以请求人民法院将该工程依法拍卖。建设工程的价款就该工程折价或者拍卖的价款优先受偿。"[2019年法硕(非法学)真题改编]

请分析：

(1)该条所规定的"建设工程的价款"的范围是什么？

(2)该条所规定的承包人行使优先受偿权的期限是多长？从何时起算？

(3)如建设工程抵押给银行，银行与承包人均主张优先受偿，如何处理？

答：(1)"建设工程的价款"范围包括承包人为建设工程应当支付的工作人员报酬、材料款等实际支出的费用，不包括承包人因发包人违约所造成的损失。

(2)承包人行使优先受偿权的期限最长为18个月，自发包人应给付建设工程价款之日起算。

理由：《最高人民法院关于审理建设工程施工合同纠纷案件适用法律问题的解释(一)》第41条规定，承包人应当在合理期限内行使建设工程价款优先受偿权，但最长不得超过18个月，自发包人应当给付建设工程价款之日起算。

关于"应付建设工程价款之日"的确定，应当遵循以下规则：①有约定的，从约定；②无约定或约定不明的，工程已实际交付的，为交付之日；没有交付的，为提交竣工结算文件之日；工程未交付、价款未结算的，为当事人起诉之日。

(3)如建设工程抵押给银行，由承包人优先受偿，承包人优先受偿权优先于银行享有的抵押权。具体分析如下：

《最高人民法院关于审理建设工程施工合同纠纷案件适用法律问题的解释(一)》第36条规定，承包人根据民法典第807条规定享有的建设工程价款优先受偿权优于抵押权和其他债权。即承包人的优先受偿权优先于银行的抵押权。建设工程折价或拍卖后，承包人可就价款优先受偿，剩余部分再由银行受偿。如果建设工程性质不宜折价或拍卖(如涉及公共利益或特殊用途)，承包人可能无法行使优先受偿权，此时需通过其他法律途径解决。

综上，承包人的优先受偿权在效力上优于银行的抵押权，但在实际操作中需考虑工程性质及法律规定等。

六、案例分析题

1. 2014年6月27日，甲公司与乙公司签订《模具加工合同》，约定：甲公司委托乙公司加工3个模具，编号分别为模具1号、模具2号、模具3号，总价款100万元；乙公司应于2014年8月20日前交付模具；甲公司应在合同签订之日交付定金30万元，于模具交付之日起3个月内付清全部价款。合同签订当日，甲公司依约交付定金30万元。

乙公司将3个模具加工完毕后，按照甲公司的通知，于2014年8月17日将1号模具、2号模具分别交付给甲公司下属的A公司、B公司。因甲公司在另一笔业务中尚欠乙公司30万元货款，乙公司留置了价值20万元的3号模具。

2014年9月17日，甲公司以乙公司未交付3号模具构成严重违约为由，通知乙公司解除合同。[湖南师大2024年研；2017年法硕(法学)真题]

请根据上述材料，回答下列问题：

(1)甲公司与乙公司签订的是何种有名合同？

(2)定金条款效力如何？为什么？

(3)乙公司是否可以行使留置权？为什么？

(4)甲公司是否有权解除合同？为什么？

答：(1)甲公司与乙公司签订的是承揽合同。

理由：《民法典》第770条规定："承揽合同是承揽人按照定作人的要求完成工作，交付工作成果，定作人给付报酬的合同。承揽包括加工、定作、修理、复制、测试、检验等工作。"本题中，甲公司与乙公司签订《模具加工合同》，委托乙公司加工3个模具，属于承揽合同。

(2)定金条款部分有效，部分无效。

理由：根据《民法典》第586条规定，定金的数额由当事人约定；但是，不得超过主合同标的额的20%，超过部分不产生定金的效力。本题中，主合同《模具加工合同》的标的额为100万元，故30万元定金中20万元的部分有效，10万元的部分无效。

(3)乙公司可以行使留置权。

理由：《民法典》第448条规定，债权人留置的动产，应当与债权属于同一法律关系，但是企业之间留置的除外。虽然乙公司留置3号模具并非基于承揽合同，而是基于另一笔债权，但乙公司留置该模具属于企业之间的留置。企业之间的留置不限于同一法律关系，故乙公司可行使留置权。

(4)甲公司无权解除合同。

理由：乙公司已按照甲公司的要求交付1号模具、2号模具，未交付3号模具系行使留置权的行为，有合法理由。乙公司未违约，故甲公司无权解除合同。

2. 2012年9月5日，陈某到野狼快递服务部寄一部价值5000元的手机，该服务部业务员宋某承接了此笔业务。宋某收取陈某的快递费后，在陈某填写的"飞狐速递运单"上签字确认。3天后，陈某得知其包裹被宋某卷走，遂要求野狼快递服务部承担违约责任。

经查：该快递运单背面写有客户须知，载明"未保价的寄递包裹丢失或毁损的，不予赔偿"，陈某未办理保价；野狼快递服务部系飞狐速递公司所设的营业网点，对外以飞狐速递公司名义开展快递业务。[2016年法硕(法学)真题]

请依据上述材料，回答以下问题：

(1)本案中当事人所签运单属于何种有名合同？

(2)"未保价的寄递包裹丢失或毁损的，不予赔偿"的条款效力如何？为什么？

(3)野狼快递服务部是否应当向陈某承担违约责任？为什么？

(4)假设陈某于2014年12月向人民法院起诉，请求宋某返还手机，宋某以超过诉讼时效期间为由拒绝返还。请问宋某的抗辩理由能否成立？为什么？

答：(1)本案中当事人所签运单属于货运合同(运输合同)。

理由：根据《民法典》第809条规定，运输合同是承运人将旅客或者货物从起运地点运输到约定地点，旅客、托运人或者收货人支付票款或者运输费用的合同。而货运合同，是以货物为运输对象的运输合同。本题中，作为托运人的陈某与承运人飞狐速递公司签订由承运人负责将陈某的包裹运送至约定目的地、由托运人陈某向承运人支付运费的合同，属于货运合同。

(2)该条款无效。

理由："未保价的寄递包裹丢失或毁损的，不予赔偿"的条款，是由飞狐速递公司提供的合同中的格式条款。根据《民法典》第497条规定，提供格式条款一方不合理地免除或减轻其责任、加重对方责任、限制或排除对方主要权利的，该条款无效。快递公司提供的该条款免除了己方的责任，排除了陈某的物权返还请求权和索赔权，符合上述《民法典》规定的情形。因此该条款无效。

(3)野狼快递服务部不应当向陈某承担违约责任。

理由：合同具有相对性。合同的相对性，是指合同关系只能发生在特定的合同当事人之间，只有合同当事人一方能够向另一方基于合同提出请求或提起诉讼；与合同当事人没有发生合同上的权利义务关系的第三人不能依据合同向合同当事人提出请求或提起诉讼，也不应承担合同上的义务和责任，反之亦然。根据合同的相对性原理，与陈某签订合同的主体是飞狐速递公司，野狼快递服务部只是其营业网点。因此，陈某只能向飞狐速递公司主张违约责任，野狼快递服务部不应当承担违约责任。

(4)宋某的抗辩理由不成立。

理由：根据《民法典》第188条规定，向人民法院请求保护民事权利的诉讼时效期间为3年。诉讼时效期间自权利人知道或者应当知道权利受到损害以及义务人之日起计算。本题中的诉讼时效期间应自2012年9月8日起算。因此，陈某于2014年12月向人民法院起诉未超过诉讼时效期间，宋某以超过诉讼时效期间为由拒绝返还的抗辩理由不能成立。

3. 2013年10月18日，甲公司与乙公司签订货物运输合同，双方约定：乙公司以公路运输方式运输甲公司的货物，合同有效期为1年。同年12月1日，甲公司与丙公司签订货物买卖合同，约定在12月10日前甲公司将货物运交丙公司。12月3日，甲公司将丙公司订购的货物交由乙公司运输，乙公司出具的货物托运单载明：托运人为甲公司，收货人为丙公司。

乙公司收到货物后，委托丁公司将货物运交给丙公司。丁公司将货物运到丙公司所在地后，以乙公司拖欠运费为由扣留货物。经查，乙公司拖欠丁公司运费一事属实。[2015年法硕(法学)真题]

请根据上述案情，回答下列问题并说明理由：

(1)丙公司是否有权要求丁公司交付货物？

(2)丁公司是否有权对货物行使留置权？

(3)甲公司是否有权要求丁公司承担赔偿责任?

(4)甲公司是否有权解除与乙公司之间的货物运输合同?

答:(1)丙公司无权要求丁公司交付货物。理由如下:

合同具有相对性。合同的相对性，是指合同关系只存在于特定的当事人之间，合同对第三人没有约束力。丙公司与丁公司之间不存在合同关系，所以丙公司只能基于合同要求甲公司交付货物。根据《民法典》第224条规定，动产物权的转让，自交付时发生效力。因此，丙尚未获得涉案货物所有权，无权要求丁公司交付货物。

(2)丁公司有权对货物行使留置权。理由如下:

留置权，是指债务人不履行到期债务时，债权人有权留置其合法占有的债务人动产，并就该动产优先受偿的权利。债务人不履行到期债务，债权人因同一法律关系留置合法占有的第三人的动产，并主张就该留置财产优先受偿的，人民法院应予支持；债权人非因同一法律关系留置合法占有的第三人的动产，并主张就该留置财产优先受偿的，人民法院不予支持。本题中，丁公司的债权基于运输合同产生，丁公司占有货物也是基于运输合同，属于同一法律关系，此时丁公司行使留置权可以留置第三人的动产，也即可以留置甲公司的货物。

(3)甲公司无权要求丁公司承担赔偿责任。理由如下:

基于上述分析，丁公司扣留甲公司的财产是依法行使留置权的行为，不须为此承担赔偿责任。此时，甲的损失应当向运输合同的承运人乙公司主张赔偿。

(4)甲公司有权解除与乙公司之间的货物运输合同。理由如下:

根据《民法典》第563条规定，当事人一方迟延履行债务或者有其他违约行为致使不能实现合同目的，另一方当事人可以解除合同。本题中，甲公司与乙公司签订了货物运输合同。乙公司的违约行为致使甲公司不能实现合同目的，因此甲公司有权解除合同。

第十二章　典型合同(四)

一、单项选择题

1. A公司与B公司签订合同，约定：A公司为B公司制作家具100套，价款100万元；B公司预付20万元，其余货款待交货验收后一次性付清；A公司提供制作家具所需木材，B公司提供设计图纸。[2023年法硕(非法学)真题]

(1)如A公司未经B公司同意，委托C公司制作其中50套家具。C公司制作完毕，且家具质量符合A公司与B公司之间的合同约定，则(　　)。

A. B公司有权解除与A公司之间的合同

B. B公司不得拒绝接受C公司制作的家具

C. B公司有权请求撤销A公司与C公司之间的合同

D. B公司事后追认转包行为的，A公司无须就C公司制作的家具向B公司负责

【解析】ABC三项，《民法典》第772条规定："承揽人应当以自己的设备、技术和劳力，完成主要工作，但是当事人另有约定的除外。承揽人将其承揽的主要工作交由第三人完成的，应当就该第三人完成的工作成果向定作人负责；未经定作人同意的，定作人也可以解除合同。"A公司未经B公司同意，委托C公司制作其中50套家具，因此B公司有权解除与A公司之间的合同。

D项，B公司事后追认转包行为的，A公司仍需就C公司制作的家具向B公司负责。

(2)甲之子小甲、乙之子小乙在同一所小学上学。乙平时工作较忙，经常请甲帮忙接小乙放学。某日，乙又请甲接小乙。在甲骑车载小乙回家途中，小乙擅自解开安全带从车后座掉下受伤。甲立即将小乙送到医院，支付医疗费若干。该医疗费应当(　　)。

A. 全部由甲承担　　　　B. 全部由乙承担

C. 由甲和乙平均分担　　D. 由甲承担大部分

【解析】《民法典》第929条规定，无偿的委托合同，因受托人的故意或者重大过失造成委托人损失的，委托人可以请求赔偿损失。本题中，在甲骑车载小乙回家途中，小乙擅自解开安全带从车后座掉下受伤；甲立即将小乙送医，甲既无故意，也无重大过失。因此对甲垫付的医药费应全部由乙承担。

2. 导游甲带团赴国外旅游，朋友乙委托其代购三块名表。回国时，甲代购的名表被海关检查发现，甲被罚款。对此，下列选项正确的是(　　)。[2019年法硕(法学、非法学)真题]

A. 乙应当承担甲支付的海关罚款

B. 甲有权要求乙分担一半的国际机票费用

C. 如手表存在质量问题，乙有权向甲主张退货

D. 甲有权要求乙支付使用甲的信用卡所享受的折扣优惠价款

【解析】A项，《民法典》第930条规定，受托人处理委托事务时，因不可归责于自己的

1(1)A　(2)B　2A

事由受到损失的，可以向委托人请求赔偿损失。本题中，乙委托甲购买三块手表，因不可归责于甲的原因被海关罚款，造成损失；对于该损失，甲可以向乙请求赔偿。

B 项，《民法典》第 921 条规定："委托人应当预付处理委托事务的费用。受托人为处理委托事务垫付的必要费用，委托人应当偿还该费用并支付利息。"本题中，甲、乙并未就机票费用有任何约定，且甲身为导游带团赴国外旅游，其机票费用的支出是出于带团本身的需要，而不是为完成委托事务专门赴国外。

CD 两项，代理的法律后果直接由被代理人承受。本题中，若手表存在质量问题，乙无权要求甲退货，可向手表的生产者或销售者主张退货。且因法律后果由被代理人承受，所得利益（优惠折扣）也由被代理人乙继受。因此，甲无权要求乙支付使用甲的信用卡所享受的折扣优惠价款。

二、概念题

1. 委托合同与行纪合同［中南财大 2004 年研］

相关试题：行纪合同［湖南师大 2021 年研；暨南大学 2018 年研；南京理工 2011 年研］

答：（1）委托合同，是指委托人和受托人约定，由受托人处理委托人事务的合同。委托合同是诺成、不要式合同。

（2）行纪合同，是指行纪人以自己的名义为委托人从事贸易活动，委托人支付报酬的合同。行纪合同是双务、有偿、诺成、不要式合同。

（3）二者的区别表现在：

①行纪合同是有偿合同；而委托合同可以有偿或无偿。

②行纪合同的标的是行纪人为委托人进行的法律行为，限于商业活动；而委托合同的事务范围很广，商业、诉讼、亲近探望等法律行为、事实行为都可以。

2. 中介合同［中南大学 2018 年研；中南财大 2005 年研］

答：中介合同，是指中介人向委托人报告订立合同的机会或者提供订立合同的媒介服务，委托人支付报酬的合同。其特征有：①其目的为促成委托人与第三人交易；②中介人需要有一定的资格与条件；③其内容为提供交易机会与交易媒介；④是双务、有偿、诺成、不要式合同。

三、简答题

1. 简述行纪合同和中介合同的区分。［中国政法 2022 年研］

答：（1）二者的含义：

①行纪合同，是指行纪人以自己的名义为委托人从事贸易活动，委托人支付报酬的合同。

②中介合同，是指中介人向委托人报告订立合同的机会或者提供订立合同的媒介服务，委托人支付报酬的合同。

（2）二者的区别：

①合同主体不同。行纪合同的行纪人以自己的名义进行交易，是交易的一方当事人。中介合同的中介人仅作为中间人，不参与交易本身，不是交易的一方当事人。

②交易方式不同。行纪合同中，行纪人直接与第三方进行交易，并承担交易中的风险和责任。中介合同中，中介人只负责介绍或促成交易，不直接参与交易，也不承担交易中的风险和责任。

③报酬支付不同。行纪合同中，行纪人的报酬通常基于交易的实际结果，如成交金额的一定比例。中介合同中，中介人的报酬通常是基于提供的服务，无论交易是否最终达成，只要提供了有效的信息或服务，就可以获得报酬。

④法律责任不同。行纪合同的行纪人对交易过程中的问题(如货物的质量、交付等)承担责任。中介合同的中介人不对交易的具体内容承担责任，其主要责任是提供准确的信息和促成交易。

⑤适用范围不同。行纪合同多用于商业交易中，如商品买卖、证券交易等。中介合同适用于各种需要信息传递和撮合的场合，如房地产中介、婚姻介绍、职业介绍等。

综上，行纪合同更侧重于行纪人直接参与交易并承担责任；而中介合同侧重于中介人提供信息和服务，不直接参与交易。

2. 简述物业服务合同中物业服务人的主要义务。[2022年法硕(法学、非法学)真题]

答：物业服务合同，是指物业服务人在物业服务区域内，为业主提供物业服务，由业主支付物业费的合同。物业服务合同中物业服务人的主要义务包括：

(1)妥善提供物业服务的义务。《民法典》第942条规定："物业服务人应当按照约定和物业的使用性质，妥善维修、养护、清洁、绿化和经营管理物业服务区域内的业主共有部分，维护物业服务区域内的基本秩序，采取合理措施保护业主的人身、财产安全。对物业服务区域内违反有关治安、环保、消防等法律法规的行为，物业服务人应当及时采取合理措施制止、向有关行政主管部门报告并协助处理。"

(2)亲自提供物业服务的义务。《民法典》第941条规定："物业服务人将物业服务区域内的部分专项服务事项委托给专业性服务组织或者其他第三人的，应当就该部分专项服务事项向业主负责。物业服务人不得将其应当提供的全部物业服务转委托给第三人，或者将全部物业服务支解后分别转委托给第三人。"

(3)公开和报告有关事项的义务。《民法典》第943条规定，物业服务人应当定期将服务的事项、负责人员、质量要求、收费项目、收费标准、履行情况，以及维修资金使用情况、业主共有部分的经营与收益情况等以合理方式向业主公开并向业主大会、业主委员会报告。

(4)返还物业及资料的义务。《民法典》第949条规定："物业服务合同终止的，原物业服务人应当在约定期限或者合理期限内退出物业服务区域，将物业服务用房、相关设施、物业服务所必需的相关资料等交还给业主委员会、决定自行管理的业主或者其指定的人，配合新物业服务人做好交接工作，并如实告知物业的使用和管理状况。原物业服务人违反前款规定的，不得请求业主支付物业服务合同终止后的物业费；造成业主损失的，应当赔偿损失。"

(5)合同终止的后续义务。《民法典》第950条规定，物业服务合同终止后，在业主或者业主大会选聘的新物业服务人或者决定自行管理的业主接管之前，原物业服务人应当继续处理物业服务事项，并可以请求业主支付该期间的物业费。

第十三章　准合同

一、单项选择题

1. 早高峰地铁上，乘客甲、乙因琐事发生肢体冲突，乘客丙奋力将二人分开。事后，丙发现胳膊被抓伤。丙的行为构成(　　)。[2022年法硕(非法学)真题]

A. 无因管理　　B. 情谊行为　　C. 紧急避险　　D. 正当防卫

【解析】A项，无因管理，是指没有法定的或者约定的义务，为避免他人利益受损失而进行管理或者服务的行为。本题中，乘客甲、乙因琐事发生冲突，乘客丙将二人分开，属于没有法定的或者约定的义务为避免甲、乙利益受损失而进行管理，构成无因管理。

B项，情谊行为又称好意施惠行为。与法律行为相比，情谊行为欠缺受法律约束的意思。但丙在劝架时，有防止他人利益受损的管理意思，不属于情谊行为。

C项，紧急避险，是指为了使公共利益、本人或他人的人身、财产或者其他合法权益免受正在发生的危险，而不得已采取的损害另一较小合法利益从而保全更大利益的行为。丙主动实施劝架行为，并非在不得已的情况下采取的，且在劝架时也没有牺牲其他更小的合法利益，不属于紧急避险。

D项，正当防卫，是指为了使公共利益、本人或他人的人身、财产或者其他合法权益免受正在进行的不法侵害，而对不法侵害人所采取的合理的防卫行为。丙主动实施劝架行为，其合法权益并未遭到不法侵害，不属于正当防卫。

2. 甲借用乙的平房居住。后平房漏雨，甲联系不到乙，遂委托丙维修并依承诺向丙支付维修费。甲请求乙偿还维修费的依据是(　　)。[2021年法硕(法学、非法学)真题]

A. 代理行为　　B. 委托合同　　C. 无因管理　　D. 单方允诺

【解析】无因管理，是指没有法定的或者约定的义务，为避免他人利益受损失而进行管理或者服务的行为。本题中，甲没有为乙修补房屋的义务，甲为避免乙利益受损而委托丙进行维修，其行为属于无因管理。无因管理一经成立，当事人之间即形成债的关系，管理人可以请求受益人偿还因管理事务而支出的必要费用。因此，甲有权请求乙偿还维修费用。

3. 关于不当得利之债的效力，下列表述不正确的是(　　)。[2023年法硕(非法学)真题]

A. 不当得利一经成立，当事人之间形成债的关系

B. 得利人为善意时，取得的利益已经不存在的，不承担返还该利益的义务

C. 得利人已经将取得的利益无偿转让给第三人的，受损失的人无权请求第三人返还

D. 得利人为恶意时，受损失的人可以请求得利人返还其取得的利益并依法赔偿损失

【解析】A项，《民法典》第122条规定，因他人没有法律根据，取得不当利益，受损失的人有权请求其返还不当利益。因此不当得利一经成立，当事人之间形成债的关系，受损失的一方享有请求返还其利益的权利，获得利益的一方负有返还利益的义务。

BD两项，得利人为善意时，取得的利益已经不存在的，不承担返还该利益的义务；得利人为恶意时，受损失的人可以请求得利人返还其取得的利益并依法赔偿损失。

1A　2C　3C

C 项，得利人已经将取得的利益无偿转让给第三人的，受损失的人可以请求第三人在相应的范围内承担返还义务。

4. 甲在某餐厅用餐，根据菜单点了一道标价为 98 元的菜。结账时，餐厅要求甲支付 298 元，甲则坚持以菜单为准付款，这时餐厅才发现菜单被调包。经查，菜单调包系刚刚来此就餐的某顾客所为。甲与餐厅之间债的发生原因是(　　)。[2021 年法硕(非法学)真题]

A. 侵权行为　　B. 不当得利　　C. 合同　　D. 缔约过失

【解析】不当得利，是指没有法律根据，致他人受损而自身获利的一种法律事实。本题中，甲虽点了 98 的菜品但实际吃的是价值 298 元的菜品，支付 98 元则餐厅财产受损、甲受益，即甲与餐厅之间债的发生原因是不当得利。

二、多项选择题

甲拾得乙丢失的手机，向乙索要 2000 元报酬，乙表示面谈。见面后乙称只给 500 元，甲因此拒绝返还手机。乙要求甲返还手机的请求权有(　　)。[2020 年法硕(法学、非法学)真题]

A. 侵权请求权　　B. 物权请求权

C. 不当得利请求权　　D. 无因管理请求权

【解析】根据《民法典》第 314、316 条规定，遗失物的拾得人负有下列义务：①将拾得物返还权利人的义务。拾得遗失物，应当返还权利人。②妥善保管的义务。拾得人在遗失物送交有关部门前，有关部门在遗失物被领取前，应当妥善保管遗失物。因故意或者重大过失致使遗失物毁损、灭失的，应当承担民事责任。

A 项，本题中，甲拾得手机拒不返还，侵犯了乙的财产权。乙可以侵权请求权要求甲返还手机。

B 项，甲拾得乙的手机后以拾得遗失物为法律依据对手机进行占有，乙请求甲返还手机，甲拒不返还，此时的占有属于无权占有。乙作为物权人可以占有返还请求权或返还原物请求权等物权请求权要求甲返还手机。

C 项，甲拾得手机不返还给乙，甲没有合法根据取得利益而使乙的财产受损，乙可以依据不当得利请求权要求甲返还手机。

D 项，无因管理，是指没有法定的或者约定的义务，为避免他人利益受损失而进行管理或者服务的行为。甲侵占遗失物，没有为乙谋利益的意思，不属于无因管理。

三、概念题

1. 无因管理[中山大学 2020 年研；华侨大学 2018 年研；温州大学 2018 年研；南航 2016 年研]

答：参见本章简答题第 1 题答案。

2. 不当得利[暨南大学 2021 年研；浙江财大 2020 年研；中南大学 2019 年研；武大 2015 年研；南京理工 2011 年研]

4B　｜　ABC

答：参见本章简答题第2题答案。

四、简答题

1. 简述无因管理的概念及构成要件。［北邮2019年研］

相关试题：无因管理的构成要件。［首都师大2015年研］

答：（1）无因管理，是指没有法定的或约定的义务，为避免他人利益受损失，而自愿管理他人事务的行为。无因管理是一种事实行为，不是民事法律行为。《民法典》第121条规定，没有法定的或者约定的义务，为避免他人利益受损失而进行管理的人，有权请求受益人偿还由此支出的必要费用。

（2）无因管理的构成要件：

①客观条件：管理他人事务。管理的事务必须是他人的合法事务，不能是违法事项、需本人授权的事项、必须由本人亲自办理的事项或不作为事项。管理人误将自己的事务当作他人的事务进行管理，即使有为他人谋利的目的，也不构成无因管理。

②主观要件：有为他人谋利益的意思。这也是无因管理阻却违法性的根本原因。管理人主观上要有为他人利益管理的意思，管理行为在客观上避免了他人利益受损。

③没有法定的和约定的义务。"无因"是指无法律上的原因，即无法律上的根据，既没有法定义务也没有约定义务。该义务的判断标准以管理人着手管理时的客观事实而定。

2. 简述不当得利的构成要件。［暨南大学2023年研］

相关试题：

（1）不当得利的适用要件。［中南财大2025年研］

（2）民法中不当得利的成立要件是什么？［中山大学2009年研］

答：（1）不当得利，是指没有法律根据，致他人受损而自身获利的一种法律事实。在这一事实中，取得不当利益的一方称为受益人，受到损失的一方称为受害人或者受损人。

（2）不当得利的构成要件：

①一方获得利益。即一方因一定事实使财产总额增加，包括积极增加（如权利增强或义务消灭）和消极增加（如本应减少的费用未减少）。

a. 财产或利益的积极增加，即通过取得权利、增强权利效力或获得某种财产利益或义务的减弱而扩大财产范围。

b. 财产或利益的消极增加，即因财产或利益本应减少而未减少所得的利益。

②他方受到损失。因一方获得利益导致他方财产利益减少或应当增加而未增加。损失包括现有财产的直接减少和应当增加而未增加的间接损失。

③获得利益与所受损失间有因果关系。他方的损失是由一方获得利益造成的。根据《民法典》第122条规定，只要他方的损失是由于一方获得不当利益造成的，或如果没有该不当利益的取得，他方就不会遭受损失，即认定二者之间有因果关系。

④获益无合法根据。一方获得利益没有法律上的依据。如果获得利益和他方损失有合法根据，则不构成不当得利。没有法律上的原因，亦无合同上的根据，是不当得利构成的实质性条件。

五、法条分析题

《民法典》第121条规定："没有法定的或者约定的义务，为避免他人利益受损失而进行管理的人，有权请求受益人偿还由此支出的必要费用。"[2017年法硕(非法学)真题改编]

请分析：

(1)本条规定的是因何种原因产生的债？

(2)本条规定的债的发生原因有哪些构成要件？

(3)本条中的"必要费用"包括哪些？

答：(1)《民法典》第121条规定的是无因管理之债。无因管理，是指没有法定的或者约定的义务，为避免他人利益受损失而进行管理或者服务的行为。通说认为，无因管理为事实行为，而非民事法律行为。

(2)无因管理的构成要件，参见本章简答题第1题答案。

(3)无因管理的必要费用，包括在管理或者服务活动中直接支出的费用，以及在该活动中受到的实际损失。该必要费用，一般以本人所受利益范围为限。管理人为本人利益而以管理人的名义负担的债务，有权要求本人直接向债权人清偿。

六、案例分析题

1. 甲与乙是邻居，共同从事马匹养殖。某日，甲的名贵纯血种马混入乙的普通马群，乙在不知情情况下照常进行喂养。甲虽发现此事，但希望乙继续喂养以"坐收渔利"，所以并未告知。一年后，乙将该纯血种马出卖给他人，获价款5000元，并随后用该笔钱购买两匹普通小马驹，每匹单价为2500元。某天，乙的好友丙前来做客，乙将其中一匹小马驹赠与给了丙，甲获悉乙已将纯血种马变卖之后，大惊不已，遂将事实告知乙，并要求乙进行赔偿。丙听闻此事后，旋即将其受赠的小马驹出卖给他人，获价款2000元。[中南财大2024年研]

问题：

(1)甲基于何种法律基础，可请求乙承担何种具体的法律责任？

(2)乙可否以不知情为由，拒绝向甲返还纯血种马所得价款？

(3)丙是否应向甲承担责任，如果应该，承担何种责任；如果不应该，理由为何？

(4)乙基于何种法律基础，对甲享有何种权利？

答：(1)甲可以基于不当得利的法律基础，请求乙返还纯血种马的价款5000元。理由如下：

①不当得利。根据《民法典》第985条规定，得利人没有法律根据取得不当利益的，受损失的人可以请求得利人返还取得的利益。本题中，乙在不知情的情况下获得了甲的纯血种马，并将其出卖获得5000元，这构成了不当得利。

②返还义务。乙应将因不当得利所取得的利益返还给甲，即返还5000元。

(2)乙不能以不知情为由拒绝向甲返还纯血种马所得价款。理由如下：

①善意无过失。虽然乙在不知情的情况下获得了纯血种马并进行了喂养和出售，但这并不影响其构成不当得利的事实。《民法典》第987条规定，得利人知道或者应当知道取得的利益没有法律根据的，受损失的人可以请求得利人返还其取得的利益并依法赔偿损失。

即使乙是善意无过失的，也应当返还其所获得的不当利益。

②返还义务。乙应当返还因不当得利所取得的利益，即5000元。如果乙已经用该笔钱购买了其他财产，则应返还相应的替代物或等值金额。

(3)丙不应向甲承担责任。理由如下：

①赠与行为。乙将其中一匹小马驹赠与丙，赠与行为合法有效。丙作为受赠人，取得了小马驹的所有权。

②无直接关系。丙与甲之间没有直接的法律关系，丙并没有从甲处取得任何不当利益。因此，丙不需要向甲承担任何责任。

③丙的处分行为。丙随后出卖受赠的小马驹，是对自己财产的合法处分行为，与甲无关。

(4)乙基于无因管理的法律基础，对甲享有请求支付必要费用的权利。理由如下：

①无因管理。根据《民法典》第979条规定，管理人没有法定的或者约定的义务，为避免他人利益受损失而进行管理的，有权请求受益人偿还由此支出的必要费用。本题中，乙在不知情的情况下照常喂养甲的纯血种马，这是一种无因管理行为。

②必要费用。乙可以请求甲支付其在喂养纯血种马期间所支出的必要费用。这些费用包括饲料费、护理费等合理支出。

2. 甲在路上捡到一只拎包，内有一部手机、一只皮夹和其他一些物品。根据手机上的信息，甲联系到了失主乙。半小时后，甲打车到某商场门口将拎包交与乙。乙非常感谢，主动支付了甲20元出租车费。甲要求乙再支付自己回去的出租车费20元和100元酬金，乙拒绝，双方发生纠纷。[暨南大学2022年研]

(1)甲是否有权要求乙支付20元回程车费？为什么？甲是否有权要求乙支付100元酬金？为什么？

(2)如果甲在查看手机时不慎失手将手机摔坏，甲应不应赔偿乙？

(3)如果甲没有将拎包交还乙，而是将手机私下卖给了同乡丙。后乙发现了，乙如何救济？

答：(1)①甲有权要求乙支付20元回程车费。

理由：《民法典》第979条规定，管理人没有法定的或者约定的义务，为避免他人利益受损失而管理他人事务的，可以请求受益人偿还因管理事务而支出的必要费用；管理人因管理事务受到损失的，可以请求受益人给予适当补偿。甲为了将拎包交还给乙，支付了出租车费，这是为了乙的利益而支出的必要费用，因此甲有权要求乙支付20元回程车费。

②甲无权要求乙支付100元酬金。

理由：根据《民法典》第979条规定，管理人可以请求受益人偿还因管理事务而支出的必要费用和适当补偿，但并没有规定必须支付酬金。本题中，甲的行为属于无因管理，而不是有偿服务。乙已经支付了甲去程的出租车费，这已经是对甲的适当补偿。除非双方有特别约定，否则甲无权要求乙支付额外的100元酬金。

(2)甲应当赔偿乙。

理由：根据《民法典》第980条规定，管理人管理事务时，应当采取有利于受益人的方法。管理人在管理事务过程中，故意或者重大过失造成受益人损害的，应当承担赔偿责任。甲在查看手机时不慎将手机摔坏，属于管理事务过程中的重大过失，因此应当对乙进行赔偿。

(3)乙可以通过以下方式救济：

①要求甲返还拎包及物品。乙可向法院提起诉讼，要求甲返还拎包及其中的物品，包括手机、皮夹等。

②要求甲赔偿损失。如果甲无法返还物品，乙可以要求甲赔偿相应的损失。根据《民法典》第981条规定，管理人未尽到管理职责，造成受益人损失的，应当承担赔偿责任。

③追索手机。如果乙能证明手机是被甲卖给丙的，乙可以要求丙返还手机。根据《民法典》第311条规定，无处分权人将不动产或者动产转让给受让人的，所有权人有权追回。如果丙是善意取得且支付了合理对价，且手机已经交付，乙可能无法直接追回手机，但可以要求甲赔偿损失。

3. 2012年春节过后，甲外出打工，将一祖传瓷瓶交由邻居乙保管。乙因结婚用钱，谎称瓷瓶为自己所有，将其按照市价卖给了丙，得款1万元。2012年7月，乙见甲的房屋有倒塌危险，可能危及自己的房屋，遂以自己的名义请施工队加固甲的房屋。施工结束后，经结算需要支付工程款2万元。2012年底甲回村，因瓷瓶处分和工程款支付问题与乙发生纠纷。[2014年法硕(法学)真题]

结合上述材料，请回答下列问题：

(1)丙能否取得瓷瓶的所有权？为什么？

(2)乙出售瓷瓶是否属于侵权行为？为什么？

(3)施工队应向谁请求支付工程款？为什么？

(4)乙聘请施工队为甲加固房屋的行为是否构成无因管理？为什么？

答：(1)丙能取得瓷瓶所有权。

理由：丙基于善意取得而取得瓷瓶的所有权。善意取得，是指无权处分他人动产的占有人，在非法将动产转让给第三人后，如果受让人在取得该动产时出于善意，就可依法取得对该动产的所有权，原权利人丧失所有权。受让人在取得动产的所有权以后，原所有人不得要求受让人返还财产，而只能请求转让人(占有人)赔偿损失。本题中，乙作为瓷瓶的保管人，而非所有权人，不具有处分该瓷瓶的权利，是无权处分人。丙作为不知情的善意第三人，以市场价与乙达成买卖交易，并且已经交付，符合动产善意取得的要件。因此丙基于善意取得制度取得了瓷瓶的所有权。

(2)乙出售瓷瓶的行为属于侵权行为。

理由：无权处分，是指行为人在无权处分他人财产的情况下，而与第三人订立处分他人财产权利的合同。乙出售瓷瓶的行为是无权处分，侵害了甲的所有权，构成侵权行为。

(3)施工队应向乙请求支付工程款。

理由：施工队与乙之间存在合同关系。债权为相对权，债权债务仅存在于特定人之间，债权人只能向特定的债务人主张权利，即请求债务人乙支付工程款。

(4)乙构成无因管理。

理由：无因管理，是指没有法定的或约定的义务，为避免他人利益受损失而对他人的事务进行管理或者服务的行为。本题中，乙没有对甲的事务进行管理的义务，但为避免甲的利益受损，对甲的事务进行了管理即聘请施工队加固甲的房屋，符合无因管理的构成要件。乙在有管理他人事务意思的同时有对自身利益的考量，不影响无因管理的构成。

第四编 人格权

【知识框架（庖丁解牛）】

- 人格权
  - 人格权概述
    - 人格权的概念、特征、属性
    - 人格权与其他权利：人权、身份权、财产权
    - 一般人格权：概念、特征、内容、功能、司法适用
    - 死者人格利益保护：必要性、规范
    - 人格权的限制：概述、合理使用
    - 人格利益的许可使用：概述、类型
  - 生命权、身体权和健康权：概念、内容、特征、性骚扰的法律规制
  - 姓名权和名称权：概念、内容、侵害行为
  - 肖像权：概念、特征、权能、侵权责任构成要件、声音保护参照适用
  - 名誉权和荣誉权
    - 名誉权：概念、特征、内容、侵权行为认定、特殊侵权行为
    - 荣誉权：概念、与名誉权的区别、侵权行为认定
  - 隐私权和个人信息保护
    - 隐私权：概念、特征、内容、侵害行为、限制
    - 个人信息：概念、类型、与隐私的区分、保护
  - 人格权的保护
    - 侵害人格权的民事责任
    - 人格权侵害禁令制度：概念、适用条件
    - 因违约损害人格权的精神损害赔偿

【通关提要（提纲挈领）】

人格权编占比较小，其内容包括生命权、身体权、健康权、姓名权、名称权、肖像权、名誉权、荣誉权、隐私权和个人信息保护等。本编相对简单，但需要记忆的内容较多，常考概念题和简答题。

复习时，可通过案例具体理解、重点记忆常见的人格权侵权行为类型及其救济措施，关注近年来关于个人信息保护的新规定和司法解释。具体要求如下：

掌握：各种具体人格权的概念、内容与侵权构成要件；个人信息保护的基本原则与具体规定。

熟悉：人格权的商业化利用及限制；死者人格利益的保护。

了解：人格权与其他民事权利的关系。

第一章　人格权概述

一、概念题

一般人格权［暨南大学 2023 年研；南京大学 2020 年研；武大 2020 年研；宁波大学 2020 年研；湖南师大 2020 年研；人大 2012 年研；东北财大 2010 年研；北邮 2006 年研］

答：参见本章简答题第 2 题答案。

二、简答题

1. 简述人格权的特征。［宁波大学 2021 年研］

相关试题：

(1) 简述人格权的概念与特征。［扬州大学 2021 年研］

(2) 简述人格权的概念及性质。［北邮 2019 年研］

(3) 简述人格权。［中山大学 2010 年研］

答：(1) 人格权的概念：

人格权，是指民事主体以主体固有的人格利益为客体，以维护和实现人格平等、人格尊严、人身自由为目标的权利。《民法典》第 990 条规定：“人格权是民事主体享有的生命权、身体权、健康权、姓名权、名称权、肖像权、名誉权、荣誉权、隐私权等权利。除前款规定的人格权外，自然人享有基于人身自由、人格尊严产生的其他人格权益。”

(2) 人格权的特征：

①固有性。人格权是权利人所固有的一项权利。自然人从出生、非自然人自成立时起，就享有人格权。

②专属性。指人格权与权利主体不可分离，只能为特定的权利人所享有。人格权的专属性是其与财产权的重要区别。

③人格权以人格利益为客体。人格利益是指民事主体自然生存和社会生存所必需的利益。

2. 简述一般人格权的概念和特征。［天津商大 2022 年研］

答：(1) 一般人格权的概念：

一般人格权，是指民事主体基于人格平等、人格独立、人格自由以及人格尊严等根本人格利益而享有的人格权。一般人格权是通过一般条款对具体人格权进行补充，赋予民事主体关于人的存在价值和尊严的框架性权利。《民法典》规定的一般人格权包括人身自由和人格尊严两方面内容。

(2) 一般人格权的特征：

①概念内涵的抽象性。具体人格权通过类型化的方法明确其内涵。一般人格权则以抽象的方式概括人格权的价值内核，不依赖具体的人格要素。其形式上为框架性权利，具体内容需法官根据案件具体情况解释。

②权利内容的广泛性。一般人格权涵盖范围广，既包括法律明文规定的人格权内容，也包含其他未明确规定的人格利益。一般人格权包括人身自由和人格尊严，在解释上有较

大空间。

③权利地位的基础性。一般人格权高度概括了人格权的基本内涵和价值。作为人格权价值的核心，一般人格权为具体人格权提供理论和规范支持，是具体人格权的基础和源泉。

3. 简述一般人格权的主要内容与功能。［中南财大 2022 年研］

相关试题：

(1)试论一般人格权。［论述题，安徽师大 2018 年研］

(2)简述一般人格权的内容和功能。［中南财大 2013 年研］

(3)举例说明一般人格权的功能与内容。［南京大学 2010 年研］

答：(1)一般人格权的主要内容：

《民法典》第 109 条规定："自然人的人身自由、人格尊严受法律保护。"第 990 条第 2 款规定："自然人享有基于人身自由、人格尊严产生的其他人格权益。"即自然人一般人格权的基本内容包括：

①人身自由。广义上，包括身体自由、精神自由和自主决定的权利；狭义上，仅指身体行动自由。人身自由是自然人参与社会活动、行使其他权利的基础。

②人格尊严。指人基于人的尊严在人格上所具有的不可侵犯的精神特质。其内容包括：a. 消极层面，指人格尊严不受侵犯，是人之为人的基本条件；b. 积极层面，指人格的自由发展。人格尊严是抽象的概念，体现为对人的尊重。无论人的属性或状态如何，对其尊严的评价应无差别。

(2)一般人格权的功能：

一般人格权是自然人人格利益的法律表现，保护抽象且综合的人格利益，具有解释、创造和补充具体人格权的功能。

①解释功能。一般人格权凸显以人为本的理念，指导具体人格权的正确适用。在司法实践中，当具体人格权适用存在分歧时，应依据一般人格权的基本原理进行解释，确保保护符合其内涵和价值。

②创造功能。一般人格权为新型具体人格权的生成提供了基础。立法者可据此对未类型化的人格法益进行救济，适应社会发展，体现法律以人为本的价值。作为不确定的法律概念，一般人格权允许法院根据社会变迁灵活适用法律，确保法律与时俱进。

③补充功能。即弥补具体人格权保护的不足。其抽象性和概括性涵盖广泛的人格利益。在具体人格权保护不足时，通过一般人格权进行补充，实现对人格利益的全面保护。

4. 简述我国民法中关于死者人格利益保护的规定。［北邮 2024 年研］

答：死者人格利益，是指自然人死亡后，其姓名、肖像、名誉、隐私等利益。自然人死亡后，其民事权利能力终止，无法享有各项人格权益；但死者人格利益仍应受到法律保护，其目的在于维护死者的人格尊严。

(1)死者人格利益保护的必要性：

①维护良好风尚，促进社会进步。忽视这种保护，等同于纵容生者的不当行为，可能引发道德风险，破坏社会秩序的稳定与和谐。

②维护社会公共利益。《民法典》第 185 条规定，侵害英雄烈士等的姓名、肖像、名誉、

荣誉，损害社会公共利益的，应承担民事责任。

③抚慰死者近亲属，维护其正当权益。死者的人格利益与生者的情感、尊严、名誉等紧密相连。侵害死者人格利益也会侵害其近亲属的情感，依法应予以救济。

（2）死者人格利益保护的规范：

《民法典》第994条规定，死者的姓名、肖像、名誉、荣誉、隐私、遗体等受到侵害的，其配偶、子女、父母有权依法请求行为人承担民事责任；死者没有配偶、子女且父母已经死亡的，其他近亲属有权依法请求行为人承担民事责任。本条首次明确了死者人格利益保护制度，具体特点如下：

①保护对象。对死者人格利益的侵害，实际上直接侵害了死者活着的配偶、父母、子女和其他近亲属的精神利益和人格尊严。保护死者的人格利益是为了保护生者的人格利益和尊严。

②保护范围，限于侵害死者姓名、肖像、名誉、荣誉等人格利益。

③请求权人，限于死者的近亲属，包括配偶、子女、父母以及其他近亲属。请求顺序为：先由死者的配偶、子女和父母提出；在死者没有配偶、子女且父母已经死亡的情况下，其他近亲属才有权提出请求。其他近亲属包括兄弟姐妹、祖父母、外祖父母、孙子女、外孙子女。

第二章 生命权、身体权和健康权

一、单项选择题

1. 下列哪一情形构成对生命权的侵犯？(　　)[2016年法考真题]

A. 甲女视其长发如生命，被情敌乙尽数剪去

B. 丙应丁要求，协助丁完成自杀行为

C. 戊为报复欲置己于死地，结果将己打成重伤

D. 庚医师因误诊致辛出生即残疾，辛认为庚应对自己的错误出生负责

【解析】A项，身体权，是指自然人维持其身体的完整性和完全性，并支配其肢体、器官和其他人体组织的人格权。甲的长发被剪去破坏了其身体组成部分的完整性，但未对其生命利益造成威胁，因此构成对甲身体权而非生命权的侵犯。

B项，生命权，是指以自然人的生命安全和生命尊严为内容的权利。我国未认可"安乐死"，受害人的同意不产生法律效力，因此协助自杀的行为构成对生命权的侵犯。

C项，健康权，是指自然人以其身体生理机能、心理机能的健全正常运作和功能正常发挥，进而维持人体生命活动为内容的人格权。戊将己打成重伤，侵犯了己的健康权而非生命权。

D项，庚医师的医疗过失侵犯的是辛的健康权，而非辛的生命权。

2. 甲向乙求婚，遭拒绝。甲恼羞成怒剪掉了乙飘逸的长发，乙因此忧郁成疾。甲侵害了乙的(　　)。[2014年法硕(法学)真题]

A. 名誉权　　B. 健康权　　C. 身体权　　D. 肖像权

【解析】身体权，是指自然人维持其身体的完整性和完全性，并支配其肢体、器官和其他人体组织的人格权。头发属于身体的一部分，甲将乙的长发剪去，侵犯了乙的身体权。

二、概念题

健康权[南开大学2011年研；浙大2007年研]

答：健康权，是指自然人依法享有的以维护身体和心理机能健康为内容的权利。健康是指人体各器官系统良好发育及保持正常功能的状态，包括肉体组织、生理及心理机能三个方面。《民法典》第1004条规定："自然人享有健康权。自然人的身心健康受法律保护。任何组织或者个人不得侵害他人的健康权。"则健康权的内容主要包括健康维护权和健康利益支配权。其主要特征有：①主体限于自然人；②客体是健康利益，包括肉体组织及生理和心理的健康；③与生命权、身体权密切相关。

三、简答题

简述生命权、健康权和身体权之间的关系。[扬州大学2017年研]

相关试题：

(1)简述生命权、健康权、身体权的区别。[北大2008年研]

1B　2C

(2)身体权与健康权[概念题，中南财大2008年研]

答：生命权、健康权和身体权是自然人基本的人格权，三者之间彼此独立又相互关联：

(1)三者的概念：

①生命权，指以自然人的生命安全和生命尊严为内容的权利。

②健康权，指自然人依法享有的以维护身体和心理机能健康为内容的权利。

③身体权，指自然人维持其身体的完整性和完全性，并支配其肢体、器官和其他人体组织的人格权。

(2)三者的联系：

①相互依存。生命权是最基本和最重要的权利。健康权是维持生命质量和延续生命的重要保障，而身体权则是保护生命和健康的基础。

②共同目标：保护自然人的生命、健康和身体不受非法侵害，确保个人能安全、健康地生活。

(3)三者的区别：

①保护的利益不同。生命权保护的是个体的生命安全；健康权关注个人的身心健康状态；身体权保障身体的完整性和不受侵害。

②侵犯后果的严重性不同。生命权被侵害时，后果最为严重，可能导致死亡。健康权的侵害后果次之，可能影响个人的身体或心理健康。身体权的侵害后果相对较轻，通常涉及身体上的轻微伤害或侵犯。

③法律责任及赔偿范围不同。生命权侵犯行为往往同时涉及刑事责任和民事赔偿，且处罚和赔偿金额最高。健康权也可能引发刑事和民事双重责任，但程度上通常低于生命权。身体权一般仅需承担民事责任，赔偿额度较低。

④从重吸收原则。当同一行为同时触犯上述三种权利时，法律倾向按最严重的后果来定性并确定相应的法律责任。例如，如果一个行为既危及生命也损害了健康和身体，则主要按侵犯生命权处理。若仅涉及健康和身体两方面，则优先根据健康权受损的情况进行判定。

第三章 姓名权和名称权

一、单项选择题

甲谎称是乙公司的代理人，以乙公司的名义与丙公司签订合同。甲侵犯了乙公司的(　　)。[2017年法硕(非法学)真题]

A. 姓名权　　B. 商标权　　C. 名誉权　　D. 名称权

【解析】D项，名称权，是指特定团体依法享有的决定、使用、变更及依照法律规定转让自己的名称，并排除他人的非法干涉及不当使用的权利。甲未经授权，擅自以乙公司的名义对外签订合同，侵犯了乙公司的名称权。

A项，姓名权是自然人专属的权利，法人不享有姓名权。因此乙公司不享有姓名权，甲的行为不侵犯乙公司的姓名权。

B项，甲没有擅自使用或冒充乙公司的商标，没有侵犯乙公司的商标权。

C项，甲并没有侵犯乙公司的名誉权。名誉权的本质在于权利人要求他人对其进行客观公正的评价，有权排除他人对其名誉权的侵害。甲没有恶意贬损乙公司或以其他方式损害乙公司名誉，没有侵犯乙公司的名誉权。

二、概念题

姓名权与名称权[中南财大2024年研]

相关试题：

(1)姓名权[北邮2020年研；南京大学2012年研]

(2)名称权[南京大学2006年研]

答：(1)姓名权，是指自然人依法享有的决定、使用、变更和许可他人使用其姓名，并排除他人干涉或非法使用的权利。《民法典》第1012条规定，自然人享有姓名权，有权依法决定、使用、变更或者许可他人使用自己的姓名，但是不得违背公序良俗。第1014条规定，任何组织或者个人不得以干涉、盗用、假冒等方式侵害他人的姓名权或者名称权。

(2)名称权，是指特定团体(法人、非法人组织)依法享有的决定、使用、变更及依照法律规定转让自己的名称，并排除他人非法干涉及不当使用的权利。《民法典》第1013条规定，法人、非法人组织享有名称权，有权依法决定、使用、变更、转让或者许可他人使用自己的名称。

(3)二者的主要区别：

①权利主体不同。名称权的享有者为法人和非法人组织；姓名权的享有者为自然人。

②取得程序不同。名称权需经管理机关核准登记，变更或转让时也需申请登记。对于姓名权，自然人无需法定程序即可取得。

③属性不同。名称权具有较强的财产属性，可以转让；姓名权主要是一种精神性人格权，不能转让。

④受侵害后的救济不同。名称权受侵害时，权利人主要可请求财产损害赔偿；姓名权受侵害时，权利人可请求财产损害赔偿和精神损害赔偿。

D

第四章　肖像权

一、单项选择题

1. 甲某在北京三里屯逛街，遇到乙某正在街拍。乙某未经甲某同意便拍摄甲某。甲某很不开心，遂小跑离开。第二天，甲某在网上看到自己被街拍的照片。乙某的行为(　　)。[2024年法硕(非法学)真题]

A. 侵害甲的肖像权　　B. 侵害甲的隐私权

C. 侵害甲的名誉权　　D. 不构成侵权

【解析】AD两项，侵犯肖像权的典型行为包括：①丑化、污损，或者利用信息技术手段伪造等方式侵害他人的肖像权；②未经肖像权人同意，制作、使用、公开肖像权人的肖像，但是法律另有规定的除外；③未经肖像权人同意，肖像作品权利人以发表、复制、发行、出租、展览等方式使用或者公开肖像权人的肖像。本题中，乙某未经甲某同意，对甲某进行拍摄并将照片上传至网络，属于上述第②种类型，构成侵权行为，侵犯了甲某的肖像权。

BC两项，个人肖像不属于隐私。且乙某并未对甲某名誉造成损害，即乙某未侵害甲某的隐私权、名誉权。

2. 甲为乙拍摄照片后将照片发到朋友圈。丙看到后觉得很有趣，遂将该照片做成搞笑表情包出售。丙侵犯了(　　)。[2021年法硕(非法学)真题]

A. 乙的肖像权　　B. 乙的荣誉权　　C. 甲的发表权　　D. 甲的隐私权

【解析】《民法典》第1019条规定："任何组织或者个人不得以丑化、污损，或者利用信息技术手段伪造等方式侵害他人的肖像权。未经肖像权人同意，不得制作、使用、公开肖像权人的肖像，但是法律另有规定的除外。未经肖像权人同意，肖像作品权利人不得以发表、复制、发行、出租、展览等方式使用或者公开肖像权人的肖像。"本题中，丙并未经乙的同意，将乙的照片做成搞笑表情包(即制作乙的肖像)出售，侵犯了乙的肖像权。

二、概念题

肖像权[人大2004年研]

答：肖像权，是指自然人对自己的肖像享有再现、使用等利益并排除他人侵害的权利。《民法典》第1018条规定，自然人享有肖像权，有权依法制作、使用、公开或者许可他人使用自己的肖像。其特征有：①主体限于特定自然人。肖像是自然人外在形象的表现，反映其生理特征，是区分不同个体的重要标志。②包含显著的财产利益。与其他类型的人格权相比，肖像权具有更强的财产属性。

三、简答题

简述肖像权合理使用的情形。[2022年法硕(法学、非法学)真题]

答：肖像权的合理使用，是指根据法律的规定，以一定方式使用肖像可以不经肖像权人的同意，也不向其支付报酬。根据《民法典》第1020条规定，肖像权合理使用的情形有：

1A　2A

(1)为个人学习、艺术欣赏、课堂教学或者科学研究，在必要范围内使用肖像权人已经公开的肖像。

(2)为实施新闻报道，不可避免地制作、使用、公开肖像权人的肖像。

(3)为依法履行职责，国家机关在必要范围内制作、使用、公开肖像权人的肖像。

(4)为展示特定公共环境，不可避免地制作、使用、公开肖像权人的肖像。

(5)为维护公共利益或者肖像权人合法权益，制作、使用、公开肖像权人的肖像的其他行为。

四、案例分析题

张三是体育明星，有一天在甲餐厅吃饭。在该餐厅打工的李四看到后，马上拿起照相机给张三拍照。张三予以制止，但李四已经拍到张三的四张照片，之后发表在某网站上。张三认为李四、甲餐厅、某网站共同侵害了其肖像权。[首经贸2010年研]

请分析以下几个问题：

(1)李四的行为是否构成侵害张三的肖像权？原因是什么？

(2)餐厅是否对张三的肖像权进行了侵害？请分析原因。

(3)某网站是否对张三的肖像权进行了侵害？请分析原因。

(4)假设餐厅在自己的餐馆上张贴了李四拍摄的张三的照片，是否构成对张三的肖像权的侵害？分析原因。

(5)假设李四是个记者，李四拍摄张三照片的行为是否构成侵权行为？请分析原因。

答：(1)李四的行为构成侵害张三的肖像权，具体分析如下：

肖像权的内容包括：依法制作、使用、公开、许可他人使用肖像。侵害肖像权的行为包括：①未经许可制作、公开他人肖像。如果肖像权人有证据证明某人再现其肖像，并已经扰乱其生活安宁，则可按侵害隐私权追究侵权人的民事责任。②未经许可使用或许可他人使用他人肖像。此处的使用包括商业上的使用和一切对肖像权人肖像的公开展示、复制和销售等行为。③歪曲、丑化他人肖像。肖像体现了肖像权人的人格尊严和精神利益，在再现和使用他人肖像时，应忠诚于肖像权人形象。任何歪曲和丑化他人肖像的行为都构成对肖像权的侵害。

本题中，李四没有经过张三的许可，就擅自给张三拍照，还传到了网上。这种行为侵犯了张三肖像的再现权和使用权，属于上述的前两种侵犯肖像权行为。

(2)餐厅没有侵害张三的肖像权，具体分析如下：

①餐厅不存在上述三种侵犯肖像权的行为，没有侵犯张三的肖像权。

②餐厅和张三之间是服务合同关系，没有保护张三的肖像不被其他人侵害的义务。

综上所述，餐厅没有侵害张三的肖像权。

(3)网站的行为是否侵害张三的肖像权应分情况讨论，具体分析如下：

根据《民法典》第1194、1195条规定，网络用户、网络服务提供者利用网络侵害他人民事权益的，应当承担侵权责任。网络用户利用网络服务实施侵权行为的，被侵权人有权通知网络服务提供者采取删除、屏蔽、断开链接等必要措施。网络服务提供者接到通知后未及时采取必要措施的，对损害的扩大部分与该网络用户承担连带责任。网络服务提供者知道网络用户利用其网络服务侵害他人民事权益，未采取必要措施的，与该网络用户承担连带责任。

本题中，如果张三曾告知过网站，要求删除其照片，但网站没有删除，那么网站就侵犯了张三的肖像权；如果网站明知李四上传的照片没有获得张三的同意，仍没有采取必要的措施禁止，网站的行为则属于侵犯张三肖像权的行为。否则，网站本身并不构成侵权。

(4)此种情况下构成对张三肖像权的侵害，具体分析如下：

餐厅将体育明星张三的照片张贴在自己的餐馆上，没有取得张三的同意，虽然照片不是餐厅拍的，但也属于使用张三的肖像并利用张三的明星效应营利。这侵害了张三肖像权中的使用权，因此侵害了张三的肖像权。

(5)是否构成对张三肖像权的侵害，要对李四拍摄张三照片的用途加以区别分析：

①如果记者李四是为了新闻报道而使用张三的照片，能够使观众、听众或者读者全面、真切地了解事实，符合社会公众利益的需要，那么这种行为是合理使用肖像权的行为，不构成对张三肖像权的侵害。

②如果记者李四拍摄张三照片不是为了新闻报道等公共利益的需要，那么就属于侵害张三肖像权的行为。

第五章　名誉权和荣誉权

一、单项选择题

甲、乙、丙、丁同在一个微信群，甲为群主，群成员共200余人，均为实名。某日，乙因不赞同丙的观点在群里多次辱骂丙，被甲移出群聊。丁为此在群里指责甲滥用群主权利，也被甲移出群聊。对此，下列选项正确的是(　　)。[2023年法硕(法学、非法学)真题]

A. 甲有权请求丁赔偿精神损失　　B. 乙有权请求甲将自己加回微信群

C. 丙有权请求乙赔礼道歉　　D. 丁有权请求甲承担侵权责任

【解析】C项，《民法典》第1024条规定："民事主体享有名誉权。任何组织或者个人不得以侮辱、诽谤等方式侵害他人的名誉权。名誉是对民事主体的品德、声望、才能、信用等的社会评价。"乙在群里多次辱骂丙，已严重侵害了丙的名誉权，丙有权请求乙赔礼道歉。

A项，下列情形可以主张精神损害赔偿：①侵害自然人人身权益造成严重精神损害的，受害人有权请求精神损害赔偿。②因故意或者重大过失侵害自然人具有人身意义的特定物造成严重精神损害的，受害人有权请求精神损害赔偿。③违约行为损害对方人格权并且造成严重精神损害，受害人请求其承担违约责任的，不影响受害人请求精神损害赔偿。丁指责甲滥用群主权利并未侵犯甲人格权，也不会给甲造成严重精神损害，故甲无权请求丁赔偿精神损失。

B项，乙的行为侵害他人的名誉权，甲作为群主有管理的权利。

D项，将丁移除微信群并没有对丁的法定权利造成侵害，因此丁无权请求甲承担侵权责任。

二、多项选择题

1. 甲与乙发生争执。甲遂将乙的绰号、未公开的结婚照和家庭背景等信息发布到网络上，并散布乙有婚外情的虚假信息，导致乙遭受非议。甲的行为侵犯了乙的(　　)。[2023年法硕(法学、非法学)真题]

A. 姓名权　　B. 肖像权　　C. 隐私权　　D. 名誉权

【解析】BCD三项，甲将未公开的结婚照和家庭背景等信息发布到网络上，侵害了乙的肖像权和隐私权；散布乙有婚外情的虚假信息，导致乙遭受非议，侵害了乙的名誉权。

A项，《民法典》第1017条规定，具有一定社会知名度，被他人使用足以造成公众混淆的笔名、艺名、网名、译名、字号、姓名和名称的简称等，参照适用姓名权和名称权保护的有关规定。甲将乙的绰号公开，并不是公开给乙起绰号，且乙的绰号不具备一定的知名度或是被他人使用足以造成混淆，因此甲并未侵犯乙的姓名权。

2. 甲将乙的照片和联系方式发到自己的微信朋友圈，声称乙欠钱不还，是个骗子。经查，甲所说与事实完全不符。甲的行为侵害了乙的(　　)。[2018年法硕(法学、非法学)真题]

A. 姓名权　　B. 名誉权　　C. 肖像权　　D. 荣誉权

C　　Ⅰ　　1BCD　2BC

【解析】B 项，名誉是指社会对民事主体的品行、才能、功绩等方面的综合评价。名誉权，是指自然人依法享有的维护其名誉，享受名誉给自己带来的利益并排除他人非法侵害的权利。本题中，甲虚构乙欠债的事实，并到处散布，使社会主体降低了对乙品行的评价，其行为侵犯了乙的名誉权。

C 项，肖像权，是指自然人依法制作、使用自己的肖像，借此享受一定利益并排除他人非法侵害的权利。本题中，甲未经乙同意公开了承载乙肖像的照片，侵犯了乙的肖像权。

A 项，姓名权，是指公民依法享有的决定、使用、改变自己姓名，并排除他人非法侵害如干涉、盗用、假冒的权利。姓名权主要包括姓名决定权、姓名使用权和姓名变更权。本题中，甲不存在干涉、盗用、假冒乙姓名的行为，未侵害乙的姓名权。

D 项，荣誉权，是指主体对荣誉享有的获得、保持、利用并享受所生利益的权利。本题中，甲未非法剥夺、诋毁、贬损乙的荣誉，未侵害乙的荣誉权。

三、概念题

名誉权的客体［南京大学 2010 年研］

答：名誉权的客体是名誉，是对民事主体的品德、声望、才能、信用等的社会评价。名誉是对民事主体的一种客观社会评价，而且是一种良好的社会评价。判断名誉权是否受到侵害的关键在于受害人的社会评价是否因侵权行为而降低。这种评价具有主观性和不确定性，是审理名誉权案件的重点和难点。

四、简答题

1. 简述名誉权的概念及特征。［天津商大 2023 年研］

相关试题：名誉权的概念与内容。［天津商大 2014 年研］

答：(1) 名誉权的概念：

名誉权，是指自然人或法人依法享有的维护其社会公正评价并防止他人侵害的权利。名誉权直接关系到民事主体在社会和经济生活中的地位及应受的信赖和尊重，是其重要的人格利益。《民法典》第 1024 条第 2 款规定："民事主体享有名誉权。任何组织或者个人不得以侮辱、诽谤等方式侵害他人的名誉权。名誉是对民事主体的品德、声望、才能、信用等的社会评价。"

(2) 名誉权的特征：

①客体是名誉。名誉权的客体是社会对个人或组织的客观评价，关键在于受害人的社会评价是否因侵权行为而降低。这种损害通常是难以量化的。

②内容包括享有利益和排除侵害。享有利益是指精神上的满足和财产上的利益；排除侵害则是维护自己的社会评价免于不正当的降低，并在受损时有权通过法律手段恢复名誉。

③主体包括自然人、法人和非法人组织。与隐私权、肖像权等专属于自然人的人格权不同，名誉权的主体也涵盖法人和非法人组织。非自然人名誉的最显著特点在于，其与财产利益的联系更紧密。

(3) 名誉权的内容：

①名誉享有权，是指权利人享有并自主决定名誉利益的权利。权利人通过自身努力获

得社会客观、正面的评价，这种利益应归属于权利人。

②名誉保有权，是指权利人有权保护自己的名誉利益不受他人非法干涉和侵害。这是名誉权的核心内容。权利人有权享有社会公众的正面评价，任何人不得侵害或降低这种评价。

③名誉维护权，是指权利人有权维护社会对自己的良好评价。当他人不当降低其社会评价时，权利人有权采取措施维护其名誉。

2．简述名誉权与荣誉权的区别。［中山大学 2015 年研；中南财大 2014 年研］

答：(1)二者的概念：

①名誉权，是指自然人或法人依法享有的维护所获得的社会公正评价并防止他人侵害的权利。其中，名誉是指对民事主体的品德、声望、才能、信用等的社会评价。《民法典》第 1024 条规定："民事主体享有名誉权。任何组织或者个人不得以侮辱、诽谤等方式侵害他人的名誉权。"

②荣誉权，是指民事主体对自己所获得的以及可能获得的荣誉称号依法享有的不受他人非法侵害的权利。《民法典》第 1031 条规定，任何组织或个人不得非法剥夺他人的荣誉称号，不得诋毁、贬损他人的荣誉。权利人享有保持荣誉称号不受非法剥夺和保持荣誉不受诋毁的权利，并有权要求记载和更正荣誉称号。

(2)二者的区别：

①评价来源不同。荣誉来自特定组织或机构的正式评价；名誉来自社会公众的广泛评价，是自然产生的，无需特定行为获取。

②评价内容不同。荣誉必须是积极的、褒扬性的评价，基于突出贡献或表现；名誉是对民事主体的一般正面评价，不一定是突出的贡献或表现。

③评价形式不同。荣誉具有专门性和定型性，须通过法定或约定程序授予、撤销或剥夺；名誉是自由和自然的评价，不定型存在，无法通过特定手段剥夺或消除。

第六章　隐私权和个人信息保护

一、单项选择题

1. 某商店在店内安装高清摄像头，在未告知顾客的情况下，抓取进店顾客脸部信息进行识别分析，用于精准营销。对此，下列表述正确的是(　　)。[2023年法硕(非法学)真题]

A. 商店侵犯了顾客的身体权

B. 商店侵犯了顾客的身份权

C. 商店侵犯了顾客的个人信息权益

D. 人脸信息是公开信息，商店不构成侵权

【解析】CD两项，根据《民法典》第1034条第2款规定，个人信息是以电子或者其他方式记录的能够单独或者与其他信息结合识别特定自然人的各种信息，包括自然人的姓名、出生日期、身份证件号码、生物识别信息、住址、电话号码、电子邮箱、健康信息、行踪信息等。因此，人脸识别属于个人信息。本题中，商店在店内安装高清摄像头，在未告知顾客的情况下，抓取进店顾客脸部信息进行识别分析，用于精准营销，侵犯了顾客的个人信息权益。

A项，身体权保护的是民事主体的身体完整和行动自由，因此商店并未侵犯身体权。

B项，身份权，是指民事主体基于某种特定身份而依法享有的维护一定社会关系的权利，包括配偶权和亲属权。本题中的脸部信息不属于身份权范畴。

2. 甲公司将售房过程中收集到的购房者的姓名、身份证号码、电话、家庭住址等信息打包出售。甲公司的行为侵害了购房者的(　　)。[2019年法硕(法学)真题]

A. 个人信息权益　　B. 身份权　　C. 信用权　　D. 姓名权

【解析】《民法典》第111条规定："自然人的个人信息受法律保护。任何组织和个人需要获取他人个人信息的，应当依法取得并确保信息安全，不得非法收集、使用、加工、传输他人个人信息，不得非法买卖、提供或者公开他人个人信息。"个人信息权益，是指个人信息本人对其个人信息所享有的支配、控制并排除他人侵害的合法权益。本题中，姓名、身份证号码、电话、家庭住址等信息属于个人信息，甲公司将其出售，侵害了购房者的个人信息权益。

B项，身份权，是指民事主体基于某种特定身份而依法享有的维护一定社会关系的权利，包括配偶权和亲属权。本题中的姓名、身份证号码等各种信息均不属于身份权范畴。

C项，信用权，是受到法律保护的资信利益。本题中的信息并非信用，且我国民法并未规定信用权。

D项，姓名权，是公民依法享有的决定、使用、改变自己姓名，并排除他人非法侵害如干涉、盗用、假冒的权利。本题中，甲公司并未干涉、盗用和假冒用户的姓名，不构成对姓名权的侵害。

1C　2A

二、概念题

1. 隐私与个人信息[中南财大 2023 年研]

相关试题：

(1)隐私[四川大学 2024 年研；北邮 2021 年研]

(2)个人信息[暨南大学 2022 年研]

答：(1)隐私，是指自然人的私人生活安宁和不愿为他人知晓的私密空间、私密活动、私密信息。

(2)个人信息，是指以电子或者其他方式记录的能单独或与其他信息结合识别特定自然人的各种信息，包括自然人的姓名、出生日期、身份证件号码、生物识别信息、住址、电话号码、电子邮箱、健康信息、行踪信息等。

(3)二者的区别：

①权利性质不同。隐私权主要是一种精神性的人格权。个人信息权益是一种综合性权益，包含财产利益和精神利益。个人信息通常是数字化或记录形式，而隐私可以是私密的空间、活动或生活安宁。

②构成要件不同。隐私强调私密性，如财产状况、婚姻生活等。个人信息强调可识别性。隐私如果具有可识别性，则同时构成个人信息。

③权利内容不同。个人信息包括不愿为外人知晓的隐私信息和可公开的非隐私信息(如姓名、性别)。隐私带有主观性，隐私权范围较窄。二者重合部分称为隐私信息(如病史、犯罪记录)。

④救济方式不同。隐私权表现为消极防御性，维护人格尊严。个人信息表现为积极请求权，包括控制收集、处理和利用，修改不正确信息，以及获取报酬等。

⑤法律保护位阶不同。隐私权作为具体人格权，受到更高程度的保护。个人信息仅是人格利益。

2. 隐私权[北邮 2022 年研；中国海大 2020 年研；暨南大学 2017 年研；青岛大学 2017 年研；清华大学 2013 年研；人大 2009 年研；华东政法 2007 年研]

答：参见本章简答题第 1 题答案。

三、简答题

1. 简要说明隐私权的概念和内容。[吉林大学 2022 年研]

相关试题：

(1)简述隐私权的概念与内容。[北邮 2013 年研；北师 2007 年研]

(2)民法上隐私权的范围和内容。[中山大学 2009 年研]

答：(1)隐私权的概念：

隐私权，是指自然人对其私生活安宁、与公共利益无关的个人信息、私人活动和私有领域进行支配的人格权。《民法典》第 1032 条规定："自然人享有隐私权。任何组织或者个人不得以刺探、侵扰、泄露、公开等方式侵害他人的隐私权。隐私是自然人的私人生活安宁和不愿为他人知晓的私密空间、私密活动、私密信息。"其特征有：①主体特定，限于自然人；②内容广泛；③性质绝对，为绝对权；④客体可利用。

(2)隐私权的内容：

①私人生活安宁权，包括日常生活、住宅、通信安宁等。侵犯私人生活安宁的行为可分为物理与信息方式，如非法跟踪、骚扰电话与垃圾信息等。

②私密空间权，包括物理与虚拟的私人支配且隐秘空间，如居所、私家车、电子邮箱等。自然人有权排除他人对自己私密空间的侵入。

③私密活动权，指自然人与公共利益无关的个人活动，如家庭生活、婚姻与性生活等。其具动态性，随时间可与非隐私活动相互转化，他人未经同意不得拍摄、窥视、窃听、公开。

④私密信息权，指处于隐秘状态、无关公共与他人利益且以特定形式呈现的个人信息，如病历、财产状况等。除经权利人同意外，任何组织或者个人不得处理他人的私密信息。

2. 简述名誉权与隐私权的区别和联系。[宁波大学 2019 年研]

相关试题：

(1)隐私权和名誉权之间的主要区别。[南航 2015 年研]

(2)名誉权与隐私权[概念辨析题，武大 2013 年研]

答：(1)名誉权和隐私权的概念：

①名誉权，是指自然人或法人依法享有的维护所获得的社会公正评价并防止他人侵害的权利。

②隐私权，是指自然人对其私生活安宁、与公共利益无关的个人信息、私人活动和私有领域进行支配的人格权。

(2)名誉权和隐私权的区别：

①主体不同。名誉权的主体包括自然人、法人和非法人组织；而隐私权专属于自然人。

②客体不同。名誉权的客体是名誉，即对民事主体的品德、声望、才能、信用等的社会评价；隐私权的客体是隐私，包括私人生活安宁和不愿为他人知晓的私密空间、私密信息、私密活动等。

③侵害行为不同。侵害名誉权往往是故意以侮辱或诽谤的方式来减损他人的名誉；侵害隐私权的主要方式是非法获得或未经许可非法公开他人的私人信息。

④保护方法不同。名誉权受到侵害后，权利人除了可以通过停止侵害、赔礼道歉、赔偿损失的方式获得保护外，还可以要求消除影响、恢复名誉；但隐私一经公开就不能再成为隐私，对隐私权的保护只能通过停止侵害、赔礼道歉和赔偿损失的方式加以救济。

四、案例分析题

某市公安机关发出通知，要求在火车站、长途车站、市场广场、中小学校门前、宾馆走廊、银行等地方设置摄像探头，以减少违法犯罪行为的发生。消息发出后，引起轩然大波，当地多家媒体或发表评论文章，或播出电视访谈节目，认为公安机关此举有侵害一般百姓隐私之嫌。[南京大学 2007 年研]

请点评该事件。

答：(1)主要观点：

①支持方观点：

a．安全提升。摄像头可以有效监控和预防犯罪行为，提高公共安全。

b．证据收集。摄像头记录的视频资料可以作为案件调查的重要证据。

c．威慑作用。摄像头的存在可以起到一定的威慑作用，减少潜在的犯罪行为。

②反对方观点：

a．隐私侵犯。在公共场所安装摄像头可能侵犯个人隐私，尤其是敏感区域如中小学校门前和宾馆走廊。

b．数据安全。担心摄像头采集的数据可能被滥用或泄露，导致个人信息安全问题。

c．过度监控。这种大规模的监控措施可能导致社会过度监控，影响公民的自由感。

(2)法律与伦理考量：

①合法性。根据相关法律法规，公安机关在公共场所安装摄像头须有明确的法律依据，且需要经过合法程序。

②透明度。应公开告知公众摄像头的安装位置、目的和使用方式，确保透明度。

③隐私保护。采取必要的技术手段和管理措施，确保摄像头采集的数据安全，防止泄露和滥用。

④平衡利益。在保障公共安全的同时，也要充分考虑个人隐私权，找到合理的平衡点。

综上，虽然在公共场所安装摄像头有助于提升公共安全，但须在法律框架内进行，并充分考虑个人隐私权的保护。公安机关应加强与公众的沟通，解释安装摄像头的目的和必要性，并采取有效的数据保护措施，以减少公众担忧。

第七章　人格权的保护

一、单项选择题

甲公司将厂房出租给乙公司使用。在租赁期间，乙公司职工不慎引发了库房火灾，最终火势太大，没有得到控制，导致厂房毁损。事后查明，甲公司在建厂房时，使用了不符合法律要求的建筑和装修材料才导致火势无法控制。对此，乙公司(　　)。[2024年法硕(非法学)真题]

A. 只能请求甲公司承担违约责任

B. 只能请求甲公司承担侵权责任

C. 无权请求甲公司承担赔偿责任

D. 有权选择甲公司承担违约责任或侵权责任

【解析】《民法典》第186条规定，因当事人一方的违约行为，损害对方人身权益、财产权益的，受损害方有权选择请求其承担违约责任或者侵权责任。本题中，甲公司将厂房出租给乙公司使用，甲公司与乙公司之间存在租赁合同关系。甲公司使用劣质建筑和装修材料导致火势无法控制，进而导致库房火灾和厂房损毁，属于无法实现合同目的的根本违约；同时火灾导致乙公司财产权受到损害，构成侵权。甲公司的行为同时违反合同规范与侵权规范，构成侵权责任和违约责任的竞合；乙公司作为受损害方有权就违约责任和侵权责任择一主张。

二、法条分析题

《民法典》第996条规定："因当事人一方的违约行为，损害对方人格权并造成严重精神损害，受损害方选择请求其承担违约责任的，不影响受损害方请求精神损害赔偿。"[中南财大2021年研]

答：《民法典》第996条规定的是精神损害赔偿请求权聚合。精神损害赔偿，是指因违约行为导致的精神痛苦和心理创伤，受损害方可以要求赔偿一定的精神损害抚慰金。在《民法典》颁布前，违约损害赔偿不包括精神损害赔偿。受损害方选择违约责任时无法请求精神损害赔偿，选择侵权责任时可以请求但需放弃违约金、定金条款等违约责任的主张以及举证责任上的便利。《民法典》第996条允许在受损害方主张违约责任时亦可请求精神损害赔偿，有利于完善对受损害方的人格权保护。

(1)因违约损害人格权的精神损害赔偿的适用条件：

①违约与侵权责任竞合。违约行为必须同时侵害另一方的人格权。

②严重精神损害。违约行为必须造成严重精神损害。

③选择违约责任。受损害方必须选择请求违约责任。

(2)因违约损害人格权的精神损害赔偿的法律后果：

当违约行为侵害自然人人身权益并造成严重精神损害时，受损害方在请求违约责任(如支付违约金、赔偿损失等)时可请求精神损害赔偿。二者并不互相排斥。此时，受损害方需

D

证明：①行为人构成违约；②违约行为损害了其人格权并造成了严重精神损害。精神损害赔偿数额的计算考虑行为人的过错程度、侵害手段、场合、方式及后果等因素。

(3)立法目的：

①保护人格权。该条旨在加强对人格权的保护，确保在违约行为侵害人格权并造成严重精神损害的情况下，受害方能够获得全面的救济。

②多重救济。通过允许受损害方同时主张违约责任和精神损害赔偿，提供更全面的法律保护，确保受害方能够得到充分的补偿。

(4)实践意义：

①强化救济手段。该条为受损害方提供了更多的救济手段，使其能够在违约行为导致的人格权损害和精神损害中获得更全面的赔偿。

②促进公平正义。通过保障受损害方的多重请求权，有助于实现法律的公平正义，维护受害者的合法权益。

综上，《民法典》第996条明确规定了在违约行为损害对方人格权并造成严重精神损害的情况下，受损害方可以同时请求违约责任和精神损害赔偿。这一规定加强了对人格权的保护，确保受害方能够获得全面的救济，体现了法律对个人权益的重视和保护。

第五编　婚姻家庭

【知识框架（庖丁解牛）】

- 婚姻家庭
  - 婚姻家庭法概述
    - 婚姻家庭的概念
    - 婚姻家庭法的概念和特征
    - 我国婚姻家庭法的基本原则
  - 结婚制度
    - 概述：结婚的概念和特征、我国的结婚制度
    - 结婚的条件：成立条件 + 有效要件、事实婚姻
    - 婚姻无效和可撤销：事由、确认、法律后果
  - 家庭关系
    - 夫妻关系：概念、特征、夫妻人身关系 + 夫妻财产关系
    - 父母子女关系：概念、种类、内容、确认
    - 其他近亲属关系：祖孙关系、兄弟姐妹关系
  - 离婚制度
    - 概述：婚姻终止的原因、离婚的概念
    - 登记离婚：概念、条件、程序、法律后果
    - 诉讼离婚：概述、程序、法定理由、特别规定
    - 离婚的效力：概念、身份效力 + 财产效力、子女抚养教育、权利救济
  - 收养制度
    - 概述：概念、特征、与相关概念的区别、分类、原则
    - 收养关系的成立：条件、程序
    - 收养的效力：拟制效力、解销效力、无效
    - 收养关系的解除：法定情形、法定程序、法律后果

【通关提要（提纲挈领）】

婚姻家庭编涵盖了结婚、离婚、夫妻关系、收养等内容，比较通俗简单。本编常考选择题和简答题。复习时，可结合法条、通过实际案例理解婚姻家庭中的法律问题，如离婚程序、夫妻共同财产制等。具体要求如下：

掌握：结婚条件、婚姻无效或可撤销的情形、离婚程序、夫妻共同财产制。

熟悉：父母子女间权利义务关系、收养关系成立与解除的标准。

第一章　婚姻家庭法概述

一、概念题

婚姻自由

答：婚姻自由，是指婚姻当事人在法定范围内，有权自主决定婚姻问题，不受他人强制或干涉。其特征有：①为法律赋予的权利；②相对自由。其内容有：①结婚自由，即当

事人有权依法自主决定是否结婚及与谁结婚，不受他人干涉。②离婚自由，指夫妻双方有权自主处理离婚问题。结婚自由是婚姻自由的主要方面，离婚自由是其补充。二者相辅相成，共同保障婚姻关系的自主性。

二、简答题

简述婚姻家庭法的基本原则。

答：婚姻家庭法是调整婚姻家庭关系的法律规范的总和。婚姻家庭法的基本原则有：

(1)婚姻家庭受国家保护原则。国家对婚姻和家庭提供制度性保障，具体包括：①婚姻家庭的综合性保护，即通过合同法、人格权法、侵权责任法等全面保护婚姻家庭关系；②婚姻家庭成员身份的确认和保护，即明确亲属身份并加强对身份权的保护；③婚姻安全的优先保护。

(2)婚姻自由原则。婚姻当事人在法律规定的范围内享有自主决定婚姻问题的权利，包括结婚自由和离婚自由。结婚自由是指当事人有权决定是否结婚及与谁结婚；离婚自由是指夫妻双方有权自主处理离婚问题，不受非法干涉。

(3)一夫一妻制原则。一男一女结为夫妻，双方同时只有一名配偶。禁止重婚，禁止有配偶者与他人同居。

(4)男女平等原则。男女双方在婚姻家庭关系中享有同等的权利和义务，包括：①婚姻关系方面，夫妻双方的权利义务平等；②家庭关系上地位平等。

(5)保护妇女、未成年人、老年人、残疾人的合法权益原则。特别保护这些群体在婚姻家庭方面的合法权益，禁止家庭成员间的虐待和遗弃、禁止家庭暴力。

(6)树立优良家风，弘扬家庭美德，重视家庭文明建设原则。家庭应当树立优良家风，弘扬家庭美德，重视家庭文明建设。夫妻互相忠实、尊重、关爱，家庭成员敬老爱幼、互相帮助，法律规则与社会道德规范相结合，指导家庭关系处理和矛盾调解。

三、案例分析题

孙某与江某于2004年8月8日登记结婚。婚后二人签订了一份夫妻忠诚协议，约定：婚后各方应以家庭为重，互相忠实；任何一方背叛对方，背叛方必须同意离婚，且夫妻共同财产全部归无过错方所有。随着女儿的降生，2006年初，二人又补充了忠诚协议的内容：如一方违反忠诚协议，离婚后女儿归无过错方抚养，过错方必须放弃对女儿的监护权。

2009年9月，江某得知孙某与其大学时期的恋人邹某重温旧情，气愤不已，但因孙某一再保证以后不再与邹某联系，故江某原谅了孙某。

2010年4月，江某发现孙某仍然与邹某保持着联系，且经常互发暧昧短信，接触频繁，孙、江二人感情因此出现危机。同年7月起，孙某与邹某在外租房同居。江某对孙某的出轨行为忍无可忍，提出离婚，并要求孙某履行夫妻忠诚协议。[2012年法硕(法学)真题改编]

请根据上述事实，回答以下问题：

(1)孙某与江某的夫妻忠诚协议是否适用我国《民法典》？为什么？

(2)对本案中的夫妻忠诚协议，法官甲认为全部无效，而法官乙认为部分无效。请选择你较为认同的观点(只能选择一种观点)，并阐释理由。

答：(1)孙某与江某的夫妻忠诚协议可以参照适用我国《民法典》合同编的相关规定。

理由：《民法典》第464条规定："合同是民事主体之间设立、变更、终止民事法律关系的协议。婚姻、收养、监护等有关身份关系的协议，适用有关该身份关系的法律规定；没有规定的，可以根据其性质参照适用本编规定。"孙某与江某的夫妻忠诚协议属于有关身份关系的协议，在没有相关法律规定的情况下，可以根据其性质参照适用民法合同编规定。

(2)观点一：同意法官甲的观点，分析如下：

人身权是法定的。法律不允许通过协议来设立、变更、终止人身关系，即不能通过合同来调整人身关系。我国法律规定，夫妻应相互忠实。这一规定具有明显的倡导性，并且法律也没有规定违反该规定所应承担的法律责任。夫妻一方以此道德义务作为对价与另一方进行交换而订立的协议，不能确立具体的民事权利义务关系。当事人仅以违反"夫妻应相互忠实"的规定提起诉讼的，法院不予受理；已经受理的，裁定驳回起诉。本题中，孙某和江某的夫妻忠诚协议属于人身关系的约定，且是以道德义务作为对价，故该协议无效。

观点二：同意法官乙的观点，分析如下：

①协议中有关人身关系的约定，如"背叛方必须同意离婚""过错方必须放弃对女儿的监护权"等，因违反法律强制性规定而无效。根据《民法典》规定，是否主张离婚是婚姻当事人的权利，任何人不得干涉。本题中，孙某与江某之间的约定违反婚姻自由原则，故无效。根据《民法典》规定，父母是未成年子女的第一顺位法定监护人；父母对未成年子女的监护既是法定权利，也是法定义务；父母对未成年子女的监护不得取消或放弃。本题中，双方的约定与此相违背，故无效。

②孙某与江某之间"夫妻共同财产全部归无过错方拥有"的约定，属于财产关系的约定；《民法典》允许夫妻双方以协议方式处分财产，故该约定有效。

第二章　结婚制度

一、单项选择题

1. 甲在 2005 年与乙登记结婚，2010 年又与丙登记结婚，并生有一子。2015 年甲与乙协议离婚。现甲与丙的婚姻(　　)。[2019 年法硕(非法学)真题]

A. 有效　　B. 无效　　C. 可撤销　　D. 不成立

【解析】AB 两项，《民法典》第 1051 条规定，有下列情形之一的，婚姻无效：①重婚；②有禁止结婚的亲属关系；③未达到法定婚龄。本题中，甲在与乙婚姻关系存续期间，又与丙登记结婚，构成重婚。尽管后来甲与乙办理了协议离婚，只剩下其与丙的一个婚姻关系，但这个婚姻仍然违法，不因前一个婚姻关系的解除而转变为合法，即因重婚所导致的婚姻无效不具有逆转性。

C 项，婚姻可撤销的法定情形包括：①胁迫；②隐瞒重大疾病。本题中，甲与丙的婚姻不涉及上述情形。

D 项，成立与是否有效是两个概念。办理了结婚登记，婚姻关系当然成立。

2. 甲声称具有某海外名校学历，与乙登记结婚。半年后，乙发现甲的毕业证书是伪造的。甲乙之间的婚姻(　　)。[2018 年法硕(非法学)真题]

A. 无效　　B. 有效

C. 因欺诈可撤销　　D. 因重大误解可撤销

【解析】《民法典》第 1051 条规定，有下列情形之一的，婚姻无效：①重婚的；②有禁止结婚的亲属关系的；③未到法定婚龄的。第 1052 条规定，因胁迫结婚的，受胁迫的一方可以向婚姻登记机关或人民法院请求撤销该婚姻。《民法典》未将欺诈规定为无效或者可撤销的婚姻情形，甲乙之间的婚姻有效。

二、概念题

可撤销婚姻[复旦大学 2021 年研]

答：参见本章简答题第 2 题答案。

三、简答题

1. 无效婚姻的事由与法律效果。[中南财大 2021 年研]

相关试题：

(1)简述无效婚姻的法律后果。[2023 年法硕(法学、非法学)真题]

(2)婚姻无效的情形有哪些？[暨南大学 2019 年研]

(3)如何认定和处理无效婚姻？[中南财大 2018 年研]

答：无效婚姻，是指因欠缺有效成立的要件而当然不具有相应法律效力的婚姻。

(1)无效婚姻的事由/情形：

根据《民法典》第 1051 条规定，有下列情形之一的，婚姻无效：

1B　2B

①重婚。包括：a. 法律重婚，指前一个婚姻未解除，又与他人办理结婚登记。b. 事实重婚，指在已有法律婚姻存续期间，与他人以夫妻名义共同生活但未办理结婚登记。重婚违反一夫一妻制，应归于无效。

②有禁止结婚的亲属关系。《民法典》第 1048 条规定，直系血亲或三代以内的旁系血亲禁止结婚。禁止结婚的亲属关系包括：a. 直系血亲，如父母与子女、祖父母与孙子女、外祖父母与外孙子女等；b. 三代以内旁系血亲，如兄弟姐妹、堂兄弟姐妹、表兄弟姐妹等。

③未到法定婚龄。《民法典》第 1047 条规定，结婚年龄，男不得早于 22 周岁，女不得早于 20 周岁。男女双方未到法定婚龄结婚的，为无效婚姻；申请宣告婚姻无效的，应依法准许。

(2) 无效婚姻的法律后果：

根据《民法典》第 1054 条规定，无效婚姻自始没有法律约束力，当事人不具有夫妻的权利和义务。

①身份上的后果。当事人自始不具有夫妻的权利和义务。

②财产上的后果。当事人同居期间所得的财产，由当事人协议处理；协议不成的，除非有证据证明为当事人一方所有的以外，按共同共有处理，由人民法院根据照顾无过错方的原则判决。对重婚导致的无效婚姻的财产处理，不得侵害合法婚姻当事人的财产权益。

③父母子女关系的后果。当事人所生的子女，适用《民法典》关于父母子女的规定。比如，当事人双方均有抚养、教育和保护未成年子女的权利和义务；子女由一方直接抚养的，另一方应当负担一定的抚养费；一方抚养子女的，另一方享有探望子女的权利等。

④损害赔偿责任。婚姻无效的，无过错方有权请求损害赔偿。

2. 简述婚姻可撤销的事由。［天津商大 2023 年研］

答：可撤销婚姻，是指婚姻因一方当事人胁迫而成立，或一方在婚姻成立时隐瞒重大疾病，可经另一方当事人请求法院撤销而归于无效的婚姻。婚姻可撤销的事由有：

(1) 胁迫。《民法典》第 1052 条第 1 款规定，因胁迫结婚的，受胁迫的一方可以向人民法院请求撤销婚姻。因受胁迫而结合的婚姻中，受胁迫方同意结婚的意思表示不真实，因而法律赋予了受胁迫方撤销婚姻的权利。构成胁迫的条件有：①有胁迫的行为；②有胁迫的故意；③受胁迫一方同意结婚与胁迫行为存在因果关系。

(2) 隐瞒重大疾病。《民法典》第 1053 条第 1 款规定，一方患有重大疾病的，应当在结婚登记前如实告知另一方；不如实告知的，另一方可以向人民法院请求撤销婚姻。其构成要件为：①当事人一方患有重大疾病；②当事人一方在结婚时患有重大疾病；③当事人一方未在婚姻登记前向另一方如实告知其患有重大疾病。

3. 简述无效婚姻和可撤销婚姻的区别。［暨南大学 2023 年研］

相关试题：无效婚姻与可撤销婚姻［概念辨析题，中南财大 2023 年研］

答：(1) 二者的含义：

①无效婚姻，是指因欠缺有效成立的要件而当然不具有相应法律效力的婚姻。

②可撤销婚姻，是指婚姻因一方当事人胁迫而成立，或一方在婚姻成立时隐瞒重大疾病，可经另一方当事人请求法院撤销而归于无效的婚姻。

(2)二者的区别:

①性质不同。无效婚姻自始无效，不存在合法的婚姻关系；可撤销婚姻在撤销前是有效的，撤销后自始无效。

②情形不同。无效婚姻涉及重婚、近亲结婚、未达法定婚龄等严重违法行为；可撤销婚姻涉及胁迫结婚或重大疾病隐瞒等情形。

③请求主体不同。无效婚姻中，任何一方当事人、利害关系人或有关组织均可提出；可撤销婚姻主要由受胁迫的一方或被隐瞒重大疾病的一方提出。

④时效限制不同。无效婚姻无时效限制，随时可以提出；可撤销婚姻有严格的时效限制，一般为1年。

四、法条分析题

我国《民法典》第1052条规定："因胁迫结婚的，受胁迫的一方可以向人民法院请求撤销婚姻。请求撤销婚姻的，应当自胁迫行为终止之日起1年内提出。被非法限制人身自由的当事人请求撤销婚姻的，应当自恢复人身自由之日起1年内提出。"[2015年法硕(非法学)真题改编]

请问:

(1)本条所称"胁迫"应如何理解?

(2)有权以胁迫为由请求撤销婚姻的主体是谁?

(3)本条中的"1年"是何种性质的期间?

答:(1)本条所称"胁迫"，是指行为人以损害另一方或其近亲属的生命、身体健康、名誉、财产等为要挟，迫使对方违背真实意愿结婚的情况。本条中的"胁迫"要达到一定程度，使对方当事人因胁迫内容而不敢反抗，从而作出虚假的意思表示。若胁迫的程度轻微，对方当事人有选择的余地，则不属于此处的因胁迫而结婚。

(2)有权以胁迫为由请求撤销婚姻的主体是受胁迫一方的婚姻关系当事人本人。这是由于因胁迫而缔结的婚姻，受胁迫方在缔结婚姻关系时，不能真实地表达自己的意愿，婚姻关系违背受胁迫方的意志。为了贯彻执行婚姻自由的基本原则，保护当事人的合法权益，让受胁迫方能充分地表达自己的婚姻意志，尽管胁迫的婚姻已经成立，但是受胁迫方仍可以在胁迫的婚姻成立后向婚姻登记机关或者人民法院提出撤销其婚姻效力的申请。由于胁迫婚姻的另一方当事人在缔结婚姻关系时，并没有违背自己真实的婚姻意思，即其在结婚时已经明确知道自己将与被胁迫方结婚，且愿意与其结婚，因此胁迫婚姻的当事人在婚姻关系成立后，没有提出撤销婚姻效力的请求权。

(3)本条中的"1年"属于除斥期间。

除斥期间，是指法律规定某种民事实体权利存在的期间。权利人在此期间内不行使相应的民事权利，则在该法定期间届满时导致该民事权利消灭。除斥期间没有中止和中断，也不得延长。

五、案例分析题

王某与张某原系夫妻关系。2007年1月16日，为给王某治病，张某以自己的名义向赵某借款3万元，约定于2007年5月16日偿还，并出具借条一张。孙某以保证人的身份在借条上签字，但未与赵某约定保证方式、保证期间和保证范围。债务到期后，张某未偿还借款。2007年7月5日，王某与张某协议离婚，双方约定由张某负责偿还欠赵某的3万元借款。因张某一直未偿还欠款，赵某遂于2007年12月19日诉至法院，请求张某、王某和孙某共同偿还此笔欠款。[2011年法硕(法学)真题]

根据上述案情，请回答：

(1)张某以自己的名义向赵某所借款项是否属于夫妻共同债务？为什么？

(2)本案保证合同中的保证方式和保证范围应如何确定？请说明理由。

(3)王某与张某离婚协议中关于偿还欠款的约定的法律效力如何？

(4)孙某是否应当承担保证责任？为什么？

答：(1)张某以自己的名义向赵某所借款项属于夫妻共同债务。

理由：《民法典》第1064条规定，夫妻双方共同签名或者夫妻一方事后追认等共同意思表示所负的债务，以及夫妻一方在婚姻关系存续期间以个人名义为家庭日常生活需要所负的债务，属于夫妻共同债务。张某借款是为其丈夫王某治病，属于为夫妻共同生活需要所负的债务，且该债务发生在夫妻关系存续期间，因此属于夫妻共同债务。

(2)保证方式为一般保证，保证范围为全部债务。

理由：①《民法典》第686条规定："保证的方式包括一般保证和连带责任保证。当事人在保证合同中对保证方式没有约定或者约定不明确的，按照一般保证承担保证责任。"本题中，孙某与赵某未对保证方式作出约定，故保证方式为一般保证。

②《民法典》第691条规定："保证的范围包括主债权及其利息、违约金、损害赔偿金和实现债权的费用。当事人另有约定的，按照其约定。"本题中，孙某与赵某未对保证范围作出约定，故保证范围为全部债务，即包括3万元主债务及利息、违约金、损害赔偿金和实现债权的费用。

(3)王某与张某在离婚协议中所作的关于偿还欠款的约定在内部具有法律效力，即对王某和张某有效；但对不知情的第三人不具有法律效力。

(4)孙某不应当承担保证责任。

理由：《民法典》第692条规定，债权人与保证人可以约定保证期间，但是约定的保证期间早于主债务履行期限或者与主债务履行期限同时届满的，视为没有约定；没有约定或者约定不明确的，保证期间为主债务履行期限届满之日起6个月。《民法典》第693条规定，一般保证的债权人未在保证期间对债务人提起诉讼或者申请仲裁的，保证人不再承担保证责任。

本题中，孙某与赵某对保证期间没有约定，孙某仅在6个月内(即2007年11月17日之前)承担保证责任，而赵某要求孙某承担保证责任时已超过6个月的保证期间，因此不应当承担保证责任。

第三章　家庭关系

一、单项选择题

甲、乙忙于工作，其子小明出生后便由乙的母亲丙照顾。甲向丙许诺，在丙照顾孩子期间每月给丙2000元补贴，年底一次性支付。小明5岁时，甲、乙离婚，小明由甲直接抚养，甲委托其父母照顾小明。对于甲向丙许诺的补贴（　　）。[2023年法硕（非法学）真题]

A. 仅甲负有给付义务

B. 甲、乙应共同承担给付义务

C. 丙无权请求给付，因其系履行道德义务

D. 甲无须给付，因其许诺不构成意思表示

【解析】AB两项，《民法典》第1064条第1款规定，夫妻双方共同签名或者夫妻一方事后追认等夫妻共同意思表示所负的债务，以及夫妻一方在婚姻关系存续期间以个人名义为家庭日常生活需要所负的债务，属于夫妻共同债务。第1058条规定，夫妻双方平等享有对未成年子女抚养、教育和保护的权利，共同承担对未成年子女抚养、教育和保护的义务。因此甲向丙许诺的补贴应当由甲、乙共同承担。

CD两项，委托监护可以无偿也可以有偿。甲向丙许诺，在丙照顾孩子期间每月给丙2000元补贴，属于有偿委托监护，应当给付；丙也有权请求甲给付。

二、多项选择题

1. 我国婚姻法规定，"父母不履行抚养义务时，未成年的或不能独立生活的子女，有要求父母付给抚养费的权利。"其中，"不能独立生活的子女"包括（　　）。[2017年法硕（法学、非法学）真题]

A. 在校接受高中学历教育的成年子女

B. 在校接受大学本科学历教育的成年子女

C. 丧失劳动能力无法维持正常生活的成年子女

D. 未完全丧失劳动能力无法维持正常生活的成年子女

【解析】《民法典》第1067条第1款规定，父母不履行抚养义务的，未成年子女或者不能独立生活的成年子女，有要求父母给付抚养费的权利。不能独立生活的成年子女，是指尚在校接受高中及以下学历教育，或者基于丧失、部分丧失劳动能力等非因主观原因而无法维持正常生活的成年子女。

2. 甲、乙系夫妻，在不损害债权人利益的情况下，甲请求分割夫妻共同财产能得到法院支持的理由有（　　）。[2016年法硕（非法学）真题]

A. 乙伪造夫妻共同债务　　　　B. 乙挥霍夫妻共同财产

C. 乙隐藏夫妻共同财产　　　　D. 乙变卖夫妻共同财产

【解析】《民法典》第1066条规定，婚姻关系存续期间，有下列情形之一的，夫妻一方可以向人民法院请求分割共同财产：①一方有隐藏、转移、变卖、毁损、挥霍夫妻共同财

B　　‖　　1ACD　2ABCD

产或者伪造夫妻共同债务等严重损害夫妻共同财产利益的行为；②一方负有法定扶养义务的人患重大疾病需要医治，另一方不同意支付相关医疗费用。

ABCD 四项，若乙方伪造夫妻共同债务或者挥霍、隐藏、变卖夫妻共同财产，甲请求分割夫妻共同财产应得到法院支持。

第四章 离婚制度

一、单项选择题

2018 年甲与妻子乙登记结婚。2019 年甲以个人名义向弟弟丙借款 120 万元购买商品房，登记在妻子乙名下。2021 年甲、乙因为感情不和离婚。甲向丙所借的钱应当（　　）。[2024 年法硕（法学、非法学）真题]

A. 全部由甲偿还　　B. 全部由乙偿还

C. 由甲和乙连带偿还　　D. 由甲和乙按份偿还

【解析】《民法典》第 1064 条第 1 款规定，夫妻双方共同签名或者夫妻一方事后追认等共同意思表示所负的债务，以及夫妻一方在婚姻关系存续期间以个人名义为家庭日常生活需要所负的债务，属于夫妻共同债务。本题中，甲以个人名义举债，所购买的房屋系用于夫妻双方共同生活，属于夫妻共同债务。在离婚时，夫妻共同债务由夫妻双方共同偿还，夫妻共同财产不足以偿还或者约定财产归各自所有的，由双方协商，协商不成的由法院判决。夫妻双方对外承担连带责任，其所协商或者法院判决各自偿还的份额仅在内部有效。

二、多项选择题

顾某欲与闫某离婚。下列情形中，顾某既可以作为起诉离婚的理由，同时可请求损害赔偿的有（　　）。[2014 年法硕（非法学）真题]

A. 闫某变卖夫妻共同财产　　B. 闫某殴打顾某致其残疾

C. 闫某与婚外异性同居　　D. 闫某经常赌博且屡教不改

【解析】《民法典》第 1079 条第 3 款规定，有下列情形之一，调解无效的，应准予离婚：①重婚或者与他人同居；②实施家庭暴力或者虐待、遗弃家庭成员；③有赌博、吸毒等恶习屡教不改；④因感情不和分居满 2 年；⑤其他导致夫妻感情破裂的情形。第 1091 条规定，有下列情形之一，导致离婚的，无过错方有权请求损害赔偿：①重婚；②与他人同居；③实施家庭暴力；④虐待、遗弃家庭成员的；⑤有其他重大过错。则符合起诉离婚的法定理由，且同时又可请求损害赔偿的，只有 BC 两项。

三、简答题

夫妻共同债务的认定与清偿。[中南财大 2020 年研]

答：（1）夫妻共同债务的认定：

夫妻共同债务，是指在婚姻存续期间，夫妻双方为共同生活需要，以双方或一方名义所负的债务。

①《民法典》第 1064 条规定："夫妻双方共同签名或者夫妻一方事后追认等共同意思表示所负的债务，以及夫妻一方在婚姻关系存续期间以个人名义为家庭日常生活需要所负的债务，属于夫妻共同债务。夫妻一方在婚姻关系存续期间以个人名义超出家庭日常生活需要所负的债务，不属于夫妻共同债务；但是，债权人能够证明该债务用于夫妻共同生活、

C　┃　BC

共同生产经营或者基于夫妻双方共同意思表示的除外。”据此，共同债务的认定以共同意思为基准，以负债目的为补充。

②夫妻共同债务的目的常有：a. 抚养教育子女、赡养老人；b. 购置家庭财产、支付家庭生活开支；c. 为家庭成员治疗疾病；d. 共同从事生产经营；e. 经双方同意的其他活动；f. 依法承担民事责任。

(2)夫妻共同债务的清偿：

夫妻双方在与第三人的民事法律关系中，共同享有权利，共同承担义务。离婚时，夫妻共同债务应共同偿还。《民法典》第1089条规定：“离婚时，夫妻共同债务应当共同偿还。共同财产不足清偿或者财产归各自所有的，由双方协议清偿；协议不成的，由人民法院判决。”

①内部协议。双方可以协议分担债务，但不能对抗债权人的连带清偿要求。

②法院处理。在处理离婚案件中的财产分割时，夫妻双方有共同债务的，应先清偿债务，再分割财产。债务尚未到期的，可以提前清偿或区分各自清偿责任并通知债权人，但未经债权人同意，责任分担不免除连带责任。

③连带责任。共同财产不足以清偿债务的，夫妻双方在离婚后继续承担连带清偿责任。一方履行连带清偿责任超出自己分担范围的，有权向另一方追偿。

四、案例分析题

甲、乙于2010年1月1日结婚。

(1)甲婚前曾以首付10万元，按揭购买房屋A一套，登记在甲名下，婚后两人共同还贷。

(2)甲婚前设立某有限责任公司，婚后分得红利200万元。

(3)乙婚后购买首饰、名贵衣包等个人专有用品价值近50万元。

(4)婚姻关系存续期间，乙父母全资购买房屋B一套，登记在乙名下。

(5)甲、乙因感情不和，决定分居并签订协议如下：登记在甲名下的夫妻共有房产C归乙所有。

(6)分居期间，乙父亲死亡，乙遗嘱继承房产D一套。[暨南大学2020年研]

现乙起诉离婚，双方就财产问题发生争议，请问前述各项财产当如何分配？

答：根据《民法典》及相关法律规定，对甲、乙的财产进行分析和分配如下：

(1)甲婚前购买的房屋A，归甲所有。甲需向乙支付婚后共同还贷部分及其对应增值部分的补偿款。

①房产性质。房屋A是甲婚前以首付10万元按揭购买，并登记在甲名下。根据《民法典》第1063条规定，一方的婚前财产为夫妻一方的个人财产。

②共同还贷部分。婚后两人共同还贷的部分及其对应的增值部分属于夫妻共同财产。

(2)甲婚前设立的有限责任公司婚后分得的红利200万元，平均分配，每人100万元。

①红利性质。根据《民法典》第1062条规定，甲婚后分得的200万元红利属于夫妻共同财产。

②分配方式。200万元红利应作为夫妻共同财产进行平均分配，每人100万元。

(3)乙婚后购买的首饰、名贵衣包等个人专有用品，价值近50万元，归乙所有。

根据《民法典》第1063条规定，一方专用的生活用品为夫妻一方的个人财产。因此，乙购买的首饰、名贵衣包等个人专有用品属于乙的个人财产。

(4)乙父母全资购买的房屋B，登记在乙名下，归乙所有。

根据《民法典》第1062、1063条规定，如果明确表示赠与一方，则为受赠方的个人财产。本题中，乙父母全资购买并登记在乙名下的房屋B，视为对乙个人的赠与，属于乙的个人财产。

(5)登记在甲名下的夫妻共有房产，归乙所有。

根据双方分居协议，登记在甲名下的夫妻共有房产C归乙所有。该协议是双方的真实意思表示，合法有效。即房产C归乙所有。

(6)乙父亲死亡后，乙遗嘱继承的房产D，归乙所有。

根据《民法典》第1063条规定，继承或者受赠的财产，遗嘱或者赠与合同中确定只归一方的财产，为夫妻一方的个人财产。本题中，乙通过遗嘱继承房产D，且没有其他证据表明该房产为夫妻共同财产，因此房产D属于乙的个人财产。

通过上述分配，可以确保双方的合法权益得到合理保护。

第五章　收养制度

一、单项选择题

1. 甲丧偶后不久罹患重病，无力抚养 2 岁的儿子小明，依法将其送养。小明成年后找到甲，见甲生活窘困，按月给甲 500 元生活费。小明给付生活费的行为系(　　)。[2022 年法硕(非法学)真题]

A. 履行道德义务　　B. 履行法定赡养义务

C. 公益捐赠　　D. 紧急救助

【解析】根据《民法典》第 1111 条规定，收养关系一经成立，养子女与生父母以及其他近亲属间的权利义务关系，因收养关系的成立而消除。甲依法送养小明，收养关系成立，甲与小明之间的权利义务关系因收养关系的成立而消除。成年后的小明对甲不具有法定赡养义务，其给付甲生活费的行为属于履行道德义务。

2. 下列选项中，属于继父或继母收养继子女的条件是(　　)。[2020 年法硕(法学)真题]

A. 继子女不满 14 周岁　　B. 继父母无子女

C. 经生父母同意　　D. 生父母有特殊困难无力抚养子女

【解析】BCD 三项，根据《民法典》第 1103 条规定，继父或者继母经继子女的生父母同意，可以收养继子女，并可以不受下列条件的限制：①被收养人应为生父母有特殊困难无力抚养的子女[第 1093 条第 3 项]；②送养人应为有特殊困难无力抚养子女的生父母[第 1094 条第 3 项]；③收养人须无子女或只有一名子女、年满 30 周岁、有抚养教育和保护被收养人的能力，未患有在医学上认为不应当收养子女的疾病，无不利于被收养人健康成长的违法犯罪记录[第 1098 条]；④无子女的收养人可以收养两名子女，有子女的收养人只能收养一名子女[第 1100 条第 1 款]。

A 项，未成年人均可以被收养，不要求必须“不满 14 周岁”。

3. 根据我国《民法典》，下列情形中，收养关系可以成立的是(　　)。[2017 年法硕(非法学)真题改编]

A. 甲(男，28 周岁，未婚)收养 2 周岁的孤儿

B. 乙(女，50 周岁，离异)收养自己 15 周岁的亲侄子

C. 丙(女，60 周岁，丧偶)收养自己 19 周岁的继女

D. 丁(女，45 周岁，有配偶)单独收养自己 5 周岁的外甥

【解析】A 项，《民法典》第 1098 条规定，收养人应当同时具备下列条件：①无子女或者只有 1 名子女；②有抚养、教育和保护被收养人的能力；③未患有在医学上认为不应当收养子女的疾病；④无不利于被收养人健康成长的违法犯罪记录；⑤年满 30 周岁。收养人年仅 28 周岁，不符合规定的年龄条件。

B 项，《民法典》第 1102 条规定，无配偶者收养异性子女的，收养人与被收养人的年龄

1A　2C　3B

应当相差40周岁以上。第1099条第1款规定，收养三代以内旁系同辈血亲的子女，可以不受本法第1093条第3项、第1094条第3项和第1102条规定的限制。乙收养亲侄子，是收养三代以内旁系同辈血亲的子女，没有40岁年龄差的条件限制，收养关系可以成立。

C项，收养的对象必须是未成年人，收养应当有利于被收养未成年人的抚养、成长。继女已经19周岁，是成年人，不能再被收养。

D项，《民法典》第1101条规定，有配偶者收养子女，应当夫妻共同收养。丁有配偶，不能单独收养。

4．下列关于收养关系解除的说法中，正确的是（　　）。［2019年法硕（非法学）真题］

A．养父母遗弃未成年养子女的，养子女有权要求解除收养关系

B．养父母虐待未成年养子女的，送养人有权要求解除收养关系

C．在被收养人成年以前，收养人经民政部门同意可以解除收养关系

D．养父母与未成年养子女关系恶化，无法共同生活的，可以协议解除收养关系

【解析】AB两项，《民法典》第1114条第2款规定："收养人不履行抚养义务，有虐待、遗弃等侵害未成年养子女合法权益行为的，送养人有权要求解除养父母与养子女间的收养关系。送养人、收养人不能达成解除收养关系协议的，可以向人民法院提起诉讼。"则虐待、遗弃情形下，送养人有权要求解除收养关系，而养子女无权要求解除收养关系。

CD两项，《民法典》第1114条第1款规定，收养人在被收养人成年以前，不得解除收养关系，但是收养人、送养人双方协议解除的除外。养子女8周岁以上的，应当征得本人同意。第1115条规定："养父母与成年养子女关系恶化、无法共同生活的，可以协议解除收养关系。不能达成协议的，可以向人民法院提起诉讼。"因此，在被收养人成年以前，收养人除非与送养人达成协议解除，否则无法解除收养关系。

二、多项选择题

某6岁女童的父母因意外双双遇难。下列有抚养能力的人中，有资格收养该女童的是（　　）。［2010年法硕（法学）真题］

A．甲，女，29周岁，未婚，无子女

B．乙，男，45周岁，离婚，无子女

C．丙，女，38周岁，丧偶，无子女

D．丁，女，46周岁，已婚，有一子已成年

【解析】《民法典》第1098条规定，收养人应当同时具备下列条件：①无子女或者只有一名子女；②有抚养、教育和保护被抚养人的能力；③未患有在医学上认为不应当收养子女的疾病；④无不利于被收养人健康成长的违法犯罪记录；⑤年满30周岁。第1102条规定，无配偶者收养异性子女的，收养人与被收养人的年龄应当相差40周岁以上。

A项，收养人未满30周岁，不符合条件。

B项，乙男与6岁女童的年龄相差不满40周岁，不符合条件。

4B　▌　CD

CD 两项，丙女与丁女均符合收养人条件，有资格收养该女童。

三、简答题

简述收养人条件。［北邮 2024 年研］

答：根据《民法典》第 1098 条规定，收养人应同时具备下列条件：

（1）无子女或只有一名子女。

（2）有抚养、教育和保护被收养人的能力。即收养人应当具有完全民事行为能力，在身体上、智力上、经济上、道德品质和教育子女等方面有能力抚养和教育被收养人，能够履行父母对子女应尽的义务。

（3）未患有在医学上认为不应当收养子女的疾病。

（4）无不利于被收养人健康成长的违法犯罪记录。

（5）年满 30 周岁。即收养人需年满 30 周岁，以确保其具备养育被收养人的能力。

此外，《民法典》第 1101 条规定，有配偶者收养子女，应当夫妻共同收养。第 1102 条规定，无配偶者收养异性子女的，收养人与被收养人的年龄应当相差 40 周岁以上。

第六编　继　承

【知识框架(庖丁解牛)】

- 继承
  - 继承与继承法概述
    - 继承的概念、特征和类型
    - 继承法概述：概念、性质、基本原则
    - 继承权：概念、特征、接受和放弃、丧失、保护
    - 继承的开始：时间、通知、地点
    - 遗产：概念、特征、范围
  - 法定继承
    - 概述：概念、特征、适用范围
    - 法定继承人的范围与继承顺序
    - 代位继承：概念、特征、性质、条件、应继份额
    - 法定继承的遗产分配：分配原则、非继承人遗产取得
  - 遗嘱继承
    - 概述：概念、特征、适用条件
    - 遗嘱与遗嘱能力、遗嘱的内容与形式
    - 遗嘱的效力：有效条件、无效
    - 遗嘱的撤回与变更：概念、条件、方式、效力
    - 遗嘱的执行：概念、执行人的确定和职责
    - 附义务遗嘱：概念、特征、所附义务限制、法律后果
  - 遗赠与遗赠扶养协议
    - 遗赠：概念、特征、接受与放弃、执行、与遗嘱继承的区别、受遗赠权的丧失
    - 遗赠扶养协议：概念、特征、效力、解除
  - 遗产的处理
    - 遗产的保管与管理
    - 转继承：概念、适用条件、与代位继承的区别
    - 遗产分割：概念、原则、方式、效力
    - 被继承人债务的清偿：概念、范围、清偿原则、清偿时间和方式
    - 无人承受遗产的处理：概念、范围、归属

【通关提要(提纲挈领)】

继承编占比不大，主要包括法定继承、遗嘱继承和遗赠、遗产处理等内容，难易中等，需要重点理解法定继承顺序和遗嘱形式要求。本编主要考查选择题、概念题、简答题或案例分析题。复习时，可结合法条，通过案例理解、比较分析不同类型的继承方式及其特点，如法定继承与遗嘱继承的区别。具体要求如下：

掌握：法定继承顺序、遗嘱形式要求、遗产分割原则。

熟悉：代位继承的特征和条件、遗赠扶养协议的效力、执行遗嘱时应注意的问题、转

继承的适用条件。

了解：无人继承遗产处理办法。

第一章 继承与继承法概述

一、单项选择题

2013年3月28日，毕某病逝。3月31日，子女将其安葬。4月2日，毕某的子女一起清理毕某的遗产并确定继承份额。4月5日，遗产分割完毕。遗产继承开始的时间是(　　)。［2014年法硕(非法学)真题］

A. 3月28日　　B. 3月31日　　C. 4月2日　　D. 4月5日

【解析】《民法典》第1121条规定，继承从被继承人死亡时开始。本题中，被继承人毕某于2013年3月28日死亡，则继承从此时开始。

二、多项选择题

继承人所为的下列行为中，可导致其丧失继承权的有(　　)。［2008年法硕(非法学)真题］

A. 故意杀害被继承人　　B. 伪造遗嘱情节严重

C. 遗弃被继承人　　D. 虐待被继承人情节严重

【解析】《民法典》第1125条规定，继承人有下列情形之一的，丧失继承权：①故意杀害被继承人；②为争夺遗产而杀害其他继承人；③遗弃被继承人，或虐待被继承人情节严重；④伪造、篡改、隐匿或销毁遗嘱，情节严重的；⑤以欺诈、胁迫手段迫使或妨碍被继承人设立、变更或撤回遗嘱，情节严重。

三、概念题

1. 限定继承［中南财大2019年研；武大2015年研］

相关试题：限定继承原则［中国政法2017年研］

答：限定继承，是指继承人对被继承人的遗产债务的清偿只以遗产的实际价值为限。《民法典》第1161条第1款规定："继承人以所得遗产实际价值为限清偿被继承人依法应当缴纳的税款和债务。超过遗产实际价值部分，继承人自愿偿还的不在此限。"我国实行的是法定的限定继承原则，继承人当然地仅在取得的遗产实际价值范围内承担被继承人债务，超出部分继承人不负清偿责任，除非继承人自愿清偿。

2. 继承权的丧失［南京大学2009年研］、**继承权丧失**［人大2009年研］

答：参见本章论述题答案。

四、简答题

1. 简述继承权的放弃。［中南财大2023年研］

答：继承权的放弃，是指继承人在继承开始后、遗产分割前作出的放弃继承被继承人

A　　|　　ABCD

遗产的意思表示。具体要点如下：

(1)时间要求：放弃继承权的表示只能在继承开始后、遗产分割前作出。继承开始前，继承人仅享有法律赋予的资格，不能放弃。遗产分割后，放弃的是其已取得的所有权等权利，而非继承权。

(2)为单方民事法律行为。放弃继承权是继承人单方的意思表示，无需征得他人同意。放弃继承权应向遗产管理人或其他继承人表示。原则上不得撤销，但在遗产处理前或诉讼中反悔的，法院可根据具体情况决定是否承认；遗产处理后反悔的，不予承认。

(3)应采取明示方式。根据《民法典》第1124条第1款规定，放弃继承权应采取书面形式。在特殊情况下，如诉讼中口头表示并由法院记录签名的，也视为有效。

(4)不可附条件或期限。放弃继承权不得附条件或期限，也不得部分放弃。附条件或期限会使继承法律关系不确定，影响其他人利益。放弃继承权具有不可分性，须全部放弃。

(5)不得损害法定义务的履行。放弃继承权不得影响法定义务的履行。若因放弃继承权导致无法履行赡养、抚养、扶养义务，放弃行为无效。

(6)溯及效力：放弃继承权的意思表示自继承开始时生效。放弃继承权的继承人自继承开始即不享有取得遗产的权利，也不承担清偿被继承人生前债务的义务。

2. 继承权丧失与继承权放弃的差异。［中南财大2018年研］

相关试题：

(1)简述继承权丧失的情形。［中南财大2025年研］

(2)简述放弃继承权与丧失继承权的区别。［暨南大学2023年研］

(3)继承权丧失与放弃的区别。［天津商大2018年研］

答：(1)二者的含义：

①继承权的放弃，是指继承人在继承开始后、遗产分割前，明确表示放弃继承被继承人遗产的意思表示。这是继承人主动对自己继承权的处分行为。

②继承权的丧失，又称继承权的剥夺，是指在发生法定事由时，依法取消继承人继承被继承人遗产的资格。这是基于法律规定对继承人不当行为的一种制裁。

(2)二者都能导致继承人不能取得遗产，但存在以下显著差异：

①性质不同：

a. 继承权的丧失，是一种法定制裁后果，是客观意义上的继承权丧失，即继承人的继承资格被依法取消。主观意义上的继承权不能丧失。

b. 继承权的放弃，属于单方法律行为，是主观意义上的继承权放弃，即继承人主动表示不接受遗产。客观意义上的继承权不能放弃。

②产生原因不同：

a. 继承权的丧失，是基于法律规定的事由，如故意杀害被继承人、为争夺遗产杀害其他继承人等严重违法行为。这不是由继承人的主观意愿决定的。

b. 继承权的放弃，是继承人基于自身意愿作出的意思表示，不需要任何特定事由。

③时间要求不同：

a. 继承权的丧失，可以发生在继承开始前或继承开始后。只要实施了法定事由中的行为，无论何时都会丧失继承权。

b. 继承权的放弃，只能在继承开始后、遗产分割前作出。继承开始前的放弃无效。

五、论述题

丧失继承权的法定事由及其效力。［中南财大 2015 年研］

相关试题：

(1) 继承人丧失继承权的事由。［上海交大 2024 年研］

(2) 简述继承权丧失的法定理由。［简答题，暨南大学 2022 年研］

(3) 在我国继承权丧失的法定理由有哪些？［简答题，湖南师大 2022 年研］

(4) 丧失继承权的法定事由。［简答题，天津商大 2014 年研］

答：继承权的丧失，是指在发生法定事由时，依法取消继承人继承被继承人遗产的资格。继承权的丧失须有法定事由，且继承权的丧失是客观意义上的继承权丧失。

(1) 继承权丧失的法定事由：

根据《民法典》第 1125 条规定，继承人有下列行为之一的，丧失继承权：

①故意杀害被继承人。其构成条件有：a. 继承人客观上实施了杀害被继承人的行为。杀害行为是指以剥夺人的生命为目的的违法行为。b. 继承人主观上有杀害的故意。

②为争夺遗产而杀害其他继承人。其构成条件有：a. 继承人杀害的对象是其他继承人。b. 杀害的目的是争夺遗产。因此，该杀害行为只能是故意，而不可能是过失。

③遗弃被继承人，或者虐待被继承人情节严重。其构成条件有：a. 被遗弃的是没有独立生活能力的被继承人；b. 继承人有能力和条件尽扶养义务而故意不尽扶养义务。

④伪造、篡改、隐匿或者销毁遗嘱，情节严重。伪造遗嘱，是指继承人以被继承人名义制作假遗嘱。篡改遗嘱，是指对被继承人遗嘱进行修改增减以改变原遗嘱内容。隐匿遗嘱，是指继承人明知被继承人订立了遗嘱而故意隐藏遗嘱。销毁遗嘱，是指继承人将被继承人生前遗嘱故意破坏毁灭。上述四种行为情节严重的，依法丧失继承权。

⑤以欺诈、胁迫手段迫使或者妨碍被继承人设立、变更或者撤回遗嘱，情节严重。欺诈，是指故意告诉对方虚假情况或故意隐瞒真实情况，诱使对方作出错误的意思表示；胁迫，是指继承人通过威胁、恐吓等手段迫使对方作出违背真实意思表示的行为。以欺诈、胁迫手段迫使或者妨碍被继承人设立、变更或者撤回遗嘱，违背了被继承人的真实意思，情节严重的，应认定丧失继承权。

(2) 继承权丧失的效力：

①时间效力。继承权丧失的效力自继承开始时发生。

②对人的效力。继承权丧失对人的效力主要体现在以下三方面：

a. 对其他被继承人的效力。继承权丧失仅针对特定被继承人，不影响继承人对其他被继承人的继承权。例如，继承人因杀害其父亲丧失对其父亲遗产的继承权，但仍可继承其母亲的遗产。

b. 对代位继承的效力。若被继承人的子女或兄弟姐妹丧失继承权，其直系晚辈血亲不得代位继承。

c. 对取得遗产的第三人的效力。继承人丧失继承权后，若将遗产转让给第三人：第三人善意有偿取得的，无须返还财产；第三人恶意或善意无偿取得的，应返还财产。

第二章 法定继承

一、单项选择题

1. 甲、乙系夫妻，育有一子丙。甲的父亲去世后，甲的母亲李某与甲的弟弟丁一起生活。1990 年起，李某为照看丙，开始与甲一家共同生活。2010 年甲因病去世，李某伤心过度而中风，乙一直照顾李某。2018 年李某去世，留下存款 6 万元。该 6 万元（　　）。[2021 年法硕（非法学）真题]

A. 只能由丙、丁继承　　B. 应当由乙、丙、丁继承

C. 全部由丁继承　　D. 只能由乙、丙继承

【解析】甲、丁是李某的儿子，是第一顺序继承人。《民法典》第 1128 条规定，被代位继承人的子女先于被代位继承人死亡的，由被继承人的子女的直系晚辈血亲代位继承。甲先于李某去世，甲的儿子丙成为代位继承人，代替甲继承李某的遗产。甲去世后，乙一直照顾李某。根据《民法典》第 1129 条规定，丧偶儿媳对公婆，丧偶女婿对岳父母，尽了主要赡养义务的，作为第一顺序继承人。因此李某的儿媳丙也可以继承李某遗产。

2. 甲丧偶，无子女，唯一的亲属乙（甲的侄子）远在外地。邻居丙主动照顾甲长达 30 年，并在甲去世后为其操办后事。甲的遗产（　　）。[2022 年法硕（非法学）真题]

A. 应当由乙、丙各继承 50%

B. 应当全部由丙继承

C. 应当首先用于支付丙照顾甲的报酬

D. 可以适当分给丙

【解析】根据《民法典》第 1127 条规定，法定继承人包括：配偶、子女、父母、兄弟姐妹、祖父母、外祖父母，以及对公婆、岳父母尽了主要赡养义务的丧偶儿媳和丧偶女婿。甲丧偶，无子女，唯一的亲属侄子乙不属于法定继承人。《民法典》第 1131 条规定，对继承人以外的依靠被继承人扶养的人，或者继承人以外的对被继承人扶养较多的人，可以分给适当的遗产。本题中，邻居丙主动照顾甲长达 30 年，并在甲去世后为其操办后事，属于“继承人以外的对被继承人扶养较多的人”，因此甲的遗产可以适当分给丙。

二、多项选择题

1. 甲、乙系夫妻，有一子丙。丙与丁结婚，生有一女戊。2008 年丙去世。丁与庚再婚，二人一起照顾甲、乙的生活起居。2015 年 5 月甲去世。对甲遗产的继承，第一顺序继承人有（　　）。[2017 年法硕（法学、非法学）真题]

A. 乙　　B. 丁　　C. 戊　　D. 庚

【解析】A 项，根据《民法典》第 1127 条第 1 款规定，遗产继承的第一顺序是配偶、子女、父母。乙是甲的配偶，是第一顺序继承人。

BD 两项，《民法典》第 1129 条规定，丧偶儿媳对公婆，丧偶女婿对岳父母，尽了主要赡养义务的，作为第一顺序继承人。丁是甲的儿媳，丧偶后对公、婆尽了主要赡养义务的，

1B　2D　▌　1ABC

是第一顺序继承人。庚不是甲的法定继承人。

C 项，《民法典》第 1128 条规定，被继承人的子女先于被继承人死亡的，由被继承人的子女的直系晚辈血亲代位继承。被继承人的兄弟姐妹先于被继承人死亡的，由被继承人的兄弟姐妹的子女代位继承。代位继承人一般只能继承被代位继承人有权继承的遗产份额。丙是甲的子女，先于甲死亡，由丙的女儿戊代位继承。因为丙是第一顺序继承人，所以戊也是第一顺序继承人。

2. 肖某育有二子一女，长子甲拒绝对肖某尽赡养义务，次子乙患脑瘫且无生活来源，女儿丙婚前、婚后均与肖某共同生活。2004 年肖某捡到一弃婴丁并予以抚养，但未办理收养手续。2012 年 7 月，肖某死亡。分配遗产时(　　)。[2014 年法硕(法学)真题]

A. 甲应当不分或少分　　B. 对乙应当予以照顾

C. 丙可以多分　　D. 可以分给丁适当的遗产

【解析】A 项，《民法典》第 1130 条第 4 款规定，有扶养能力和有扶养条件的继承人，不尽扶养义务的，分配遗产时，应当不分或者少分。本题中，长子甲拒绝对肖某尽赡养义务，分配遗产时，应当不分或少分。

B 项，《民法典》第 1130 条第 2 款规定，对生活有特殊困难的缺乏劳动能力的继承人，分配遗产时，应当予以照顾。本题中，次子乙患脑瘫且无生活来源，分配遗产时应予以照顾。

C 项，《民法典》第 1130 条第 3 款规定，对被继承人尽了主要扶养义务或者与被继承人共同生活的继承人，分配遗产时，可以多分。本题中，女儿丙婚前、婚后均与肖某共同生活，分配遗产时可以多分。

D 项，《民法典》第 1131 条规定，对继承人以外的依靠被继承人扶养的缺乏劳动能力又没有生活来源的人，或者继承人以外的对被继承人扶养较多的人，可以分给他们适当的遗产。丁属于依靠被继承人扶养的缺乏劳动能力又没有生活来源的人，可以分给丁适当的遗产。

三、概念题

1. 法定继承[人大 2009 年研]

答：参见本章简答题第 1 题答案。

2. 代位继承[武大 2020 年研]

答：参见本章简答题第 3 题答案。

四、简答题

1. 法定继承的概念、特征和适用范围。[南京理工 2011 年研]

相关试题：

(1) 简述法定继承的概念和特征。[天津商大 2022 年研]

(2) 简述法定继承的适用情形。[暨南大学 2020 年研]

2ABCD

(3)法定继承的适用范围。[中南财大 2016 年研]

答：(1)法定继承，是指依据法律直接规定的继承人范围、顺序、份额及遗产分配原则，继承被继承人遗产的法律制度。法定继承是一种法律推定继承。

(2)法定继承的特征：

①法定继承基于一定的身份关系产生。其通常以继承人与被继承人之间的亲属关系为依据，体现身份关系特征。此外，我国民法也允许基于扶养关系的法定继承。

②法定继承是对遗嘱继承的补充。法定继承和遗嘱继承属于两种不同的继承方式，且遗嘱继承的效力优于法定继承。

③法定继承是对遗嘱继承的限制。尽管遗嘱继承的效力优于法定继承，但法定继承对遗嘱继承也存在制约作用，如法定继承规定了缺乏劳动能力又没有生活来源的法定继承人的特留份。

④法定继承具有强行性。在法定继承中，法律直接规定继承人的范围、继承人参加继承的顺序和继承人应继承的遗产及遗产的分配原则等内容，上述内容不能由当事人随意变更。

(3)法定继承的适用范围。法定继承是现实生活中最主要的继承方式。根据《民法典》第 1154 条规定，有下列情形之一的，遗产中的有关部分按照法定继承办理：①遗嘱继承人放弃继承或者受遗赠人放弃受遗赠的；②遗嘱继承人丧失继承权的；③遗嘱继承人、受遗赠人先于遗嘱人死亡的；④遗嘱无效部分所涉及的遗产；⑤遗嘱未处分的遗产。

2. 简述法定继承人的范围及继承顺序。[武大 2015 年研]

相关试题：

(1)简述我国《民法典》对法定继承人的范围是如何规定的。[暨南大学 2018 年研]

(2)法定继承人的顺序与范围。[天津商大 2015 年研]

(3)阐述法定继承人继承顺序的概念、确定原则和法律规定。[南京大学 2008 年研]

答：(1)法定继承人的范围：

法定继承人，是指由法律直接规定的可以依法继承被继承人遗产的人，包括：

①配偶。指处于合法婚姻关系中的男女双方。夫妻一方在离婚诉讼过程中或在法院已作出离婚的判决但判决未发生效力前死亡的，另一方仍为配偶，为法定继承人。

②子女。包括婚生子女、非婚生子女、养子女和有扶养关系的继子女。

③父母。作为被继承人最近的直系尊亲属，包括生父母、养父母和有扶养关系的继父母。

④兄弟姐妹。包括同父同母的兄弟姐妹、同父异母或者同母异父的兄弟姐妹、养兄弟姐妹和有扶养关系的继兄弟姐妹。

⑤祖父母、外祖父母。包括亲祖父母、亲外祖父母、养祖父母、养外祖父母。

⑥对公婆、岳父母尽了主要赡养义务的丧偶儿媳、丧偶女婿。

(2)法定继承人的继承顺序：

法定继承人的继承顺序，又称法定继承人的顺位，是指法定继承人继承遗产的先后次序，通常根据法定继承人与被继承人的亲疏远近关系来确定。

①根据《民法典》规定，在法定继承中，继承开始后，由第一顺序继承人继承，第二顺

序继承人不继承；没有第一顺序继承人继承的，由第二顺序继承人继承。法定继承人继承顺序的特点有：

a. 法定性，指法定继承人的继承顺序由法律直接规定，而不是由当事人决定。

b. 强行性，指任何人不得以任何理由改变法定的继承顺序。继承人可以放弃继承权，但不能放弃自己的继承顺序。

c. 排他性，指法定继承人中前一顺序的继承人排斥后一顺序的继承人继承。

d. 限定性，指法定继承人的继承顺序仅适用于法定继承。在遗嘱继承中，遗嘱继承人不受法定继承人继承顺序的限制，虽有前一顺序的法定继承人，遗嘱人也可指定后一顺序的继承人继承。

②根据《民法典》第1127、1129条规定，法定继承人分为两个顺序：

a. 第一顺序：配偶、子女、父母。丧偶儿媳对公婆，丧偶女婿对岳父母，尽了主要赡养义务的，也作为第一顺序继承人。

b. 第二顺序：兄弟姐妹、祖父母和外祖父母。

3. 代位继承的特征有哪些? [湖南师大2020年研]

答：根据《民法典》第1128条规定，代位继承是指在法定继承中，如果被继承人的子女或兄弟姐妹先于被继承人死亡，由被继承人的子女的直系晚辈血亲或兄弟姐妹的子女代替继承其应继份额的法律制度。代位继承的特征有：

(1)仅适用于法定继承。代位继承只发生在法定继承中，遗嘱继承中不适用。如果遗嘱继承人先于遗嘱人死亡，遗嘱指定的继承不能生效，应适用法定继承，因此遗嘱继承中不发生代位继承问题。

(2)发生条件特定。代位继承只发生在被代位继承人先于被继承人死亡的情况下。如果被继承人的子女或兄弟姐妹在继承开始后死亡，则可能发生转继承，而不是代位继承。

(3)代为继承人范围有限。代位继承人是被继承人子女的直系晚辈血亲或兄弟姐妹的子女。具体而言：①被代位继承人是被继承人的子女时，代位继承人为被继承人的孙子女、外孙子女、曾孙子女、外曾孙子女等直系晚辈血亲，没有辈数限制；②被代位继承人是被继承人的兄弟姐妹时，代位继承人仅限于被代位继承人的子女，不包括孙子女等其他直系晚辈血亲。

4. 代位继承的构成要件。[天津商大2018年研]

答：代位继承的构成要件有：

(1)被代位继承人于继承开始前死亡。在我国，代位继承仅适用于被代位继承人先于被继承人死亡的情况。如果继承人在被继承人死亡后死亡，则不发生代位继承，而是转继承。

(2)被代位继承人仅限于被继承人的子女或兄弟姐妹。子女包括亲生子女、养子女和形成扶养关系的继子女。兄弟姐妹包括同胞兄弟姐妹、同父异母兄弟姐妹、养兄弟姐妹和已形成扶养关系的继兄弟姐妹。

(3)代位继承人为被代位继承人的直系晚辈血亲或子女。如果被代位继承人是被继承人的子女，代位继承人为被代位继承人的直系晚辈血亲，没有辈数限制。如果被代位继承人是被继承人的兄弟姐妹，代位继承人仅限于被代位继承人的子女，不包括孙子女等其他直系晚辈血亲。

注意：丧偶儿媳、丧偶女婿作为公婆、岳父母的第一顺序继承人时，无论其是否再婚，均不影响其子女代位继承。

5. 法定继承的遗产分配原则。［中山大学 2014 年研］

答：法定继承的遗产分配，是指在法定继承人之间确定被继承人遗产的应继份额。法定继承的遗产分配原则就是确定法定继承人的应继份额的原则。根据《民法典》第 1130 条规定，同一顺序法定继承人的应继份额按照以下原则确定：

(1)一般情况下应当均等：

在没有法律规定的特别情形下，同一顺序的法定继承人应按人数平均分配遗产。

(2)特殊情况下可以不均等：

①照顾型不均等。对生活有特殊困难且缺乏劳动能力的继承人，分配遗产时应当予以照顾。生活有特殊困难是指没有独立、稳定的经济收入，或者经济收入不足以维持当地最低生活水平。缺乏劳动能力是指因年龄、身体等原因无法劳动。同时具备上述两个条件的继承人，应根据其具体情况在遗产分配中予以照顾。

②鼓励型不均等。对被继承人尽了主要扶养义务或与被继承人共同生活的继承人，分配遗产时可以多分。主要扶养义务是指向其提供主要经济来源或在劳务等方面给予了主要扶助。是否多分应根据具体情况确定，但法律提倡这种行为。

③惩罚型不均等。对具备扶养能力和扶养条件但不尽扶养义务的继承人，分配遗产时应当不分或少分。如果继承人愿意尽扶养义务但被继承人明确表示不需要，其继承份额一般不受影响。即使与被继承人共同生活但不尽扶养义务的继承人，也可以少分或不分。

④协商型不均等。继承人协商同意的，可以不均分遗产。继承人之间本着互谅互让、团结和睦的原则，通过自愿协商确定各继承人的遗产份额。这种不均等须由全体继承人协商一致且意思表示真实。

五、案例分析题

甲 1994 年离家出走，杳无音讯。1999 年，其妻乙向人民法院申请甲宣告死亡。2000 年，人民法院依法宣告甲死亡，其房屋三间被其妻乙和其子丙继承，但不久毁于泥石流。2001 年，妻乙迫于生活压力将其子丙交邻居收养。甲离家出走后，南下上海，2002 年因福利彩票中奖 20 万元。甲用该款购买股票，同年获利 200 万元。2003 年 1 月，甲因车祸死亡。死前一个月，乙得知其下落并与其通了电话，随即请求法院撤销了死亡宣告。经查，甲于 2002 年与丁在教堂举行了婚礼(但未办理婚姻登记)，并生子戊。［中财 2015 年研］

则甲的 200 万元遗产的法定继承人都有哪些？为什么？其他人为什么不是法定继承人？

答：(1)甲的法定继承人有丙、戊、乙。具体分析如下：

《民法典》第 1127 条规定，遗产继承的第一顺序为配偶、子女、父母；第二顺序为兄弟姐妹、祖父母、外祖父母。对甲的 200 万元遗产的法定继承人，具体分析如下：

①丙。丙是甲的亲生儿子。根据《民法典》第 1127 条规定，子女是第一顺序继承人。尽管甲被宣告死亡后，乙将丙交由邻居收养，但收养关系并未改变丙作为甲亲生子女的身份。因此，丙仍然是甲的第一顺序继承人。

②戊。戊是甲与丁的非婚生子。根据《民法典》第 1071 条规定，非婚生子女享有与婚生子女同等的权利。因此，戊也是甲的第一顺序继承人。

③乙。甲于 2000 年被宣告死亡，乙与甲的婚姻关系自死亡宣告之日起消除。2003 年 1 月，甲因车祸死亡；死前一个月，乙得知甲的下落并请求法院撤销了死亡宣告。根据《民法典》第 51 条规定，死亡宣告被撤销后，婚姻关系自撤销之日起自行恢复，除非乙再婚或书面声明不愿意恢复婚姻关系。而乙在甲被宣告死亡后未再婚，也未书面声明不愿意恢复婚姻关系。因此，乙与甲的婚姻关系自撤销死亡宣告之日起自行恢复。即乙作为甲的合法配偶，是甲的第一顺序继承人。

(2)丁不是法定继承人，理由如下：

丁与甲虽然举行了婚礼，但未办理婚姻登记。根据《民法典》第 1049 条规定，男女双方必须进行结婚登记，才能确立夫妻关系。因此，丁与甲之间不存在法律上的婚姻关系，丁不能作为甲的配偶继承遗产。

第三章　遗嘱继承

一、单项选择题

1. 村民甲生前立有遗嘱，指定房屋由儿子乙继承，其他财产由女儿丙继承，并指定丁担任遗嘱执行人。甲去世后，丁拒绝担任遗嘱执行人，乙和丙也未推选遗产管理人。此种情况下，遗产管理人应为（　　）。［2023 年法硕（法学、非法学）真题］

A. 乙　　　　B. 丁

C. 乙和丙　　　　D. 甲生前住所地的村民委员会

【解析】《民法典》第 1145 条规定，继承开始后，遗嘱执行人为遗产管理人；没有遗嘱执行人的，继承人应当及时推选遗产管理人；继承人未推选的，由继承人共同担任遗产管理人；没有继承人或者继承人均放弃继承的，由被继承人生前住所地的民政部门或者村民委员会担任遗产管理人。本题中，继承人未推选，由乙、丙共同担任遗产管理人。

2. 2010 年甲立自书遗嘱一份，表示自己的房屋由儿子乙继承，屋内的紫檀家具由孙子丙继承。2018 年甲将该房屋卖给任某，得款 120 万元，并办理了过户登记手续。后甲病故。对此，下列表述正确的是（　　）。［2021 年法硕（法学、非法学）真题］

A. 乙有权基于遗嘱继承取得卖房款 120 万元

B. 丙有权基于遗赠取得紫檀家具

C. 甲所立自书遗嘱的内容全部被撤回

D. 甲立遗嘱后不得出卖遗嘱处分的财产

【解析】《民法典》第 1142 条规定："遗嘱人可以撤回、变更自己所立的遗嘱。立遗嘱后，遗嘱人实施与遗嘱内容相反的民事法律行为的，视为对遗嘱相关内容的撤回。立有数份遗嘱，内容相抵触的，以最后的遗嘱为准。"

A 项，有关房屋的遗嘱已经被撤回，乙不能根据遗嘱继承取得房屋。

BC 两项，本题中，甲订立遗嘱后，又将房屋出卖，视为对遗嘱相关内容的撤回，但不是对所有遗嘱的撤回。丙有权基于遗赠取得紫檀家具。

D 项，甲在立遗嘱后可以出卖遗嘱处分的财产，仅视为这部分遗嘱内容的撤回。

二、概念题

遗嘱继承［北邮 2009 年研；南开大学 2004 年研］

答： 参见本章简答题第 1 题答案。

三、简答题

1. 遗嘱继承的法律特征有哪些？［安徽师大 2020 年研］

相关试题：简述遗嘱继承的特征。［河南师大 2017 年研］

答： 遗嘱继承，是指按照被继承人生前设立的有效遗嘱来继承其遗产的法律制度。不同于法定继承，遗嘱继承的特征有：

1C　2B

(1)以有效遗嘱为前提。遗嘱继承须有被继承人设立的有效遗嘱。仅有被继承人的死亡不能引起遗嘱继承，还需要有效的遗嘱。遗嘱不仅是遗嘱继承的前提，也是遗赠的前提。

(2)体现被继承人的意愿。遗嘱继承直接体现了被继承人的意愿。继承开始后，按照遗嘱进行继承，充分尊重了被继承人对自己财产的处分自由。继承人和继承份额都是由遗嘱指定的。

(3)排斥法定继承。遗嘱继承的效力优于法定继承。如果有遗嘱，应先按遗嘱进行继承。遗嘱中指定的继承人不受法定继承顺序和份额的限制，因此遗嘱继承实际上是对法定继承的一种排斥。

2. 简述口头遗嘱的生效要件。［中南财大 2014 年研］

答：口头遗嘱是指由遗嘱人口头表述而不以任何方式记载的遗嘱。《民法典》第 1138 条规定："遗嘱人在危急情况下，可以立口头遗嘱。口头遗嘱应当有两个以上见证人在场见证。危急情况消除后，遗嘱人能够以书面或者录音录像形式立遗嘱的，所立的口头遗嘱无效。"口头遗嘱须满足以下三个条件：

(1)危急情况。主要指生命垂危，不能以其他法定形式订立遗嘱的情况。危急情形解除后，遗嘱人有条件设立其他形式遗嘱的，口头遗嘱无效。

(2)口述内容。即口头遗嘱的全部内容由遗嘱人口述。

(3)见证人。遗嘱人须指定两个以上见证人在场见证。《民法典》第 1140 条规定，下列人员不能作为遗嘱见证人：①无民事行为能力人、限制民事行为能力人以及其他不具有见证能力的人；②继承人、受遗赠人；③与继承人、受遗赠人有利害关系的人。

3. 简述遗嘱无效的情形。［中南财大 2024 年研］

答：根据《民法典》的规定，遗嘱无效的情形主要有：

(1)无完全民事行为能力人所立的遗嘱无效。《民法典》第 1143 条第 1 款规定，无民事行为能力人或者限制民事行为能力人所立的遗嘱无效。

(2)受胁迫、受欺诈所立的遗嘱无效。《民法典》第 1143 条第 2 款规定，遗嘱必须表示遗嘱人的真实意思，受欺诈、受胁迫所立的遗嘱无效。

(3)伪造的遗嘱无效。根据《民法典》第 1143 条第 3 款规定，以被继承人的名义设立但根本不是被继承人意思表示的遗嘱无效。

(4)被篡改的遗嘱内容无效。根据《民法典》第 1143 条第 4 款规定，被篡改的遗嘱中篡改的内容无效，篡改的部分不是遗嘱人的真实意思表示。

(5)遗嘱中处分不属于遗嘱人自己财产部分的内容无效。遗嘱人以遗嘱处分了国家、集体或者他人财产的，应当认定该部分遗嘱无效。

(6)遗嘱没有保留必要份额的，对应当保留的必要份额的处分无效。《民法典》第 1141 条规定，遗嘱应当对缺乏劳动能力又没有生活来源的继承人保留必要的遗产份额。未保留必要份额的部分无效，其余内容仍有效。

四、案例分析题

1. 甲与乙系好友。2021 年 1 月 15 日，甲亲笔书写遗嘱一份，签名并注明日期。后甲觉得自己手写的遗嘱字迹潦草，遂找两位同事帮忙将该遗嘱内容打印出来并进行见证。甲和两位同事分别在打印遗嘱上签名并注明日期。打印遗嘱共三页，第一页载明将汽车遗赠给乙，第二页载明以唯一住房为乙设定居住权，第三页载明住房由儿子丙继承。立遗嘱后，甲将两份遗嘱都交给乙保管。

2021 年 5 月 15 日，甲去世，丙系甲的唯一继承人，但不知道甲立有遗嘱。5 月 30 日，丙将甲的汽车和房屋过户登记到自己名下。6 月 15 日，乙得知甲去世，遂向丙表示接受遗赠，要求丙配合申请居住权登记。此时，丙发现打印遗嘱的第二页没有甲的签名，主张打印遗嘱无效，乙没有居住权。[2022 年法硕(非法学)真题]

请结合上述材料，回答下列问题并说明理由：

(1)甲的打印遗嘱是否有效？

(2)丙何时取得房屋所有权？

(3)乙是否有权申请办理居住权登记？

答：(1)打印遗嘱的第一页和第三页的内容有效，第二页的内容无效。

理由：根据《民法典》第 1136 条规定，打印遗嘱应当有两个以上见证人在场见证，遗嘱人和见证人应当在遗嘱每一页签名，注明年、月、日。本题中，第一页和第三页有遗嘱人和见证人的签名，并注明了日期，故其内容有效。第二页没有遗嘱人的签名，故其内容无效。

(2)2021 年 5 月 15 日，被继承人甲死亡时，丙取得住房所有权。

理由：根据《民法典》第 1136 条规定，继承从被继承人死亡时开始。5 月 15 日，被继承人甲去世，根据甲的遗嘱，丙取得住房所有权。

(3)乙有权申请居住权登记。

理由：遗嘱人立有数份遗嘱，在先的遗嘱与在后遗嘱不冲突的，效力不受影响。本题中，虽然在后的打印遗嘱第二页因未签字而无效；但在先的自书遗嘱中为乙设立了居住权，自书遗嘱的该项内容有效且未被变更或者撤回。因此，乙有权申请居住权登记。

2. 何某 2014 年丧偶，其子女甲、乙二人均已工作。2015 年 5 月，何某在邻居张律师的见证下，当着甲、乙的面书写了遗嘱：本人去世后，名下两套房产由甲、乙分别继承。同年 6 月，何某因在报纸上读到有关遗产税的新闻，便找来甲、乙二人，与其虚构了房屋买卖文书。2015 年 7 月，何某将房产分别过户至甲、乙名下。此后，何某与甲共同生活。

2018 年 10 月，何某因遭受甲的虐待，向甲表示撤销遗嘱，并要求甲返还房屋。甲声称何某将房产过户给自己是三年前的事情，过了诉讼时效，拒绝归还房屋。[2019 年法硕(非法学)真题]

请根据上述材料，回答下列问题并说明理由：

(1)何某是否有权在张律师不在场的情况下撤销遗嘱？

(2)何某将房屋过户给甲三年之后，是否有权要求甲归还房屋？

(3)如甲于 2016 年 6 月将房屋以市价卖给丙并过户，何某是否有权要求丙返还房屋？

答：(1)何某有权在张律师不在场的前提下撤销之前所立自书遗嘱。理由如下：

①遗嘱的撤销，是指遗嘱人取消原先所立遗嘱的全部内容。遗嘱是遗嘱人单方意思表示。遗嘱的撤销是单方民事法律行为，不需要任何人同意，也不需要见证人在场见证。因

此，在遗嘱发生效力前，遗嘱人可以撤销自己所立的遗嘱。

②本题中，甲 2015 年 5 月所立遗嘱，虽然是在张律师的见证下所立，但张律师并非公证员，故该份遗嘱并不是公证遗嘱，而是自书遗嘱。甲有权在张律师不在场的情况下撤销该遗嘱。

(2)何某有权要求甲返还房屋。理由如下：

①《民法典》第 146 条规定，行为人与相对人以虚假的意思表示实施的民事法律行为无效。何某为避税与甲虚构房屋买卖文书并办理过户，系虚假的意思表示，买卖行为无效。

②买卖行为无效，则甲未取得房屋所有权。何某作为房屋的所有者要求甲返还房屋，属于返还原物请求权。不动产的返还请求权不适用诉讼时效。

(3)何某无权要求丙返还房屋。理由如下：

2015 年 7 月，房子已过户至甲名下，甲虽然是无权处分人但具有权利外观。丙于 2016 年 6 月购买房屋，是善意第三人，不知道且不应当知道甲是无权处分人。

根据《民法典》第 311 条关于善意取得的规定，丙在不知情的情况下，以市价购买房屋且办理了过户登记，符合善意取得的条件，取得了该房屋的所有权。故何某无权要求丙返还房屋。

第四章 遗赠与遗赠扶养协议

一、单项选择题

1. 张某在丈夫去世后，与其保姆李某签订了遗赠扶养协议。张某的子女得知后不认可该遗赠扶养协议的效力。该遗赠扶养协议的效力为(　　)。[2021 年法硕(非法学)真题]

A. 可撤销　　B. 效力待定　　C. 有效　　D. 无效

【解析】遗赠扶养协议，是指由遗赠人与扶养人签订的，由扶养人对遗赠人负生养死葬的义务，遗赠人将自己财产的一部或全部在其死后转移给扶养人所有的协议。本题中，张某是完全民事行为能力人，与李某的意思表示一致，遗赠扶养协议有效。

2. 甲与保姆乙约定：甲生前由乙照料，死后遗产全部归乙。乙一直细心照料甲。后甲女儿丙回国，与乙一起照料甲，半年后甲去世。丙认为自己是第一顺序继承人，且尽了义务，主张甲、乙约定无效。下列哪一表述是正确的？(　　)[2012 年法考真题]

A. 遗赠扶养协议有效

B. 协议部分无效，丙可以继承甲的一半遗产

C. 协议无效，应按法定继承处理

D. 协议有效，应按遗嘱继承处理

【解析】《民法典》第 1158 条规定：“自然人可以与继承人以外的组织或者个人签订遗赠扶养协议。按照协议，该组织或者个人承担该自然人生养死葬的义务，享有受遗赠的权利。”遗赠扶养协议签订即生效。扶养人尽了生养死葬的义务，享有遗赠扶养协议中约定的权利。即使甲的女儿丙已经回国，但遗赠扶养协议的效力高于遗嘱继承的效力，遗嘱继承的效力高于法定继承的效力，因此甲的遗产应全部归乙。

二、多项选择题

志愿者甲经常照顾孤寡老人乙。2015 年 3 月 20 日，乙病故，遗嘱执行人丙告诉甲，乙遗赠给甲 3 万元和一套古籍。5 月 15 日，甲明确表示拒绝接受古籍。5 月 18 日，甲联系丙，表示撤销此前拒绝接受古籍的行为。5 月 28 日，甲请求丙执行遗嘱，丙(　　)。[2018 年法硕(法学、非法学)真题]

A. 应将 3 万元交付给甲　　B. 应将古籍交付给甲

C. 无须向甲交付 3 万元　　D. 无须向甲交付古籍

【解析】《民法典》第 1124 条第 2 款规定，受遗赠人应当在知道受遗赠后 60 日内，作出接受或者放弃受遗赠的表示；到期没有表示的，视为放弃受遗赠。甲作为受遗赠人，应当在 5 月 20 日前作出接受或者放弃受遗赠的表示。甲在 5 月 15 日表示拒绝接受古籍，即放弃了遗赠中的古籍。其没有表示接受 3 万元，视为放弃接受遗赠中的 3 万元。因此，丙无须向甲交付 3 万元，也无须交付古籍。

三、概念题

1. 遗赠[安徽师大 2019 年研；人大 2015 年研；北科 2012 年研；浙大 2006 年研]

1C　2A　▌　CD

答：根据《民法典》第 1133 条第 3 款规定，遗赠是指自然人通过遗嘱将其个人财产赠与法定继承人以外的民事主体，并在其死亡后发生法律效力的民事法律行为。在遗赠中，立遗嘱的自然人为遗赠人，被指定接受财产的主体为受遗赠人，遗嘱中指定的财产为遗赠物。遗赠是一种单方、无偿、要式、由遗赠人亲自所为，且于遗赠人死亡后生效的民事法律行为。

2. 遗赠扶养协议［中南财大 2011 年研；清华大学 2006 年研］

答：参见本章简答题第 2 题答案。

四、简答题

1. 简述遗赠和遗嘱继承的区别。［暨南大学 2016 年研］

答：遗赠，是指自然人通过遗嘱将其个人财产赠与法定继承人以外的民事主体，并在其死亡后生效的法律行为。遗嘱继承，是指按照被继承人生前设立的有效遗嘱，继承其遗产的法律制度。遗赠和遗嘱继承虽都基于遗嘱进行遗产移转，但二者的区别主要有：

(1) 主体范围不同。受遗赠人可以是法定继承人以外的任何自然人、国家、集体或组织。遗嘱继承人只能是法定继承人范围以内的人，国家、集体或组织不能作为遗嘱继承人。

(2) 主体承担的义务不同。受遗赠人仅取得财产利益，不承担清偿被继承人债务的义务。遗嘱继承人在继承遗产权利的同时，须清偿被继承人的债务。

(3) 取得遗产的方式不同。受遗赠人只能从继承人或遗产管理人处取得遗产，而不直接参与遗产分配，也不能直接取得遗产的所有权等权益。遗嘱继承人可以依照遗嘱内容直接取得遗产。

(4) 接受的意思表示方式不同。受遗赠人接受遗赠需采取明示或默示的方式。其受遗赠权有除斥期间的限制，受遗赠人自知道遗赠后 60 日内未作出接受遗赠表示的，视为放弃受遗赠。而遗嘱继承人接受继承可采取明示或默示的方式；其在继承开始后遗产分割前未表示放弃的，即视为接受。

2. 简述遗赠扶养协议的定义及其特征。［北邮 2022 年研］

答：(1) 遗赠扶养协议的定义：

遗赠扶养协议，是指由遗赠人与扶养人签订的，由扶养人对遗赠人负生养死葬的义务，遗赠人将自己财产的部分或全部在其死后转移给扶养人所有的协议。《民法典》第 1158 条规定：“自然人可以与继承人以外的组织或者个人签订遗赠扶养协议。按照协议，该组织或者个人承担该自然人生养死葬的义务，享有受遗赠的权利。”其是一种双务、有偿、要式、双方的民事法律行为，其优于遗嘱继承、法定继承而适用。

(2) 遗赠扶养协议的特征：

①双方民事法律行为。协议以扶养和遗赠为内容，属于合同关系。受扶养人只能是自然人。扶养人可以是自然人、法人或非法人组织，但不能是继承人。

②诺成民事法律行为。双方意思表示一致时即生效。扶养人在协议生效后开始履行扶养义务，而遗赠义务在受扶养人死亡后才履行，体现了异时性。

③双务民事法律行为。扶养人负责受扶养人的生养死葬。受扶养人将自己的财产遗赠

给扶养人。

④有偿民事法律行为。双方权利义务互为对价。扶养人不履行义务则无权受遗赠；受扶养人不遗赠财产则无权要求扶养。

⑤优先效力。在处理遗产时，遗赠扶养协议优先于法定继承和遗嘱继承。如果遗赠扶养协议与遗嘱有抵触，按协议处理，抵触的遗嘱部分无效。协议约定的财产应由扶养人取得，不受遗嘱指定继承人或法定继承人的影响。

3. 简述遗赠和遗赠扶养协议的区别。[2013 年法硕(法学)真题]

答：遗赠和遗赠扶养协议的区别主要包括：

(1)行为性质不同。遗赠扶养协议是双方、双务、有偿的民事法律行为；遗赠是单方、单务、无偿的民事法律行为。

(2)行为形式不同。遗赠扶养协议采用合同形式；遗赠采用遗赠形式。

(3)主体范围不同。遗赠扶养协议的扶养人限于法定继承人以外的个人或者组织，不包括国家；而遗赠中的受遗赠人除法定继承人以外的个人或者组织外，还包括国家。

(4)主体资格不同。遗赠扶养协议的遗赠人与扶养人订立协议时，须均为完全民事行为能力人；而遗赠人须为完全民事行为能力人，但不要求受遗赠人为完全民事行为能力人。

(5)法律效力不同。遗赠扶养协议具有优先于遗嘱继承和遗赠的执行效力；而遗嘱继承与遗赠的法律效力相同。

第五章　遗产的处理

一、单项选择题

赵某死亡后，甲依遗嘱继承了一套房屋(价值 180 万元)，乙依遗赠分得一幅字画(价值 40 万元)，丙依法定继承分得现金 60 万元。遗产分割完毕后，赵某的债权人找到甲、乙、丙，要求偿还欠款 40 万元。该欠款应(　　)。[2014 年法硕(非法学)真题]

A. 全部由甲偿还

B. 全部由丙偿还

C. 由甲偿还 30 万元，丙偿还 10 万元

D. 由甲、乙、丙按照各自分得的遗产价值比例偿还

【解析】《民法典》第 1163 条规定，既有法定继承又有遗嘱继承、遗赠的，由法定继承人清偿被继承人依法应当缴纳的税款和债务；超过法定继承遗产实际价值部分，由遗嘱继承人和受遗赠人按比例以所得遗产清偿。本题中，甲是遗嘱继承，乙是遗赠，丙是法定继承，且丙的法定继承可以偿还所有欠款，仅由丙承担债务。

二、概念题

转继承[中国政法 2025 年研；北科 2014 年研；浙大 2012 年研；首经贸 2009 年研]

答：参见本章简答题第 1 题答案。

三、简答题

1. 简述转继承的条件。[2024 年法硕(法学、非法学)真题]

答：根据《民法典》第 1152 条规定，转继承是指在继承开始后，继承人于遗产分割前死亡且未放弃继承的情况下，该继承人应得的遗产转给其继承人的制度。其适用条件有：

(1)时间条件：被转继承人在被继承人死亡后、遗产分割前死亡。如果在被继承人死亡前或遗产分割后死亡，则不发生转继承。

(2)被转继承人资格：没有丧失或放弃继承权。否则，其继承人不能转继承。

(3)转继承人资格：没有丧失或放弃继承权。否则，不发生转继承。

(4)遗产份额：被转继承人已取得了相应应继份额。

(5)遗嘱安排：遗嘱中没有另外安排。如果被转继承人在遗嘱中指定将其遗产或从被继承人处继承的遗产遗赠给他人，则不适用转继承。

符合上述条件后，转继承人应当继承被转继承人应得的遗产。如果是法定继承人，则按法定继承规则取得份额；如果是遗嘱继承人，则按遗嘱取得遗产。

2. 代位继承与转继承的区别。[南航 2016 年研；武大 2014 年研]

相关试题：代位继承与转继承[概念辨析题，中南财大 2010 年研]

答：(1)二者的概念：

①代位继承，是指在法定继承中，如果被继承人的子女或兄弟姐妹先于被继承人死亡，

B

由被继承人的子女的直系晚辈血亲或兄弟姐妹的子女代替继承其应继份额的法律制度。

②转继承，是指在继承开始后，继承人于遗产分割前死亡且未放弃继承的情况下，该继承人应得的遗产转给其继承人的制度。

(2)二者都属于遗产转移的方式，都是由继承人继承其他继承人取得的遗产。其区别有：

①性质不同。转继承是两个本位继承的连续过程：a. 被转继承人直接取得被继承人的遗产；b. 转继承人再继承被转继承人所取得的遗产份额。而代位继承是由代位继承人直接继承被继承人的遗产份额，而不是继承被代位继承人的遗产。

②发生条件不同。转继承适用于继承人在被继承人死亡后、遗产分割前死亡的情形。代位继承适用于继承人先于被继承人死亡的情形。

③主体范围不同。转继承人包括被转继承人的所有继承人，既包括法定继承人，也包括遗嘱继承人。代位继承人的范围仅限于被继承人子女的晚辈直系血亲和被继承人兄弟姐妹的子女，不包括其他继承人。

④适用范围不同。转继承适用于法定继承和遗嘱继承。代位继承只适用于法定继承。

四、案例分析题

某甲幼年丧母，由其父抚养长大。后其父再婚。某甲与其继母乙格格不入，造成父子关系也较紧张。后因矛盾激化，甲与其父立据宣布脱离父子关系。几年后甲父死亡，临终留下遗书：要求把其存款平均分给甲、其妻乙及其与乙的儿子丙。但在执行遗嘱时乙阻止将存款的1/3分给甲，声称甲与其父已脱离父子关系，已无权继承其父的遗产，并将该存款取走。甲遂向人民法院提起诉讼。[华中农大2015年研]

请回答下列问题：

(1)法院能否根据甲与其父所立字据，宣布二人脱离父子关系？

(2)甲父所立遗嘱是否有效？为什么？

(3)对甲父遗产应如何分割？

答：(1)法院不能根据甲与其父所立字据宣布二人脱离父子关系。

理由：父母子女关系是一种基于血缘关系产生的身份关系。这种血缘身份关系具有法定性，当事人不得任意变更，不会因为当事人口头或者书面宣称消灭而消灭。这种身份法律关系只会因当事人死亡这一法律事件而客观上消灭，或者因为收养关系的确立而在法律上归于消灭。因此，法院不能根据甲与其父所立字据宣布二人脱离父子关系。

(2)甲父所立遗嘱有效。

理由：甲与其父的父子关系并未消灭，其仍享有甲父遗产的继承权。根据《民法典》规定，公民可以立遗嘱将个人财产指定由法定继承人的一人或者数人继承。遗嘱是被继承人的真实意思表示，当遗嘱不属于法定的无效情形时，都将有效。

(3)对甲父遗产应平均分割给三个继承人。

理由：本题中，甲父的遗嘱对遗产的分配方式已作出安排，在遗嘱真实有效且不存在缺乏劳动能力又没有生活来源的继承人的情况下，应当尊重遗嘱人的意愿，按照遗嘱确定的分配方式执行。另外，根据《民法典》规定，对于甲父再婚期间的财产，应当先将其与乙婚姻关系存续期间夫妻共同所有的财产的一半分出为乙所有后，再作为遗产按照遗嘱进行平均分配。因此，对属于甲父遗产的部分，三个遗嘱继承人应各分得1/3的遗产。

第七编　侵权责任

【知识框架(庖丁解牛)】

- 侵权责任
  - 侵权责任法概述
    - 侵权责任与侵权责任法概述：概念、特征、功能与保护范围
    - 侵权责任归责原则：过错责任、错推定责任、严格责任原则
    - 多元化的损失补救制度：概念、内容
  - 损害赔偿
    - 概述：概念、类型、原则、方法
    - 人身、财产、精神损害赔偿
    - 惩罚性赔偿
  - 一般侵权责任
    - 概念、适用过错责任原则
    - 构成要件：加害行为与民事权益被侵害、损害、因果关系、过错
    - 侵权责任的免责与减责事由
  - 数人侵权责任
    - 概述：含义、类型
    - 共同加害、教唆帮助、共同危险行为：概念、构成要件
    - 无意思联络的数人侵权：概念、类型、构成要件、法律后果
  - 侵权责任主体的特殊规定
    - 监护人责任：概念、特征、构成要件
    - 暂时无意识或失去控制造成他人损害时的侵权责任
    - 用人者责任：概念、特征、单位与个人用工责任
    - 定作人侵权责任：概念、特征、构成要件、承担
    - 网络侵权责任：概念、特征、构成要件、法律后果
    - 违反安全保障义务的侵权责任：概念、特征、构成要件、法律后果
    - 教育机构的侵权责任：概念、特征、归责原则、构成要件、法律后果
  - 产品责任：概念、特征、归责原则、构成要件[产品、缺陷、因果关系]、法律后果
  - 机动车交通事故责任：概念、归责原则、构成要件、主体、减责与免责事由
  - 医疗损害责任：概念、特征、归责原则、构成要件、法律后果
  - 环境污染和生态破坏责任：概念、特征、构成要件、法律后果、损害责任
  - 高度危险责任：概念、类型、构成要件、责任主体、免责事由
  - 饲养动物损害责任：概念、归责原则、构成要件、法律后果
  - 建筑物和物件损害责任：概念、类型、归责原则、构成要件、法律后果

【通关提要(提纲挈领)】

侵权责任编主要介绍了侵权责任的归责原则、一般侵权责任的构成要件、损害赔偿、责任主体的特殊规定，以及产品责任、机动车交通事故责任、医疗损害赔偿责任等具体侵权责任类型。本编稍难，涉及多种类型的侵权责任，常考选择题、概念题、简答题和案例

分析题。

复习时，可结合法条理解其具体规定和适用条件；通过实际案例理解侵权责任的具体应用，如产品责任、机动车交通事故责任等；归纳总结不同类型侵权责任的特点和适用情形，如高度危险责任、环境污染责任等。具体要求如下：

掌握：侵权责任的归责原则；一般侵权责任的构成要件；特殊侵权行为如产品责任、机动车交通事故责任、医疗损害赔偿责任等的类型、构成要件及责任承担；侵权责任主体的特殊规定，如用人者责任、网络侵权责任、违反安全保障义务的侵权责任等。

熟悉：数人侵权责任；环境污染责任、高度危险活动致害责任、饲养动物造成损害的责任分配。

了解：损害赔偿；建筑物和物件损害责任。

第一章　侵权责任法概述

一、单项选择题

2021年1月1日，甲、乙、丙、丁聚餐，席间虽无人劝酒，四人仍喝到深夜，后各自打车回家。次日凌晨乙因酒精中毒死亡。该损害应当由（　　）。[2022年法硕（非法学）真题]

A．甲、乙、丙、丁分担　　B．乙自行承担

C．甲、丙、丁承担连带赔偿责任　　D．甲、丙、丁承担按份赔偿责任

【解析】侵权责任，是指侵权人因侵害他人民事权益而依法应承担的法律后果。本题中，甲、丙、丁对乙无侵权行为，也不负有照管职责。乙作为完全民事行为能力人，对自己的行为应能正确认识并作出判断，而且对自己的身体状况更应有充分的了解。聚餐席间无人劝酒，但其仍饮酒至深夜。甲、丙、丁对乙的中毒身亡没有过错，因此该损害应由乙自行承担。

二、多项选择题

下列民事权益中，受我国侵权责任法保护的有（　　）。[2017年法硕（法学、非法学）真题]

A．婚姻自主权　　B．担保物权　　C．股权　　D．商业秘密

【解析】我国侵权责任法的保护范围包括民事权利和民事利益。民事权益包括生命权、健康权、姓名权、名誉权、荣誉权、肖像权、隐私权、婚姻自主权、监护权、所有权、用益物权、担保物权、著作权、专利权、商标专用权、发现权、股权、继承权等人身、财产权益。商业秘密属于广义的知识产权范畴。侵犯商业秘密的行为，也需要承担损害赔偿的责任。

三、概念题

1．过错推定原则[浙江理工2019年研；三峡大学2017年研]

答：参见本章论述题第2题答案。

B　|　ABCD

2．严格责任［北邮2020年研］

答：参见本章论述题第2题答案。

四、论述题

1．以侵权责任法的功能和保护范围为依据分析侵权责任法在民法典中的地位。［吉林大学2020年研］

答：(1)侵权责任法的功能：

侵权责任法，是规定侵权行为及其法律责任的法律规范的总称。其功能有：

①救济功能又称补偿功能，旨在通过填补受害人的损害，使受害人恢复到未受侵害前的状态。

②预防功能，分为：a．特殊预防，通过对特定主体课加责任，避免其再实施类似行为；b．一般预防，通过法律规定对社会一般人起预防作用。

③制裁功能，指通过对侵权行为人施加责任，教育和惩罚行为人，维护良好的社会秩序。

④维护行为自由的功能，在于平衡受害人的救济与社会一般人的行为自由。

(2)侵权责任法的保护范围：

我国《民法典》第1164条明确规定了侵权责任法调整因侵害民事权益产生的民事关系。其保护范围包括民事权利和民事利益，即保护范围涵盖人身权(如生命权、健康权等)和财产权(如所有权、著作权等)，以及独立于权利但同样受到法律保护的民事利益(如人格尊严、基于占有的财产利益等)。

(3)侵权责任法在民法典中的地位：

①独立成编彰显重要性。侵权责任法在《民法典》中独立成编，体现了其在民法体系中的重要地位。与传统将侵权行为法纳入债法不同，现代民法典将其独立出来，使其成为与物权编、合同编等并列的一编，表明其在保护民事主体合法权益方面的独特作用。

②功能的基础性：a．补偿功能，通过提供损害赔偿等救济方式，确保受害人的权益得到切实保护，是民事权利得以实现和维护的重要保障。b．预防功能，通过预防侵权行为的发生，减少社会矛盾和纠纷，促进社会和谐稳定。

③保护范围的全面性。侵权责任法广泛的保护范围与民法典对民事主体全方位保护的宗旨相契合。它与物权编、人格权编等其他编相互配合，共同构成了对民事主体人身权益和财产权益的完整保护体系。例如，物权编规定了物权的归属和利用，而侵权责任法则对侵害物权的行为规定了相应的侵权责任，为物权的保护提供了兜底性的救济措施；人格权编确认了各种人格权益，而侵权责任法对侵害人格权的行为予以制裁和救济，使人格权的保护更加有力。

④体现时代性和社会需求。随着社会的发展和科技的进步，新型侵权行为不断涌现，如网络侵权、环境污染侵权、产品责任侵权等。侵权责任法能够及时回应社会关切，适应时代发展的需要，对这些新型侵权行为进行规范和调整，为解决社会现实问题提供了法律依据，体现了民法典的时代性和与时俱进的特点。

2. 论侵权责任的归责原则。［天津商大2022年研；中山大学2014年研］

相关试题：

(1)简述过错推定责任的特点。［简答题，天津商大2021年研］

(2)试论侵权损害赔偿责任归责原则。［东北财大2013年研；首都师大2012年研］

(3)侵权责任的几种归责原则。［简答题，南京师大2010年研］

答：侵权责任的归责原则，是据以确定行为人承担侵权民事责任的根据和标准。我国《民法典》认可侵权责任承担方式的多样化：对于停止侵害、排除妨碍、消除危险、返还财产等责任，适用严格责任原则；对于损害赔偿责任，以过错责任为一般原则，以过错推定责任和严格责任为例外原则。

(1)过错责任原则：

①过错责任原则，又称过失责任原则，是指以行为人的过错作为归责根据的原则。《民法典》第1165条第1款规定，行为人因过错侵害他人民事权益造成损害的，应当承担侵权责任。过错责任原则是侵权行为的一般归责原则，在法律没有特别规定的情况下，都适用过错责任原则。

②特点：a. 过错是归责的最终构成要件，无过错即无责任。受害人需举证证明加害人的过错。b. 依过错程度确定责任范围，适用过失相抵规则。

(2)过错推定责任原则：

①过错推定责任原则，是指法律基于特定情形直接推定行为人具有过错，若其不能证明自身无过错即应承担侵权责任的归责原则。《民法典》第1165条第2款规定，依照法律规定推定行为人有过错，其不能证明自己没有过错的，应当承担侵权责任。

②过错推定责任的特点：a. 基于基础事实推定过错，如医疗机构违反诊疗规范或篡改病历资料等；b. 举证责任倒置，即受害人只需证明基础事实，行为人需证明自己无过错；c. 推定可被推翻，即行为人可通过证明无过错或尽到注意义务推翻推定。

(3)严格责任原则：

①严格责任原则，是指无论行为人是否存在主观过错，只要其行为或所管控的物造成他人损害，即应依法承担侵权责任的归责原则。《民法典》第1166条规定，行为人造成他人民事权益损害，不论行为人有无过错，法律规定应当承担侵权责任的，依照其规定。

②严格责任的构成要件：a. 存在行为或活动，如高度危险活动；b. 受害人受有损害；c. 行为与损害之间存在因果关系；d. 不存在法定的免责事由。

③适用范围：主要适用于产品责任、环境污染和生态破坏责任、高度危险责任等特殊侵权责任。

④免责事由法定。行为人可通过证明法定免责事由免除责任。

综上，过错责任为一般原则，过错推定责任和严格责任为例外原则，共同构成我国侵权责任法的归责体系。

五、法条分析题

我国《民法典》第1165条规定：

行为人因过错侵害他人民事权益，应当承担侵权责任。

根据法律规定推定行为人有过错，行为人不能证明自己没有过错的，应当承担侵权责任。

请运用民法原理分析：［2012 年法硕(非法学)真题改编］

(1)本条第 1 款规定的是何种归责原则？其含义及适用范围是什么？

(2)本条第 2 款应当如何理解？其适用范围是什么？

答：(1)本条第 1 款规定的是过错责任原则。

①含义。过错责任原则，是指行为人因主观过错(故意或过失)侵害他人民事权益时，应承担侵权责任。其核心在于“无过错即无责任”，即受害人需证明行为人存在过错，行为人无过错则不承担责任。

②适用范围。过错责任原则是侵权损害赔偿责任的一般归责原则，适用于一般侵权责任，即法律未特别规定的普通侵权行为。例如，日常生活中因疏忽造成的财产损害或人身伤害。

(2)对第 2 款的理解及其适用范围如下：

①第 2 款规定的是过错推定责任原则。其含义是，在法律规定的情形下，推定行为人有过错，若行为人不能证明自己无过错，则应承担侵权责任。这是一种举证责任倒置的规则，减轻了受害人的举证负担。

②适用范围。过错推定责任原则适用于法律明确规定的特殊侵权责任情形，例如：

a. 医疗损害责任。医疗机构违反诊疗规范或篡改病历资料的，推定其有过错。

b. 物件损害责任。建筑物、构筑物等倒塌或脱落造成损害的，推定所有人或管理人有过错。

c. 监护人责任。无民事行为能力人或限制民事行为能力人造成损害的，推定监护人未尽到监护责任。

第二章 损害赔偿

一、单项选择题

1. 甲开车正常行驶。乙突然靠近甲的汽车意欲"碰瓷"，不慎摔倒，致右脚被车碾压受伤。甲无需对此承担侵权责任的理由是(　　)。[2023 年法硕(非法学)真题]

A. 不可抗力　　B. 自甘风险　　C. 受害人故意　　D. 意外事件

【解析】C 项，《民法典》第 1174 条规定，损害是因受害人故意造成的，行为人不承担责任。乙的受伤是自己故意造成的，甲没有任何过错，无需承担责任。

ABD 三项，不可抗力，是指不能预见、不能避免、不能克服的客观情况；自甘风险，是指自愿参加具有一定风险的文体活动，因其他参加者的行为受到损害，受害人不得请求其他参加者承担侵权责任，但是其他参加者对损害的发生有故意或者重大过失的除外；意外事件，是指行为虽然在客观上造成了损害结果，但不是出于行为人故意或者过失，而是由于不能预见的原因引起的。本案的发生不符合上述情况。

2. 姚某旅游途中，前往某玉石市场参观，在唐某经营的摊位上拿起一只翡翠手镯，经唐某同意后试戴，并问价。唐某报价 18 万元(实际进货价 8 万元，市价 9 万元)。姚某感觉价格太高，急忙取下，不慎将手镯摔断。关于姚某的赔偿责任，下列哪一选项是正确的？(　　)[2017 年法考真题]

A. 应承担违约责任　　B. 应赔偿唐某 8 万元损失

C. 应赔偿唐某 9 万元损失　　D. 应赔偿唐某 18 万元损失

【解析】A 项，违约责任是指合同法律关系中，违约方应当向守约方承担的责任。本题中，姚某与唐某并未订立合同，不可能承担违约责任。

BCD 三项，《民法典》第 1184 条规定，侵害他人财产的，财产损失按照损失发生时的市场价格或者其他方式计算。手镯被摔断时市价 9 万元，因此姚某应当赔偿唐某 9 万元损失。

二、多项选择题

为保持好身材，练出马甲线，李某花费 12888 元报班参加某健身房的健身项目。经过一周的锻炼，李某非但没有达到健身效果，还因为指导教练错误指导，导致多处肌肉拉伤；为此去医院就医，花费了大量医药费并耽误了工作。对此，关于李某，下列说法正确的有(　　)。[2024 年法硕(法学、非法学)真题]

A. 有权要求健身房支付医药费、误工费、护理费

B. 有权解除和健身房的服务合同

C. 有权要求健身房退还未上完的课程费用

D. 有权请求健身房赔礼道歉

【解析】A 项，《民法典》第 1179 条规定："侵害他人造成人身损害的，应当赔偿医疗费、护理费、交通费、营养费、住院伙食补助费等为治疗和康复支出的合理费用，以及因误工减少的收入。造成残疾的，还应当赔偿辅助器具费和残疾赔偿金；造成死亡的，还应

1C　2C　▎　ABCD

当赔偿丧葬费和死亡赔偿金。”第1191条第1款规定，用人单位的工作人员因执行工作任务造成他人损害的，由用人单位承担侵权责任。本题中，因为教练错误指导，导致顾客身体被拉伤，侵害了顾客的健康权，健身房应支付医药费、误工费、护理费。

B项，李某参加某健身房的健身项目，不仅没有达到健身效果，反而因为教练错误指导，导致多处肌肉拉伤，致使健身的合同目的不能实现，属于根本违约。李某可以基于法定解除权解除合同。

C项，合同解除后，尚未履行的，终止履行；已经履行的，根据履行情况和合同性质，当事人可请求恢复原状或采取其他补救措施，并有权请求赔偿损失。因此在健身合同解除后，未上完的课程费用应返还。

D项，《民法典》第1000条第1款规定，行为人因侵害人格权承担消除影响、恢复名誉、赔礼道歉等民事责任的，应当与行为的具体方式和造成的影响范围相当。本题中，因健身房教练错误指导致使李某在健身过程中产生多处肌肉拉伤，构成人格权(健康权)侵权，李某可以请求侵权人赔礼道歉。

三、概念题

损益相抵规则[南京大学2007年研]

答：损益相抵规则又称“损益同销”，是指当赔偿权利人因同一赔偿原因事实获得利益时，赔偿义务人有权要求将该利益从赔偿金额中扣除，以确定实际损害赔偿范围的规则。这一规则是为了贯彻禁止得利原则而设立的规则。其构成要件有：①损害赔偿责任已经成立；②赔偿权利人受有利益；③该利益是因同一赔偿原因事实而获得的。

四、简答题

简述我国民法典规定的惩罚性赔偿的适用情形。[2023年法硕(法学、非法学)真题]

相关试题：

(1)简述惩罚性赔偿责任及其适用范围。[北邮2024年研]

(2)简述惩罚性赔偿的适用范围。[中南财大2014年研]

答：(1)惩罚性赔偿，又称报复性赔偿，是指赔偿数额超过受害人实际损失，旨在惩罚行为人并预防类似加害行为再次发生的赔偿责任。该种救济的目的主要是惩罚侵权人，维护正常的市场秩序。

(2)惩罚性赔偿的适用情形。在民法典中，惩罚性赔偿主要适用于以下三种情形：

①知识产权侵权中的惩罚性赔偿。《民法典》第1185条规定，故意侵害他人知识产权，情节严重的，被侵权人有权请求相应的惩罚性赔偿。

②产品责任中的惩罚性赔偿。《民法典》第1207条规定，明知产品存在缺陷仍然生产、销售，或者没有依据前条规定采取补救措施，造成他人死亡或者健康严重损害的，被侵权人有权请求相应的惩罚性赔偿。

③环境侵权中的惩罚性赔偿。《民法典》第1232条规定，侵权人违反法律规定故意污染环境、破坏生态造成严重后果的，被侵权人有权请求相应的惩罚性赔偿。

五、案例分析题

1. 甲乙两人是某高校计算机系的研究生，同住一个宿舍并在同一个实验室工作和学习。2020年5月15日，甲接到德国某知名研究所发来的博士研究生录取通知。同年6月10日，该研究所又给甲发送电子邮件，告知将给予其3万欧元的奖学金。研究所把电子邮件发送到实验室共用的电子邮箱内。乙获悉该情况后，于6月12日使用实验室的IP地址通过实验室共用电子邮箱以甲的名义给德国的研究所发送了电子邮件，其内容是："本人甲已经接受其他大学的邀请，不去德国该研究所学习，也不会接受奖学金"。后德国研究所回信表示不再邀请甲来德学习，也不再提供奖学金。甲得知有人冒用自己名义发邮件后经过查询了解，发现是乙所为，遂向法院起诉，要求乙赔礼道歉、赔偿精神损害、赔偿财产损失。[北邮2021年研]

请结合相关法律规定回答以下问题：

(1)本案中是否存在侵权行为？如存在，侵犯了何种权利？如不存在，为什么？

(2)本案应该如何处理？为什么？

答：(1)本案中存在侵权行为，乙侵犯了甲的姓名权和财产权。具体分析如下：

①姓名权。根据《民法典》第1012条规定，自然人享有姓名权，有权依法决定、使用、变更或者许可他人使用自己的姓名，但是不得违背公序良俗。乙冒用甲的名义发送电子邮件，侵犯了甲的姓名权。

②财产权。根据《民法典》第1165条规定，行为人因过错侵害他人民事权益造成损害的，应当承担侵权责任。乙的行为导致德国研究所取消了对甲的邀请和奖学金，使甲丧失了获得3万欧元奖学金的机会，侵犯了甲的财产权。

(2)本案应由法院判决乙承担赔礼道歉、赔偿精神损害和赔偿财产损失的责任。具体分析如下：

①赔礼道歉。《民法典》第1182条规定，侵害他人人身权益造成财产损失的，按照被侵权人因此受到的损失或者侵权人因此获得的利益赔偿；被侵权人因此受到的损失以及侵权人因此获得的利益难以确定，被侵权人和侵权人就赔偿数额协商不一致，向人民法院提起诉讼的，由人民法院根据实际情况确定赔偿数额。据此，乙应当向甲赔礼道歉，以消除影响、恢复名誉。因此，法院可判决乙在适当范围内向甲赔礼道歉，如通过书面形式或在实验室内部公开道歉。

②精神损害赔偿。根据《民法典》第1183条规定，侵害自然人人身权益造成严重精神损害的，被侵权人有权请求精神损害赔偿。甲因失去德国研究所的学习机会和奖学金，可能遭受了精神损害，乙应赔偿甲的精神损害抚慰金。则法院可根据甲的实际精神损害情况，酌情判决乙支付一定数额的精神损害抚慰金。

③财产损失赔偿。《民法典》第1179条规定："侵害他人造成人身损害的，应当赔偿医疗费、护理费、交通费、营养费、住院伙食补助费等为治疗和康复支出的合理费用，以及因误工减少的收入。造成残疾的，还应当赔偿辅助器具费和残疾赔偿金；造成死亡的，还应当赔偿丧葬费和死亡赔偿金。"则法院应当判决乙赔偿甲因失去奖学金而造成的财产损失，即3万欧元。

2. 甲因交通事故导致精神障碍，丧失处理个人事务之能力，经法院指定其成年儿子为监护人。某日甲在家中闲坐，忽然精神清醒，于是乘车来到市内著名烤鸭店用餐，点了两份烤鸭，每份300元，吃了一份，打包一份，准备带回家和家人一块儿享用。当店主乙请甲结账时，甲称自己是法院宣告的无行为能力人，故拒绝付款。乙与甲进行理论，甲恼怒，用打包好的烤鸭打击乙的面部，致使乙面部受伤，打包好的烤鸭也散落于地。[北邮2023年研]

请分析此案中的法律关系并回答乙得向甲主张何种权利。

答：(1)法律关系分析：

①甲的法律状态。甲因交通事故导致精神障碍，丧失处理个人事务的能力，并经法院指定其成年儿子为监护人。根据《民法典》第21条规定，不能辨认自己行为的成年人为无民事行为能力人，由其法定代理人代理实施民事法律行为。

②甲的行为能力。尽管甲在某日突然精神清醒，但其无民事行为能力的状态并未改变。因此，甲在烤鸭店的行为仍需经过其监护人的同意或追认才能生效。

(2)对乙应向甲主张的权利分析如下：

①合同关系：

a. 餐饮服务合同。甲在烤鸭店点餐并用餐，与店主乙形成了餐饮服务合同关系。但由于甲是无民事行为能力人，该合同需要经过其监护人的追认才能生效。

b. 付款义务。即使甲是无民事行为能力人，其监护人仍需对甲的行为负责。根据《民法典》第34条规定，监护人应当履行监护职责，保护被监护人的人身、财产及其他合法权益。因此，乙可以要求甲的监护人支付餐费600元。

②侵权责任：

a. 人身损害赔偿。甲用打包好的烤鸭打击乙的面部，致使乙面部受伤，构成侵权行为。根据《民法典》第1179条规定，乙可以要求甲的监护人赔偿其因受伤而产生的医疗费、误工费等相关损失。

b. 财产损害赔偿。甲的行为导致打包好的烤鸭散落于地，造成了财产损失。根据《民法典》第1184条规定，侵害他人财产的，财产损失按照损失发生时的市场价格或者其他合理方式计算。乙可以要求甲的监护人赔偿烤鸭的损失。

(3)具体权利主张：

①合同关系下的付款义务。乙可以要求甲的监护人支付甲在烤鸭店消费的餐费600元。

②侵权责任下的赔偿义务：

a. 人身损害赔偿。乙可以要求甲的监护人赔偿其因面部受伤而产生的医疗费、误工费等相关损失。

b. 财产损害赔偿。乙可以要求甲的监护人赔偿烤鸭散落造成的财产损失。

乙可以通过诉讼或其他法律途径，要求甲的监护人承担上述责任。

3. 甲医院的主治医生王某，为了救治李某，本着救死扶伤的精神，将已死亡的张某的眼角膜移植给了李某。张某的儿子得知此事后大闹甲医院，并在乙网站散布谣言。甲医院得知后要求网站删除内容，乙网站以核实为理由延迟一周。[中南财大2015年研]

请根据此案例回答以下问题：

(1)尸体在民法上是如何定位的，为什么?

(2)王某的行为是否是职务行为，为什么?

(3)张某的儿子是否有权维护其权益，可以通过什么途径维护?

(4)甲医院是否可以请求精神损害赔偿，为什么?

(5)张某的儿子和乙网站是否要承担责任，如何承担?

答：(1)尸体属于民法上的物，是民事法律关系的客体之一。

理由：物，是指存在于人身之外，能够满足人们的社会需要而又能为人所实际控制或者支配的物质客体。尸体已没有精神活动，可以视为物，因此可以成为民事法律关系的客体。尸体可以成为继承人继承的客体，但它只具有精神价值，不具有交换价值。

(2)王某的行为属于职务行为。

理由：职务行为被称为“完成工作任务”的行为，是指工作人员行使职务、履行职责的活动，与个人行为相对应。认定职务行为必须从时间、地点、控制力和利益这四个要素进行综合考量。王某的行为是为了救治李某，行使的是医生的职责，从事的是医疗行为，且该行为可以推断是在医院的工作时间范围内进行的手术，因此王某的行为属于职务行为。

(3)张某的儿子有权维护其权益，可以通过向法院起诉的方式来维护。具体分析如下：

①遗体及其器官捐赠必须依行为人生前的真实意思表示。张某生前并没有表示进行器官捐赠，因此任何人都无权将张某的器官进行捐赠。张某的儿子作为张某的法定继承人，对遗体有法定继承权。王某未经允许摘除张某遗体的眼角膜，侵犯了张某儿子的权利，其行为构成侵权。

②《最高人民法院关于确定民事侵权精神损害赔偿责任若干问题的解释》第3条规定，自然人死亡后，其近亲属因下列侵权行为遭受精神痛苦，向人民法院起诉请求赔偿精神损害的，人民法院应当依法予以受理：a. 以侮辱、诽谤、贬损、丑化或者违反社会公共利益、社会公德的其他方式，侵害死者姓名、肖像、名誉、荣誉；b. 非法披露、利用死者隐私，或者以违反社会公共利益、社会公德的其他方式侵害死者隐私；c. 非法利用、损害遗体、遗骨，或者以违反社会公共利益、社会公德的其他方式侵害遗体、遗骨。

本题中，王某对张某遗体提取眼角膜的行为已经构成侵权行为。因此，张某的儿子可以据此向法院起诉请求赔偿精神损害。

(4)甲医院不能请求精神损害赔偿。

理由：精神损害赔偿，是指因侵害自然人人身权益或具有人身意义的特定物，导致严重精神损害时，侵权人应承担支付精神抚慰金的责任。精神损害赔偿的适用有严格的条件，必须是自然人的人身权益或者具有人身意义的特定物受到侵害。只有自然人才能提起精神损害赔偿。甲医院作为法人，享有有限的人格权，因此无权请求精神损害赔偿。

(5)张某的儿子和乙网站都要承担侵权责任。具体分析如下：

①张某的儿子在网站上散布谣言，侵犯了甲医院的名誉权，须承担侵权责任。

②根据《民法典》第1195条规定，网络服务提供者接到通知后未及时采取必要措施的，对损害的扩大部分与该网络用户承担连带责任。本题中，乙网站在接到甲医院通知后，以核实为由延迟一周，应对损害的扩大部分与张某的儿子一起承担连带侵权责任。

4. 于某搭乘好友张某的小型面包车外出办事。途中，张某的面包车与一辆违章行驶的货车相撞，导致于某右小腿被截肢。交通事故责任认定书认定违章行驶的货车驾驶员陈某应负该起事故的全部责任。张某将于某送进医院后，垫付了1500元治疗费。因该费用不足以支付于某的住院费，张某与肇事货车所属A公司协商，由A公司赔偿给于某包括伤残补助费在内的赔偿款共计26000元，由张某代为签收。次日，张某交给于某6000元。经核实，于某住院期间的所有费用共计9800元；张某主动照顾于某的费用，按当地护工的平均收入计算，共计450元。[南京大学2010年研]

请简要回答以下问题，并加以必要说明：

(1)于某是否可以主张对A公司支付的部分或全部赔偿余款的所有权？为什么？

(2)如果于某主张所有赔偿余款的返还，张某可否以其在于某住院期间主动照顾于某并为其支付了各种医疗费用为由加以抗辩？为什么？

(3)如果于某的财产权遭受损害，于某可对张某行使哪些请求权以获得救济？于某应该选择哪种最有利于自己的救济方式？

答：(1)于某可以主张。

理由：本题中，A公司所支付的赔偿金主要是用于于某的治疗费和伤残补助费。《民法典》第1179条规定："侵害他人造成人身损害的，应当赔偿医疗费、护理费、交通费、营养费、住院伙食补助费等为治疗和康复支出的合理费用，以及因误工减少的收入。造成残疾的，还应当赔偿辅助器具费和残疾赔偿金；造成死亡的，还应当赔偿丧葬费和死亡赔偿金。"于某作为被侵权人，理应获得上述侵权损害赔偿的费用。

(2)张某可以抗辩。

理由：《民法典》第121条规定，没有法定的或者约定的义务，为避免他人利益受损失而进行管理的人，有权请求受益人偿还由此支出的必要费用。本题中，张某照顾于某的一系列行为并非基于法定义务或约定义务，因此张某的行为构成无因管理。其可以要求将垫付的医药费和因护理于某而耽误的费用在赔偿金中扣除。

(3)①如果于某的财产权受到了损害，于某可以对张某行使的请求权包括：违约损害赔偿请求权和侵权损害赔偿请求权。

②于某应选择侵权损害赔偿请求权，该方式是最有利的救济方式。因为于某行使侵权损害赔偿请求权不需要证明其与张某之间存在合同关系，而且可以请求精神损害赔偿，更有利于保护于某权利。

第三章　一般侵权责任

一、单项选择题

1. 甲网购了一条乙销售的裙子，收到后发现面料不是乙宣称的真丝，便在网站上给了差评。乙认为甲的差评影响到网店声誉和商品销量，遂联系甲要求其删除差评，并表示愿退还双倍货款，甲拒绝。乙后来了解到，甲系一服装店店主。甲的行为（　　）。[2019 年法硕（非法学）真题]

A. 不构成侵权　　B. 构成商业诽谤

C. 侵犯了乙的经营权　　D. 构成不正当竞争

【解析】一般侵权责任的构成要件包括：①加害行为与民事权益被侵害；②损害事实；③因果关系；④主观过错。经营者向消费者提供有关商品或者服务的质量、性能、用途、有效期限等信息，应当真实、全面，不得做虚假或引人误解的宣传。本题中，乙销售的裙子不是真丝，却宣传为真丝，货物与宣传不符。甲购买了乙销售的裙子，即为消费者。甲给予差评的行为，主观上没有恶意，客观上也没有编造事实，属于正当行为，因此消费者甲给予差评的行为是正当行使自己的权利，不构成侵权。

2. 刘婆婆回家途中，看见邻居肖婆婆带着外孙小勇和另一家邻居的孩子小囡（均为 4 岁多）在小区花园中玩耍，便上前拿出几根香蕉递给小勇，随后离去。小勇接过香蕉后，递给小囡一根，小囡吞食时误入气管导致休克，经抢救无效死亡。对此，下列哪一选项是正确的？（　　）[2017 年法考真题]

A. 刘婆婆应对小囡的死亡承担民事责任

B. 肖婆婆应对小囡的死亡承担民事责任

C. 小勇的父母应对小囡的死亡承担民事责任

D. 属意外事件，不产生相关人员的过错责任

【解析】一般侵权责任由违法行为、损害事实、因果关系、主观过错四个要件构成。本题中，小囡吞食香蕉误入气管导致休克，是由于不能预见的原因造成的，属于意外事件。刘婆婆、肖婆婆及小勇的父母对小囡的死亡均不存在过错，不产生相关人员的过错责任。因此，刘婆婆、肖婆婆及小勇的父母都无须对小囡的死亡承担民事责任。

二、概念题

1. 竞合的因果关系与择一的因果关系[中南财大 2021 年研]

答：（1）竞合的因果关系，是指多个行为人分别实施了加害行为，导致同一损害。即使其中任何一个加害行为单独发生，也足以造成该同一损害。竞合的因果关系中，每个侵权人都需对全部损害承担赔偿责任。

（2）择一的因果关系，是指损害是由多个行为人中的某一或某些人的行为所致，但无法确定具体的侵权人。择一的因果关系中，所有可能的侵权人需承担连带责任。

（3）这两种因果关系在侵权责任法和保险理赔等领域具有重要意义，准确区分它们有助

1A　2D

于合理分配责任，保障当事人的合法权益。

2. 自甘冒险［中国政法 2021 年研］

答：参见本章论述题答案。

三、论述题

侵权责任的免责事由。［中山大学 2011 年研］

相关试题：

(1)侵权责任的免责事由。［简答题，西南政法 2025 年研］

(2)简述侵权责任的抗辩事由。［简答题，中南财大 2022 年研；2017 年法硕(法学)真题］

(3)简述自助的概念及其行使条件。［简答题，宁波大学 2021 年研］

(4)简述自助行为的条件。［简答题，中山大学 2015 年研］

答：侵权责任的免责事由是指使侵权责任不成立的法律事实。《民法典》中规定的侵权责任免责事由包括：不可抗力、正当防卫、紧急避险、自愿救助他人、受害人故意、第三人行为、自甘冒险以及自助行为。前四种免责事由，参见第 1 编第 6 章简答题答案。其余四种免责事由具体如下：

(1)受害人故意。指受害人故意给自己造成损害。《民法典》第 1174 条规定，损害是因受害人故意造成的，行为人不承担责任。损害结果是受害人追求的目的，加害行为与损害结果之间无因果关系，行为人不承担侵权责任。

(2)第三人行为。指行为人与受害人之外的第三人的不法行为中断了行为人在先的加害行为与损害之间的因果关系。《民法典》第 1175 条规定，损害是因第三人造成的，第三人应当承担侵权责任。

(3)自甘冒险。指某人明知且自愿进入使自己权益遭受危险的境地。《民法典》第 1176 条第 1 款规定，自愿参加具有一定风险的文体活动，因其他参加者的行为受到损害的，受害人不得请求其他参加者承担侵权责任；但是，其他参加者对损害的发生有故意或者重大过失的除外。其适用条件有：

①自愿参加有一定风险的文体活动，如拳击、篮球等对抗性或竞技性活动。

②其他参加者没有故意或重大过失。如果其他参加者有故意或重大过失，则不能免除其侵权责任。

其法律效果是免除其他参加者的侵权责任，但活动组织者的责任不受影响。

(4)自助行为。指权利人为保护自己的合法权益，对于他人的自由或财产进行拘束、扣留或毁损的行为。《民法典》第 1177 条规定：“合法权益受到侵害，情况紧迫且不能及时获得国家机关保护，不立即采取措施将使其合法权益受到难以弥补的损害的，受害人可以在保护自己合法权益的必要范围内采取扣留侵权人的财物等合理措施；但是，应当立即请求有关国家机关处理。受害人采取的措施不当造成他人损害的，应当承担侵权责任。”其适用条件有：

①合法权益受到侵害，仅限于依法可以强制执行的请求权。

②情况紧迫且不能及时获得国家机关保护。不立即采取措施将使其权益受到难以弥补的损害。

③在必要范围内采取合理措施，如扣留侵权人财物、暂时阻止侵权人离开等。

④立即请求有关国家机关处理，如报警。

符合上述条件的自助行为人不承担侵权责任，但措施不当造成他人损害的，仍需承担责任。

四、案例分析题

1. 六十岁的大张村村民张某前往蓝天超市购物。在结账时，有几件货物张某故意未扫码付款，并试图快速离开。被超市工作人员发现并拦下，要求其付款后才能离开。张某拒绝付款并与超市工作人员争吵。张某患有心脑血管疾病，在争吵中因情绪激动，倒地不起。超市工作人员立即打120叫救护车，因抢救及时，张某生命保住了，但丧失了部分行为能力。在抢救和医治过程中，共花费医疗费等各种费用8万元。张某妻子早亡，有三子，分别是张大、张二、张三，均已成家，并在本村生活。在张某出院之后，三兄弟均想成为张某的监护人；对由谁来担任张某的监护人，三人争执不下。蓝天超市后来通过监控发现张某多次偷窃超市物品，总价达到1万元。蓝天超市在开业时起即在超市各处醒目位置张贴着“偷一罚十”的标识，蓝天超市便以此为据要求张某赔偿10万元。[扬州大学2023年研]

根据上述案情，回答如下问题：

(1)对抢救张某所花医疗等费用，蓝天超市是否需要承担侵权责任，为什么？

(2)张大、张二、张三对谁来担任张某的监护人产生争议，无法达成一致意见，在此种情况下，可以通过什么方式确定监护人？

(3)蓝天超市提出张某应向其赔偿10万元的要求是否应予支持，为什么？

答：(1)蓝天超市不需要承担侵权责任。理由如下：

①超市的行为正当。根据《民法典》第1177条规定，合法权益受到侵害，情况紧迫且不能及时获得国家机关保护，不立即采取措施将使其合法权益受到难以弥补的损害的，受害人可以在保护自己合法权益的必要范围内采取扣留侵权人的财物等合理措施；但是，应当立即请求有关国家机关处理。超市工作人员发现张某未付款并试图离开，要求其付款后才能离开，这是超市为了保护自身合法权益而采取的正当行为。

②因果关系。张某因情绪激动倒地不起，虽然在超市内发生，但主要是由于其自身的心脑血管疾病和情绪激动所致。超市工作人员的行为并未超出合理范围，也没有明显的过激行为。因此，超市的行为与张某的损害之间没有直接的因果关系。

③紧急救助。超市工作人员在发现张某倒地后立即拨打120叫救护车，已经尽到了合理的救助义务。

综上所述，蓝天超市的行为是正当的，且已尽到合理救助义务，不需要承担侵权责任。

(2)张大、张二、张三可以通过协商、村委会指定或法院指定的方式来确定张某的监护人。

①协商解决。张大、张二、张三可以继续协商，争取达成一致意见。

②村委会指定。根据《民法典》第31条第1款规定，对监护人的确定有争议的，由被监护人住所地的居民委员会、村民委员会或者民政部门指定监护人。本题中，张某是大张村村民，可以由大张村村民委员会指定监护人。

③法院指定。如果村委会指定监护人后仍有争议，或者村委会不愿指定，张大、张二、张三可向人民法院申请指定监护人。根据《民法典》第 31 条规定，有关当事人也可直接向人民法院申请指定监护人。

(3) 蓝天超市提出张某应向其赔偿 10 万元的要求不应予以支持。理由如下：

①“偷一罚十”条款无效。根据《消费者权益保护法》第 26 条规定，经营者不得以格式条款、通知、声明、店堂告示等方式作出排除或者限制消费者权利、减轻或者免除经营者责任、加重消费者责任等对消费者不公平、不合理的规定。蓝天超市张贴的“偷一罚十”标识属于格式条款，该条款明显加重了消费者的责任，应属无效。

②实际损失赔偿。根据《民法典》第 1184 条规定，侵害他人财产的，财产损失按照损失发生时的市场价格或者其他合理方式计算。张某多次偷窃超市物品，总价达到 1 万元，因此张某应赔偿超市的实际损失 1 万元，而不是 10 万元。

综上所述，蓝天超市提出的 10 万元赔偿要求不应予以支持，张某只需赔偿超市实际损失 1 万元。

2. 甲房地产公司（下称甲公司）与乙建筑公司（下称乙公司）达成一项协议，由乙公司为甲公司承建一栋商品房。合同签订后，为筹集工程建设资金，甲公司用其建设用地使用权作抵押向甲银行贷款 4000 万元，乙公司为此笔贷款承担保证责任，但对保证方式未作约定。

乙公司将部分施工任务交给丙建筑公司施工。丙公司施工时，未对通行工地的道路设防护措施。行人陈某路过时，工人刘某不慎掉落手中的砖头，将陈某砸成重伤，花去医药费 5000 元。

甲公司在施工开始后即进行商品房预售。梁某购买了 3 号楼 501 号房屋，预交了 10 万元房款，约定该笔款项作为定金。但不久，甲公司又与汪某签订了一份合同，将上述房屋卖给了汪某，并在房屋竣工后将该房的产权证办理给了汪某。汪某不知该房已经卖给梁某的事实。[首经贸 2010 年研]

问：

(1) 对于陈某的损失，应当由谁承担责任？为什么？

(2) 对于陈某的赔偿，应当适用何种归责原则？依据是什么？

(3) 乙公司应承担何种性质的保证责任？为什么？

(4) 梁某在得知房屋卖给汪某后，向法院提起诉讼，要求甲公司履行合同交付房屋，其主张应否得到支持？为什么？

(5) 如果甲公司不能向乙公司支付工程款，乙公司可对甲公司提出什么请求？

答：(1) 对于陈某的损失，应当由丙公司承担侵权责任。

理由：《民法典》第 1191 条规定：“用人单位的工作人员因执行工作任务造成他人损害的，由用人单位承担侵权责任。用人单位承担侵权责任后，可以向有故意或者重大过失的工作人员追偿。”本题中，刘某的侵权行为是在其履行工作任务时造成的，依法应当由丙公司承担责任。

(2) 对于陈某的赔偿，应当适用无过错责任原则，依据如下：

《民法典》第 1240 条规定：“从事高空、高压、地下挖掘活动或者使用高速轨道运输工具造成他人损害的，经营者应当承担侵权责任；但是，能够证明损害是因受害人故意或者不可抗力造成的，不承担责任。被侵权人对损害的发生有重大过失的，可以减轻经营者的责任。”据此，从事高空活动致人损害应适用无过错责任原则。本题中，刘某建造房屋的行为属于高空活动，造成他人损害时适用无过错责任原则。

(3)乙公司应承担一般保证责任。

理由：《民法典》第686条第2款规定，当事人在保证合同中对保证方式没有约定或者约定不明确的，按照一般保证承担保证责任。本题中，甲公司和乙公司没有约定保证方式，应当承担一般保证责任。

(4)梁某的主张不能得到法院支持。

理由：房屋属于不动产，其所有权转移的方式是登记。本题中，甲公司在竣工前将房屋预售给了梁某，但未办理预告登记，因此梁某不能享有预告登记的物权保护。竣工后，甲公司又将房屋卖给汪某并办理了房产过户手续，汪某取得房屋的所有权。因此，梁某要求甲公司履行房屋交付义务的主张不能得到法院支持。

(5)如甲公司不能向乙公司支付工程款，乙公司可以向甲公司提出行使法定优先权。

理由：在发包方不能支付工程款时，承包方可催告发包方；在一定的合理期限后，发包方仍然不交付工程款，承包方就可以行使法定优先权。法律对建设工程合同中承包人优先权的实现规定了两种方式：

①通过发包人与承包人之间的协议，对建设工程进行折价。承包人在支付折价款与工程价款的差额后，取得该项建设工程的所有权，使其工程价款债权得以实现。

②对建设工程进行拍卖。拍卖须在人民法院的主持下进行，由承包人在拍卖所得价款中优先受偿。

第四章　数人侵权责任

一、单项选择题

1. 甲驾车送同事乙回家，到达后为图方便在道路禁停路段停车。乙一边接听电话，一边打开左侧车门准备下车。丙在道路上正常骑行，因躲闪不及，撞上车门受伤。丙的损害应当由(　　)。[2023年法硕(非法学)真题]

A. 甲、丙分担　　B. 甲、乙共同赔偿

C. 乙、丙分担　　D. 甲、乙、丙分担

【解析】共同加害行为，即狭义的共同侵权行为，是指一人以上共同实施侵权行为导致他人损害，数个侵权人应承担连带赔偿责任。本题中，甲、乙正在从事靠边下车这一事务，自然便负有观察周围环境的共同义务，结果二人均未尽到这一义务，导致丙的损害结果发生，属于共同侵权行为中的共同加害行为，应当承担连带赔偿责任，赔偿丙的损失。

2. 某酒店建立了房客信息数据库，但因自身技术人员的疏忽存在系统漏洞。网民王某利用上述漏洞获取了该酒店房客信息，并将这些信息在网上公开，导致房客孙某因个人信息泄露遭受损失。孙某的损失应当由(　　)。[2022年法硕(法学、非法学)真题]

A. 王某全部赔偿

B. 酒店与王某承担不真正连带赔偿责任

C. 酒店与王某承担连带赔偿责任

D. 酒店与王某承担按份赔偿责任

【解析】无意思联络的数人侵权，是指没有共同过错的数人分别实施侵权行为，造成他人同一损害而依法承担连带责任或按份责任的情形。《民法典》第1172条规定，二人以上分别实施侵权行为造成同一损害，能够确定责任大小的，各自承担相应的责任；难以确定责任大小的，平均承担责任。本题中，酒店由于过失，王某出于故意，二者的侵害行为直接结合发生同一损害后果，即房客孙某的个人信息泄露损失。因此酒店与王某应当承担按份赔偿责任。酒店虽然建立了房客信息数据库，但其本身并不属于网络服务提供者，因此不能适用《民法典》第1195条规定的“通知删除”规则。

3. 甲(10周岁)、乙(11周岁)、丙(12周岁)翻越高速公路天桥旁水泥护栏后，趴在防护网上往高速公路抛掷石块击打过往车辆。其中一石块击中司机丁致其重伤，但无法确认该石块是谁投掷。丁的损害应由(　　)。[2018年法硕(非法学)真题]

A. 甲、乙、丙连带赔偿

B. 高速公路管理机构赔偿

C. 甲、乙、丙的监护人连带赔偿

D. 甲、乙、丙的监护人和高速公路管理机构连带赔偿

【解析】共同危险行为，是指二人以上实施危及他人人身或者财产安全的行为并造成损害后果，不能确定实际侵害行为人的情况。本题中，甲、乙、丙向高速公路上的过往车辆

1B　2D　3C

投掷石块，三人实施危及他人人身以及财产安全的行为，且造成了司机丁的损伤，但无法确定实际侵害人，因此三人的行为属于共同危险行为。《民法典》第1170条规定，二人以上实施危及他人人身、财产安全的行为，其中一人或者数人的行为造成他人损害，能够确定具体侵权人的，由侵权人承担责任；不能确定具体侵权人的，行为人承担连带责任。第1188条第1款规定："无民事行为能力人、限制民事行为能力人造成他人损害的，由监护人承担侵权责任。监护人尽到监护责任的，可以减轻其侵权责任。"本题中，甲、乙、丙均为限制民事行为能力人，其造成丁损害，应当由其监护人承担连带侵权责任。

二、概念题

共同危险行为［中国政法2023、2022年研；武大2020年研；中南财大2019年研；北科2014年研；北航2011年研］

答：参见本章简答题第1题答案。

三、简答题

1. 简述共同危险行为的构成要件。［2013年法硕（法学）真题］

答：共同危险行为，是指二人以上实施危及他人人身或财产安全的危险行为，其中的一人或数人的行为造成他人的损害，但无法确定实际侵害人的侵权行为。其构成要件有：

（1）基本构成要件：

①存在损害：须有实际的人身伤亡或财产损失。受害人需证明损害的存在。

②其他侵权责任成立要件。共同危险行为适用于因果关系不明的情况，可以用于一般侵权责任和特殊侵权责任。受害人仍需证明符合其他侵权责任成立要件。

（2）消极主观要件：不存在共同过错。

在适用顺序上，应先判断是否构成共同加害行为。共同危险行为中不存在共同过错。

（3）数人实施了危险行为：

①多人参与。即至少有两人参与实施危险行为。

②行为类型。危险行为包括作为和不作为。

③危险性。每个参与者的行为都具有导致他人权益遭受特定损害的危险性。

（4）因果关系不明。根据《民法典》第1170条规定，只有在"不能确定具体侵权人"的情况下，才适用共同危险行为的规定。如果能够确定具体侵权人，则由该侵权人承担责任。仅仅是"加害部分不明"不适用共同危险行为，而应根据不同情形适用《民法典》第1171条或第1172条的规定。

2. 共同侵权行为和共同危险行为的区别和联系。［中国政法2021年研］

答：（1）二者的概念：

①共同侵权行为，是指二人以上共同故意或共同过失侵害他人民事权益的行为。共同故意或共同过失，是共同侵权行为人承担连带责任的正当性基础。

②共同危险行为又称"准共同侵权行为"，是指二人以上实施危及他人人身或财产安全的危险行为，其中的一人或数人的行为造成他人的损害，但无法确定实际侵害人的侵权行为。

(2)二者的联系：都属于数人侵权行为。

(3)二者的区别在于：

①行为人主观状态不同。共同侵权行为人具有共同故意或过失；共同危险行为人不具有共同过错。

②加害人能否确定不同。共同侵权行为中，加害人为行为人；共同危险行为中，不能确定谁的行为实际造成了损害后果的发生。

③因果关系不同。共同侵权行为中，行为人与损害结果都有因果关系；共同危险行为中，并非所有行为人都与损害结果有因果关系。

④归责原则与举证责任不同。共同侵权行为采取过错责任原则，根据“谁主张、谁举证”的原则承担举证责任；共同危险行为采取过错推定原则，由实施危险行为的人就其行为与损害结果之间是否存在因果关系承担举证责任。

四、论述题

阐述无意思联络的数人侵权行为的概念、构成要件与责任。［南京大学2009年研］

相关试题：

(1)简述无意思联络的数人侵权。［简答题，中南财大2023年研］

(2)简述无意思联络的共同侵权行为及其责任承担。［简答题，中南财大2006年研］

答：(1)无意思联络的数人侵权的概念和类型：

无意思联络的数人侵权，是指没有共同过错的数人分别实施侵权行为，造成他人同一损害而依法承担连带责任或按份责任的情形。《民法典》第1171条和第1172条分别规定了两类无意思联络的数人侵权：

①因果关系聚合型的无意思联络数人侵权。《民法典》第1171条规定，二人以上分别实施侵权行为造成同一损害，每个人的侵权行为都足以造成全部损害的，行为人承担连带责任。

②因果关系结合型的无意思联络数人侵权。《民法典》第1172条规定，二人以上分别实施侵权行为造成同一损害，能够确定责任大小的，各自承担相应的责任；难以确定责任大小的，平均承担责任。

(2)无意思联络的数人侵权的构成要件：

①数人分别实施侵权行为。加害人须两人以上。各自的行为独立，不存在共同故意或共同过失；否则构成共同加害行为，适用《民法典》第1168条规定。

②造成了同一损害。同一损害，是指各个侵权人的行为均与受害人的权益被侵害之间存在因果关系。损害可以是一个或多个，但每个侵权行为都与损害有责任成立上的因果关系。

③存在因果关系：

a. 累积因果关系(《民法典》第1171条)：每个侵权行为都足以造成全部损害。即使单独一个行为也能造成全部损害，各个行为在原因力上相等，可相互替代。

b. 部分因果关系(《民法典》第1172条)，具体包括两种类型：一是每个侵权行为都不足以单独造成全部损害，需结合才能导致损害；二是部分行为足以造成全部损害，部分行为仅造成部分损害。

(3)无意思联络的数人侵权的法律后果:

①连带责任。根据《民法典》第1171条规定，每个侵权行为都足以造成全部损害时，行为人承担连带责任。被侵权人有权请求部分或全部连带责任人承担责任。连带责任人内部按各自责任大小确定赔偿数额；难以确定时平均承担。

②按份责任。根据《民法典》第1172条规定，任一行为人的行为不足以造成全部损害时，行为人承担按份责任。能够确定责任大小的，各自承担相应责任；难以确定时平均承担。

五、案例分析题

1. 王某系建华火炮工人，离厂后以采购原料给他人制作发令纸并予以销售为业。2021年2月，李某与王某约定购买发令纸，后王某通知李某前去提货。李某从王某家中提走了王某装在纸箱内的4500张发令纸，搭乘周某开的三轮车返程。行程途中，发令纸突然爆炸起火，将同车的张甲和张乙严重烧伤。张甲和张乙为治疗烧伤共造成医药费等损失3万余元。二人起诉，要求李某和王某共同承担侵权赔偿责任。[湖南师大2022年研]

请问:

(1)什么是共同侵权行为?

(2)本案应该如何处理？理由是什么?

答: (1)共同侵权行为，是指二人以上共同故意或者共同过失侵害他人民事权益，依法承担连带责任的行为。其构成要件包括:

①主体的复数性。行为人为二人或二人以上。

②行为的侵权性。每个侵权人的行为都符合侵权行为的客观构成要件。

③共同的过错。包括共同故意、共同过失。

④结果的单一性。数个侵权人实施的多个侵权行为导致了单一的、不可分割的损害结果。

(2)本案应该由王某和李某共同承担侵权赔偿责任。理由如下:

①王某的责任:

a. 生产与销售。王某作为发令纸的生产者和销售者，有义务确保其产品的安全性和质量。如果发令纸存在质量问题或安全隐患，导致爆炸起火，王某应当承担责任。

b. 产品责任。根据《民法典》第1202条规定，因产品存在缺陷造成他人损害的，生产者应当承担侵权责任。因此，如果发令纸存在缺陷，王某应当承担侵权责任。

②李某的责任:

a. 运输与保管。李某从王某家中提走了装在纸箱内的4500张发令纸，并搭乘周某开的三轮车返程。如果李某在运输过程中未尽到合理的注意义务，导致发令纸爆炸起火，李某也应当承担责任。

b. 过错责任。根据《民法典》第1165条规定，行为人因过错侵害他人民事权益造成损害的，应当承担侵权责任。如果李某在运输过程中存在疏忽大意或其他过错，导致发令纸爆炸起火，李某应承担侵权责任。

③共同侵权：

a. 共同行为。王某和李某的行为共同导致了发令纸爆炸起火，造成了张甲和张乙的严重烧伤。

b. 连带责任。根据《民法典》第 1168 条规定，二人以上共同实施侵权行为，造成他人损害的，应当承担连带责任。因此，王某和李某应当对张甲和张乙的损害承担连带赔偿责任。

综上所述，王某和李某应当共同承担侵权赔偿责任，赔偿张甲和张乙的医药费等损失 3 万余元。张甲和张乙可以选择向王某或李某中的任何一方或双方请求全部赔偿。

2. 2006 年 9 月 29 日上午 9 时许，车主郑某雇请本村杨某驾驶其所有的农用四轮拖拉机去给邻居张某拉石头盖房，杨某顺便给李某捎了一口棺材。车走到半路，突然下起了倾盆大雨。原先坐在车里的 5 位农民全部挤到了驾驶室里。这时，路边一青年小伙子王某拦车搭乘，杨某让他上了拖车，并告诉他拖车上的棺材是口空棺材。雨越下越大，王某被雨淋得实在受不了，索性掀起棺材盖躲进棺材里边避雨。

走了几里路后，又路遇村妇兰某拦车，杨某见她也被浇成了落汤鸡，于是就让她也上了后面的拖车。因为司机知道拖车上还有个青年人，再加上雨下得太大顾不上多说话，所以没向兰某说明拖车上的棺材里没装死人。上车后，兰某看见拖车上放着口棺材，虽然有点胆怯，但也顾不了别的便爬上了拖车。走了一阵子，躲在棺材里边的王某想看看雨是否停了，于是将棺材盖掀开伸出头来。此刻，兰某见棺材里突然钻出一个大活人来，以为是见鬼了，大喊一声“有鬼”！接着就往正飞驰的车下跳去，结果被摔伤，经抢救无效死亡。后死者家属将拖拉机车主郑某、司机杨某、被帮忙拉货的张某、棺材主李某和男青年王某同时告上了法庭。[中南财大 2008 年研]

试回答下列问题，并说明理由：

(1)本案是否应适用《道路交通安全法》?

(2)本案五被告是否成立共同侵权?

(3)五被告是否都要对兰某的死亡承担侵权责任？如何承担责任?

(4)承担侵权责任的形式有哪些?

(5)兰某擅自跳车的行为是否可以成为被告要求减免部分或全部责任的抗辩理由?

答：(1)本案不适用《道路交通安全法》。

理由：《道路交通安全法》调整的是车辆在道路上因过错或意外造成的人身伤亡或财产损失(即交通事故)。本案中，兰某的死亡并非因车辆碰撞、碾压等直接交通事故导致，而是因王某从棺材中突然出现引发惊吓后跳车所致。虽然事件发生在车辆行驶过程中，但损害的直接诱因是兰某的主观恐惧和跳车行为，属于一般侵权责任纠纷，应适用《民法典》中关于过错责任的规定。

(2)本案五被告不成立共同侵权。

理由：共同侵权要求各侵权人具有共同过错或共同行为，且行为与损害结果之间存在因果关系。本案中，五被告缺乏共同故意或共同过失，行为间无协同性，且王某的行为是损害的直接诱因，其他被告的过错仅为间接因素，故不构成共同侵权。

(3)五被告中，仅郑某、杨某、王某需承担责任，张某、李某无责。责任分配及理由：

①郑某(车主)，作为雇主，对司机杨某在劳务活动中的过失(未尽安全告知义务)，因雇主责任连带承担杨某的责任，可向杨某追偿。

②杨某(司机)，违规搭载兰某且未履行告知义务，对损害发生存在重大过失，负次要责任。

③王某，躲进棺材并突然出现的行为虽非故意，但作为完全民事行为能力人，应预见到可能引发他人恐慌，存在过失，负主要责任。

④张某、李某，无过错且与损害结果无因果关系，不承担责任。

(4)根据《民法典》第179条规定，侵权责任的承担方式包括：①赔偿损失(医疗费、丧葬费、死亡赔偿金、精神损害赔偿等)；②停止侵害(若侵权行为持续)；③赔礼道歉(适用于精神损害)；④消除影响、恢复名誉(适用于人格权侵害)。

本案适用的形式主要为赔偿损失，并辅以赔礼道歉。

(5)兰某擅自跳车的行为可以作为减免部分责任的抗辩理由。

理由：《民法典》第1173条规定，被侵权人对同一损害的发生或者扩大有过错的，可以减轻侵权人的责任。兰某作为完全民事行为能力人，应当预见到雨天乘坐拖车的风险及跳车后果，其擅自跳车的行为对损害发生存在重大过失，可减轻被告部分责任。但被告的过错(未告知、违规搭载)是损害的主要诱因，故不能完全免除责任。

第五章　侵权责任主体的特殊规定

一、单项选择题

1. 甲物业公司委托乙清洁公司清洁其管理的某住宅楼外墙。乙公司指派的员工丙因操作不当，致使清洁工具从高处掉落，砸中业主丁的汽车。丁的损害应由（　　）。[2020 年法硕(法学)真题]

A. 甲公司承担责任　　B. 乙公司承担责任

C. 甲公司和乙公司承担连带责任　　D. 乙公司和丙承担连带责任

【解析】《民法典》第 1165 条第 1 款规定，行为人因过错侵害他人民事权益造成损害的，应当承担侵权责任。第 1191 条第 1 款规定："用人单位的工作人员因执行工作任务造成他人损害的，由用人单位承担侵权责任。用人单位承担侵权责任后，可以向有故意或者重大过失的工作人员追偿。"本题中，丙在执行乙公司工作任务时因操作不当造成丁损害，其侵权行为应由乙公司承担责任。

2. 甲承租乙的房屋后自行安排装修。甲聘请的装修公司根据甲的装修要求砸掉大量承重墙，导致整栋楼出现大量裂痕。由于存在重大安全隐患，整栋楼的居民被紧急疏散。该栋楼居民的损失应当由（　　）。[2024 年法硕(非法学)真题]

A. 甲承担全部赔偿责任　　B. 装修公司承担全部赔偿责任

C. 甲和装修公司共同承担赔偿责任　　D. 甲、乙和装修公司承担连带赔偿责任

【解析】《民法典》第 1193 条规定："承揽人在完成工作过程中造成第三人损害或者自己损害的，定作人不承担侵权责任。但是，定作人对定作、指示或者选任有过错的，应当承担相应的责任。"本题中，装修公司作为承揽人，在完成工作过程中造成其他居民损害，应当承担赔偿责任；同时甲作为定作人存在指示错误，也应当承担相应责任。因此，甲和装修公司共同承担赔偿责任。

3. 小明今年 5 岁，正在幼儿园上中班。周六，小明和父亲一起去儿童乐园，该儿童乐园没有工作人员提供指引和帮助。玩耍间隙，小明的父亲去买饮料。小明在独自玩滑梯时，不慎把手扭伤。小明的扭伤应由（　　）。[2024 年法硕(非法学)真题]

A. 小明独自承担

B. 儿童乐园和工作人员共同承担赔偿责任

C. 儿童乐园承担赔偿责任，但可予以减轻

D. 儿童乐园和小明根据公平原则分担

【解析】《民法典》第 1198 条第 1 款规定，宾馆、商场、银行、车站、机场、体育场馆、娱乐场所等经营场所、公共场所的经营者、管理者或者群众性活动的组织者，未尽到安全保障义务，造成他人损害的，应当承担侵权责任。本题中，该儿童乐园没有工作人员提供指引和帮助，未尽到安全保障义务，致使损害发生，应当承担侵权责任；同时因为小明父亲作为监护人未尽到监护职责，存在过错，可以减轻儿童乐园的侵权责任。

1B　2C　3C

4. 甲某系限制民事行为能力人，课间在学校操场和其他小朋友一起做游戏。乙为学校校友，当日驾车到学校，不慎将甲撞伤。甲的损失应当(　　)。[2024 年法硕(非法学)真题]

A. 全部由乙赔偿　　B. 全部由学校赔偿

C. 由乙赔偿，学校承担相应补充责任　　D. 由学校和乙承担连带赔偿责任

【解析】《民法典》第 1201 条规定："无民事行为能力人或者限制民事行为能力人在幼儿园、学校或者其他教育机构学习、生活期间，受到幼儿园、学校或者其他教育机构以外的第三人人身损害的，由第三人承担侵权责任；幼儿园、学校或者其他教育机构未尽到管理职责的，承担相应的补充责任。幼儿园、学校或者其他教育机构承担补充责任后，可以向第三人追偿。"本题中，甲为限制民事行为能力人，乙在校园内撞伤甲，应承担侵权责任；同时学校没有管理好校园内车辆，未尽到管理职责，应当承担补充责任。

二、简答题

简述网络服务提供者的侵权责任。[北邮 2024 年研]

答：根据《民法典》及相关规定，对网络服务提供者的侵权责任分析如下：

(1)责任类型：

①直接侵权责任。网络服务提供者直接实施侵权行为(如自行发布侵权内容、传播虚假信息等)的，需独立承担侵权责任，赔偿受害人损失。

②间接侵权责任(帮助侵权)：

a. 教唆、帮助侵权。若网络服务提供者教唆或帮助用户实施侵权行为，与用户承担连带责任。

b. 未履行安全保障义务。对网络用户利用其服务侵害他人民事权益的行为，网络服务提供者未及时采取必要措施导致损害扩大的，与侵权用户承担连带责任。

(2)特殊责任规则：

①通知—删除规则(避风港原则)。权利人通知网络服务提供者侵权内容后，提供者应及时采取删除、屏蔽等必要措施。未及时采取措施的，对损害扩大部分与侵权用户承担连带责任。若网络服务提供者已履行合理审查义务且无过错的，不承担责任。

②反通知规则。根据《民法典》第 1196 条规定，网络用户接到转送的侵权通知后，可向网络服务提供者提交包含不存在侵权初步证据及自身真实身份信息的声明。网络服务提供者收到反通知后，应转发给权利人并告知其维权措施。

③红旗原则(知道规则)。若侵权内容明显(如大规模盗版、暴力信息)，即使未接到通知，网络服务提供者也应主动处理，否则需承担连带责任。

(3)网络服务提供者侵权责任的法律后果：

①就损害扩大部分承担连带责任。根据《民法典》第 1195 条第 2 款规定，网络服务提供者仅就"损害的扩大部分"与侵权网络用户承担连带赔偿责任。直接侵权的网络用户对被侵权人的全部损害担责，网络服务提供者仅负责扩大的部分，此部分二者形成连带责任。

②就全部损害承担连带责任。根据《民法典》第 1197 条规定，网络服务提供者知道或应当知道网络用户侵权而未采取必要措施的，应与网络用户承担连带责任。但该连带责任范

围限于其知道或应当知道之后的损害，之前的损害由网络用户单独承担。

三、论述题

论违反安全保障义务的责任。［扬州大学2020年研］

相关试题：安全保障义务及经营者违反安全保障义务的责任。［天津商大2014年研］

答：(1)安全保障义务，是指宾馆、商场、银行、车站、机场、体育场馆、娱乐场所等经营场所、公共场所的经营者、管理者或者群众性活动的组织者，依法负有的保障他人人身财产安全的注意义务。

(2)违反安全保障义务的侵权责任可分为两类：

①义务人因自身违反安全保障义务的行为造成他人损害时的侵权责任。《民法典》第1198条第1款规定，宾馆、商场、银行、车站、机场、体育场馆、娱乐场所等经营场所、公共场所的经营者、管理者或者群众性活动的组织者，未尽到安全保障义务，造成他人损害的，应当承担侵权责任。

②第三人造成他人损害但义务人未尽到安全保障义务时的侵权责任。《民法典》第1198条第2款规定："因第三人的行为造成他人损害的，由第三人承担侵权责任；经营者、管理者或者组织者未尽到安全保障义务的，承担相应的补充责任。经营者、管理者或者组织者承担补充责任后，可以向第三人追偿。"

这两类侵权责任的区别有：直接加害人不同；义务的内容和要求不同；承担的侵权责任不同。

四、案例分析题

1．案情：女工人张某晚上骑电动车下班回家，正常行驶时，后方一渣土车违章高速行驶，就要撞到张某。路边一修车师傅王某见此情景，急忙将张某从电动车上抱下来，并顺势翻滚到路边，躲开了渣土车。在翻滚过程中，张某头部撞到路边一块石头上，流血受伤。渣土车司机丁某虽已发现情况危急，紧急刹车，但由于惯性过大，渣土车仍然撞到王某的修车铺，造成财产损失3万元。经查，丁某为甲公司员工，事发时正在执行甲公司任务。［扬州大学2022年研］

根据上述案情，分析如下问题：

(1)张某可向谁主张承担侵权责任，为什么？

(2)对张某所受伤害，王某是否应承担责任，为什么？

(3)王某如主张损害赔偿请求权，可向谁提出，为什么？

(4)假如肇事车逃逸，司机及车均无法查明，王某所受损害可通过何种方式获得救济？

答：(1)张某可以向渣土车司机丁某及其所属的甲公司主张承担侵权责任。理由如下：

①丁某的侵权行为。根据《民法典》第1165条规定，行为人因过错侵害他人民事权益造成损害的，应当承担侵权责任。丁某违章高速行驶，导致张某面临被撞的危险，其行为具有过错。

②甲公司的替代责任。根据《民法典》第1191条规定，用人单位的工作人员因执行工作任务造成他人损害的，由用人单位承担侵权责任。丁某是甲公司的员工，且事发时正在执

行工作任务，因此甲公司应当承担替代责任。

(2)对张某所受伤害，王某不应承担责任。理由如下：

①紧急避险。根据《民法典》第182条规定，因紧急避险造成损害的，由引起险情发生的人承担民事责任。紧急避险采取措施不当或超过必要的限度，造成不应有的损害的，紧急避险人应承担适当的民事责任。本题中，王某为了防止张某被渣土车撞倒，将其从电动车上抱下来并翻滚到路边，属于紧急避险行为。

②措施适当。王某的行为是为了避免更大的损害(即张某被渣土车撞倒)；且在紧急情况下，其行为并未明显超出必要限度。虽然张某在翻滚过程中头部受伤，但这是在紧急避险过程中难以完全避免的合理风险。

综上所述，王某的行为属于紧急避险，且措施适当，不应承担责任。

(3)王某可以向渣土车司机丁某及其所属的甲公司提出损害赔偿请求。理由如下：

①丁某的侵权行为。丁某违章高速行驶，导致渣土车失控撞到王某的修车铺，造成了财产损失。根据《民法典》第1165条规定，丁某应当承担侵权责任。

②甲公司的替代责任。根据《民法典》第1191条规定，丁某是甲公司的员工，且事发时正在执行工作任务，因此甲公司应当承担替代责任。

(4)王某可以通过交通事故社会救助基金、保险公司等途径获得救济。

①交通事故社会救助基金。根据《道路交通安全法》第75条规定，医疗机构对交通事故中的受伤人员应当及时抢救，不得因抢救费用未及时支付而拖延救治。肇事车辆参加机动车第三者责任强制保险的，由保险公司在责任限额范围内支付抢救费用；抢救费用超过责任限额的，未参加机动车第三者责任强制保险或者肇事后逃逸的，由道路交通事故社会救助基金先行垫付部分或者全部抢救费用，道路交通事故社会救助基金管理机构有权向交通事故责任人追偿。

②保险公司。如果王某购买了相关的商业保险(如财产保险)，可以向保险公司申请理赔。

③其他途径。如果王某能够提供其他证据证明事故责任方，可以通过诉讼等方式向相关责任人追偿。

2. 2018年9月20日，红星小学一年级学生小王(7岁)趁体育课自由活动时溜出学校大门，打算到附近书店看书，在过马路时被李某驾驶的机动车撞倒。李某逃逸，一直未归案。小王受重伤被路人送去医院抢救，共花费数万元医疗费。经查，该机动车为赵某所有，于事故发生当日被李某盗窃。[湖南师大2020年研]

(1)机动车所有人赵某是否需要承担侵权责任？为什么？

(2)红星小学是否需要承担侵权责任？为什么？

答：(1)机动车所有人赵某不需要承担侵权责任。理由如下：

①车辆被盗。根据《民法典》第1215条规定，盗窃、抢劫或者抢夺的机动车发生交通事故造成损害的，由盗窃人、抢劫人或者抢夺人承担赔偿责任。

②赵某无过错。赵某作为机动车的所有人，在事故发生时车辆已经被李某盗窃，赵某对车辆失去了控制，且在车辆被盗过程中没有过错。因此，赵某不应对李某驾驶车辆造成的交通事故承担责任。

综上所述，机动车所有人赵某不需要承担侵权责任。

(2)红星小学需要承担一定的侵权责任。理由如下：

①监护职责。根据《民法典》第1199条规定，无民事行为能力人在幼儿园、学校或者其他教育机构学习、生活期间受到人身损害的，幼儿园、学校或者其他教育机构应当承担侵权责任；但是，能够证明尽到教育、管理职责的，不承担侵权责任。

②管理疏忽。小王是7岁的一年级学生，属于无民事行为能力人。在体育课自由活动期间，小王溜出学校大门，这表明学校在管理上存在疏忽，未能有效防止学生擅自离开校园。

③未尽到管理职责。学校有义务确保学生在校期间的安全，特别是在上课和自由活动期间。小王趁体育课自由活动时溜出学校大门，说明学校在安全管理方面存在漏洞，未能尽到应有的管理职责。

综上所述，红星小学需要承担一定的侵权责任，因为其未能尽到对学生的管理和保护职责。学校应当对小王因交通事故所遭受的损失承担相应的赔偿责任。

第六章 产品责任

一、单项选择题

1. 王某在甲汽车销售店购买了乙公司制造的汽车。某日，王某驾驶该车在高速公路上正常行驶，安全气囊突然弹开，导致车辆失控，王某受伤。王某（　　）。［2020年法硕（法学）真题］

A. 只能向甲请求赔偿　　B. 只能向乙请求赔偿

C. 只能要求甲和乙按份赔偿　　D. 可向甲请求赔偿，也可向乙请求赔偿

【解析】《民法典》第1202条规定，因产品存在缺陷造成他人损害的，生产者应当承担侵权责任。第1203条规定："因产品存在缺陷造成他人损害的，被侵权人可以向产品的生产者请求赔偿，也可以向产品的销售者请求赔偿。产品缺陷由生产者造成的，销售者赔偿后，有权向生产者追偿。因销售者的过错使产品存在缺陷的，生产者赔偿后，有权向销售者追偿。"因此，王某可以向生产者乙公司追偿，也可向销售者甲汽车销售店追偿。

2. 李某用100元从甲商场购买一只电热壶，使用时因漏电致李某手臂灼伤，花去医药费500元。经查该电热壶是乙厂生产的。下列哪一表述是正确的？（　　）［2013年法考真题］

A. 李某可直接起诉乙厂要求其赔偿500元损失

B. 根据合同相对性原理，李某只能要求甲商场赔偿500元损失

C. 如李某起诉甲商场，则甲商场的赔偿范围以100元为限

D. 李某只能要求甲商场更换电热壶，500元损失则只能要求乙厂承担

【解析】《民法典》第1203条规定："因产品存在缺陷造成他人损害的，被侵权人可以向产品的生产者请求赔偿，也可以向产品的销售者请求赔偿。产品缺陷由生产者造成的，销售者赔偿后，有权向生产者追偿。因销售者的过错使产品存在缺陷的，生产者赔偿后，有权向销售者追偿。"电热壶漏电属于产品缺陷，所以遭受损伤的李某可要求乙厂或甲商场赔偿。

二、概念题

产品责任［武大2022、2015年研；安徽师大2019年研］

答：参见本章简答题答案。

三、简答题

简述产品责任的构成要件及其责任形式。［2015年法硕（法学）真题］

答：产品责任，是指因产品有缺陷造成他人损害时，生产者、销售者依法应承担的侵权责任。产品责任是特殊的侵权责任，适用无过错责任。

（1）产品责任的构成要件：

①产品有缺陷。产品缺陷，是指产品存在危及人身、他人财产安全的不合理的危险。产品有保障人体健康和人身财产安全的国家标准、行业标准的，产品缺陷是指不符合该

1D　2A

标准。

②被侵权人的人身、财产遭受损害。在产品责任中，被侵权人既可以是购买使用产品的人，也可以是使用产品以外的人。就损害而言，既包括人身损害和财产损害，也包括因人身损害而导致的精神损害。产品责任的财产损害，既包括缺陷产品以外的其他财产的损害，也包括缺陷产品自身的损害。

③产品缺陷与损害后果之间有因果关系。在产品责任中，被侵权人的损害后果应当是因产品存在缺陷而造成的，即产品的缺陷与损害后果之间须存在因果关系。如果被侵权人的损害与产品缺陷没有因果关系，则不构成产品责任。

(2)产品责任的责任形式：

①侵权损害赔偿。因产品存在缺陷造成他人损害的，被侵权人可以向产品的生产者请求赔偿，也可以向产品的销售者请求赔偿。

②停止侵害、排除妨碍与消除危险。因产品缺陷危及他人人身、财产安全的，被侵权人有权请求生产者、销售者承担停止侵害、排除妨碍、消除危险等侵权责任。

③停止销售、警示、召回。产品投入流通后发现存在缺陷的，生产者、销售者应当及时采取停止销售、警示、召回等补救措施；未及时采取补救措施或者补救措施不力造成损害扩大的，对扩大的损害也应当承担侵权责任。

④惩罚性赔偿。明知产品存在缺陷仍然生产、销售，或者没有依据上述规定采取有效补救措施，造成他人死亡或者健康严重损害的，被侵权人有权请求相应的惩罚性赔偿。

四、案例分析题

从2003年至2005年，甲一直在A商店购买"三中"牌奶粉给其儿子食用。2008年，甲从新闻报道中得知2003年至2005年生产的"三中"牌奶粉均含有三聚氰胺。甲带其儿子去医院检查，发现孩子的身体已经因为食用含有三聚氰胺的食物造成伤害。经过调查得知，2003年至2005年生产的"三中"牌奶粉是由B公司生产，但"三中"牌商标是由C公司所有。[首经贸2009年研]

根据上述案情请回答：

(1)甲的儿子对A商店是否享有损害赔偿请求权？请说明理由。

(2)甲的儿子对B公司是否享有损害赔偿请求权？请说明理由。

(3)甲的儿子对C公司是否享有损害赔偿请求权？请说明理由。

(4)甲的儿子的损害赔偿请求权的诉讼时效是否已过？请说明理由。

答：(1)甲的儿子对A公司享有损害赔偿请求权。

理由：根据《民法典》第1203条规定，受害人有权请求生产者或者销售者承担侵权赔偿责任，或者请求销售者承担违约赔偿责任。甲的儿子因奶粉质量缺陷受到损害，可以向奶粉的销售者A商店请求赔偿。

(2)甲的儿子对B公司享有损害赔偿请求权。

理由：根据《民法典》第1203条规定，受害人有权请求生产者或者销售者承担侵权赔偿责任。甲的儿子因奶粉质量缺陷受到损害，可以向奶粉的生产者B公司请求赔偿。

(3)甲的儿子对C公司享有损害赔偿请求权。

理由：根据《商标法》《民法典》等相关规定，C作为商标所有权人，应当监督商标使用者即产品的实际生产者B公司的产品质量，对于因产品缺陷造成的受害人损失，应当承担连带赔偿责任。因此甲的儿子对C公司享有损害赔偿请求权。

(4)甲的儿子的损害赔偿请求权没有过诉讼时效。

理由：《产品质量法》第45条第1款规定，因产品存在缺陷造成损害要求赔偿的诉讼时效期间为2年，自当事人知道或者应当知道其权益受到损害时起计算。本题中，甲的儿子2003年至2005年一直食用奶粉，诉讼时效应自其2008年经检查知道身体受损时开始计算，因此甲儿子的损害赔偿请求权没有超过诉讼时效。

第七章 机动车交通事故责任

一、单项选择题

1. 甲将自己的汽车借给乙使用。某日，乙酒后驾驶汽车撞伤丙，丙的损失应由(　　)。[2018年法硕(法学、非法学)真题]

A. 甲全部赔偿　　B. 乙全部赔偿

C. 甲、乙连带赔偿　　D. 甲、乙按份赔偿

【解析】《民法典》第1209条规定，因租赁、借用等情形机动车所有人、管理人与使用人不是同一人时，发生交通事故造成损害，属于该机动车一方责任的，由机动车使用人承担赔偿责任；机动车所有人、管理人对损害的发生有过错的，承担相应的赔偿责任。本题中，机动车所有人甲对损害的发生没有过错，因此由机动车使用人乙承担全部赔偿责任。

2. 甲将自己的一辆旧捷达轿车作价5万元转让给乙(甲不知道乙没有取得驾驶证)，未办理登记过户手续。乙在驾驶过程中将丙撞伤，丙为此花去医药费2万元，为此引起纠纷。下列表述不正确的是(　　)。[2021年法考真题]

A. 乙对丙的受伤承担无过错责任

B. 丙的治疗费用首先由交强险赔付

C. 甲对丙的受伤应承担连带责任

D. 甲对丙的受伤不承担责任

【解析】A项，乙作为实际驾驶人，因驾驶行为导致丙受伤，属于机动车交通事故责任。根据《民法典》第1208条规定，机动车交通事故责任适用无过错责任原则。

B项，交强险是法定强制保险，用于赔付交通事故中的受害人损失。交强险随车转移，未过户不影响其效力。丙的治疗费用应首先由交强险赔付，不足部分再由乙承担。

CD两项，甲已将车辆转让给乙，虽未办理登记过户手续，但甲并非实际驾驶人，也未参与侵权行为。根据《民法典》第1210条规定，机动车所有人对损害的发生有过错的，才承担赔偿责任。甲不知道乙无驾驶证且未办理过户手续，无过错，故甲不承担责任。

二、多项选择题

甲是开汽配店的，利用配件组装了一辆车，卖给了乙。然后乙转手卖给了丙，丙又转手卖给了丁。丁开着车，由于刹车系统的原因出了车祸。丁可以找哪些人赔偿?(　　)[2019年法考真题]

A. 甲应承担赔偿责任　　B. 甲、乙、丙要承担连带责任

C. 乙应承担责任　　D. 丁应承担责任

【解析】《民法典》第1214条规定，以买卖等方式转让拼装或者已达到报废标准的机动车，发生交通事故造成损害的，由转让人和受让人承担连带责任。本题中，涉事车辆是组装车，在发生交通事故时，由转让人甲和受让人乙、丙、丁承担连带责任。

1B　2C　┃　ABCD

第八章　医疗损害责任

一、单项选择题

某医院医生张某在为患者李某做手术时将一块纱布遗留在李某腹腔，李某因此所受的损害应由（　　）。[2014 年法硕（非法学）真题]

A. 医院承担全部赔偿责任

B. 张某承担全部赔偿责任

C. 医院和张某承担连带赔偿责任

D. 张某承担赔偿责任，医院承担补充责任

【解析】医疗损害责任，是指因医疗机构及其医疗人员的过错，致使患者在诊疗活动中受到损害，由医疗机构承担的赔偿责任。《民法典》第 1218 条规定，患者在诊疗活动中受到损害，医疗机构及其医务人员有过错的，由医疗机构承担赔偿责任。本题中，医生张某在诊疗过程中因自身过错导致患者的损害，医疗机构应当承担赔偿责任。

二、多项选择题

甲医院误将患者乙的左肾切除。甲医院有义务赔偿乙的（　　）。[2015 年法硕（非法学）真题]

A. 精神损害　　　　B. 后续治疗费用

C. 护理费和交通费　　　　D. 因误工减少的收入

【解析】A 项，自然人因生命权、健康权、身体权、姓名权、肖像权、名誉权、荣誉权、人格尊严权和人身自由权遭受非法侵害时，可以向人民法院起诉请求精神损害赔偿。

BCD 三项，对于因医疗损害产生的相应后果，医疗机构应承担相应的责任：①造成人身损害的，应赔偿医疗费、护理费、交通费等为治疗和康复支出的合理费用，以及因误工而减少的收入。②造成残疾的，还应赔偿残疾生活辅助具费和残疾赔偿金。③造成死亡的，还应赔偿丧葬费和死亡赔偿金。

三、简答题

简述我国《民法典》关于医疗损害责任的归责原则。[中山大学 2011 年研]

答：我国《民法典》对医疗损害责任适用过错责任原则。《民法典》第 1218 条规定，患者在诊疗活动中受到损害，医疗机构或者其医务人员有过错的，由医疗机构承担赔偿责任。

（1）构成要件：①损害后果。患者在诊疗过程中遭受实际损害（如身体伤害、健康恶化等）。②医疗机构过错。医务人员或机构在诊疗活动中存在过失（如违反诊疗规范、未尽注意义务等）。③因果关系。过错行为与损害结果之间存在直接关联。

（2）举证责任。患者需举证证明上述三要件成立，医疗机构无过错则无需担责。

（3）例外。《民法典》第 1222 条规定了过错推定情形（如隐匿病历、伪造资料等），此时推定医疗机构有过错，由其自证无责。但这属于特殊规则，不改变整体过错责任原则的适用。

A　　▌　　ABCD

第九章 环境污染和生态破坏责任

一、单项选择题

1. 两个以上污染者污染环境造成他人损害的，污染者承担(　　)。[2020 年法硕(法学)真题]

A. 按份责任　　B. 连带责任　　C. 过错责任　　D. 公平责任

【解析】《民法典》第 1229 条规定，因污染环境、破坏生态造成他人损害的，侵权人应当承担侵权责任。第 1231 条规定，两个以上侵权人污染环境、破坏生态的，承担责任的大小，根据污染物的种类、浓度、排放量，破坏生态的方式、范围、程度，以及行为对损害后果所起的作用等因素确定。因此，污染环境的数个侵权人承担按份责任而非连带责任。

2. 甲、乙、丙三家公司生产三种不同的化工产品，生产场地的排污口相邻。某年，当地大旱导致河水水位大幅下降，三家公司排放的污水混合发生化学反应，产生有毒物质致使河流下游丁养殖场的鱼类大量死亡。经查明，三家公司排放的污水均分别经过处理且符合国家排放标准。后丁养殖场向三家公司索赔。下列哪一选项是正确的？(　　)[2015 年法考真题]

A. 三家公司均无过错，不承担赔偿责任

B. 三家公司对丁养殖场的损害承担连带责任

C. 本案的诉讼时效是 2 年

D. 三家公司应按照污染物的种类、排放量等因素承担责任

【解析】A 项，《民法典》第 1229 条规定，因污染环境、破坏生态造成他人损害的，侵权人应当承担侵权责任。环境污染的侵权责任是无过错责任。

BD 两项，《民法典》第 1231 条规定，两个以上侵权人污染环境、破坏生态的，承担责任的大小，根据污染物的种类、浓度、排放量，破坏生态的方式、范围、程度，以及行为对损害后果所起的作用等因素确定。因此，三家公司对丁养殖场的损害应按照污染物的种类、排放量等因素承担责任。

C 项，《环境保护法》第 66 条规定，提起环境损害赔偿诉讼的时效期间为 3 年，从当事人知道或者应当知道其受到损害时起计算。

二、案例分析题

李村旁边有一条河，村民都是靠这条河流灌溉农田。甲公司是李村附近的矿山开采公司，乙公司是建在甲公司附近的煤化工企业。甲、乙两家公司都存在向河流排放废水、废气的行为。李村村民发现村中水井的水质和味道都发生了明显变化，打上来的水有杂质，且有苦涩味。经专业机构检测水质后，得出的结论为李村的地下水已经不符合生活用水标准，不能饮用。村民们只得购买桶装水来满足生活需要。此事经当地知名媒体报道后，水污染事件持续发酵，李村村民的农家乐生意受到影响。虽然村民们告知就餐客户目前使用的是高价买来的桶装水，努力证明自己家的农家乐相关食品没有任何有毒有害物质，但尽

1A　2D

管如此，也没有人敢来李村农家乐就餐。李村村民将甲公司、乙公司起诉至当地人民法院。

诉讼中，原、被告双方提出了以下诉讼请求和答辩理由。[2024 年法硕(法学)真题]

请从法官视角分析是否成立，并说明理由。

(1)李村村民请求甲公司、乙公司赔偿其购买桶装水的支出。

(2)李村村民请求甲公司、乙公司赔偿其农家乐经营收入减少的损失。

(3)甲公司答辩称，自己无需承担赔偿责任，并提交了排污许可证以及鉴定机构出具的鉴定意见，证明自己排放的生产废水和废气符合国家的排放标准。

(4)乙公司答辩称，应由李村村民举证，证明损害是由乙公司排污所导致的。

答：从法官视角分析题中诉讼请求和答辩理由是否成立及其理由如下：

(1)李村村民的诉讼请求成立。

理由：李村村民因地下水无法饮用，只能购买桶装水满足生活需要。购买桶装水造成李村村民现有财产的减少，属于直接损失，因此李村村民有权请求甲、乙两家公司赔偿。

(2)李村村民的请求不成立。

理由：主张环境污染侵权责任的要件有：①存在环境污染、破坏生态的行为，通常表现为积极作为；②造成人身、财产损害；③环境污染、破坏生态的行为与损害之间有因果关系。本题中，排放污染物质与农家乐的经营损失并无因果关系，而是污染事件传播过程中的错误信息导致的经营损失，因而甲、乙两家公司不必对经营损失承担侵权责任。

(3)甲公司的答辩理由不成立。

理由：根据《民法典》第 1229 条规定，因污染环境、破坏生态造成他人损害的，侵权人应当承担侵权责任。据此，环境污染属于无过错责任，行为人不得以排污符合国家规定的标准或者行为不具有违法性主张免责，应证明不存在因果关系或者存在免责事由才可以不承担责任，因此该答辩理由不成立。

(4)乙公司的答辩理由不成立。

理由：根据《民法典》第 1230 条规定，因污染环境、破坏生态发生纠纷，行为人应当就法律规定的不承担责任或者减轻责任的情形及其行为与损害之间不存在因果关系承担举证责任。因此，如果行为人不能证明其行为和损害结果之间不存在因果关系，则认定有因果关系。本题中，应当由乙公司证明其行为和损害结果之间不存在因果关系，而无需李村村民举证，因此该答辩理由不成立。

第十章　高度危险责任

一、单项选择题

1. 根据《民法典》的规定，民用航空器造成他人损害的，民用航空器经营者的免责事由是(　　)。[2014 年法硕(非法学)真题]

A. 战争　　B. 不可抗力　　C. 受害人故意　　D. 受害人重大过失

【解析】《民法典》第 1238 条规定，民用航空器造成他人损害的，民用航空器的经营者应当承担侵权责任；但是，能够证明损害是因受害人故意造成的，不承担责任。据此，民用航空器经营者的免责事由仅有受害人故意这一种情况。

2. 甲邀请乙一同到河边钓鱼。当乙甩竿时，鱼钩挂在旁边裸露的电线上，乙当场触电身亡。经查，该输电线路属供电局所有。对乙的死亡应承担责任的是(　　)。[2010 年法硕(非法学)真题]

A. 甲　　B. 乙　　C. 供电局　　D. 甲和供电局

【解析】《民法典》第 1240 条规定："从事高空、高压、地下挖掘活动或者使用高速轨道运输工具造成他人损害的，经营者应当承担侵权责任；但是能够证明损害是因受害人故意或者不可抗力造成的，不承担责任。被侵权人对损害的发生有重大过失的，可以减轻经营者的责任。"本题中，乙在钓鱼时触电身亡，该输电线路属于供电局所有；供电局作为输电线路的经营者，适用无过错责任原则，应当承担侵权责任。甲虽然邀请乙一同到河边钓鱼，但对乙的死亡无任何过错，不承担侵权责任。

二、概念题

高度危险责任[中国政法 2021 年研]

答：高度危险责任又称高度危险作业责任，是指因从事高度危险作业造成他人损害时应承担的侵权责任。高度危险责任适用无过错责任原则。其特征包括：①属于危险责任；②是对合法行为承担的责任；③是一种无过错责任；④是自己责任。其构成要件有：①从事高度危险作业；②造成他人损害。

1C　2C

第十一章 饲养动物损害责任

一、单项选择题

1. 动物园的动物造成他人损害，动物园不承担责任的情形是(　　)。[2021 年法硕(非法学)真题]

A. 动物园能够证明该致损动物并非危险动物

B. 动物园能够证明损害系第三人的过错造成

C. 动物园能够证明尽到管理职责

D. 动物园能够证明损害系被侵权人重大过失造成

【解析】《民法典》第 1248 条规定，动物园的动物造成他人损害的，动物园应当承担侵权责任；但是，能够证明尽到管理职责的，不承担侵权责任。

2. 王某因全家外出旅游，请邻居戴某代为看管其饲养的宠物狗。戴某看管期间，张某偷狗，被狗咬伤。关于张某被咬伤的损害，下列哪一选项是正确的？(　　)[2017 年法考真题]

A. 王某应对张某所受损害承担全部责任

B. 戴某应对张某所受损害承担全部责任

C. 王某和戴某对张某损害共同承担全部责任

D. 王某或戴某不应对张某损害承担全部责任

【解析】《民法典》第 1245 条规定，饲养的动物造成他人损害的，动物饲养人或者管理人应当承担侵权责任；但是，能够证明损害是因被侵权人故意或者重大过失造成的，可以不承担或者减轻责任。本题中，在戴某看管宠物狗期间，张某偷狗的行为证明其对损害后果的发生有重大过失，因而饲养人或者管理人可以不承担或减轻责任。

二、多项选择题

关于动物致害侵权责任的说法，下列哪些选项是正确的？(　　)[2015 年法考真题]

A. 甲 8 周岁的儿子翻墙进入邻居院中玩耍，被院内藏獒咬伤，邻居应承担侵权责任

B. 小学生乙和丙放学途经养狗的王平家，丙故意逗狗，狗被激怒咬伤乙，只能由丙的监护人对乙承担侵权责任

C. 丁下夜班回家途经邻居家门时，未看到邻居饲养的小猪趴在路上而绊倒摔伤，邻居应承担侵权责任

D. 戊带女儿到动物园游玩时，动物园饲养的老虎从破损的虎笼蹿出将戊女儿咬伤，动物园应承担侵权责任

【解析】A 项，《民法典》第 1247 条规定，禁止饲养的烈性犬等危险动物造成他人损害的，动物饲养人或者管理人应当承担侵权责任。故邻居应承担侵权责任。

B 项，《民法典》第 1250 条规定，因第三人的过错致使动物造成他人损害的，被侵权人可以向动物饲养人或者管理人请求赔偿，也可以向第三人请求赔偿。

1C　2D　▎　ACD

C 项，《民法典》第 1245 条规定，饲养的动物造成他人损害的，动物饲养人或者管理人应当承担侵权责任；但是能够证明损害是因被侵权人故意或者重大过失造成的，可以不承担或者减轻责任。丁非故意，也不应认定为重大过失，邻居应承担侵权责任。

D 项，《民法典》第 1248 条规定，动物园的动物造成他人损害的，动物园应当承担侵权责任；但是能够证明尽到管理职责的，不承担责任。该项中动物园明显有过错，应承担侵权责任。

三、简答题

简述饲养动物损害责任的一般构成要件。[北邮 2024 年研]

答：饲养动物损害责任，是指饲养的动物造成他人损害时，动物饲养人或管理人依法应承担的侵权责任。根据《民法典》第 1245、1246 条规定，只要饲养的动物造成他人损害，或者违反管理规定未对动物采取安全措施造成他人损害，动物饲养人或者管理人就应当承担侵权责任。饲养动物损害责任的归责原则主要是无过错责任原则，但是动物园的动物造成他人损害的，动物园的侵权责任适用过错推定。

饲养动物损害责任的一般构成要件，即无过错责任的构成要件，具体包括：

(1)致人损害的动物是饲养的动物。即有饲养人或管理人的动物，排除野生动物致害的情况。饲养不仅限于喂食或豢养，还包括为某人所有、占有、管理或控制的动物。无论是个人饲养的宠物还是动物园的动物，都属于饲养的动物。

(2)饲养的动物造成了他人损害：

①因果关系。饲养的动物与被侵权人的损害后果之间具有因果关系。即被侵权人所遭受的损害，须基于饲养的动物所引起和造成，二者之间须具有因果关系。

②危险性，即存在损害。损害包括人身伤亡和财产损失，如狗咬伤人、牛踩踏庄稼等。损害是基于动物本身的危险性引起的，无论这种危险性来源于动物本性还是外界刺激。

【拓展】

(1)更严格的无过错责任的构成要件：

①违反管理规定而使饲养动物造成他人损害的责任。《民法典》第 1246 条规定，违反管理规定，未对动物采取安全措施造成他人损害的，动物饲养人或者管理人应当承担侵权责任；但是，能够证明损害是因被侵权人故意造成的，可以减轻责任。

②禁止饲养的烈性犬等危险动物致害责任。《民法典》第 1247 条规定，禁止饲养的烈性犬等危险动物造成他人损害的，动物饲养人或者管理人应当承担侵权责任。

(2)过错推定责任的构成要件：

《民法典》第 1248 条规定，动物园的动物造成他人损害的，动物园应当承担侵权责任；但是，能够证明尽到管理职责的，不承担侵权责任。

四、案例分析题

甲骑电动自行车搭载妻子乙，从丙居住的楼前经过，此时一条黑褐色的雪纳瑞宠物犬(小型犬)从楼内窜出，未系狗链。乙受到惊吓摔倒在地，同时将甲带翻倒在地上。经查，该宠物犬归丙所有，丙是公安机关登记的养犬人，但实际上该犬由丙的女儿丁(21 岁)饲养照顾。甲的右腿被砸在电动自行车下面，造成骨折，后送医院进行治疗，花去医疗费6万元。乙受轻伤，花去治疗费用5000元。[北邮2024年研]

该案应如何处理？

答： 本案中，丙与丁因管理过失(未系狗链)导致甲、乙受伤，应连带赔偿全部损失。甲、乙可通过协商或诉讼主张权利，法院将依据无过错责任原则及连带责任规则判决。具体分析如下：

(1)责任主体认定：丙与丁为共同侵权人，承担连带责任。

①丙的责任。丙是公安机关登记的养犬人，是法定责任主体。丙作为养犬人，未履行管理义务(未系狗链)，违反《民法典》第1246条关于动物安全措施的规定，存在重大过失。

②丁的责任。丁虽为丙之女(21岁，完全民事行为能力人)，但实际饲养照顾犬只，构成管理人。丁未按规定系狗链，直接导致犬只窜出引发损害，与丙构成共同过失，应承担连带责任。

(2)侵权责任的认定：

根据《民法典》第1246条规定，饲养动物未采取安全措施(未系狗链)造成损害的，饲养人或管理人承担侵权责任，且不适用过失相抵(除非被侵权人故意)。本案中，乙、甲无故意或重大过失(受惊摔倒属于合理反应)，丙、丁应承担全部责任。

(3)损害赔偿范围与计算：

①甲的损失：a. 医疗费6万元(凭票据)；b. 误工费，按实际误工时间×收入证明计算；c. 护理费、交通费、营养费，按合理标准赔偿。

②乙的损失：a. 医疗费5000元；b. 其他合理费用(如误工费)，按实际情况赔偿。

总额：医疗费6.5万元+其他合理费用(需具体证据)。

(4)责任承担方式：

①连带责任。丙与丁对甲、乙的全部损失承担连带赔偿责任。丙作为登记饲养人负主要责任，丁作为实际管理人负次要责任。

②抗辩事由排除。丙、丁无法通过证明乙、甲存在故意或重大过失减轻责任(本案无此类证据)。

(5)处理建议与法律依据：

①协商优先。建议甲、乙与丙、丁协商赔偿方案，明确连带责任及内部追偿比例。

②诉讼途径。若协商不成，甲、乙可向人民法院起诉，主张丙、丁承担连带赔偿责任。

第十二章　建筑物和物件损害责任

一、单项选择题

1. 某地多日暴雪，甲在公交站等车时，站台顶棚因积雪过多塌落，将甲砸伤。该公交站站台系乙公司设计、丙公交公司管理。甲的损害应由（　　）。［2020 年法硕（法学）真题］

A. 本人承担　　　　B. 乙公司赔偿

C. 丙公司赔偿　　　　D. 乙公司和丙公司共同赔偿

【解析】《民法典》第 1253 条规定："建筑物、构筑物或者其他设施及其搁置物、悬挂物发生脱落、坠落造成他人损害，所有人、管理人或者使用人不能证明自己没有过错的，应当承担侵权责任。所有人、管理人或者使用人赔偿后，有其他责任人的，有权向其他责任人追偿。"本题中，站台顶棚积雪过多，丙公司作为公交站站台顶棚的管理人，没有及时清理，导致顶棚积雪坠落造成甲被砸伤，且无法证明自己没有过错，应当承担侵权责任。

2. 市政公司在挖掘的坑道两侧设置了障碍物和夜间警示灯。某夜，甲酒后驾车，撞毁障碍物和夜间警示灯后逃逸。次日凌晨，乙骑自行车经过时摔入坑道受伤。乙的损失应当（　　）。［2013 年法硕（非法学）真题］

A. 由市政公司承担赔偿责任　　　　B. 由甲承担赔偿责任

C. 由市政公司和甲承担连带责任　　　　D. 由乙自己承担

【解析】《民法典》第 1258 条第 1 款规定："在公共场所或者道路上挖坑、修缮、安装地下设施等，没有设置明显标志和采取安全措施造成他人损害的，施工人应当承担侵权责任。窨井等地下设施造成他人损害，管理人不能证明尽到管理职责的，应当承担侵权责任。"在公共场所或者道路上施工，是指在公共场所或者道路上挖坑、修路、修缮、安装地下设施等，如架设电线、铺设管道、维修公路、修缮下水道等。虽然市政公司在挖掘的坑道两侧设置了障碍物和夜间警示灯，但因为被甲撞毁后没有及时进行修复和维修而致使他人发生伤亡，所以乙的损失应当由市政公司承担侵权责任。

二、案例分析题

2006 年 8 月 8 日下午 5 时，某村刮起 8 级大风。该村村民王某在回家途中，路经村委会在建的办公楼时，大风将用于建筑的脚手架刮倒。脚手架在倒塌过程中将一根电线砸断。电线正巧落在由此路过的王某身上，王某不幸触电身亡。王某的丈夫向法院起诉，要求村委会和供电公司对王某的死亡承担损害赔偿责任。

村委会辩称：脚手架是大风刮倒的，击中王某的输电线路属于供电公司，村委会对王某的死亡不应承担损害赔偿责任。

供电公司辩称：供电线路是被脚手架砸断的，脚手架是村委会盖办公楼时使用的，供电公司对王某的死亡不应承担损害赔偿责任。

法院审理还查明，村委会用于盖办公楼的脚手架在当年 7 月 2 日搭建完毕。击中王某的输电线路归供电公司所有，该线路不属于高压线。［2009 年法硕（非法学）真题］

1C　2A

根据上述案情，请回答：

(1)村委会对王某的死亡是否应当承担损害赔偿责任？为什么？

(2)供电公司对王某的死亡是否应当承担损害赔偿责任？为什么？

(3)两被告主张的抗辩事由是否成立？请说明理由。

答：(1)村委会对王某的死亡应当承担损害赔偿责任。

理由：《民法典》第1253条规定，建筑物、构筑物或者其他设施及其搁置物、悬挂物发生脱落、坠落造成他人损害，所有人、管理人或者使用人不能证明自己没有过错的，应当承担侵权责任。

本题中，脚手架是村委会盖办公楼所使用的，其对脚手架有管理责任，因其不能证明自己没有过错，故村委会应承担损害赔偿责任。

(2)供电公司对王某的死亡应当承担损害赔偿责任。

理由：根据《民法典》第1253条分析如下：

①该输电线路并非高压线，不适用高度危险责任中的无过错责任的归责原则。输电线路被脚手架砸断脱落致人损害属于地上物脱落致害责任，在归责原则上适用推定过错责任原则。

②虽然输电线路是因脚手架倒塌砸断的，但供电公司毕竟是供电设施的所有人，对输电线路有维护、管理责任。供电局有义务经常性地检验、维护输电线路以确保安全。

本题中，供电公司不能证明其尽到了管理与注意义务，推定其具有过错，因此供电公司须承担侵权责任。

(3)两被告主张的抗辩事由不能成立。

理由：①对村委会而言，大风不能构成抗辩事由。本题中，虽有大风作用，但对损害结果来讲，是能够预见、克服并避免的。村委会应当预见到脚手架在外力作用下(包括在大风的作用下)可能倒塌并造成损害后果的危险性，并应及时消除危险。

②对供电公司而言，脚手架倒塌不能构成抗辩事由。供电公司应注意到供电设施周围的物体、设施在外力作用下，对输电线路安全的影响，并应对安全隐患及时处理。